权威·前沿·原创

皮书系列为
"十二五""十三五"国家重点图书出版规划项目

BLUE BOOK

智库成果出版与传播平台

并购蓝皮书
BLUE BOOK OF M&A

中国并购报告（2021）
ANNUAL REPORT OF M&A IN CHINA (2021)

全联并购公会

主　　编 / 王　巍
执行主编 / 蔡　咏

社会科学文献出版社
SOCIAL SCIENCES ACADEMIC PRESS (CHINA)

图书在版编目(CIP)数据

中国并购报告.2021/王巍主编.--北京：社会科学文献出版社，2021.7
（并购蓝皮书）
ISBN 978－7－5201－8561－5

Ⅰ.①中… Ⅱ.①王… Ⅲ.①企业合并－研究报告－中国－2021 Ⅳ.①F279.21

中国版本图书馆 CIP 数据核字（2021）第 125725 号

并购蓝皮书
中国并购报告（2021）

主　　编 / 王　巍
执行主编 / 蔡　咏

出 版 人 / 王利民
组稿编辑 / 恽　薇
责任编辑 / 高　雁

出　　版	社会科学文献出版社·经济与管理分社（010）59367226 地址：北京市北三环中路甲 29 号院华龙大厦　邮编：100029 网址：www.ssap.com.cn
发　　行	市场营销中心（010）59367081　59367083
印　　装	三河市东方印刷有限公司
规　　格	开　本：787mm×1092mm　1/16 印　张：24.5　字　数：366 千字
版　　次	2021 年 7 月第 1 版　2021 年 7 月第 1 次印刷
书　　号	ISBN 978－7－5201－8561－5
定　　价	158.00 元

本书如有印装质量问题，请与读者服务中心（010－59367028）联系

▲ 版权所有 翻印必究

《中国并购报告（2021）》编委会

主　　编　王　巍
执行主编　蔡　咏
作　　者　（按姓氏笔画排序）
　　　　　于明礼　万艺娇　王大鹏　邓　迪　祁宗超
　　　　　孙芳城　刘　维　朱奕奕　辛韫哲　李　广
　　　　　李　康　吴　黛　张晓森　张　惟　张　博
　　　　　陈宝胜　陈　超　周　经　胡利军　胡　伟
　　　　　姚禄仕　高　琛　秦　川　章松涛　韩晓亮
　　　　　蒋贻宏　蒋　弘　舒　宁　樊　鹏

研　　创　全联并购公会

主要编撰者简介

王　巍　全联并购公会创始会长，金融博物馆理事长。1992年获美国Fordham大学经济学博士学位，长期担任中欧国际工商学院和长江商学院客座教授。2004年主持创建了全联并购公会，2005年担任经济合作与发展组织（OECD）投资委员会专家委员。2006年当选《董事会》杂志"中国最具影响力独立董事"和中国金融网"中国最具影响力投资银行人物"。2007年起担任上海证券交易所公司治理专家委员会成员。2010年创建了系列金融博物馆，在北京、上海、天津、宁波、苏州、成都、沈阳、郑州和井冈山有十处不同主题的分馆，并参与香港金融博物馆的创建。在美国纽约举办的第十二届国际并购年会上，获"2012年度并购终身成就奖"。此外，获"2013年华尔街日报公益创新人物奖"、"IFFM中国金融启蒙贡献奖"和"2017年达沃斯区块链论坛创新奖"等。

蔡　咏　全联并购公会常务副会长，国元证券股份有限公司原党委书记、董事长，亚洲金融智库研究员，中国人民大学国际并购与投资研究所理事，深圳证券交易所战略发展委员会委员，上海证券交易所博士后导师，安徽财经大学特聘教授，重庆工商大学特聘教授，中国证券行业文化建设委员会顾问。研究方向为资本市场、投资银行管理、公司投/融资、证券行业文化建设。著有《实践的回眸：证券公司、资本市场及文化建设》（安徽人民出版社）、《实践的眼睛：证券公司与资本市场研究》（中国经济出版社）、《中国资本市场专题研究》（合肥工业大学出版社），编著《会计原理》(复旦大学出版社)、《会计原理的学与教》(安徽人民出版社),出版译著《国际会计》(中国旅游出版社),主编系列报告《安徽上市公司发展报告》(社会科学文献出版社),发表学术论文、课题研究报告等50余篇。

序一　20年并购史，天不负我辈！

王　巍

"2002，中国并购元年。"这是我20年前被广泛转发的一段文字，今天，并购和元年都已经成为商业日常词汇了。新世纪的第一个20年里，我们经历了太多导致转折的重大事件，如中国"入世"、美国"9·11"事件、次贷危机、英国脱欧、中美贸易摩擦等。每个重大的变化都有政治、经济、社会和文化领域的连锁反应，创业者、企业家和金融人都在捕捉商业机遇，发现自己的最大能力。并购就是最重要的抓手，毫不夸张地讲，无数并购交易在过去20年里为中国成为全球举足轻重的经济大国奠定了商业基础。

当年观察并购趋势，我提出四个判断，即WTO造就中国真正的并购主体；交易成为主流方式；并购市场端倪已现；并购"群雄"厉兵秣马。于今回顾，这些视角依然是预测未来变化的基本角度。全球化、并购成长、智能科技驱动和并购交易价值观的重塑将会深刻改变中国经济的未来走势，也会改变我们的产业结构和企业运营模式。

全球化重组。二战后的全球化基调是以马歇尔计划、布雷顿森林体系和欧洲共同体三个支点形成的共识和主旋律，以20世纪构建的制造业、服务业和金融市场为核心创建全球经济，美国是领导者。最近20年发生了翻天覆地的变化，尽管是以波澜不惊的姿态。能源、材料、生物等领域的科技进步，全球互联网的普及和由品位与时尚主导的消费革命等打破了传统产业的依存链和发展秩序；中国经济的强劲成长和"一带一路"建设的国际空间诉求全面颠覆了已有的全球经济坐标；日本与欧洲步步为营实现的经济成长

也持续突破美国的产业生存底线,世界形成了多极的市场。全球化始终在不断重组中,资源、科技与人才等跨国流动得以迅速完成。尽管中美贸易摩擦和新冠肺炎疫情表面上导致了物流与人才的一时脱钩,但信息、科技与资本的全球一体化程度远远超过历史上任何一个时期。全球化依然是共识,各个产业的全球化枢纽和核心节点依然是各国争夺的重点。新一轮全球大并购即将展开,国家经济安全和全球化的地缘政治将是未来并购决策最重要的考量因素。

生存取决于并购。除了人才、管理、资源、成本与效益,时间与空间成为企业家决策的更为重要的约束。曾经的世界500强企业引以为荣的是其悠久的历史、公司理念、品牌价值和全球网络。如今上榜的500强更多的是创业不到30年的新贵,而且榜单年年翻新。全球公司当下标榜的是创新思维、消费者拥簇、并购与整合能力和互联网布局。企业的生命力在于消费者需求和市场创造,而今天的市场和消费者是伴随着互联网成长的。消费者有广泛的选择权,可以货比万家,追求时尚而且愿意接受新事物。市场没有耐心和品牌忠诚度,企业必须轻装上阵,快速进退。特斯拉、亚马逊、苹果和拼多多的成功代表了这一代互联网人的选择。独特的视野、快速创业、持续并购、市场整合等成为当代企业家的核心竞争力,金融资本猎手始终在捕捉并跟进这些企业。并购不仅是企业成长的动力,而且是企业生存的动力。不并购,毋宁死。

智能科技的驱动。互联网解决了信息不对称问题,大数据复原了历史轨迹,人工智能深入并购领域则大大提升了企业匹配与交易的效率。金融科技和区块链技术的场景应用正在迅速占领传统投资银行和投资基金的地盘,并购交易可以下沉,并成为千百万中小企业和创业者的市场。大量面向市场成长(非上市)的中小企业需要更加自由并广泛应用的并购交易市场机制,而金融科技和区块链为其提供了创新的空间。如同微信和支付宝打破传统金融的边界一样,技术与市场的力量将是新一代并购人前进的驱动力。

并购交易的价值观。全球化和科技化的观念必然带来价值观的挑战。我们如何追求全球化,人工智能将如何影响我们的生存,富裕社会的公平、可持续和精神寄托等都会在每个重要的并购交易中体现出来。价值观的不断厘清和选择远比追求利润和成功更为艰难，也使得并购交易变得更具理性和体现人格性。法治和规则并不能保证并购市场与并购交易的正当性，并购交易的价值观应成为无数并购人的考量。与在"饥饿与贪婪"中成长的企业家相比，新一代创业者和并购人无疑拥有更多的财富、资源和良好的教养，更加从容和自信。提升并守护并购交易的价值观，不断创新产品与服务，维护社会公正与文明进步，提升经济活力与竞争力，巩固中国的成长，积极参与全球化与构建人类命运共同体，这是值得期待的使命。

我们编辑了近20年《中国并购报告》，出版了几十本并购教材和著作，不断建言建策，提出了大量专业提案，培育了近万名并购交易师。创建了有20多个国家加入的亚太并购协会，还创建了全球第一个并购博物馆。20年里，我们与中国的并购市场一起成长，也组织了一系列境内外并购活动，参与了一系列并购法规的起草与完善。中国20年的并购历史与格局已经成为全球并购历史与格局的重要资源和内容，这是这一代人的幸运和骄傲，也是新一代人的起点和将要面临的挑战。过去一年，中国的企业家和创业者战胜新冠肺炎疫情和美国制造贸易摩擦的双重困难，率先抓住时机，以新的创新活力，谱写了中国并购的新篇章。20年前，我们在并购市场还是一片荒芜，今天国家实力已经全面提升，新一代企业家和创业者已经上场，中国的市场化、法治化和全球化大趋势依然不变。我继续引用当年的结语：

天不负我辈，我辈安负于天耶！

2021年2月14日

序二　在变中求不变

蔡　咏

2020年，中国并购市场最为引人关注的话题是注册制下并购重组的政策环境变化以及未来的发展方向。2019年10月，中国证监会发布《关于上市公司重大资产重组管理办法》（简称"并购新规"），这个办法在过去十几年中多次修改，对于这一次修改，市场人士认为，有的方面"紧"、有的方面"松"，主要变化表现在以下几个方面：一是取消了重组上市过程中的"净利润"指标，这个很重要；二是将"累计首次原则"计算时间进一步缩短至36个月，过去是60个月；三是允许符合国家战略的高新技术产业和战略性新兴产业在创业板重组上市，其他资产不行；四是恢复重组上市的配套融资，过去都有，但是在上一次修改中暂停了；五是丰富重大资产重组业绩补偿协议和承诺监管措施；等等。几乎同时，上海证券交易所制定了《科创板上市公司重大资产重组审核规则》；中国证监会也发布了《科创板上市公司重大资产重组特别规定》。2020年6月，深圳证券交易所也制定了相应的审核规则，因为创业板是存量市场，即将遇到在注册制下的并购重组问题，不像科创板是一个新的增量市场，新股上市后还需要一些时间，才能产生并购重组事项。总体来看，2020年资本市场的热点是在注册制下的IPO新股发行。因此，并购市场就显得较为冷清，科创板从发行到现在，真正完成科创板下的重大资产重组的数量也就较少，对科创板企业的并购重组，市场还需要有一个熟悉的过程，很多公司还在观望，或者在寻找新的比较好的标的，这都需要时间。具体来讲，并购新规及两个交易所的审核规则，以及中国证监会的特别规定，对注册制下并购重组政策的具体修订体现在以下三个方面。

第一，《科创板上市公司重大资产重组审核规则》第七条：科创板实施重大资产重组或发行股份购买资产，标的资产都应该符合科创板的定位，所属行业应当与科创公司处于同行业或者上下游，且与科创企业的主营业务具有协同效应，就是并购的这个标的资产必须能够产生"超额利益"，即在企业并购以后，对上市公司产品或业务的定价权，对降低成本、获取关键技术和研发人员，对产品的迭代，以及对进入新的市场领域，对获得税收优惠等，都要有好处。以上对于并购标的的约束条件较高，与IPO类似，这也成为2020年并购市场较为"冷清"的一个很重要的原因。

第二，创业板曾经不允许进行重大资产重组，后来又允许了，但是对并购公司的要求，应该符合创业板首次公开发行股票注册制中"合法规定条件的公司"，条件是一样的，也需要注册制下公开发行股票注册的条件，并且满足"三个条件"之一，也就是净利润5000万元、营收1亿元或者现金流1亿元等。

第三，在信息披露方面也做了进一步严格要求，需要披露并购交易的必要性以及合理性；同时对并购之后的股份减持也做了非常严格的要求。此外，为了压实中介机构的责任，也做了严格的约束，总共16项有关"中止"和"终止"规定，一旦触发其中之一，会中止或终止重大资产重组的审核，这些规定都是非常严格的。

综观2020年上市公司并购重组的发展趋势，主要有以下五个方面的变化。一是，上市公司并购短期内迎来低谷，但是未来仍大有可期。注册制在缩短上市周期、严格市场化退市、降低盈利门槛等方面，吸引了一大批创新型企业通过科创板、创业板直接上市。因此，短期内会导致A股并购热潮的快速消退，并购市场会暂时进入低谷期。但是长期来看，随着科创板的深入发展和全面实施注册制，上市公司的数量会越来越多，当注册制吸纳的科技创新、创业公司达到一定数量的时候，这些上市公司也会发起更多的纵向或者横向产业并购重组，尤其是纵向并购，未来A股并购市场仍然会日趋

活跃。二是，高估值、高业绩"对赌"和高商誉的并购将不断减少，上市公司的并购逐渐趋于理性。并购整合作为并购的出发点，最重要的标志是在并购方案中不再要求转让进行业绩"对赌"。长期以来，并购市场给外界的错觉就是凡是重组必将涉及业绩补偿。前几年的并购案例当中，推高股价已经作为买卖双方的共同诉求，买方和卖方都并不排斥高估值，因为高估值往往意味着可以吸引"眼球"，对交易完成后上市公司的股价走势可能会有好处。但是在过往的并购案例中，未能按照约定完成业绩补偿的占比超过20%，甚至产生因业绩"对赌"未能兑现而对簿公堂的现象。长期来看，市场自身的调节机制、并购交易的逻辑正在悄然发生变化，不设置业绩"对赌"，这是并购市场变化的一个重要标志。三是，发挥并购基金的作用，盘活市场存量，提升并购价值。通过鼓励上市公司发起合伙制、公司制和契约制等组织形式的并购基金，利用并购基金进行产业整合，通过对目标企业进行整合、培育和运营，在目标企业业绩改善之后，通过并购上市公司实现退出。这有利于上市公司进一步做强做大，更有利于上市公司进一步进行资产整合，能够帮助上市公司在资本市场的竞争中抢占先机，保障意向性标的并购的顺利完成，并通过整个过程发挥重要作用，提升并购价值。通过并购基金促进并购行业发展、提升并购价值，这也是发达资本市场的一种重要运作方式。四是，纵向产业并购将成为未来并购领域的主流。前面讲过，中国证监会在"并购新规"中，对净利润的认定指标的修改、缩短"累计首次原则"计算期限、恢复重组上市配套融资等规定，都有助于证券市场存量企业中符合创业板、科创板定位，处于同一行业上下游的主营业务具有协同效应的企业实施并购重组，促进并购交易更加市场化。同时，有利于提升科技资产的流动性，促进科创企业实现并购。可以说，纵向产业并购会逐渐成为并购重组市场的主流，并有望得到监管政策的重点支持。五是，注册制下，"壳资源"逐步淡出A股市场。在核准制下，从申报到发行上市，耗费时间长，不啻千军万马过"独木桥"，同时存在被否决的巨大不确定性。在审核制下，"借壳上市"的审核周期比IPO短，且操作性强，形成了A股市场历来已久的特点，即"壳资源"价值极高。但随着科创板、创业板注册制试点和全面铺开，IPO 的进程将大大加快，上市的周期也将缩短，盈利门槛也将降低，大批成长性较好的企业，会快速启动 IPO 的申报、问询和注册。与此同时，监管部门正在进行相关"退市"的制度安排，不符合市场要求、市值过低或者违法违规的上市公司可以顺畅退市。上述两个方面的原因，使得 A 股市场由来已久的"壳"资源，逐渐失去最后的需求市场和溢价效应，以上市公司为首要收购标的的时代已逐渐远去。相反，以收购行业高成长性企业为目的的产业并购，则将促进上市公司并购重组的进一步延展和活跃。

《中国并购报告（2021）》全面地记录了 2020 年国内外并购市场的风云变幻，细致阐述了各行业及上市公司、混合所有制企业的并购状况，总结分析了 2020 年并购基金的发展趋势，并回顾了与并购相关的法律法规及政策导向，对于并购行业的关注者和参与者来说，是一份珍贵的参考资料。国内的并购市场处在 2020 年这个历史的转折点——资本市场注册制的全面实施以及退市制度的常态化，市场活力得到激发，而上市公司洗牌、整体上市、优胜劣汰和重整重组，为海内外市场的并购重组提供了新的机遇。系列报告记录中国并购市场的步伐已经迈过了第二十个年头。报告专注的目光、独特的视角、忠实的笔触，依旧在《中国并购报告（2021）》中延续，衷心感谢所有参与 2021 年并购报告编撰的执笔人和编辑工作人员。同时，也衷心希望各位同行、专业人士对本报告进行批评指正，以使今后的报告能够更加完善、全面和准确，为并购重组市场的发展尽微薄之力，我们将感激不尽。

2021 年 2 月 14 日

摘　要

2020年1月，突如其来的新冠肺炎疫情席卷全球，全球经济也深受冲击。全国经济在经历疫情之初的下跌之后，运行逐步改善和恢复常态，并实现正增长。中国并购市场受疫情的影响，在经历第一、第二季度的大幅下跌之后，也于第三季度开始回暖，跌幅收窄，展现出强大的活力。

总报告对2020年中国并购市场发展的宏观经济环境进行了分析，受疫情冲击并购大幅衰退，国际贸易活动低迷，债务风险受财政货币政策的刺激持续攀升。受到新冠肺炎疫情的冲击，美国市场交易下滑严重，欧洲并购交易受疫情冲击并购数量有所下降，但并购交易金额不降反升，中国与成熟欧美市场的差距逐步缩小。

政策法规篇对近年来国家出台的有关并购重组的法律、行政法规、部门规章和其他规范性文件，尤其是对《证券法》（新版）、《民法典》和《上市公司收购管理办法》（2020修订）进行了分析和解读。同时，分析了并购活动中常见的纠纷、并购纠纷诉讼实务中的若干法律争议及难点问题。对《证券法》、证监会相关规定、《外商投资法》等新法规的出台将给中国并购市场带来的"新变化"进行了分析。行业篇对制造业，能源矿产业，房地产业，互联网信息技术业，金融业，文体及娱乐业，建筑业，电力、热力、燃气、水务公共服务业，交通运输与仓储物流业，以及住宿和餐饮业十大行业的发展背景、现状与趋势，并购规模、特点及问题，主要并购案例及知名案例的逻辑框架进行解读，由面到点，系统全面呈现各行业的并购现状，解读各行业并购案例。专题篇聚焦并购市场，并对重点问题进行全面的剖析和

探究。对中国上市公司、民营企业、区块链产业、中国并购基金的情况进行了分析，全面解释了上市公司的并购重组情况，民营企业"混改"提速、资本市场并购新规、高科技领域并购逐渐活跃等因素为并购活动提供了有利条件，提出区块链产业要提高协同效率，降低信任成本，实现传统产业"价值互联网"升级，最后对知名基金的并购案例进行了分析和解读。热点篇对困境资产重组、"混改"等中国并购市场的热点问题进行了分析，介绍了国家支持困境资产并购重组的相关政策，并提出了相关对策性建议。案例篇解读了国联证券收购国金证券股权、淘宝收购吉鑫控股股份、58同城私有化和万达出售海外资产四个知名收购案例。

关键词： 并购市场　行业并购　并购重组

目 录

Ⅰ 总报告

B.1 2020年中国并购市场分析 …………… 李 康 祁宗超 秦 川 / 001

Ⅱ 政策法规篇

B.2 并购法律法规与政策评价
　　…………………… 张晓森 张 惟 万艺娇 章松涛 / 027
B.3 "新法新规"下并购市场"新变化"分析 …… 刘 维 朱奕奕 / 080

Ⅲ 行业篇

B.4 2020年制造业并购分析 …………………………… 周 经 / 087
B.5 2020年能源矿产业并购分析 ……… 胡 伟 蒋贻宏 高 琛 / 106
B.6 2020年房地产业并购分析 ………………………… 张 博 / 116
B.7 2020年互联网信息技术业并购分析 ………… 蒋 弘 孙芳城 / 122
B.8 2020年金融业并购分析 …………………………… 陈 超 / 136

B.9　2020年文体及娱乐业并购分析 …… 胡　伟　蒋贻宏　高　琛 / 143

B.10　2020年建筑业并购分析 …………… 姚禄仕　辛韫哲　舒　宁 / 152

B.11　2020年电力、热力、燃气、水务公共服务业并购分析

………………………………… 胡　伟　蒋贻宏　高　琛 / 165

B.12　2020年交通运输与仓储物流业并购分析

………………………………… 胡　伟　蒋贻宏　高　琛 / 175

B.13　2020年住宿和餐饮业并购分析 ……………………… 胡利军 / 187

Ⅳ　专题篇

B.14　2020年中国上市公司并购分析 ……………………… 李　广 / 195

B.15　2020年民营企业并购现状与趋势分析 ……………… 王大鹏 / 206

B.16　区块链产业的并购重组机会和价值 ………… 邓　迪　樊　鹏 / 213

B.17　中国并购基金的发展分析 …………………………… 陈宝胜 / 218

Ⅴ　热点篇

B.18　困境资产的并购重组分析 …………………………… 韩晓亮 / 247

B.19　新时期混合所有制改革分析与建议 ………………… 于明礼 / 268

B.20　关于积极应对新冠肺炎疫情影响，深化资本市场改革的

若干建议 …………………………………………… 全联并购公会 / 290

Ⅵ　案例篇

B.21　并购案例一：国联证券收购国金证券股权 …………… 陈　超 / 298

B.22　并购案例二：淘宝收购吉鑫控股股份 ………………… 吴　黛 / 309

B.23　并购案例三：58同城私有化 …………………………… 吴　黛 / 313

B.24　并购案例四：万达清空海外地产 …………………………… 吴　黛 / 321

Ⅶ　附录

B.25　2020年中国并购大事记 ……………………………………………… / 325
B.26　第十七届中国并购年会精彩论点综述 ………………………………… / 337
B.27　第六届中国并购基金年会精彩论点综述 ……………………………… / 341

Abstract ………………………………………………………………………… / 346
Contents ………………………………………………………………………… / 348

总报告

General Report

B.1
2020年中国并购市场分析

李康 祁宗超 秦川*

摘　要： 2020年受新冠肺炎疫情影响，全球经济深度衰退，并购活动锐减。中国经济也深受疫情冲击，并购大幅萎缩，无论是并购交易数量、单笔并购金额，还是并购总规模，都全面下滑。首先，本报告分析了2020年中国并购市场发展的国际宏观经济环境，受疫情冲击并购数量大幅减少，国际贸易活动低迷，债务风险受财政货币政策的刺激持续攀升。其次，对国际并购市场进行了分析，受新冠肺炎疫情的冲击，美国市场交易下滑严重，欧洲并购交易虽受疫情冲击并购数量有所下降，但并购交易金额不降反升。最后，从行业、地域、并购交易规模、并购方式、目的、支付方式、中国企业海外并购概况、跨国公司在中国的

---

* 李康，博士，高级经济师，湘财证券股份有限公司首席经济学家、副总裁兼研究所所长，中国证券业协会证券分析师、投资顾问与首席经济学家委员会主任委员；祁宗超，经济师，湘财证券研究所宏观分析师，主要研究方向为宏观经济与产业并购发展；秦川，湘财证券研究所宏观策略分析师，CFA持证人，主要研究方向为国际资本市场、外汇市场及投资基金业发展。

并购投资概况和主要行业的并购概况对中国并购市场进行了分析。虽受疫情冲击，中国与成熟欧美市场的差距却在逐步缩小。

关键词： 并购　上市公司　跨国投资

一　2020年并购市场的宏观经济环境

2020年，受新冠肺炎疫情冲击，全球经济陷入了"大萧条"以来最严重的衰退。第三季度开始，得益于全球主要经济体的宽松政策支持，全球经济开始呈现复苏迹象。但由于全球疫情仍未得到有效控制，疫苗的大规模接种和有效性验证仍需时日，全球经济的复苏进程曲折且充满不确定性。根据国际货币基金组织发布的《世界经济展望》，2020年全球经济增速预计为-4.4%，是1980年有统计数据以来唯一的负增长。

（一）受疫情冲击经济大幅衰退，复苏进程道阻且长

根据世界卫生组织数据，截至2020年12月31日，新冠肺炎疫情已经在超过200个国家暴发，确诊病例超过8100万人，造成超过179万人死亡，对全球经济发展产生了巨大的冲击。受新冠肺炎疫情的冲击，全球主要经济体经济2020年均出现了罕见的剧烈波动。

美国方面，2020年第一季度实际GDP（国内生产总值）环比折年率录得-5.0%，新冠肺炎疫情对经济的冲击初显。从第二季度开始，欧美主要国家都开始实施停工停产等一系列社交隔离措施，经济出现大幅萎缩，美国GDP环比折年率录得-31.4%，成为有记录以来的最大季度跌幅，远超2008年全球金融海啸时期。随着复产复工的逐步推进，宽松的刺激政策开始显现效果，美国第三季度GDP环比折年率数据在第二季度极低基数的基

础上录得33.1%的巨幅增长,但从同比口径来看仍然为负:第三季度GDP同比折年率录得-2.9%。欧元区方面,主要国家第一季度末疫情较为严重,当季GDP环比折年率录得-14.1%,第二季度受社交隔离等防疫措施影响,经济继续萎缩,GDP环比折年率下降39.2个百分点,创下1995年欧盟有统计数据以来的最大降幅,第三季度随着经济的逐步复苏,在第二季度低基数的背景下录得60.0%的环比折年率,但从同比口径来看欧元区第三季度GDP同比仍为-4.3%。日本经济在连续三个季度负增长后在2020年第三季度环比转正,录得22.9%,但也是建立在第二季度经济环比折年率大幅下降29.2个百分点的基础上的,同比来看第三季度GDP仍然下降了5.7%(见图1、图2)。新兴市场和发展中国家方面,由于其经济高度依赖大宗商品等上游资源品的出口,新冠肺炎疫情对全球下游需求及出口贸易都产生了较大的抑制作用,因此新兴市场在疫情中同样受到了严重的冲击(见图3)。此外,社会保障及公共卫生资源的匮乏、政府政策刺激空间有限、经济金融系统脆弱等因素都制约了新兴市场经济复苏的节奏。

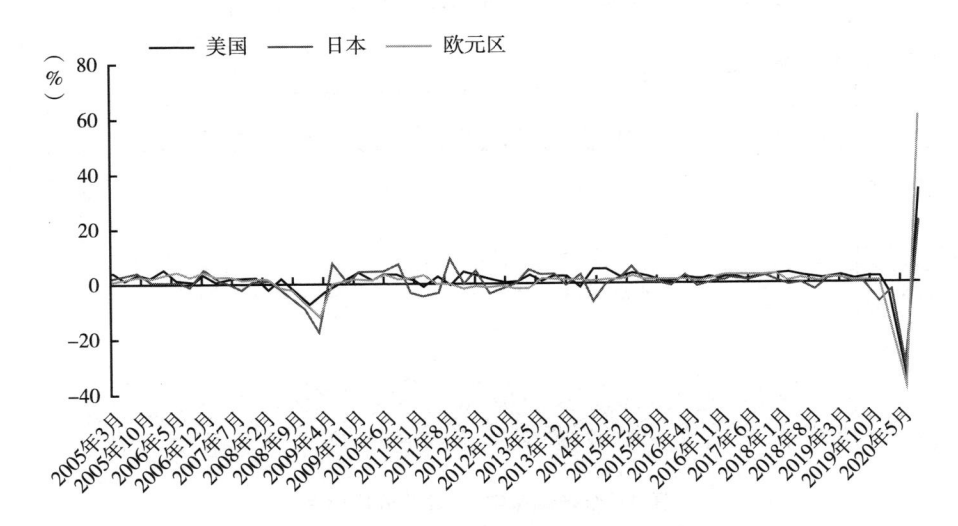

图1 美、日及欧元区实际GDP季调环比折年率

资料来源:湘财证券研究所、Wind。

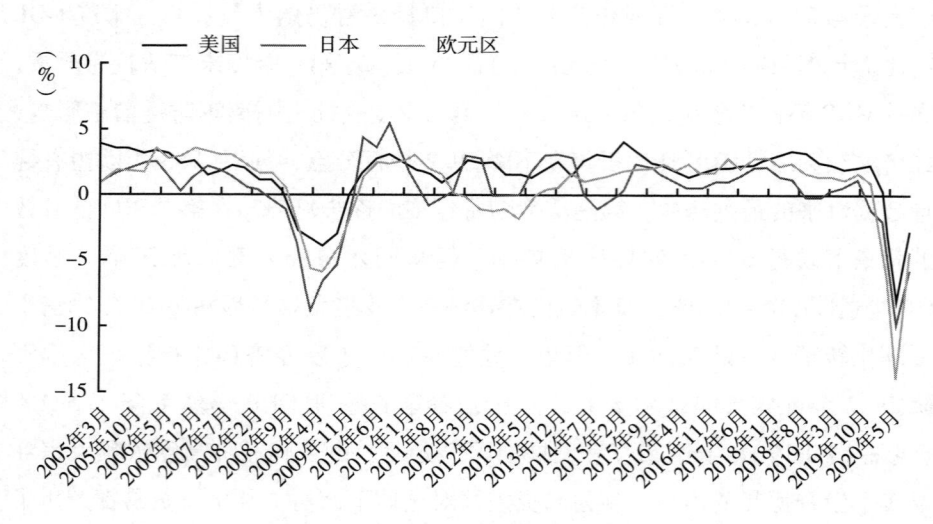

图 2　美、日及欧元区实际 GDP 同比增速

资料来源：湘财证券研究所、Wind。

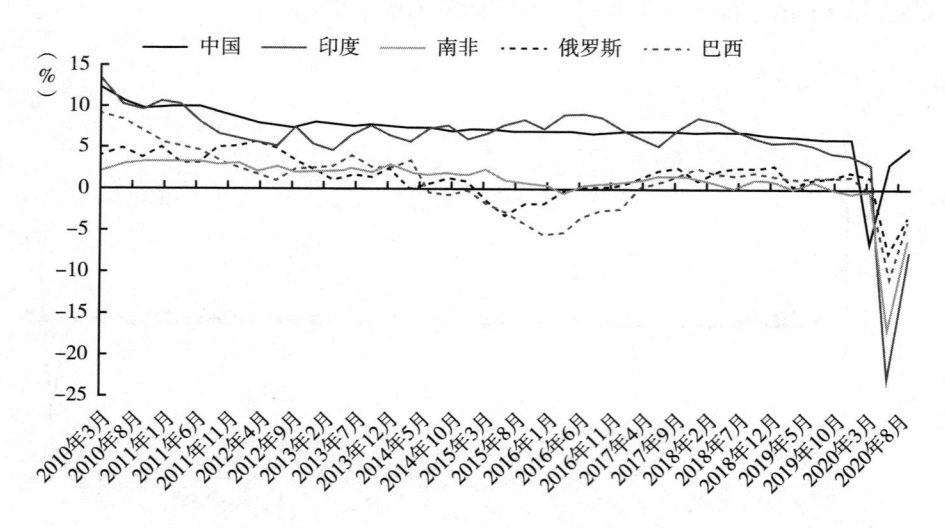

图 3　金砖国家实际 GDP 同比增速

资料来源：湘财证券研究所、Wind。

（二）国际贸易活动低迷，服务行业受到抑制

新冠肺炎疫情"大流行"从供给和需求两个方面对全球贸易活动产生冲击，除中国外的全球主要经济体的商品出口金额都出现了大幅下降，最严重的第二季度降幅均超过20%。以美国为例，2020年2月出口当月同比增速为1.74%，随后受到新冠肺炎疫情的冲击，出口增速一路下滑至5月的-36.34%，其后伴随着复工复产的推进，出口增速逐月回升至10月的-6.96%。其他主要发达经济体的出口均表现出相似的趋势，仅有日本的出口当月同比增速在10月勉强转正。从海外主要新兴经济体和发展中国家来看，出口则更显疲弱，俄罗斯出口同比降幅自2020年2月以来一直保持在两位数，截至10月，出口当月同比增速仍为-23.8%；印度出口当月同比增速在5月一度下降超过60个百分点，截至2020年11月，出口当月同比增速为-8.74%。根据世贸组织发布的统计数据，全球商品贸易量在第二季度经历了-12.7%的严重下滑，随后由于主要经济体广泛采取刺激性财政货币政策，全球商品贸易第三季度出现反弹，贸易量较前一季度环比增长11.6%，但第三季度当季贸易量仍比2019年同期下降5.6%，2020年前三季度全球商品贸易量则较2019年同期下降了8.2%。

保持社交距离的防疫要求对服务行业的打击尤为明显，其中旅游和交通行业首当其冲。以旅游业为例，第二季度由于严格的封锁措施，一些欧美国家的旅行预订数量相比2019年同期下降了超过90%。随着封锁措施的逐步放开，旅游预订逐步恢复（见图4）。但由于欧美国家疫情的再次暴发，旅游预订数量再次大幅下滑。从全球航班数量来看，受疫情冲击，第二季度全球航班数量大幅下滑，4月最低点相比2019年降幅超过75%，随后逐步攀升，但在欧美疫情再次恶化的影响下出现回落趋势，截至2020年底仅恢复到2019年80%左右的水平（见图5）。

（三）财政货币政策大幅刺激，债务风险持续攀升

为了应对新冠肺炎疫情对全球生产制造、消费投资、居民信心等方

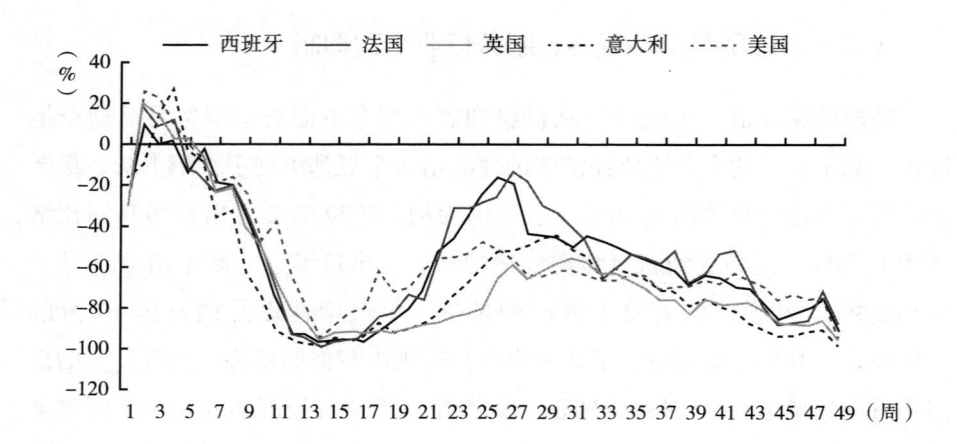

图4 欧美主要国家2020年每周旅游预订数量相对2019年同期变化

资料来源：湘财证券研究所、seetransparent.com。

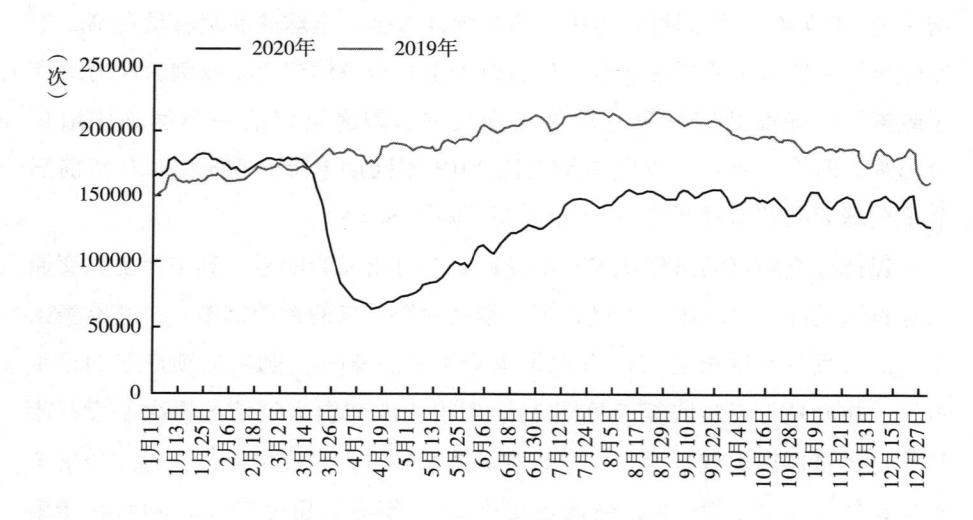

图5 全球航班数量7日移动平均

资料来源：湘财证券研究所、Flightradar24。

面的冲击，各经济体吸取了2008年应对金融危机时的政策经验，迅速地出台了一系列财政和货币刺激方案来减轻疫情对实体经济的冲击。全球财政和货币政策的空前扩张，一方面使全球经济在下半年开始逐步呈现复苏的迹象，另一方面也使全球主要经济体未来长期的债务风险逐渐攀升。

财政政策方面，主要经济体均迅速推出了对企业进行减税、允许个人延迟纳税、向个人或家庭发放现金、增加失业保险及救济金等积极的财政政策。无论是发达国家还是发展中国家，财政支出均较往年大幅上升。根据IMF预测，2020年发达国家和发展中国家财政支出占GDP比重分别达到48.7%和33.9%，较上一年度分别上涨10.0个和2.9个百分点，创历史新高。在财政支出上升的同时，经济增速下滑导致财政收入下滑，因此财政赤字水平也出现激增，预计发达国家和发展中国家2020年政府财政赤字占GDP比重将分别达到14.2%和10.4%的历史高位水平，需要几年的时间才能恢复到疫情前的水平（见图6）。从货币政策来看，很多国家通过实行更加宽松的货币政策为市场提供充足的流动性，同时降低实体企业融资成本，减轻企业还款负担，提供额外的贷款支持，全球主要央行的资产负债表快速扩张。以美联储为例，其规模从2020年初的4.2万亿美元扩张到年底的7.4万亿美元，增长了76%。欧洲央行和日本央行至2020年底资产规模也分别达到7.0万亿欧元和702.6万亿日元，规模较年初分别增长了50%和23%（见图7）。空前扩张的财政政策使得全球主要经济体的政府债务激增，当未来极度宽松的货币政策受通胀压力影响而不得不收紧时，一些经济体的债务风险也将逐渐凸显。

二 2020年国际并购市场概况

2020年的新冠肺炎疫情不仅对全球实体经济产生了较大的冲击，对全球的投资并购活动也产生了明显的影响。根据经济合作与发展组织（OECD）公布的数据，2020年上半年全球外国直接投资（Foreign Direct Investment，FDI）总额3637.2亿美元，较2019年同期下降了45.7%。分季度看，2020年第一、第二季度FDI总额分别为2037.2亿美元和1600.0亿美元，较2019年同期分别下降了44.0%和47.8%（见图8）。一方面，因为

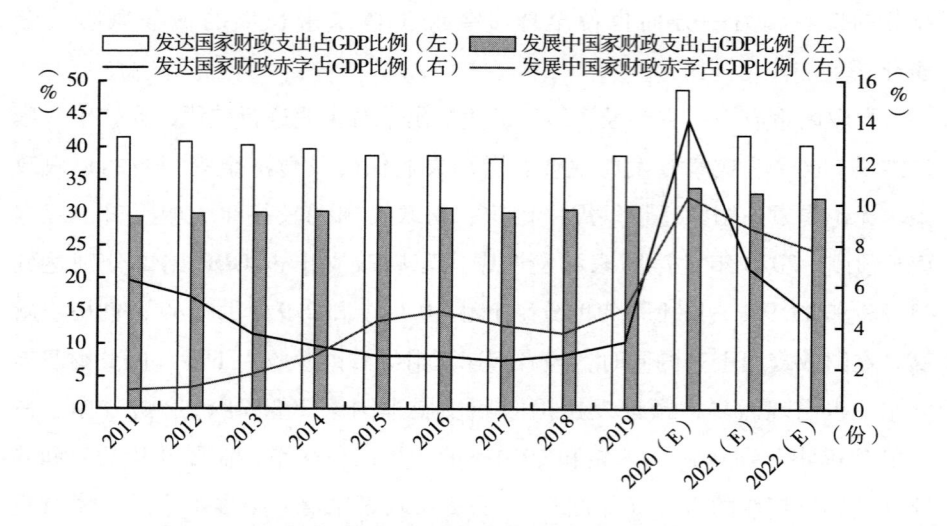

图 6　全球不同国家财政赤字水平大幅攀升

资料来源：湘财证券研究所、IMF。

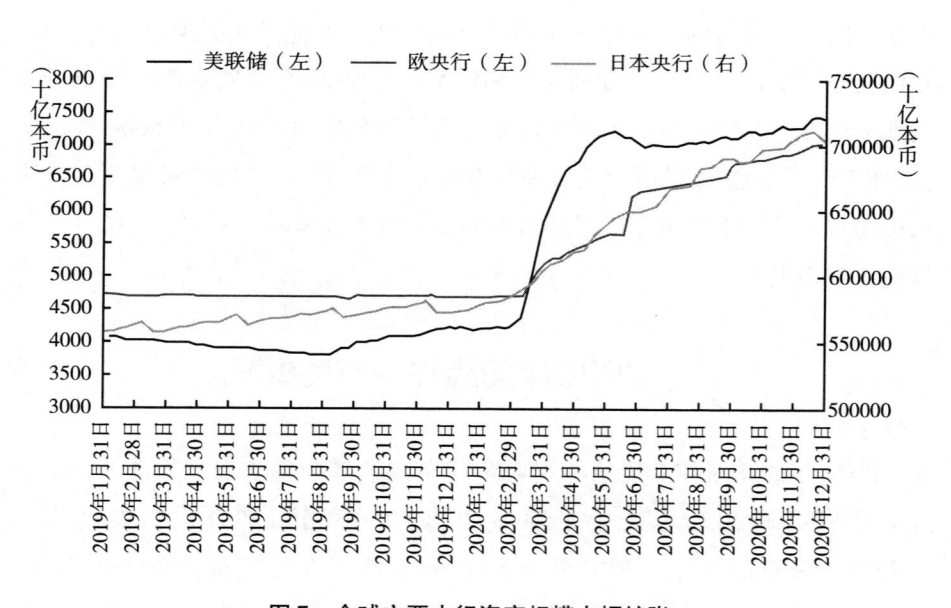

图 7　全球主要央行资产规模大幅扩张

资料来源：湘财证券研究所、Wind。

上半年全球范围的防疫封锁措施减缓了投资项目的推进进度；另一方面，全球经济可能出现严重衰退的预期使一些跨国企业对于新设投资保持谨慎态度。

根据联合国贸发会议公布的数据，2020年上半年，流入发达经济体的FDI总额约为980亿美元，与2019年同期相比大幅减少了75%，是拖累全球FDI总额下降的主要因素。相比之下，发展中国家表现超出预期，2020年上半年FDI流入较上年同期仅下降了16%，得益于中国经济在疫情得到有效控制后表现出来的强劲韧性。预计2020年全年的FDI总额降幅为30%~40%，随着全球经济的逐步复苏，投资活动在第三季度逐步重启，流入发达国家的FDI总额增速有望逐步修复，流入发展中国家的FDI总额增速则可能进一步回升。跨境并购方面，2020年前三季度总额为3190亿美元，较2019年同期相比下跌21%，数字行业相对活跃的并购活动减少了并购金额的跌幅。

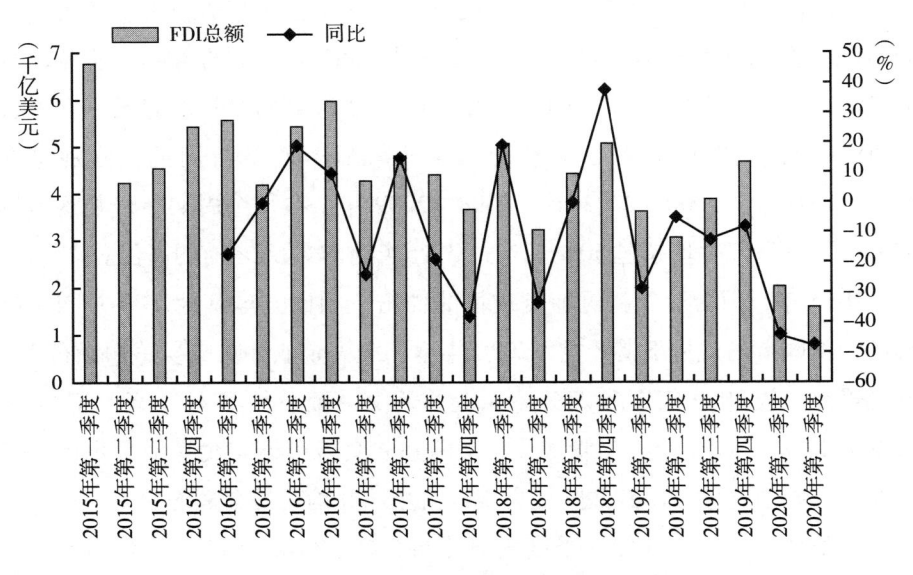

图8 2015年至2020年上半年全球FDI总额变化情况

资料来源：湘财证券研究所、OECD。

从并购市场来看，上半年受到新冠肺炎疫情的冲击，跨区域的并购交易活动几乎停摆，但是下半年全球并购交易出现大幅反弹。根据路孚特的数据，2020年下半年并购交易总额超过了2.3万亿美元，比上半年增长了88%，第三季度和第四季度并购交易额均超过了1万亿美元，是自2008年以来第二次连续两个季度超过这个水平。这主要是因为股票市场的大幅上涨以及低廉的融资成本提升了公司的交易信心，其中科技、医疗和金融服务板块的并购交易引领着市场的复苏。全年来看，2020年全球并购活动交易额较上一年度下降5%，达到3.6万亿美元，是2017年以来的最低值，交易数量为48226笔，较2019年的50113笔下降3.8%。

（一）2020年美国并购市场概况

作为全球最为活跃的并购交易市场，美国的企业并购交易总额一直在全球名列前茅。根据并购联盟研究院（IMAA）的数据，自1985年至2020年底，美国已有接近37万笔并购交易成交，总交易金额超过40万亿美元。从交易金额看，2015年美国并购交易达到了自1985年以来的高峰，录得2.41万亿美元。从交易数量看，2019年创下了1.78万笔的交易新纪录。在过去的30多年间，美国并购市场经历三次比较显著的下行周期，分别是在1989~1991年、2000~2002年和2008~2009年。在每个周期中，并购市场交易金额下滑幅度均超过50%，经过3~6年才恢复到之前的高位。

2020年，因为受到新冠肺炎疫情的冲击，相比全球其他主要并购交易市场，美国市场交易下滑严重，2020年全年美国企业并购交易总额录得1.4万亿美元，较2019年下降23%，企业并购交易数量约1.47万笔，较2019年下降18%（见图9）。尽管如此，美国并购交易市场在交易金额规模上仍然处于全球领先地位，其并购交易金额占全球并购交易金额的39%。

分季度看，2020年第一季度美国并购交易总金额为2130.6亿美元，较2019年同期下滑58%，新冠肺炎疫情的影响初步显现。第二季度，并购交易总金额仅为648.9亿美元，同比下降89%，环比下降70%。主要因为受新冠疫情冲击，企业的并购信心受挫，大额并购交易数量大幅下滑。第三季

2020年中国并购市场分析

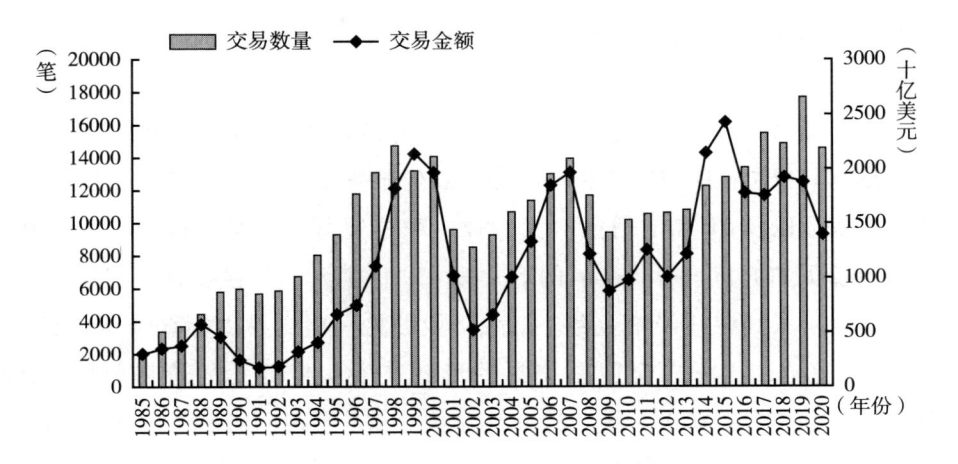

图9 美国并购市场1985~2020年交易表现

资料来源：湘财证券研究所、IMAA。

度开始并购交易金额环比大幅回升432%，至3452亿美元，已经回到了2019年同期的水平。至2020年12月底，新冠肺炎疫情对美国并购交易市场的影响并未完全散去，从12月的并购交易数量来看，相较2019年同期仍下跌了13%。从并购交易金额来看，下半年的交易金额回升速度较交易数量更快，即下半年单笔并购交易金额在上升，显示出随着经济逐步复苏，交易者的信心也在逐步回升。

相比此前并购交易市场的下行周期，这次的下行周期可能会更加短促，经历了2020年上半年并购交易金额的大幅下滑，随着经济逐步复苏，下半年开始并购交易随之复苏的势头也显得较为强劲。因为疫情原因一些项目被暂缓而非取消，当疫情逐步得到控制时，这些因市场低迷气氛而被压抑积累的并购需求就会重新释放。同时，拜登政府的上台可能会降低美国并购市场的不确定性，为2021年的并购市场提供一个更加稳定的环境。因此随着并购活动在2020年下半年的回升，预计其有望在2021年恢复到疫情之前的水平。此外，许多前几年已经存在的市场趋势也因为疫情而加速显现，例如疫情推动数字化加速，使并购交易的重心和资金逐渐向科技相关产业倾斜和转移。早在新冠肺炎疫情暴发之前，跨境并购就有逐步放缓的趋势，取而代之

011

的是更多本地公司的整合及对贸易保护主义的青睐，而新冠肺炎疫情的暴发更推动了这些趋势。

分行业来看，一些行业2020年12月的并购交易数量已经超过了2019年同期，其中包括航空航天和国防业、商业服务业、金融业、多元化工业、食品和农业以及IT和电信业六大行业。摩根士丹利（Morgan Stanley）在2020年2月宣布以全股票交易的形式按130亿美元的价格收购E*TRADE，以此迅速扩张其在线经纪业务。金融行业的另一项交易由标普全球（S&P Global）完成，同样以全股票交易的形式按440亿美元的价格收购IHS Markit，同时也是2020年最大的一笔并购交易。金融行业的这两笔并购表明，在线经纪业务的竞争以及对更完善的金融数据的追求将是金融行业未来一段时间的趋势。半导体芯片行业2020年宣布了两笔大规模交易，一个是亚德诺半导体（ADI）宣布将以220亿美元收购Maxim Integrated Products（MXIM），另一个是英伟达（NVDA）宣布将从软银集团手中以400亿美元的价格收购Arm，这两笔交易显示出芯片制造商在积极应对大型科技公司纷纷布局制造芯片带来的竞争压力。2020年的并购交易市场还出现了能源行业的整合浪潮，主要是为了能够在疫情冲击导致的低油价环境中生存，其中包括雪佛龙公司（CVX）以50亿美元的价格收购来宝能源，先锋自然资源公司（PXD）宣布以45亿美元的价格收购帕斯利能源公司等。

（二）2020年欧洲并购市场概况

根据富而德（FBD）的统计数据，欧洲并购交易市场2020年实现交易总额7850亿美元，较2019年增长29%，实现并购交易数量11970笔，较2019年下降11%，反映出2020年欧洲市场大额并购交易数量较2019年有所提升，单笔并购金额有所上涨（见图10、图11）。欧洲并购交易受到疫情冲击不降反升，主要因为进入下半年以来，企业并购热潮重启，一些受疫情影响严重的公司希望通过"抱团取暖"的方式来渡过疫情难关。此外，疫情带来的极低的利率水平和宽松的融资环境也是促成下半年并购交易大幅反弹的重要原因。

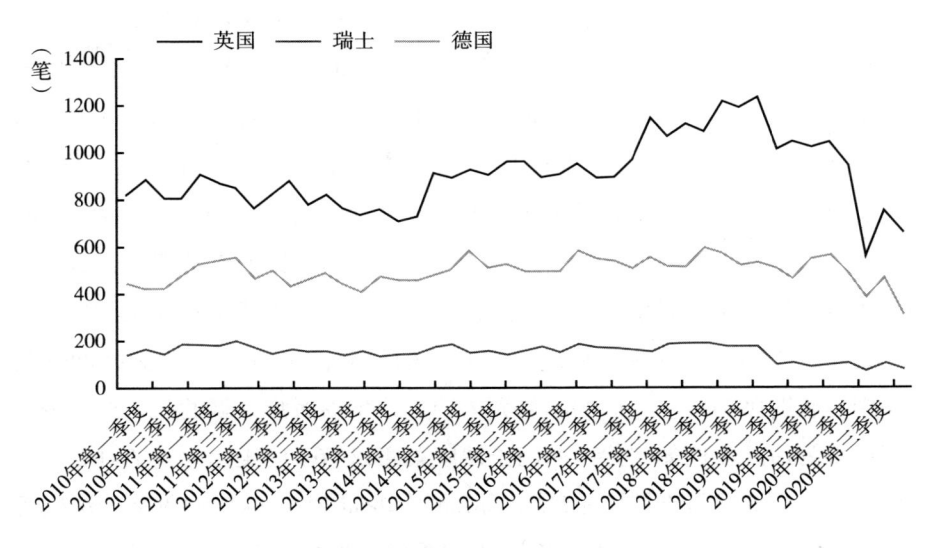

图 10　欧洲国家并购交易数量季度变化

资料来源：湘财证券研究所、IMAA。

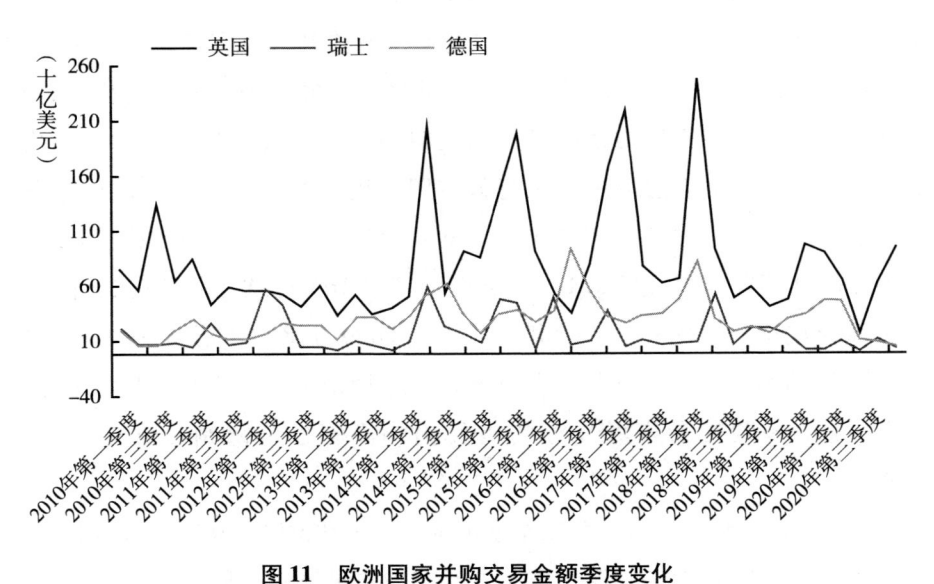

图 11　欧洲国家并购交易金额季度变化

资料来源：湘财证券研究所、IMAA。

可以看出，新冠肺炎疫情在给全球投资与并购市场带来负面冲击的同时，也为部分行业的发展提供了新机遇。一方面，为了增强应对危机的能力，对冲疫情产生的负面影响，通过反垄断审批的同等规模公司之间的并购活动有所增加，以达到强强联合及"一加一大于二"的效果。另一方面，由于受疫情影响，一些企业的盈利水平受到极大冲击，企业价值大幅收缩，而一些大型龙头企业的股票价格则因为宽松的货币政策而水涨船高，这为大型龙头企业进一步以股票交易的形式借势并购扩张提供了更加优惠的价格。

医药、生物科学行业是从疫情中获益的行业，2020年在欧洲并购交易市场中，收购医药行业企业的趋势尤为明显，生物医疗领域的并购交易较往年明显更为活跃。例如，德国西门子健康集团以164亿美元达成了对美国癌症诊断设备厂商瓦里安医疗系统（Varian Medical Systems）的收购，法国赛诺菲集团拟斥资37亿美元收购美国普林西皮亚生物制药公司，以获得其针对人体免疫性疾病的治疗方法等。

地缘政治因素及贸易保护主义对全球并购交易的影响也在逐步显现，各国政府在并购交易活动中的参与程度均有所提升，特别是涉及本国关键技术或者关键行业的时候，可能会出现某种形式的保护主义，这样的趋势在美国特朗普上台之后愈发明显，但很明显不会随着其下台而很快消失。典型的例子是，由于法国决定实行数字服务税，法美贸易局势趋向紧张，美国前总统特朗普称将在2021年1月6日对法国奢侈品征收关税。在此背景下，路威酩轩集团（LVMH）决定撤销其以166亿欧元收购奢侈珠宝品牌Tiffany的交易。此外，意大利政府也在2020年8月叫停了意大利电信向美国KKR集团出售二级网络的交易。从短期来看，因为地缘政治和保护主义因素，并购交易市场复苏的进程仍将面临投资限制、监管严苛等挑战。

从主要国家情况来看，第二季度英国、瑞士和德国并购交易数量分别下降了40%、35%和21%，第三季度并购交易数量虽然有所回升，但第四季度再次出现回落。从并购金额来看，第二季度英国、瑞士和德国并购交易金额分别下降了77%、98%和75%，随后第三季度交易金额均反弹至第一季度的水平，而在第四季度英国的并购交易金额继续回升，并回到了2019年疫情前的水平，是欧洲并购交易市场下半年反弹的重要支撑。

（三）2020年亚太并购市场概况

根据富而德（FBD）统计数据，亚太地区并购交易市场2020年实现交易总额8300亿美元，较2019年同比增长15%，并购交易数量较2019年上升了8.4%，在新冠肺炎疫情的冲击下实现了交易金额和数量的双增长，同时单笔并购交易金额也有所上升。主要得益于一些亚洲国家，特别是中国有效应对新冠肺炎疫情，快速地控制住了疫情的蔓延，经济从第二季度开始快速复苏反弹。

随着中国经济的不断发展、金融市场的不断完善，中国并购市场在亚太并购市场中占有越来越重要的地位，无论从并购金额还是从并购数量来看均远超排名第二的日本。过去20年，中国并购市场经历了迅猛的发展，2015年因为股票市场的大幅上涨及相对宽松的政策监管环境，中国单月并购交易金额曾一度超过1400亿美元。其后，随着股票市场的回落，产业并购逐步回归理性，并购交易金额也逐步回落。2020年因为疫情因素，并购交易金额开始重新回升。随着中国的改革开放措施持续推进，某些行业取消了外资股比的限制，叠加中产阶层消费持续增长，外资进入中国趋于活跃，同时"双循环"也给中国境内的并购提供了更多的机会。

从并购交易数量来看，2020年第三季度中国在亚太地区排名第一，占比接近30%，日本、澳大利亚分列第二、第三名，占比接近16%，其次分别是印度和韩国，占比分别为9.5%和7.1%（见图12）。从并购交易金额来看，中国在亚太地区仍然排名第一，占比已达44%，第二名日本占比接近26%，随后的澳大利亚、印度和韩国占比则分别为6.7%、4.5%和3.2%（见图13）。亚太地区的并购交易在2020年第三季度大幅反弹之后继续保持强劲增长，得益于科技公司和企业集团在新冠肺炎疫情下逆势扩张。鉴于严格的社交隔离导致对数字平台和快递服务的需求不断增加，这类企业的并购交易活动在新冠肺炎疫情期间逆势增长，例如总部位于新加坡的Grab宣

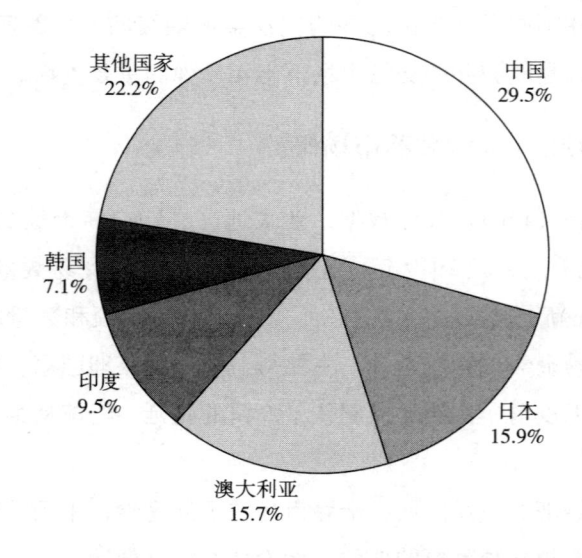

图12　2020年第三季度亚太地区并购交易数量

资料来源：湘财证券研究所、Global Data Financial Deals Database。

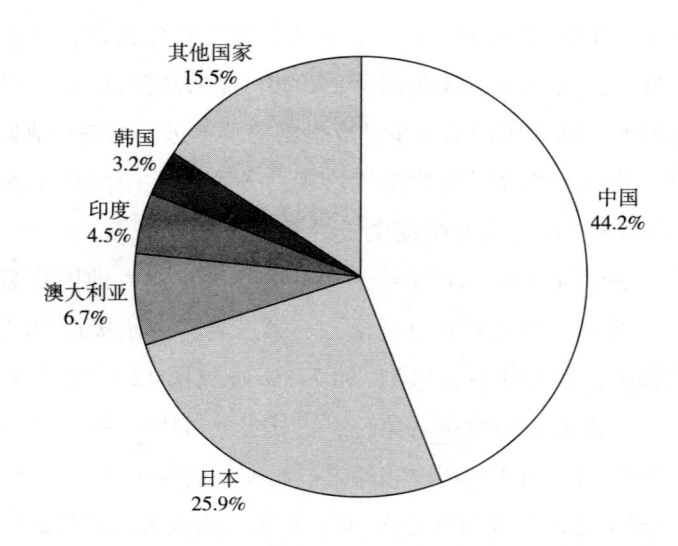

图13　2020年第三季度亚太地区并购交易金额

资料来源：湘财证券研究所、Global Data Financial Deals Database。

布对财富技术初创公司 Bento 进行收购，印度尼西亚的 Gojek 收购了印度尼西亚的初创公司 Moka 及越南的电子支付初创公司 WePay。日本公司第二季度以来在并购交易市场保持活跃，例如软银集团将芯片制造商 ARM 以 400 亿美元出售给英伟达，日本电讯电话公司（NTT）以 407 亿美元收购 NTT Docomo 剩余 33.8% 的股权。

根据联合国贸发会议的数据，尽管 2020 年前三季度全球跨境并购同比下降了 15%，但亚洲的情况却与之大不相同，跨境并购活动增加了 60%。虽然在新冠肺炎疫情暴发之前，亚太地区经济扩张的轻松时期就已经结束，中美贸易摩擦和更大的经济不确定性也使亚太地区的并购交易有所承压，但随着 2019 年的逐步探底，并购交易活动在该地区开始增多。预计随着新冠肺炎疫情逐步得到控制，亚太地区的并购交易活动有望持续企稳，保持活跃。

三　2020 年中国并购市场分析

并购基金在我国起步较晚，在经济高速增长的背景下，企业被并购意愿不强、并购融资工具有限，并购市场的数量规模与相对成熟的欧美市场相比差异较大。但随着经济进入降速提质的高质量发展阶段，市场的马太效应逐步显现，强者恒强在各行业中表现越来越明显，中小型企业被并购的意愿逐步提高，未来随着并购融资工具的逐渐丰富，中国并购市场加速发展的态势将延续，尤其是 2020 年初以来的新冠肺炎疫情对中小企业产生了较大的冲击，更是加速了这一发展态势，中国与成熟欧美市场的差距也将逐步缩小。

（一）2020 年中国并购市场概况

根据 Wind 金融终端统计数据，2020 年中国并购市场整体成交金额 24577.5 亿元，较 2019 年下降 3.7%；整体并购数量 9494 笔，较 2019 年下降 8.7%。从平均规模角度看，2020 年中国并购市场平均单笔成交金额

2.59亿元，较2019年增长5.4%。①

分季度来看，2020年第一季度中国并购市场整体成交金额3003亿元，同比下降49%；整体并购数量1583笔，同比下降30%；单笔成交金额1.90亿元，同比下降27.1%。2020年第二季度中国并购市场整体成交金额4829亿元，同比下降25%；整体并购数量2345笔，同比下降13.3%；单笔成交金额2.06亿元，同比下降13.5%。2020年第三季度中国并购市场整体成交金额7165亿元，同比增长39.3%；整体并购数量2643笔，同比增长1.5%；单笔成交金额2.71亿元，较2019年增长37.2%。2020年第四季度中国并购市场整体成交金额9581亿元，同比增长19%；整体并购数量2923笔，同比增长5.4%；单笔成交金额3.28亿元，同比增长14.9%。从分季度数据可以明显看到，受疫情冲击最大的第一、第二季度，中国并购市场的并购金额与并购数量都出现了大幅度下滑，随着疫情得到有效控制，并购金额与并购数量逐步恢复增长。

分行业来看，2020年中国并购市场成交金额排名前五的行业分别为技术硬件与设备、材料、资本货物、多元金融、房地产，其并购成交金额分别为3745亿元、2376亿元、2206亿元、1379亿元、1370亿元，同比分别增长1007%、下降7%、下降9.9%、下降46.4%、下降22.3%，除技术硬件与设备行业大幅增长外均出现下滑。

分地域来看，2020年中国并购市场成交金额排名前五的省份分别为北京、广东、上海、新疆、浙江，其并购成交金额分别为4786亿元、4573亿元、1674亿元、1080亿元、864亿元，排名前四的北京、广东、上海、新疆同比分别增长72.8%、56%、29.4%、585.3%，浙江同比下降43.7%，疫情影响下，区域之间分化加剧。

从交易规模区间来看，2020年成交金额最大的是并购规模在50亿元及以上的区间，全年成交金额11182亿元，同比下降4.8%；10亿~50亿元

---

① 由于Wind金融终端中关于中国并购市场板块的数据存在补录现象，本部分引用数据为Wind金融终端截至2021年3月29日统计数据。

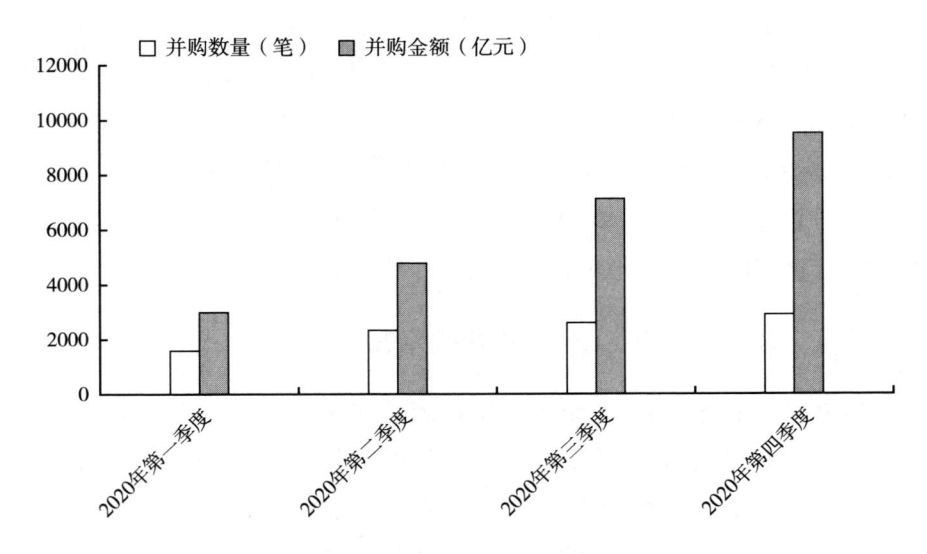

图14　2020年中国分季度并购数量和金额

资料来源：湘财证券研究所、Wind。

规模区间成交金额6696亿元，同比下降4.3%；5亿~10亿元规模区间成交金额2653亿元，同比下降6.3%；1亿~5亿元规模区间成交金额3214亿元，同比增长3.2%；0~1亿元规模区间成交金额832亿元，同比增长1%。

从并购方式看，协议收购、增资、发行股份购买资产是主流方式。其中2020年协议收购的成交金额为14608亿元，同比增长19.5%，占59.4%的市场份额，同比提升11.5个百分点；增资是成交金额第二大的方式，2020年成交金额3839亿元，同比下降29.7%；发行股份购买资产是成交金额第三大的方式，2020年成交金额3194亿元，同比下降27.9%。

从并购目的看，横向整合、资产调整、战略合作、多元化战略是主要的并购目的。其中横向整合目的的并购成交金额8875亿元，同比增长76.1%，占据36.1%的市场份额，相对2019年的市场份额提升16.3个百分点；资产调整目的的并购成交金额4368亿元，同比增长37.7%；战略合作目的的并购成交金额3163亿元，同比下降34.8%；多元化战略目的的并购成交金额2308亿元，同比下降61.2%。

从支付方式看，现金与股权仍是最受欢迎的并购支付方式。2020年中国并购市场中，通过现金支付的金额为19369亿元，同比增长7%，占支付总金额的78.8%，较2019年提升7.8个百分点；2020年通过股权支付的并购金额1729亿元，同比下降41.3%；2020年通过股权加现金方式支付的并购金额2227亿元，同比下降3.6%。2020年三种支付方式合计占市场份额94.9%，较2019年提升3.3个百分点，占据了支付方式的绝大多数份额。

（二）2020年中国上市公司并购概况

2020年上市公司并购重组规模为1.66万亿元，仅次于美国和英国排在第三位。根据上市公司公告统计，2020年中国上市公司全年共计发起并购公告9322笔，从完成情况来看，2020年公告的并购事件中，已完成3770笔，占比40%；尚在进行中的5188笔，占比56%；另外364笔宣告失败。

从公告企业所属行业看，2020年机械设备行业发生的并购事件数量最多，全年共计884笔；计算机行业并购事件全年共计797笔；医药生物行业并购事件全年共计776笔。前十大行业并购事件占全部上市公司并购事件总数的66.7%。

从交易标的所属行业角度看，2020年中国上市公司全年共计发起9322笔并购公告，涉及交易标的方所属行业主要有医药生物、机械设备、化工、食品饮料等。其中机械设备行业有261笔，计算机和传媒行业分别有227笔和212笔。

从并购标的的类型角度看，2020年中国上市公司全年共计发起9322笔并购公告，有7389笔属于股权型并购，占比79.2%；无形资产并购600笔，占比6.4%；有形资产并购544笔，占比5.8%。

（三）2020年中国企业海外收购概况

根据Wind金融终端统计数据，2020年中国企业海外收购整体成交金额917亿元，同比下降44.4%；整体并购数量180笔，同比下降29.7%。海外疫情同时影响着中国企业出海收购与海外企业到中国的并购，但后者受影响程度更大一些。从平均规模角度看，2020年中国企业海外收购的平均单笔成交金额5.1亿元，较2019年的单笔成交金额6.4亿元下降20.3%。

分季度来看，2020年第一季度中国企业海外并购市场整体成交金额81.3亿元，同比下降79.5%；整体并购数量30笔，同比下降54.5%；单笔成交金额2.7亿元，同比下降54.8%。2020年第二季度中国企业海外并购市场整体成交金额199亿元，同比增长65.9%；整体并购数量45笔，同比下降22.4%；单笔成交金额4.4亿元，同比增长113.8%。2020年第三季度中国企业海外并购市场整体成交金额251亿元，同比下降43%；整体并购数量47笔，同比下降32.9%；单笔成交金额5.3亿元，同比下降15.1%。2020年第四季度中国企业海外并购市场整体成交金额386亿元，同比下降44.3%；整体并购数量58笔，同比下降6.5%；单笔成交金额6.7亿元，同比下降40.4%。从分季度数据可以看到，不同于国内并购市场在受疫情冲击最大的第一、第二季度后逐步恢复的节奏，中国企业海外并购的金额在第二季度反弹后出现了二次下滑，与进入秋冬后疫情在海外二次暴发的节奏相吻合。

（四）2020年跨国公司在中国的并购投资概况

根据Wind金融终端统计数据，2020年跨国公司在中国的并购整体成交金额538.4亿元，同比下滑66.5%；整体并购数量121笔，同比下降37.3%。从平均规模角度看，2020年跨国公司在中国的并购平均单笔成交金额4.45亿元，同比下降46.5%。

分季度来看，2020年第一季度跨国公司在中国并购市场整体成交金额66.2亿元，同比下降75.2%；整体并购数量23笔，同比下降54%；单笔成交金额2.9亿元，同比下降46.2%。2020年第二季度跨国公司在中国并购市场整体成交金额104.6亿元，同比增长10.7%；整体并购数量29笔，同比下降21.6%；单笔成交金额3.6亿元，同比增长41.2%。2020年第三季度跨国公司在中国并购市场整体成交金额122亿元，较2019年下降82.4%；整体并购数量32笔，同比下降34.7%；单笔成交金额3.8亿元，同比下降

73.1%。2020年第四季度跨国公司在中国并购市场整体成交金额245.6亿元，同比下降55.2%；整体并购数量37笔，同比下降31.5%；单笔成交金额6.6亿元，同比下降31%。跨国公司在中国并购市场的并购金额在第二季度小幅反弹后二次下滑，类似于中国企业海外收购的表现，同样与进入秋冬后疫情在海外二次暴发的节奏相吻合。

（五）2020年中国主要行业并购概况

具体来看，主要行业的并购活动因为行业自身发展周期及疫情冲击等原因呈现了不同的特征。制造业作为国民经济的重要支柱，在我国工业化及经济结构转型过程中起到了重要的作用，因此制造业是我国并购活动较为活跃的行业板块之一。由于制造业细分子行业众多，且我国制造业区域发展不平衡，整体制造业的并购活动也呈现出一定的结构性特征。2020年制造业的并购活动主要集中在东部沿海地区，如广东、江苏、上海这三地制造业并购金额占比就超过了全国的50%。从细分子行业来看，2020年汽车、电子等细分制造行业的并购活动较为引人瞩目，主要由我国制造业转型升级趋势下头部企业逐步做大做强推动。

2020年以来，受新冠疫情影响，中国企业收购兼并意愿有所下降，传统能源行业并购并不活跃。不过虽然能源矿产行业的并购活跃度有所下降，但由于行业内的标的资产的规模均较为庞大，因此其在并购市场中所占的绝对金额仍然较大。受疫情影响，上半年行业内的并购交易较为冷淡，随着疫情得到控制，下半年行业内的并购金额逐步出现回升的态势。从并购类型看，行业内的并购活动以境内并购为主，占比超过96%，出入境并购比例较小，一方面是受全球新冠肺炎疫情影响，另一方面可能与能源矿产行业跨境并购的审核条件更为严苛有关。从并购交易的主体来看，行业内上市公司并购活动占比超过60%，国有企业并购活动占比超过70%，主要因为能源矿产行业中的企业以大型国有上市企业为主。从具体的并购案例来看，行业内的并购活动主要为了发挥产业优势和资源优势，扩大协同效应，增强抵御市场风险的能力。

近两年来在中央坚持"房住不炒"的环境下,我国房地产市场增速有所放缓,尤其是进入 2020 年,受疫情影响,销售数据出现大幅下滑。但随着疫情得到基本控制、各项利好政策出台,我国房地产市场逐渐回暖,销售降幅不断收窄。下半年"三道红线"融资新规的出台给房企资金面带来压力,即使是大型房企也更加注重流动性管理,长远来看融资新规将加速行业的分化与整合。在疫情冲击下,中小企业表现出更大的脆弱性。特别是在监管环境不放松的背景下,大量中小企业将面临转型或被并购的局面。行业中典型的并购案例便是南国置业吸收合并电建地产,此次并购履行了央企支持湖北疫情相对严重区域经济发展的责任,有利于加快国有企业改革和发展的步伐,实现优质国有资产向国有控股的上市公司集中,全面提升上市公司的综合竞争实力和持续盈利能力。

互联网信息技术业是少数不仅没有受到疫情冲击,反而因疫情而受益的行业。因为防疫抗疫需要,全球不同国家均采取了一定程度的社交隔离措施,线下消费娱乐活动出现不同程度的停摆,经济活动呈现出从线下向线上转移的趋势,这种趋势深刻地改变了人们的消费娱乐方式。因此,互联网信息技术行业内的并购活动趋于活跃,行业龙头趁机进行扩张。从并购金额来看,2020 年前 10 个月行业并购规模较 2019 年同期增长超过 5 倍,其中软件与服务业占比最大,且以行业内并购为主,交易金额都大幅超越跨行业并购,行业内资源整合是 2020 年互联网信息技术业并购的主旋律。

受疫情影响,2020 年金融业的并购活动无论从数量还是从金额角度看,均比 2019 年有较大幅度的下降,主要与疫情冲击下金融行业加大服务实体企业力度相关。首先,受疫情影响,2020 年很多小微企业生存压力骤然增大,人民银行全力支持稳企业保就业,实现 1.5 万亿元金融系统向实体经济让利目标。从细分子行业看,金融业成功的并购中 58.3% 的标的是属于保险与其他金融服务的行业。其次,35.4% 的标的是证券行业,6.3% 是银行业。从并购活动区域看,主要集中在东南沿海金融业较为发达的省份,其中发生在上海市的金融业并购交易占比为 18.75%,其次分别是浙江省和广东省。

文体及娱乐业是国民经济的重要产业，连续多年保持增长，同时国家也大力从制度改革、政策引导、市场体系完善等方面推进"文化+"产业持续健康发展。此前，受资管新规及配套政策影响，叠加新冠肺炎疫情冲击，2019~2020年的文体及娱乐业投资热度明显下降。但随着疫情防控取得显著成效，文体及娱乐业复工复产扎实推进，行业仍具有较大的韧劲和发展潜力。与其他行业相比，文体及娱乐业的并购活动规模相对较小，1~10月，我国文体及娱乐业上市公司共完成并购交易12笔，披露的交易金额为25.12亿元，披露交易金额的并购交易中平均每笔交易金额为2.09亿元，其中单笔交易金额在1亿元以下的占比约为50%，这主要与行业具有轻资产经营的特征有关。从区域来看，北京、浙江和山西文体及娱乐业上市公司的并购活动在2019年相对活跃。

建筑业是国民经济的重要物质生产部门，其产业规模、企业效益、技术装备以及建造能力不断提升。随着"一带一路"建设的不断推进落实，我国建筑行业与"一带一路"沿线国家和地区的合作交流也更加深入和广泛。目前，我国各地积极推动当地建筑业企业相互之间通过兼并、联合、股份合作、改组等方式形成大型综合性的企业集团。随着并购、重组的增多，行业集中度将提高，纵向发展是建筑企业转型的一个主要途径。2020年，建筑业发生的并购交易笔数为234起，其中境内并购占比超过94%，全年建筑业发生的并购交易披露的金额为739.42亿元，其中境内并购占比最大，达到了97%。

2020年初，受新冠肺炎疫情影响，电力工业增长幅度降低。随着疫情得到控制，行业整体回暖，且呈现加速上升态势。电力行业并购主要有传统电力企业重组整合、新能源发电、央企输配电领域大型海外并购等主线，传统电力企业重组整合交易主体集中在央企；在新能源发电领域，国家政策鼓励发展水电、风电、光伏等清洁能源，传统电力企业纷纷进行新能源行业布局，新能源行业的并购保持活跃；同时，能源央企执行"走出去"战略，大举进入海外电力基础设施及输配电领域，大型并购不断。电力、热力、燃气、水务公共服务业系民生刚需行业，并购交易活动较为稳定。此类行业具有区域性较强、异地业务扩张难度较大等特点，因此该行业并购以行业内优势企业通过外延式并购打破技术及地域限制、实现快速扩张为主。从参与并购活动的企业性质来看，国有企业参与的电力、热力、燃气、水务公共服务业并购比例达到了83%；从细分行业看，电力领域的并购交易最为频繁，传统发电行业领域发生的并购交易笔数最多，占比39%；新能源发电领域发生32起并购交易，占比31%。

2020年第一季度受疫情影响，交通运输与仓储物流业遭受较大的冲击，随着疫情逐步得到控制，复产复工稳步推进，行业也逐步呈现复苏的趋势。交通运输与仓储物流业作为支撑国民经济发展的基础性、战略性产业，将保持企稳回暖、稳中向好的基本态势。未来一段时期随着国内经济发展进入新常态，我国物流业也将进入以质量和效益提升为核心的发展新阶段。2020年1~10月，我国交通运输与仓储物流业的并购交易共发生71起，披露的交易金额为265.31亿元，从交易数量和金额来看均较2019年同期有一定程度的回落，疫情对于行业的并购活动仍有一定的影响。从并购参与主体的性质来看，国有企业和民营企业的交易占比相当，分别为45.07%和40.85%。其中一些典型的并购活动主要发生在港口、高速及民航领域，一方面是在深化国企改革的背景下，并购重组活动有所加速，另一方面相关政策支持港口及道路资源整合，优化资本结构，提升协同效益。

住宿和餐饮业可能是受疫情冲击最严重的行业之一，一方面，疫情暴发之初，全国各地采取了居家隔离、延长春节假期等措施防控疫情的蔓延，受此影响，各类聚餐、婚宴等活动几乎全部取消，大量酒店及餐饮门店被迫关停，导致大量人员待岗闲置，加上房租和人力成本等固定成本居高不下，住宿和餐饮企业面临巨大的资金压力，经营惨淡，整个行业遭受到前所未有的打击。另一方面，疫情也为行业提供了转变的机会和方向，新消费场景和方式也在加速推进餐饮企业数字化和零售化进程。腾讯入股和府捞面是"互联网+"与餐饮行业融合发展的典型案例，面文化在中国有广泛的群体基础，随着中国餐饮行业的发展，在面馆这个细分市场，将有机会出现多家知名品牌，并最终走向资本市场，这应该也是腾讯看中和府捞面的主要原因。

以美团为代表的生活服务电商平台率先推出"无接触配送"和"智能取餐柜"等新服务,"社区团购+集中配送"、"中央厨房+冷链配送"、智能餐厅、无接触服务使全行业的数字化、智能化水平有了大幅提升。同时,龙头企业具有更强的资本实力和融资能力,餐饮行业有望迎来一波并购潮,行业格局在疫情后或将重新进行洗牌。

参考文献

[1] Investment Trends Monitor, UNCTAD, October 2020.

[2] M&A Monitor: Q4 2020: Outlook for the Year Ahead. Freshfields Bruckhaus Deringer LLP, December 2020.

[3] The 2020 M&A Report: Alternative Deals Gain Traction, Boston Consulting Group, 2020.

[4] Who Dares Wins: European M&A Outlook 2020. CMS Legal Services EEIG, September 2020.

[5]《世界经济展望:漫长艰难的攀行之路》,国际货币基金组织,2020年10月。

[6] 田园:《全球FDI:大幅下降,前景难言乐观》,《中国外汇》2019年第3期。

[7] 包婷婷:《中国并购市场发展现状、原因及未来发展趋势分析》,《现代管理科学》2017年第10期。

[8] 刘青、陶攀、洪俊杰:《中国海外并购的动因研究——基于广延边际与集约边际的视角》,《经济研究》2017年第1期。

[9] 张金杰:《中国企业海外并购的新特征及对策》,《经济纵横》2016年第9期。

[10] 余瑜、王建琼:《什么驱动了中国上市公司并购浪潮?》,《中央财经大学学报》2013年第9期。

政策法规篇

Policies and Regulations

B.2 并购法律法规与政策评价

张晓森　张　惟　万艺娇　章松涛*

摘　要： 并购不仅需要健全的市场体制作为基础，还需要完善的法律环境进行规制。本报告首先概括介绍了2019～2020年国家出台的有关并购重组的法律、行政法规、部门规章和其他规范性文件，以及涉及并购重组的相关法律法规、部门规章和部门其他规范性文件。其次，对《证券法》（新版）、《民法典》和《上市公司收购管理办法》（2020修订）进行分析解读。再次，对中国并购重组的主要立法过程进行回顾，分析并购活动中常见的纠纷、并购纠纷诉讼实务中的若干法律争议及难点问题。最后，分析了违反证券法规的典型犯罪案例。

---

* 张晓森，全联并购公会常务理事，中华全国律师协会公司法专业委员会副主任，北京仲裁委员会/北京国际仲裁中心仲裁员，中国人民大学法学院、律师学院硕士研究生兼职导师，北京市中咨律师事务所高级合伙人；张惟，天津华盛理律师事务所律师，主要从事商业交易、并购重组、资本市场领域的法律服务和争议解决等业务；万艺娇，中华全国律师协会公司法专业委员会委员，中国仲裁法研究会会员，江西求正沃德律师事务所（全国优秀律师事务所）高级合伙人，管委会主任；章松涛，江西求正沃德律师事务所专职律师。

关键词： 并购法律 《民法典》 《证券法》 并购诉讼

一 2019~2020年并购重组法律法规与政策汇总[①]

（一）针对并购重组的相关法律法规分类汇总

1. 法律、行政法规

2019年10月至2020年12月，国家立法机构和国务院并未出台专门针对并购重组的法律和行政法规。

2. 部门规章和部门其他规范性文件

（1）中国证券监督管理委员会部门规章和规范性文件

证监会作为并购重组的主要监管部门，于2019年10月对《上市公司重大资产重组管理办法》进行了进一步修订，并针对证券期货法律适用做出了进一步规定。同时，在新冠肺炎疫情背景下，针对实践中出现的热点问题，证监会也以答复的形式给予了规范（见表1）。

表1 中国证券监督管理委员会部门规章和规范性文件

序号	名称	颁布/修改机构	发布时间	实施时间
1	上市公司重大资产重组管理办法	中国证券监督管理委员会	2019.10.18	2019.10.18
2	《上市公司重大资产重组管理办法》第十四条、第四十四条的适用意见——证券期货法律适用意见第12号	中国证券监督管理委员会	2019.10.18	2019.10.18
3	证监会有关部门负责人就上市公司并购重组中标的资产受疫情影响相关问题答记者问	中国证券监督管理委员会	2020.05.15	2020.05.15

---

① 本部分作者张晓森、张惟。

续表

序号	名称	颁布/修改机构	发布时间	实施时间
4	《上市公司重大资产重组管理办法》第二十八条、第四十五条的适用意见——证券期货法律适用意见第15号	中国证券监督管理委员会	2020.07.31	2020.07.31

（2）其他部委部门规章和其他规范性文件

2019~2020年，其他部委并未出台专门针对并购重组的部门规章和其他规范性文件。

3. 证券交易所等相关规范文件

深圳证券交易所、上海证券交易所、全国中小企业股份转让系统有限责任公司等机构针对并购重组出台了一系列文件，主要对并购重组实践中具体的操作细节进行了规定，详见表2。

表2 证券交易所等相关规范文件

序号	名称	颁布/修改机构	发布时间	实施时间
1	上海证券交易所科创板上市公司重大资产重组审核规则	上海证券交易所	2019.11.29	2019.11.29
2	上市公司重大资产重组信息披露业务指引	上海证券交易所	2019.12.20	2019.12.20
3	全国中小企业股份转让系统重大资产重组业务指南第1号：非上市公众公司重大资产重组内幕信息知情人报备指南	全国中小企业股份转让系统有限责任公司	2020.05.22	2020.05.22
4	全国中小企业股份转让系统重大资产重组业务指南第2号：非上市公众公司发行股份购买资产构成重大资产重组文件报送指南	全国中小企业股份转让系统有限责任公司	2020.05.22	2020.05.22
5	深圳证券交易所创业板上市公司重大资产重组审核规则	深圳证券交易所	2020.06.12	2020.06.12
6	上海证券交易所上市公司自律监管规则适用指引第1号——重大资产重组	上海证券交易所	2020.09.11	2020.09.11

续表

序号	名称	颁布/修改机构	发布时间	实施时间
7	关于修改《全国中小企业股份转让系统重大资产重组业务指南第 2 号：非上市公众公司发行股份购买资产构成重大资产重组文件报送指南》的公告	全国中小企业股份转让系统有限责任公司	2020.10.23	2020.10.23
8	挂牌公司重大资产重组审查要点	全国中小企业股份转让系统有限责任公司	2020.11.20	2020.11.20
9	挂牌公司发行股份购买资产构成重大资产重组且发行后股东累计超过 200 人申请出具自律监管意见文件的受理检查要点	全国中小企业股份转让系统有限责任公司	2020.11.20	2020.11.20
10	企业并购投资价值评估指导意见	中国资产评估协会	2020.11.25	2021.03.01

（二）涉及并购重组的相关法律法规分类汇总

1. 法律、行政法规、国务院其他规范性文件和党内法规

2019 年 10 月至 2020 年 12 月，涉及并购重组的法律、行政法规和国务院其他规范性文件有《民法典》、《证券法》（新版）以及《外商投资法实施条例》等，详见表3。

表3 法律、行政法规和国务院其他规范性文件

序号	名称	颁布/修改机构	发布时间	实施时间
1	关于调整适用在境外上市公司召开股东大会通知期限等事项规定的批复	国务院	2019.10.22	2019.10.22
2	关于进一步做好利用外资工作的意见	国务院	2019.11.07	2019.11.07
3	关于加强固定资产投资项目资本金管理的通知	国务院	2019.11.27	2019.11.27
4	中华人民共和国外商投资法实施条例	国务院	2019.12.31	2020.01.01

续表

序号	名称	颁布/修改机构	发布时间	实施时间
5	国务院办公厅关于贯彻实施修订后的证券法有关工作的通知	国务院办公厅	2020.02.29	2020.02.29
6	中华人民共和国证券法	全国人民代表大会常务委员会	2019.12.28	2020.03.01
7	中华人民共和国香港特别行政区维护国家安全法	全国人民代表大会常务委员会	2020.06.30	2020.06.30
8	国务院关于实施金融控股公司准入管理的决定	国务院	2020.09.13	2020.11.01
9	中华人民共和国民法典	全国人民代表大会	2020.05.28	2021.01.01

另外，中共中央颁布的党内文件也有涉及并购重组的相关规定，其中主要包括由中央委员会和国务院联合发布的《关于保持土地承包关系稳定并长久不变的意见》（2019年11月26日）和《关于推进贸易高质量发展的指导意见》（2019年11月28日）。

2. 最高人民法院和最高人民检察院相关文件

2019~2020年，"两高"也针对金融纠纷多元化解机制、外商投资法、证券纠纷代表人诉讼等与并购重组相关的领域颁布了司法解释或规范性文件，详见表4。

表4　最高人民法院和最高人民检察院相关文件

序号	名称	颁布/修改机构	发布时间	实施时间
1	最高人民法院关于印发《全国法院民事审判工作会议纪要》的通知	最高人民法院	2019.11.14	2019.11.14
2	最高人民法院关于全面推进金融纠纷多元化解机制建设的意见	最高人民法院、中国人民银行、中国银行保险监督管理委员会	2019.11.20	—
3	中国法院的互联网司法	最高人民法院	2019.12.04	—
4	最高人民法院关于审理行政协议案件若干问题的规定	最高人民法院	2019.12.10	2020.01.01

续表

序号	名称	颁布/修改机构	发布时间	实施时间
5	最高人民法院关于民事诉讼证据的若干规定	最高人民法院	2019.12.26	2020.05.01
6	最高人民法院关于适用《中华人民共和国外商投资法》若干问题的解释	最高人民法院	2019.12.27	2020.01.01
7	最高人民法院关于推进破产案件依法高效审理的意见	最高人民法院	2020.04.25	2020.04.25
8	最高人民法院关于证券纠纷代表人诉讼若干问题的规定	最高人民法院	2020.07.31	2020.07.31
9	最高人民法院关于审理民间借贷案件适用法律若干问题的规定	最高人民法院	2020.08.20	2020.08.20

另外，上海金融法院针对证券纠纷代表人诉讼出台了《关于证券纠纷代表人诉讼机制的规定（试行）》，这是专门法院对各类代表人诉讼的规范化流程及相关难点问题首次进行规范，对与并购重组相关的领域的司法保障做出规定。

3. 部门规章和部门其他规范性文件

针对 2020 年 3 月 1 日起施行的《证券法》，证监会、银保监会等部门有针对性地修改了证券期货规章、规范性文件，就新《证券法》进行了配套文件的调整。财政部和国家税务总局发布了《增值税法》和《消费税法》征求意见稿，国家市场监管总局也就《反垄断法》修订草案发布公开征求意见稿，相关涉及并购重组的部门规章和部门文件详见表5。

表 5 部门规章和部门其他规范性文件

序号	名称	颁布/修改机构	发布时间	实施时间
1	融资担保公司监督管理补充规定	中国银行保险监督管理委员会	2019.10.09	2019.10.09
2	关于进一步做好中央企业控股上市公司股权激励工作有关事项的通知	国务院国有资产监督管理委员会	2019.11.11	2019.11.11
3	产业结构调整指导目录(2019 年本)	国家发展和改革委员会	2019.10.30	2020.01.01

续表

序号	名称	颁布/修改机构	发布时间	实施时间
4	H股公司境内未上市股份申请"全流通"业务指引	中国证券监督管理委员会	2019.11.14	2019.11.14
5	推动提高上市公司质量行动计划	中国证券监督管理委员会	2019.11.18	2019.11.18
6	关于《期货交易管理条例》第七十条第五项"其他操纵期货交易价格行为"的规定	中国证券监督管理委员会	2019.11.18	2019.11.18
7	关于进一步明确国有金融企业增资扩股股权管理有关问题的通知	财政部	2019.11.21	2019.12.20
8	市场准入负面清单(2019年版)	国家发展和改革委员会、商务部	2019.11.22	2019.11.22
9	税收规范性文件制定管理办法	国家税务总局	2019.11.26	2020.01.01
10	产品质量监督抽查管理暂行办法	国家市场监督管理总局	2019.11.26	2020.01.01
11	信用评级业管理暂行办法	中国人民银行、国家发展和改革委员会、财政部、中国证券监督管理委员会	2019.11.26	2019.12.26
12	中华人民共和国增值税法(征求意见稿)	财政部、国家税务总局	2019.11.27	—
13	应收账款质押登记办法	中国人民银行	2019.11.29	2020.01.01
14	关于商业银行资本工具创新的指导意见(修订)	中国银行保险监督管理委员会	2019.11.29	2019.11.29
15	银行保险机构公司治理监管评估办法(试行)	中国银行保险监督管理委员会	2019.11.29	2019.11.29
16	商业银行理财子公司净资本管理办法(试行)	中国银行保险监督管理委员会	2019.11.29	2020.03.01
17	市场监督管理投诉举报处理暂行办法	国家市场监督管理总局	2019.12.02	2020.01.01
18	中华人民共和国消费税法(征求意见稿)	财政部、国家税务总局	2019.12.03	—
19	上市公司分拆所属子公司境内上市试点若干规定	中国证券监督管理委员会	2019.12.12	2019.12.12
20	关于将澳门纳入保险资金境外可投资地区的通知	中国银行保险监督管理委员会	2019.12.16	2019.12.16

续表

序号	名称	颁布/修改机构	发布时间	实施时间
21	企业会计准则解释第13号	财政部	2019.12.16	2020.01.01
22	非上市公众公司信息披露管理办法	中国证券监督管理委员会	2019.12.20	2019.12.20
23	非上市公众公司监督管理办法	中国证券监督管理委员会	2019.12.20	2019.12.20
24	网络信息内容生态治理规定	网络安全和信息化委员会办公室	2019.12.20	2020.03.01
25	房屋建筑和市政基础设施项目工程总承包管理办法	住房和城乡建设部、国家发展和改革委员会	2019.12.23	2020.03.01
26	碳排放权交易有关会计处理暂行规定	财政部	2019.12.25	2020.01.01
27	中华人民共和国外资银行管理条例实施细则	中国银行保险监督管理委员会	2019.12.25	2019.12.25
28	关于进一步规范金融营销宣传行为的通知	中国人民银行、中国银行保险监督管理委员会、中国证券监督管理委员会、国家外汇管理局	2019.12.25	2020.01.25
29	证券投资者保护基金实施流动性支持管理规定	中国证券监督管理委员会	2019.12.25	2019.12.25
30	中国银保监会现场检查办法(试行)	中国银行保险监督管理委员会	2019.12.26	2020.01.28
31	专利审查指南	国家知识产权局	2019.12.31	2020.02.01
32	关于贯彻落实《优化营商环境条例》的意见	国家市场监管总局	2020.01.02	2020.01.02
33	《反垄断法》修订草案(公开征求意见稿)	国家市场监管总局	2020.01.02	—
34	关于完善银行间债券市场境外机构投资者外汇风险管理有关问题的通知	国家外汇管理局	2020.01.13	2020.02.01
35	非上市公众公司信息披露内容与格式准则第3号——定向发行说明书和发行情况报告书(2020年修订)	中国证券监督管理委员会	2020.01.13	2020.01.13

续表

序号	名称	颁布/修改机构	发布时间	实施时间
36	非上市公众公司信息披露内容与格式准则第4号——定向发行申请文件（2020年修订）	中国证券监督管理委员会	2020.01.13	2020.01.13
37	非上市公众公司信息披露内容与格式准则第9号——创新层挂牌公司年度报告	中国证券监督管理委员会	2020.01.13	2020.01.13
38	非上市公众公司信息披露内容与格式准则第10号——基础层挂牌公司年度报告	中国证券监督管理委员会	2020.01.13	2020.01.13
39	证券期货违法违规行为举报工作暂行规定	中国证券监督管理委员会	2020.01.14	2020.01.14
40	发行监管问答——关于申请首发企业执行新收入准则相关事项的问答	中国证券监督管理委员会	2020.01.16	2020.01.16
41	关于境外所得有关个人所得税政策的公告	财政部、国家税务总局	2020.01.17	2020.01.17
42	非上市公众公司信息披露内容与格式准则第11号——向不特定合格投资者公开发行股票说明书	中国证券监督管理委员会	2020.01.17	2020.01.17
43	非上市公众公司信息披露内容与格式准则第12号——向不特定合格投资者公开发行股票申请文件	中国证券监督管理委员会	2020.01.17	2020.01.17
44	证券公司风险控制指标计算标准规定	中国证券监督管理委员会	2020.01.23	2020.06.01
45	关于促进社会服务领域商业保险发展的意见	中国银行保险监督管理委员会、国家发展和改革委员会、教育部、民政部、司法部、财政部、人力资源和社会保障部、自然资源部、住房和城乡建设部、商务部、国家卫生健康委员会、国家税务总局、国家医疗保障局	2020.01.23	2020.01.23

续表

序号	名称	颁布/修改机构	发布时间	实施时间
46	关于妥善处理新型冠状病毒感染的肺炎疫情防控期间劳动关系问题的通知	人力资源和社会保障部	2020.01.24	2020.01.24
47	关于进一步强化金融支持防控新型冠状病毒感染肺炎疫情的通知	中国人民银行、财政部、中国银行保险监督管理委员会、中国证券监督管理委员会、国家外汇管理局	2020.02.01	2020.02.01
48	关于支持金融强化服务做好新型冠状病毒感染肺炎疫情防控工作的通知	财政部	2020.02.02	2020.02.02
49	关于发行监管工作支持防控新型冠状病毒感染肺炎疫情相关安排的通知	中国证券监督管理委员会	2020.02.03	2020.02.03
50	信托公司股权管理暂行办法	中国银行保险监督管理委员会	2020.02.06	2020.03.01
51	普通型人身保险精算规定	中国银行保险监督管理委员会	2020.02.06	2020.02.06
52	上市公司非公开发行股票实施细则（修订）	中国证券监督管理委员会	2020.02.14	2020.02.14
53	发行监管问答——关于引导规范上市公司融资行为的监管要求（修订版）	中国证券监督管理委员会	2020.02.14	2020.02.14
54	上市公司证券发行管理办法（修订）	中国证券监督管理委员会	2020.02.14	2020.02.14
55	创业板上市公司证券发行管理暂行办法（修订）	中国证券监督管理委员会	2020.02.14	2020.02.14
56	关于非上市公众公司行政许可事项的有关事宜公告	中国证券监督管理委员会	2020.02.19	2020.02.19
57	关于商业银行、保险机构参与中国金融期货交易所国债期货交易的公告	中国证券监督管理委员会、财政部、中国人民银行、中国银行保险监督管理委员会	2020.02.21	2020.02.21
58	中国银保监会办公厅关于进一步加强和改进财产保险公司产品监管有关问题的通知	中国银行保险监督管理委员会	2020.02.26	2020.02.26

续表

序号	名称	颁布/修改机构	发布时间	实施时间
59	关于公开发行公司债券实施注册制有关事项的通知	中国证券监督管理委员会	2020.03.01	2020.03.01
60	关于企业债券发行实施注册制有关事项的通知	国家发展和改革委员会	2020.03.01	2020.03.01
61	银保监会、人民银行、发展改革委、工业和信息化部、财政部关于对中小微企业贷款实施临时性延期还本付息的通知	中国银行保险监督管理委员会；中国人民银行；国家发展和改革委员会；工业和信息化部；财政部	2020.03.01	2020.03.01
62	关于信息披露媒体有关规则过渡衔接的安排	中国证券监督管理委员会	2020.03.02	2020.03.02
63	关于加快拨付贴息资金 强化疫情防控重点保障企业资金支持的补充通知	财政部办公厅	2020.03.04	2020.03.04
64	上市公司创业投资基金股东减持股份的特别规定（2020年修订）	中国证券监督管理委员会	2020.03.06	2020.03.31
65	科创属性评价指引（试行）	中国证券监督管理委员会	2020.03.20	2020.03.20
66	发行监管问答——关于上市公司非公开发行股票引入战略投资者有关事项的监管要求	中国证券监督管理委员会	2020.03.20	2020.03.20
67	发行监管问答——关于上市公司非公开发行股票引入战略投资者有关事项的监管要求	中国证券监督管理委员会	2020.03.20	2020.03.20
68	关于修改部分证券期货规章的决定	中国证券监督管理委员会	2020.03.20	2020.03.20
69	关于修改部分证券期货规范性文件的决定	中国证券监督管理委员会	2020.03.20	2020.03.20
70	保险资产管理产品管理暂行办法	中国银行保险监督管理委员会	2020.03.25	2020.05.01
71	中国银保监会非银行金融机构行政许可事项实施办法	中国银行保险监督管理委员会	2020.03.27	2020.03.27
72	关于做好当前上市公司等年度报告审计与披露工作有关事项的公告	中国证券监督管理委员会	2020.04.07	2020.04.07

续表

序号	名称	颁布/修改机构	发布时间	实施时间
73	公开募集证券投资基金投资全国中小企业股份转让系统挂牌股票指引	中国证券监督管理委员会	2020.04.17	2020.04.17
74	关于创业板改革并试点注册制实施前后相关行政许可事项过渡期安排的通知	中国证券监督管理委员会	2020.04.27	2020.04.27
75	公开发行证券的公司信息披露编报规则第24号—注册制下创新试点红筹企业财务报告信息特别规定	中国证券监督管理委员会	2020.04.28	2020.04.28
76	关于推进基础设施领域不动产投资信托基金（REITs）试点相关工作的通知	中国证券监督管理委员会、国家发展和改革委员会	2020.04.30	2020.04.30
77	关于延长公司债券募集说明书引用的财务报表有效期相关事宜的通知	中国证券监督管理委员会	2020.04.30	2020.04.30
78	中国银保监会关于金融资产投资公司开展资产管理业务有关事项的通知	中国银行保险监督管理委员会	2020.05.06	2020.05.06
79	境外机构投资者境内证券期货投资资金管理规定	中国人民银行、国家外汇管理局	2020.05.07	2020.05.07
80	中国银保监会关于保险资金投资银行资本补充债券有关事项的通知	中国银行保险监督管理委员会	2020.05.20	2020.05.20
81	融资租赁公司监督管理暂行办法	中国银行保险监督管理委员会	2020.05.26	2020.05.26
82	关于创新试点红筹企业在境内上市相关安排的公告	中国证券监督管理委员会	2020.05.27	2020.05.27
83	证券公司次级债管理规定	中国证券监督管理委员会	2020.05.29	2020.05.29
84	中央企业控股上市公司实施股权激励工作指引	国务院国有资产监督管理委员会	2020.05.30	2020.05.30
85	关于全国中小企业股份转让系统挂牌公司转板上市的指导意见	中国证券监督管理委员会	2020.06.03	2020.06.03
86	中国银保监会行政许可实施程序规定	中国银行保险监督管理委员会	2020.06.04	2020.07.01
87	首发业务若干问题解答	中国证券监督管理委员会	2020.06.10	2020.06.10
88	再融资业务若干问题解答	中国证券监督管理委员会	2020.06.10	2020.06.10

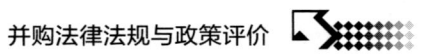

续表

序号	名称	颁布/修改机构	发布时间	实施时间
89	创业板首次公开发行证券发行与承销特别规定	中国证券监督管理委员会	2020.06.12	2020.06.12
90	公开发行证券的公司信息披露内容与格式准则第28号——创业板公司招股说明书（2020年修订）	中国证券监督管理委员会	2020.06.12	2020.06.12
91	公开发行证券的公司信息披露内容与格式准则第29号——首次公开发行股票并在创业板上市申请文件（2020年修订）	中国证券监督管理委员会	2020.06.12	2020.06.12
92	公开发行证券的公司信息披露内容与格式准则第35号——创业板上市公司向不特定对象发行证券募集说明书（2020年修订）	中国证券监督管理委员会	2020.06.12	2020.06.12
93	公开发行证券的公司信息披露内容与格式准则第37号——创业板上市公司发行证券申请文件（2020年修订）	中国证券监督管理委员会	2020.06.12	2020.06.12
94	证券发行上市保荐业务管理办法	中国证券监督管理委员会	2020.06.12	2020.06.12
95	创业板上市公司持续监管办法（试行）	中国证券监督管理委员会	2020.06.12	2020.06.12
96	创业板上市公司证券发行注册管理办法（试行）	中国证券监督管理委员会	2020.06.12	2020.06.12
97	创业板首次公开发行股票注册管理办法（试行）	中国证券监督管理委员会	2020.06.12	2020.06.12
98	中国银保监会行政处罚办法	中国银行保险监督管理委员会	2020.06.23	2020.08.01
99	关于开展银行业保险业市场乱象整治"回头看"工作的通知	中国银行保险监督管理委员会	2020.06.24	2020.06.24
100	科创板上市公司证券发行注册管理办法（试行）	中国证券监督管理委员会	2020.07.03	2020.07.03
101	证券投资基金托管业务管理办法	中国证券监督管理委员会	2020.07.10	2020.07.10
102	公开募集证券投资基金侧袋机制指引（试行）	中国证券监督管理委员会	2020.07.10	2020.08.01

续表

序号	名称	颁布/修改机构	发布时间	实施时间
103	首次公开发行股票并上市管理办法	中国证券监督管理委员会	2020.07.10	2020.07.10
104	科创板首次公开发行股票注册管理办法	中国证券监督管理委员会	2020.07.10	2020.07.10
105	非上市公众公司监管指引第5号——精选层挂牌公司持续监管指引（试行）	中国证券监督管理委员会	2020.07.22	2020.07.22
106	监管规则适用指引——上市类第1号	中国证券监督管理委员会	2020.07.31	2020.07.31
107	监管规则适用指引——机构类第1号	中国证券监督管理委员会	2020.07.31	2020.07.31
108	全国银行间同业拆借中心关于发布企业债（BBB+）等债券收盘收益率曲线的通知	全国银行间同业拆借中心	2020.08.17	2020.08.17
109	全国银行间同业拆借中心关于试运行直投模式下境外机构投资者直接交易服务的通知	全国银行间同业拆借中心	2020.08.19	2020.08.19
110	2020年度实施企业标准"领跑者"重点领域	国家市场监督管理总局	2020.08.20	2020.08.20
111	非上市公众公司监管指引第6号——股权激励和员工持股计划的监管要求（试行）	中国证券监督管理委员会	2020.08.21	2020.08.21
112	公开募集证券投资基金宣传推介材料管理暂行规定	中国证券监督管理委员会	2020.08.28	2020.10.01
113	关于实施《公开募集证券投资基金销售机构监督管理办法》的规定	中国证券监督管理委员会	2020.08.28	2020.10.01
114	中国人民银行、中国证监会、国家外汇管理局关于境外机构投资者投资中国债券市场有关事宜的公告（征求意见稿）	中国人民银行、中国证券监督管理委员会、国家外汇管理局	2020.09.02	—
115	金融控股公司监督管理试行办法	中国人民银行	2020.09.13	2020.11.01

续表

序号	名称	颁布/修改机构	发布时间	实施时间
116	关于延长银行间债券市场现券买卖交易时段的公告	中国外汇交易中心暨全国银行间同业拆借中心、中央国债登记结算有限责任公司、银行间市场清算所股份有限公司	2020.09.15	2020.09.15
117	关于修改《关于加强上市证券公司监管的规定》的决定	中国证券监督管理委员会	2020.09.17	2020.09.17
118	经营者反垄断合规指南	国务院反垄断委员会	2020.09.18	2020.09.18
119	中国银保监会办公厅关于印发融资性信保业务保前管理和保后管理操作指引的通知	中国银行保险监督管理委员会	2020.09.21	2020.09.21
120	合格境外机构投资者和人民币合格境外机构投资者境内证券期货投资管理办法	中国证券监督管理委员会	2020.09.25	2020.11.01
121	关于实施《合格境外机构投资者和人民币合格境外机构投资者境内证券期货投资管理办法》有关问题的规定	中国证券监督管理委员会	2020.09.25	2020.11.01
122	《证券服务机构从事证券服务业务备案管理规定》第九条的适用意见——证券期货法律适用意见第16号	中国证券监督管理委员会	2020.10.16	2020.10.16
123	深圳建设中国特色社会主义先行示范区综合改革试点首批授权事项清单	国家发展和改革委员会	2020.10.18	2020.10.18
124	关于促进应对气候变化投融资的指导意见	生态环境部、国家发展和改革委员会、中国人民银行、中国银行保险监督管理委员会、中国证券监督管理委员会	2020.10.21	2020.10.21
125	中国证券监督管理委员会关于修改、废止部分证券期货规章的决定	中国证券监督管理委员会	2020.10.30	2020.10.30

续表

序号	名称	颁布/修改机构	发布时间	实施时间
126	中国证券监督管理委员会关于修改、废止部分证券期货制度文件的决定	中国证券监督管理委员会	2020.10.30	2020.10.30
127	监管规则适用指引——会计类第1号	中国证券监督管理委员会	2020.11.13	2020.11.13
128	中国银保监会关于保险资金财务性股权投资有关事项的通知	中国银行保险监督管理委员会	2020.11.13	2020.11.13
129	生态环境部建设项目环境影响报告书（表）审批程序规定	生态环境部	2020.11.25	2021.01.01

4. 证券交易所等相关规范文件

上海证券交易所、深圳证券交易所以及全国中小企业股份转让有限责任公司、中国证券业协会、中国证券登记结算有限责任公司等具有监管和指引性质的机构在2019~2020年也出台了一系列具体的规定和细则，对并购重组的实践做出指引规范，详见表6。

表6　证券交易所等相关规范文件

序号	名称	颁布/修改机构	发布时间	实施时间
1	上海证券交易所沪港通业务实施办法（2019年修订）	上海证券交易所	2019.10.18	2019.10.28
2	证券公司公司债券业务执业能力评价办法（试行）	中国证券业协会	2019.10.18	2019.10.18
3	上海证券交易所资产支持证券临时报告信息披露指引	上海证券交易所	2019.11.01	2019.11.01
4	深圳证券交易所资产支持证券临时报告信息披露指引	深圳证券交易所	2019.11.01	2019.11.01
5	深圳证券交易所上市公司信息披露指引第4号——员工持股计划	深圳证券交易所	2019.11.03	2019.11.03
6	深圳证券交易所创业板行业信息披露指引第11号——上市公司从事工业机器人产业链相关业务	深圳证券交易所	2019.11.03	2019.11.03

续表

序号	名称	颁布/修改机构	发布时间	实施时间
7	深圳证券交易所创业板行业信息披露指引第12号——上市公司从事集成电路相关业务	深圳证券交易所	2019.11.03	2019.11.03
8	深圳证券交易所创业板行业信息披露指引第13号——上市公司从事锂离子电池产业链相关业务	深圳证券交易所	2019.11.03	2019.11.03
9	深圳证券交易所行业信息披露指引第13号——上市公司从事非金属建材相关业务	深圳证券交易所	2019.11.03	2019.11.03
10	上海证券交易所、中国证券登记结算有限责任公司股票期权组合策略业务指引	上海证券交易所、中国证券登记结算有限责任公司	2019.11.15	2019.11.15
11	上市公司股东大会网络投票实施细则（2019年修订）	深圳证券交易所	2019.11.26	2019.12.16
12	深圳证券交易所 中国证券登记结算有限责任公司股票期权试点风险控制管理办法	深圳证券交易所、中国证券登记结算有限责任公司	2019.12.07	2019.12.07
13	深圳证券交易所 中国证券登记结算有限责任公司股票期权组合策略业务指引	深圳证券交易所、中国证券登记结算有限责任公司	2019.12.07	2019.12.07
14	深圳证券交易所股票期权试点合约条款管理指引	深圳证券交易所	2019.12.07	2019.12.07
15	深圳证券交易所股票期权试点投资者适当性管理指引	深圳证券交易所	2019.12.07	2019.12.07
16	深圳证券交易所股票期权试点交易规则	深圳证券交易所	2019.12.07	2019.12.07
17	上市基金流动性服务业务指南（2019年修订）	上海证券交易所	2019.12.10	2019.12.21
18	关于规范公司债券发行有关事项的通知	上海证券交易所	2019.12.13	2019.12.13
19	关于规范公司债券发行有关事项的通知	深圳证券交易所	2019.12.13	2019.12.13
20	关于下调股票上市费收费标准的通知	深圳证券交易所	2019.12.13	2020.01.01
21	非公开发行公司债券项目承接负面清单指引（2019修订）	中国证券业协会	2019.12.20	2019.12.20

续表

序号	名称	颁布/修改机构	发布时间	实施时间
22	结算备付金管理办法	中国证券登记结算有限责任公司	2019.12.20	2019.12.20
23	全国中小企业股份转让系统股票交易规则	全国中小企业股份转让系统有限责任公司	2019.12.27	2019.12.27
24	全国中小企业股份转让系统投资者适当性管理办法	全国中小企业股份转让系统有限责任公司	2019.12.27	2019.12.27
25	全国中小企业股份转让系统投资者适当性管理业务指南	全国中小企业股份转让系统有限责任公司	2019.12.27	2019.12.27
26	全国中小企业股份转让系统挂牌公司股份特定事项协议转让业务办理指南	全国中小企业股份转让系统有限责任公司	2019.12.27	2019.12.27
27	全国中小企业股份转让系统挂牌公司股份特定事项协议转让细则	全国中小企业股份转让系统有限责任公司、中国证券登记结算有限责任公司	2019.12.27	2019.12.27
28	全国中小企业股份转让系统股票异常交易监控细则(试行)	全国中小企业股份转让系统有限责任公司	2019.12.27	2019.12.27
29	全国中小企业股份转让系统分层管理办法	全国中小企业股份转让系统有限责任公司	2019.12.27	2020.05.01
30	银行间债券市场非金融企业债务融资工具自律处分措施操作规程	中国银行间市场交易商协会	2020.01.03	2020.01.03
31	全国中小企业股份转让系统股票挂牌审查工作指引	全国中小企业股份转让系统有限责任公司	2020.01.03	2020.01.03
32	全国中小企业股份转让系统挂牌公司治理规则	全国中小企业股份转让系统有限责任公司	2020.01.03	2020.01.03
33	全国中小企业股份转让系统挂牌公司信息披露规则	全国中小企业股份转让系统有限责任公司	2020.01.03	2020.01.03

续表

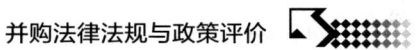

序号	名称	颁布/修改机构	发布时间	实施时间
34	全国中小企业股份转让系统股票定向发行规则	全国中小企业股份转让系统有限责任公司	2020.01.03	2020.01.03
35	全国中小企业股份转让系统挂牌申请文件内容与格式指引	全国中小企业股份转让系统有限责任公司	2020.01.03	2020.01.03
36	全国中小企业股份转让系统股票定向发行指南	全国中小企业股份转让系统有限责任公司	2020.01.03	2020.01.03
37	关于银行参与上海证券交易所债券交易结算有关事项的通知	上海证券交易所、中国证券登记结算有限责任公司	2020.01.15	2020.01.15
38	关于银行参与深圳证券交易所债券交易结算有关事项的通知	深圳证券交易所、中国证券登记结算有限责任公司	2020.01.15	2020.01.15
39	关于债券回售业务有关事项的通知	深圳证券交易所	2020.01.15	2020.01.15
40	全国中小企业股份转让系统股票向不特定合格投资者公开发行并在精选层挂牌规则（试行）	全国中小企业股份转让系统有限责任公司	2020.01.19	2020.01.19
41	全国中小企业股份转让系统股票向不特定合格投资者公开发行保荐业务管理细则（试行）	全国中小企业股份转让系统有限责任公司	2020.01.19	2020.01.19
42	全国中小企业股份转让系统股票向不特定合格投资者公开发行与承销管理细则（试行）	全国中小企业股份转让系统有限责任公司	2020.01.19	2020.01.19
43	全国中小企业股份转让系统精选层挂牌审查问答（一）	全国中小企业股份转让系统有限责任公司	2020.01.21	2020.01.21
44	关于发布实施《公司债券承销业务尽职调查指引（修订稿）》《公司债券业务工作底稿内容与目录指引》的通知	中国证券业协会	2020.01.22	2020.01.22
45	关于调整特定事项协议转让业务办理方式有关事项的通知	全国中小企业股份转让系统有限责任公司	2020.02.02	2020.02.02

续表

序号	名称	颁布/修改机构	发布时间	实施时间
46	关于全力支持防控新型冠状病毒感染肺炎疫情有关业务安排的通知	全国中小企业股份转让系统有限责任公司	2020.02.02	2020.02.02
47	关于修订《全国中小企业股份转让系统挂牌公司股票定向发行审查要点》及《全国中小企业股份转让系统股票定向发行临时公告模板》的通知	全国中小企业股份转让系统有限责任公司	2020.02.14	2020.02.14
48	关于上市公司选聘年报审计机构的倡议	中国上市公司协会	2020.02.17	2020.02.17
49	关于发布深证创新100等指数的公告	深圳证券交易所、深圳证券信息有限公司	2020.02.18	2020.02.18
50	挂牌公司信息披露及会计业务问答（四）——业绩预告、业绩快报与签字注册会计师定期轮换（修订）	全国中小企业股份转让系统有限责任公司	2020.02.21	2020.02.21
51	全国中小企业股份转让系统股票交易方式确定及变更指引	全国中小企业股份转让系统有限责任公司	2020.02.21	2020.02.21
52	全国中小企业股份转让系统证券代码、证券简称编制管理指引	全国中小企业股份转让系统有限责任公司	2020.02.21	2020.02.21
53	全国中小企业股份转让系统股票向不特定合格投资者公开发行并在精选层挂牌与承销业务实施细则（试行）	全国中小企业股份转让系统有限责任公司	2020.02.28	2020.02.28
54	关于认真贯彻执行新证券法 做好上市公司信息披露相关工作的通知	上海证券交易所、深圳证券交易所	2020.02.28	2020.02.28
55	关于上海证券交易所落实证明事项清理工作取消若干业务办理材料的通知	上海证券交易所	2020.02.28	2020.02.28
56	关于发布上市公司续聘/变更会计师事务所临时公告格式指引的通知	上海证券交易所	2020.02.28	2020.02.28
57	上海证券交易所上市公司内幕信息知情人报送指引	上海证券交易所	2020.02.28	2020.02.28
58	上市公司拟聘任会计师事务所公告格式	上海证券交易所	2020.02.28	2020.03.01

续表

序号	名称	颁布/修改机构	发布时间	实施时间
59	深圳证券交易所上市公司规范运作指引（2020年修订）	深圳证券交易所	2020.02.28	2020.03.01
60	上市公司5%以上股东持股增减变动1%的公告格式	深圳证券交易所	2020.02.28	2020.03.01
61	全国中小企业股份转让系统精选层挂牌审查细则（试行）	全国中小企业股份转让系统有限责任公司	2020.02.28	2020.02.28
62	全国中小企业股份转让系统挂牌委员会管理细则（试行）	全国中小企业股份转让系统有限责任公司	2020.02.28	2020.02.28
63	关于进一步规范挂牌公司筹备公开发行并进入精选层相关信息披露行为的通知	全国中小企业股份转让系统有限责任公司	2020.02.28	2020.02.28
64	全国中小企业股份转让系统挂牌公司半年度报告内容与格式指引（试行）	全国中小企业股份转让系统有限责任公司	2020.02.28	2020.03.01
65	全国中小企业股份转让系统公开转让说明书内容与格式指引（试行）	全国中小企业股份转让系统有限责任公司	2020.02.28	2020.03.01
66	全国中小企业股份转让系统股票挂牌条件适用基本标准指引	全国中小企业股份转让系统有限责任公司	2020.02.28	2020.03.01
67	精选层挂牌审查细则（试行）	全国中小企业股份转让系统有限责任公司	2020.02.28	2020.02.28
68	挂牌委员会管理细则（试行）	全国中小企业股份转让系统有限责任公司	2020.02.28	2020.02.28
69	股票向不特定合格投资者公开发行并在精选层挂牌与承销业务实施细则（试行）	全国中小企业股份转让系统有限责任公司、中国证券登记结算有限责任公司	2020.02.28	2020.02.28
70	关于便利申请办理私募基金管理人登记相关事宜的通知	中国证券投资基金业协会	2020.02.28	2020.02.28

续表

序号	名称	颁布/修改机构	发布时间	实施时间
71	关于上海证券交易所公开发行公司债券实施注册制相关业务安排的通知	上海证券交易所	2020.03.01	2020.03.01
72	深圳证券交易所关于公开发行公司债券实施注册制相关业务安排的通知	深圳证券交易所	2020.03.01	2020.03.01
73	关于开展企业债券受理工作的通知	中央国债登记结算有限责任公司	2020.03.02	2020.03.02
74	全国中小企业股份转让系统股票向不特定合格投资者公开发行并在精选层挂牌业务指南1号–申报与审查	全国中小企业股份转让系统有限责任公司	2020.03.06	2020.03.06
75	全国中小企业股份转让系统股票向不特定合格投资者公开发行并在精选层挂牌业务指南2号–发行与挂牌	全国中小企业股份转让系统有限责任公司	2020.03.06	2020.03.06
76	全国中小企业股份转让系统股票挂牌业务操作指南	全国中小企业股份转让系统有限责任公司	2020.03.06	2020.03.06
77	全国中小企业股份转让系统临时公告格式模板第14号—挂牌公司会计师事务所变更公告	全国中小企业股份转让系统有限责任公司	2020.03.06	2020.03.06
78	证券经营机构及其工作人员廉洁从业实施细则	中国证券业协会	2020.03.12	2020.03.12
79	上海证券交易所交易规则（2020年第二次修订）	上海证券交易所	2020.03.13	2020.03.13
80	深圳证券交易所交易规则（2020修订）	深圳证券交易所	2020.03.13	2020.03.13
81	关于挂牌期间非公开发行公司债券分期偿还业务的通知	深圳证券交易所	2020.03.13	2020.03.23
82	特定机构投资者参与证券投资基金申购赎回业务指引	上海证券交易所	2020.03.18	2020.03.18
83	关于网下投资者参与全国股转系统股票向不特定合格投资者公开发行相关业务规则适用的通知	中国证券业协会	2020.03.18	2020.03.18
84	关于进一步规范挂牌公司疫情相关信息披露行为的通知	全国中小企业股份转让系统有限责任公司	2020.04.03	2020.04.03

续表

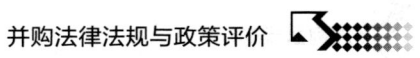

序号	名称	颁布/修改机构	发布时间	实施时间
85	证券质押登记业务实施细则	中国证券登记结算有限责任公司	2020.04.03	2020.04.03
86	关于支持上市公司做好2019年年度报告披露工作的通知	上海证券交易所	2020.04.08	2020.04.08
87	关于支持上市公司做好2019年年度报告审计与披露工作的通知	深圳证券交易所	2020.04.08	2020.04.08
88	全国中小企业股份转让系统挂牌公司治理指引第2号——独立董事	全国中小企业股份转让系统有限责任公司	2020.04.09	2020.04.09
89	全国中小企业股份转让系统挂牌公司治理指引第3号——表决权差异安排	全国中小企业股份转让系统有限责任公司	2020.04.09	2020.04.09
90	关于修订股票公开发行并在精选层挂牌相关临时公告模板的通知	全国中小企业股份转让系统有限责任公司	2020.04.10	2020.04.10
91	非金融企业债务融资工具公开发行注册工作规程（2020版）	中国银行间市场交易商协会	2020.04.16	2020.04.16
92	非金融企业债务融资工具公开发行注册文件表格体系（2020版）	中国银行间市场交易商协会	2020.04.16	2020.04.16
93	非金融企业债务融资工具定向发行注册文件表格体系（2020版）	中国银行间市场交易商协会	2020.04.16	2020.07.01
94	债务融资工具定向发行协议（2020版）	中国银行间市场交易商协会	2020.04.16	2020.07.01
95	关于通过协议转让方式进行股票质押式回购交易违约处置相关事项的通知	上海证券交易所	2020.04.17	2020.04.17
96	关于通过协议转让方式进行股票质押式回购交易违约处置相关事项的通知	深圳证券交易所	2020.04.17	2020.04.17
97	全国中小企业股份转让系统挂牌公司股票停复牌业务实施细则	全国中小企业股份转让系统有限责任公司	2020.04.24	2020.04.24
98	全国中小企业股份转让系统挂牌公司股票停复牌业务指南	全国中小企业股份转让系统有限责任公司	2020.04.24	2020.04.24

续表

序号	名称	颁布/修改机构	发布时间	实施时间
99	深圳证券交易所创业板投资者适当性管理实施办法（2020年修订）	深圳证券交易所	2020.04.27	2020.04.28
100	全国中小企业股份转让系统挂牌公司分层调整业务指南	全国中小企业股份转让系统有限责任公司	2020.04.30	2020.04.30
101	证券非交易过户业务实施细则（适用于继承、捐赠等情形）	中国证券登记结算有限责任公司	2020.04.30	2020.04.30
102	深圳证券交易所资产证券化业务问答（2020年5月修订）	深圳证券交易所	2020.05.08	2020.05.08
103	非上市公众公司股票公开发行并在新三板精选层挂牌承销业务规范	中国证券业协会	2020.05.19	2020.05.19
104	关于做好全国中小企业股份转让系统股票向不特定合格投资者公开发行网上路演工作的通知	全国中小企业股份转让系统有限责任公司	2020.05.20	2020.05.20
105	关于开展公开发行短期公司债券试点有关事项的通知	上海证券交易所	2020.05.21	2020.05.21
106	关于开展公开发行短期公司债券试点有关事项的通知	深圳证券交易所	2020.05.21	2020.05.21
107	上海证券交易所风险警示板股票交易管理办法	上海证券交易所	2020.05.29	2020.05.29
108	上市公司信息披露指引第5号——交易与关联交易	深圳证券交易所	2020.05.29	2020.05.29
109	关于红筹企业申报科创板发行上市有关事项的通知	上海证券交易所	2020.06.05	2020.06.05
110	公司债券存续期管理业务办理指南	上海证券交易所	2020.06.09	2020.06.09
111	公司债券票面利率调整业务指南	深圳证券交易所	2020.06.09	2020.06.09
112	上海证券交易所主板首次公开发行股票发行与上市业务指南	上海证券交易所	2020.06.12	2020.06.12
113	上海证券交易所科创板首次公开发行股票发行与上市业务指南	上海证券交易所	2020.06.12	2020.06.12
114	创业板上市公司业务办理指南 第1号——信息披露业务办理	深圳证券交易所	2020.06.12	2020.06.12
115	创业板上市公司业务办理指南第2号——定期报告披露相关事宜	深圳证券交易所	2020.06.12	2020.06.12

续表

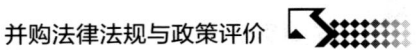

序号	名称	颁布/修改机构	发布时间	实施时间
116	创业板上市公司业务办理指南第3号——限售股份解除限售	深圳证券交易所	2020.06.12	2020.06.12
117	创业板上市公司业务办理指南第4号——股东大会	深圳证券交易所	2020.06.12	2020.06.12
118	创业板上市公司业务办理指南第5号——股权激励	深圳证券交易所	2020.06.12	2020.06.12
119	创业板上市公司业务办理指南第6号——信息披露公告格式	深圳证券交易所	2020.06.12	2020.06.12
120	创业板上市公司业务办理指南第7号——要约收购	深圳证券交易所	2020.06.12	2020.06.12
121	关于创业板股票涉及股票质押回购及约定购回交易有关事项的通知	深圳证券交易所	2020.06.12	2020.06.12
122	关于创业板股票及存托凭证证券简称及标识的通知	深圳证券交易所	2020.06.12	—
123	深圳证券交易所创业板交易特别规定	深圳证券交易所	2020.06.12	2020.06.12
124	中国证券登记结算有限责任公司创业板转融通证券出借和转融券业务特别规定	深圳证券交易所、中国证券金融股份有限公司	2020.06.12	
125	关于创业板试点注册制相关审核工作衔接安排的通知	深圳证券交易所	2020.06.12	—
126	深圳证券交易所创业板上市公司证券发行上市审核问答	深圳证券交易所	2020.06.12	2020.06.12
127	深圳证券交易所创业板股票首次公开发行上市审核问答	深圳证券交易所	2020.06.12	2020.06.12
128	深圳证券交易所创业板发行上市申请文件受理指引	深圳证券交易所	2020.06.12	2020.06.12
129	深圳证券交易所创业板上市保荐书内容与格式指引	深圳证券交易所	2020.06.12	2020.06.12
130	深圳证券交易所创业板创新试点红筹企业财务报告信息披露指引	深圳证券交易所	2020.06.12	2020.06.12
131	深圳证券交易所创业板企业发行上市申报及推荐暂行规定	深圳证券交易所	2020.06.12	2020.06.12
132	深圳证券交易所创业板上市公司证券发行上市审核规则	深圳证券交易所	2020.06.12	2020.06.12

续表

序号	名称	颁布/修改机构	发布时间	实施时间
133	深圳证券交易所创业板股票发行上市审核规则	深圳证券交易所	2020.06.12	—
134	深圳证券交易所创业板股票上市规则（2020年修订）	深圳证券交易所	2020.06.12	2020.06.12
135	深圳证券交易所创业板上市公司规范运作指引（2020年修订）	深圳证券交易所	2020.06.12	2020.06.12
136	深圳证券交易所创业板股票上市公告书内容与格式指引	深圳证券交易所	2020.06.12	2020.06.12
137	深圳证券交易所创业板存托凭证上市公告书内容与格式指引	深圳证券交易所	2020.06.12	2020.06.12
138	非金融企业短期融资券业务指引	中国银行间市场交易商协会	2020.06.12	2020.06.12
139	非金融企业超短期融资券业务指引	中国银行间市场交易商协会	2020.06.12	2020.06.12
140	非金融企业中期票据业务指引	中国银行间市场交易商协会	2020.06.12	2020.06.12
141	关于做好创业板上市公司适用再融资简易程序相关工作的通知	深圳证券交易所	2020.06.19	2020.06.19
142	全国中小企业股份转让系统表决权差异安排业务指南	全国中小企业股份转让系统有限责任公司	2020.06.19	2020.06.19
143	创业板上市公司业务办理指南第8号——向不特定对象发行可转换公司债券	深圳证券交易所	2020.06.21	2020.06.21
144	创业板上市公司业务办理指南第9号——向不特定对象募集股份	深圳证券交易所	2020.06.21	2020.06.21
145	创业板上市公司业务办理指南第10号——向原股东配售股份	深圳证券交易所	2020.06.21	2020.06.21
146	创业板上市公司业务办理指南第11号——向特定对象发行股票	深圳证券交易所	2020.06.21	2020.06.21
147	创业板上市公司业务办理指南第12号——向特定对象发行可转换公司债券	深圳证券交易所	2020.06.21	2020.06.21
148	深圳证券交易所上市公司业务办理指南第1号至第11号	深圳证券交易所	2020.06.21	2020.06.21
149	深圳证券交易所上市公司业务办理指南	深圳证券交易所	2020.06.21	2020.06.21

续表

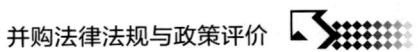

序号	名称	颁布/修改机构	发布时间	实施时间
150	科创板上市公司证券发行上市审核规则	上海证券交易所	2020.07.03	2020.07.03
151	上海证券交易所科创板上市公司股东以向特定机构投资者询价转让和配售方式减持股份实施细则	上海证券交易所	2020.07.03	2020.07.22
152	深圳证券交易所创业板首次公开发行股票发行与上市指南	深圳证券交易所	2020.07.03	2020.07.03
153	关于修订挂牌公司相关临时公告模板的通知	全国中小企业股份转让系统有限责任公司	2020.07.15	2020.07.15
154	科创板上市公司股东以向特定机构投资者询价转让和配售方式减持股份业务指引	上海证券交易所、中国证券登记结算有限责任公司	2020.07.17	2020.07.22
155	企业债券受理工作规则(试行)	中央国债登记结算有限责任公司	2020.07.20	2020.07.20
156	上市公司股份协议转让业务办理指引	深圳证券交易所	2020.07.24	2020.07.24
157	上市公司股份协议转让业务办理指南	深圳证券交易所	2020.07.24	2020.07.24
158	关于开展公司债券置换业务有关事项的通知	上海证券交易所	2020.07.30	2020.07.30
159	关于科创板相关基金等涨跌幅比例的通知	上海证券交易所	2020.08.21	2020.08.21
160	深圳证券交易所上市公司风险分类管理办法	深圳证券交易所	2020.08.30	2020.08.30
161	深圳证券交易所上市公司信息披露工作考核办法(2020年修订)	深圳证券交易所	2020.09.04	2020.09.04
162	上海证券交易所科创板上市公司自律监管规则适用指引第1号——规范运作	上海证券交易所	2020.09.11	2020.09.11
163	关于发布科创板上市公司持续监管通用业务规则目录的通知	上海证券交易所	2020.09.11	2020.09.11
164	上海证券交易所科创板发行上市业务指南第1号——发行上市申请文件	上海证券交易所	2020.09.16	2020.09.16
165	上海证券交易所科创板上市公司自律监管规则适用指引第2号——自愿信息披露	上海证券交易所	2020.09.25	2020.09.25
166	证券公司场外期权业务管理办法	中国证券业协会	2020.09.25	2020.09.25

续表

序号	名称	颁布/修改机构	发布时间	实施时间
167	关于修改《全国中小企业股份转让系统交易单元管理细则（试行）》等16件业务规则的公告	全国中小企业股份转让系统有限责任公司	2020.09.29	2020.09.29
168	关于规范期货公司为控股风险管理公司提供客户介绍及相关服务的通知	中国期货业协会	2020.10.12	2020.10.12
169	关于发布《上海证券交易所上市公司自律监管规则适用指引第2号——纪律处分实施标准》的通知	上海证券交易所	2020.10.16	2020.10.16
170	中国互联网金融协会关于印发《网络小额贷款从业机构反洗钱和反恐怖融资工作指引》的通知	中国互联网金融协会	2020.10.25	2020.10.25
171	深圳证券交易所关于开展信用保护凭证业务试点的通知	深圳证券交易所	2020.10.27	2020.10.27
172	关于发布《上海证券交易所证券交易规则适用指引第1号——合格境外机构投资者和人民币合格境外机构投资者》的通知	上海证券交易所	2020.10.30	2020.11.01
173	关于发布《深圳证券交易所合格境外机构投资者和人民币合格境外机构投资者证券交易实施细则（2020年修订）》的通知	深圳证券交易所	2020.10.30	2020.11.01
174	关于发布《全国中小企业股份转让系统合格境外机构投资者和人民币合格境外机构投资者信息报备指南》的公告	全国中小企业股份转让系统有限责任公司	2020.10.30	2020.11.01
175	关于发布《全国中小企业股份转让系统合格境外机构投资者和人民币合格境外机构投资者证券交易实施细则》的公告	全国中小企业股份转让系统有限责任公司	2020.10.30	2020.11.01
176	关于发布《中国证券登记结算有限责任公司合格境外机构投资者和人民币合格境外机构投资者境内证券投资登记结算业务实施细则》的通知	中国证券登记结算有限责任公司	2020.10.30	2020.11.01

续表

序号	名称	颁布/修改机构	发布时间	实施时间
177	全国中小企业股份转让系统公开转让说明书信息披露指引——广告公司、全国中小企业股份转让系统挂牌公司信息披露指引——广告公司	全国中小企业股份转让系统有限责任公司	2020.11.13	2020.11.13
178	关于进一步加强债务融资工具发行业务规范有关事项的通知	中国银行间市场交易商协会	2020.11.18	2020.11.18
179	挂牌公司优先股发行审查要点	全国中小企业股份转让系统有限责任公司	2020.11.20	2020.11.20
180	挂牌公司股票定向发行申请文件受理检查要点	全国中小企业股份转让系统有限责任公司	2020.11.20	2020.11.20
181	挂牌公司优先股定向发行申请文件受理检查要点	全国中小企业股份转让系统有限责任公司	2020.11.20	2020.11.20
182	上海证券交易所上市公司自律监管规则适用指引第3号——信息披露分类监管	上海证券交易所	2020.11.24	2020.11.24
183	债券存续期业务指南第1号——公司债券持有人会议规则（参考文本）	上海证券交易所	2020.11.27	2020.11.27
184	公司债券发行上市审核规则适用指引第1号——申请文件及编制	上海证券交易所	2020.11.27	2020.11.27
185	公司债券发行上市审核规则适用指引第2号——特定品种公司债	上海证券交易所	2020.11.27	2020.11.27
186	公司债券持有人会议规则编制指南（参考文本）	深圳证券交易所	2020.11.27	2020.11.27
187	上海证券交易所交易型开放式指数基金业务实施细则	上海证券交易所	2020.12.04	2020.12.04
188	科创板股票发行上市审核规则	上海证券交易所	2020.12.04	2020.12.04
189	科创板上市委员会管理办法	上海证券交易所	2020.12.04	2020.12.04
190	证券投资基金交易和申购赎回实施细则	深圳证券交易所	2020.12.04	2020.12.04

续表

序号	名称	颁布/修改机构	发布时间	实施时间
191	证券交易业务指南第2号——股票质押式回购交易业务	上海证券交易所	2020.12.07	2020.12.07
192	证券交易业务指南第3号——约定购回式证券交易业务	上海证券交易所	2020.12.07	2020.12.07

二 并购重组主要立法回顾与分析[①]

企业并购重组是企业为实现发展战略，取得先进资源和技术，分散投资风险，提高组织效率的重要商业路径，包括合并、收购、并购、资产重组、并购重组等实现方式。企业并购重组作为一项重要的商事活动，是商法立法发展的重要基础，同时商法为并购重组提供了重要的方向指引和行动规则。

新中国成立初期，国家实行计划经济体制，商品、物资集中管理，按计划供给和统收统支，商品经济和交易几乎为零，市场不能形成，并购重组无从谈起。社会不存在对商法的需求，商事立法基本空白。1978年12月党的十一届三中全会决定中国开始实行对内改革、对外开放的政策。改革开放后，市场经济体制逐步建立、发展，商法研究、立法进入快车道。有学者将这一期的商法发展划分为三个阶段。[②]

第一阶段，1978~1992年的探索徘徊期。这一时期以1979年《中外合资经营企业法》为开端，陆续颁布了《外资企业法》、《企业破产法（试行）》、《全民所有制工业企业法》与《中外合作经营企业法》等法律。这一时期的研究和立法为日后商法的发展奠定了一定的基础，但同时也充满了

[①] 本部分作者万艺娇。
[②] 赵磊、谢晶：《改革开放以来商法学研究回顾、现状与展望》，http：//www.iolaw.org.cn/showArticle.aspx?id=5148；范健：《国商法四十年（1978~2018）回顾与思考——中国特色市场经济主体与行为制度的形成与发展历程》，https：//max.book118.com/html/2018/0902/6050125151001214.shtm。

意识形态的考虑和澄清，具有明显的时代局限性。

第二阶段，1992~2002年的积累与前进时期。这一时期改革开放力度加大，经济不断发展，市场经济活跃，商事立法进程加快，颁布了多部重要的商事法律。其中最具有代表性的是《公司法》《证券法》《合伙企业法》。从现在来看，这些法律虽不同程度存在可操作性差、法律漏洞多等诸多不足，但对当时公司、组织制度的构建，资本市场的发展提供了初步的框架和模型，为并购重组交易提供明确的法律依据，具有重要的时代意义。

第三阶段，2001年至今的制度完善期。这一时期商法研究逐渐成熟，学术论著颇丰。立法层面，为适应新时期的经济发展要求，《公司法》《证券法》《保险法》《票据法》《破产法》等多部重要法律被修订，商事立法已较为完善。但同时，中国经济发展的创新性和高科技的特点，使得传统商事立法滞后于经济发展，难以很好地发挥法律规范经济、服务经济、保障经济的作用，如电子商务、数字经济等领域仍亟待商事立法（修订）的跟进。

2014年，党的十八届四中全会通过《关于全面推进依法治国若干重大问题的决定》，提出了"社会主义市场经济本质上是法治经济"，"完善社会主义市场经济法律制度"。在此指导思想下，法治思想、法治经济得到空前的重视和发展，法学研究和立法得以持续推动和深入。

回顾过去两年，国际经济形势更加复杂，我国改革开放持续深入，进入攻坚期和深水区。党的十八届四中全会更为明确地指出，全面推进依法治国，必须加强市场法律制度建设。商事法律制度的进一步完善极为重要和迫切。在此背景下，多项商事法律的立法、修改被列入立法计划。2019年立法机关颁布了《民法典》《证券法》《外商投资法》《专利法》《制定资源税法》《中华人民共和国外商投资法实施条例》《中华人民共和国企业所得税法实施条例》《中华人民共和国企业法人登记管理条例》《国有资产评估管理办法》等系列重要法律。这些法律的出台进一步完善和明确了商事规则，为具体的并购重组业务划出了边界，提出方向和指引。

（一）2019～2020年并购重组立法分析

2019～2020年是立法的丰收年，多部重要的新法律法规相继颁布、实施，尤其是《民法典》的颁布、《证券法》的修订完成，标志着商事法律规范进一步体系化，相关商事规则也更为合理、有效，法治经济得以有效推进。此外，法律学界、实务界也不乏对现行商事法律体系的争议和批评之声。

1."民商合一""民商分立"之争

我国学界长期存在"民商合一""民商分立"之争[1]。随着《民法典》民商合一体例的确定，这场争论基本尘埃落定，但囿于立法体例和立法技术的限制，《民法典》中以民事法律规范为主，商事规范不足，商事活动中诸如商事登记、商号、商行为、商业代理、组织形式等系列亟待明确的问题没有进行规定。相关商事法律规定缺乏体系化，商事立法分散混乱的状态没有得到很好的改善。全国人大宪法和法律委员会副主任委员江必新表示："《民法典》出台以后，要进一步下大力气及时清理相关的商事法律规范，确定哪些需要根据《民法典》的规定进行修改甚至废除，哪些需要进一步予以完善。"[2] 有学者呼吁应尽快制定《商法通则》以统领商事规则。

2. 商事立法散乱，立法阶位较低，法律权威性不足

商事法律规范大量见于部门规章或地方性规定。其出台常因各部门为解决某领域问题而定制，因此呈现"头痛医头、脚痛医脚"的零散化特点，从而很难相互协调，形成一个统一有效的规范体系。同时，商事立法阶位较低，难以发挥全局统领作用，不能为商事行为提供整体统一的行为指导和依据，导致相关商事交易效率低下，预判性差，易发生纷争。

3. 商事信用体系仍待完善

信用是市场经济的重要维系，能提高交易效率，促进经济健康发展。我

---

[1] "民商合一"观点认为，应当将民事和商事统一立法，将商事方面的内容编入民法典中。"民商分立"观点则认为，应当单独另行订立商法典。
[2] https：//baijiahao.baidu.com/s? id = 1667574471449916136&wfr = spider&for = pc.

国目前实施的企业信息公示制度、企业年报制度、部际联动的联合奖惩制度、经营异常名录和严重违法失信企业名单管理等商事诚信体系对构建信用体系起到重要作用。但同时也应看到，因我国信用体系建立时间短，仍存在不足和缺失亟待改进。主要表现为以下几个方面。

（1）信用体系仍未形成有效系统

目前信用体系相关规范主要见于全国性指导文件及制度，并未上升到人大立法、行政法规层级。法律权威性不足，无法为信用体系提供足够的法律保障。

（2）无法为商事行为提供有效评价和指导

相关省份、机构虽提供信息查询、使用服务，但相关信息较粗疏，评价依据不足，无法为商事行为提供有效评价和指导。

（3）信用惩戒力量不足

企业出于逐利动机，在失信代价远小于守约成本的情况下，往往选择背信弃诺，严重威胁交易安全，恶化交易环境。

（二）并购纠纷的司法处理

公司并购重组是一项复杂的法律工程，交易环节中存在诸多法律风险，相关争议成诉已不鲜见。

1. 并购中常见几类纠纷类型

（1）股权转让合同纠纷

股权转让合同纠纷历来是并购纠纷成诉的主要类型，案件数量呈现逐年上升趋势。以"股权转让纠纷"为关键词在裁判文书网站进行查询，该类案件2008年仅500余件，到2020年已达4万余件。股权转让纠纷之所以频发，与经济合作与交往的频繁有关，同时也与协议约定不明、法律适用争议、当事人诚信不够等原因密切相关。股权转让纠纷类案件中，总体认定合同有效的居多，裁判文书引用的最多的是《合同法》中第67条严格履行与诚实信用条款以及《合同法》中的违约责任条款。

（2）股东资格确认纠纷

股东资格确认纠纷是指股东与股东之间或者股东与公司之间就某一当事

人是否具备股东资格，或者所持股份数额比例等产生争议而提起的诉讼。引发股东资格确认纠纷的原因多为隐名出资、股权转让、股权赠与、冒名登记等。在司法实务中，股东资格确认常涉及出资合意、股权代持、出资事实、内部登记、外部工商登记、是否违反强制性法律规定等复杂的事实认定和法律适用问题。

（3）股东决议类案件

近年来股东决议类案件数量明有明显上升趋势。从表现上看，股东决议类案件表现为程序性争议，但其实质常与损害股东权益、内部公司治理等公司深层次内因有关，审理难度较大。

2. 并购纠纷诉讼实务中的若干法律争议及难点问题

（1）对赌协议的司法处理

对赌协议是一种价值调整机制与合同安排，被投行普遍运用于股权投资中。司法实务长期存在对赌协议效力争议，其间争议主要围绕着几个方面，即是否显失公平，是否损害公司及债权人利益，是否违反风险共担原则。原司法实践中对赌协议的性质和效力观点不同，司法处理不一而足。

最高人民法院在对赌第一案"海富案"[①]的观点是，投资者与目标公司的股东对赌有效，与投资者目标公司对赌无效。法院认为与目标公司对赌无效的主要理由是：第一，违反资本维持原则，股东涉嫌抽逃出资；第二，大股东滥用股东地位和权力，损害公司及债权人利益；第三，对赌条款属于保底或固定收益条款，违反投资风险共担的原则。

该案判决对各地法院处理类似案件提供了重要的指导意义，被相关论著、研究广泛引用。但仲裁机构关于投资方与目标公司的对赌与最高院的判决截然不同，仲裁机构认为，应当尊重当事人的意思自治和商业安排，认为应肯定投资方与目标公司的对赌有效。

法律观点的分歧导致完全不同的司法处理结果，给交易效率和交易安全

---

① 苏州工业园区海富投资有限公司与甘肃世恒有色资源再利用有限公司、香港迪亚有限公司、陆波增资纠纷案。

带来了极为不利的影响。《全国法院民商事审判工作会议纪要》（法〔2019〕254号）规定：与目标公司"对赌"，投资方与目标公司订立的"对赌协议"在不存在法定无效事由的情况下，目标公司仅以存在股权回购或者金钱补偿约定为由，主张"对赌协议"无效的，人民法院不予支持，但投资方主张实际履行的，人民法院应当审查是否符合《公司法》关于"股东不得抽逃出资"及股份回购的强制性规定，判决是否支持其诉讼请求。投资方请求目标公司回购股权的，人民法院应当依据《公司法》第35条关于"股东不得抽逃出资"或者第142条关于股份回购的强制性规定进行审查。经审查，目标公司未完成减资程序的，人民法院应当驳回其诉讼请求。投资方请求目标公司承担金钱补偿义务的，人民法院应当依据《公司法》第35条关于"股东不得抽逃出资"和第166条关于利润分配的强制性规定进行审查。经审查，目标公司没有利润或者虽有利润但不足以补偿投资方的，人民法院应当驳回或者部分支持其诉讼请求。今后目标公司有利润时，投资方还可以依据该事实另行提起诉讼。

该纪要一反最高人民法院在"海富案"中的观点，将合同效力与合同履行分开处理，即原则上认定投资方与目标公司的对赌有效。同时对投资方提出的履约要求，依法进行审查，依法做出相应认定。至此，多年来的对赌协议效力之争基本定型，各裁判机构思路亦渐趋同。

（2）股权瑕疵担保责任

瑕疵担保责任，分为权利瑕疵担保责任和物的瑕疵担保责任，是指在交易活动中当事人一方转移财产或权利给另一方时，转让方依照法律规定，应当担保该转移的财产或权利没有瑕疵，否则转让方应当承担相应的责任。

现行法律中关于股权转让合同的规定较少，对股权转让方是否承担、如何承担瑕疵担保责任存在争议。在法律适用方面，根据《最高人民法院关于审理买卖合同纠纷案件适用法律问题的解释》的规定，股权转让合同参照适用买卖合同的规定。但同时最高人民法院在第14批指导性案例最高人民法院在汤长龙与周士海股权转让合同纠纷（第14批指导性案）中认为，《合同法》第167条第一款针对分期付款买卖，其一般发生在普通经营者和

消费者之间为满足生活消费需求而发生的交易中，故而《股权转让资金分期付款协议》不宜简单适用《合同法》第167条规定的合同解除权。可见，股权转让合同并不完全适用买卖合同的规定。

在司法实务中，对股权转让方应承担权利瑕疵担保责任争议不大，但对是否适用买卖合同的规定应承担物的（质量）瑕疵担保责任存在不同认识和处理方式。一方观点认为，股权是一种权益而非资产，公司资产的恶化不应视为权利的瑕疵，在双方无具体约定的情况下，不宜认定是转让应承担的担保责任。另一方观点认为，股权即所有者权益，即实质是公司的资产，公司资产存在瑕疵无疑会使受让方权益受损。

股权转让中由于交易双方的信息不对称，转让的股权质量如何，是否可实现受让方的合同目的，很大程度上依赖于转让方的信息披露和如实陈述。在目前股权转让方的瑕疵担保责任内容和范围尚存争议的情况下，对目标公司进行详尽的尽职调查及合同约定是交易安全的重要保证。

（3）司法介入公司内部治理的边界

《公司法》对公司内部治理结构的界定较为宽泛。实践中，公司章程往往照搬照抄《公司法》的规定，未结合自身实际情况制定，诸多重要事项并未进行约定，未建立针对大股东、管理层等的约束机制。公司治理结构常常不能正常发挥作用，进而引发股东纠纷、小股东利益受损、公司决议违法等一系列问题。当公司陷入内部治理失灵时，司法干预不失为较好的解决方法。由于成因复杂且涉及公司内部自主经营等问题，司法干预既要尊重公司治理的自治性、专业性，也要兼顾公司的社会性、经济秩序、中小股东权益保护等，其边界往往模糊而难以把握。

从目前最高人民法院出台的司法解释来看，法院对公司治理的介入主要包括三个方面的内容[①]：第一，完善股东会或者股东大会、董事会会议决议效力瑕疵诉讼机制，促进公司决策的规范化。第二，加强股东知情权保护，

---

① 《依法保护股东权利 促进规范公司治理——最高人民法院民二庭负责人就〈关于适用《中华人民共和国公司法》若干问题的规定（四）〉答记者问，http://www.lawyerdangjine.com/article/423878.html。

完善股东代表诉讼机制，为股东监督公司经营提供司法保障。第三，完善股东之间的利润分配等利益冲突解决机制，避免和化解公司僵局。从现有规定及司法实践来看，司法层面的干预主要表现为以引导方式促进公司规范内部治理，对于争议成诉的公司治理类案件，一般仍以公司章程规定或公司决议有相关规定为裁判前提。

如何更好地界定司法介入公司治理的深度和范围，平衡各方利益，仍需进一步探索。

三 2019~2020年并购重组重要法律法规及政策的内容与评析

（一）《中华人民共和国证券法》（2019年12月修订）[①]

《证券法》自1998年颁布以来曾经历了一次大的修订（2005年）、三次小的修正（2004年、2013年、2014年）。本次修订是对《证券法》的第二次大修改，2013年该修订工作已提上日程，虽然在2013年、2014年进行了有针对性的个别修正，但全面的修改实际上持续了近6年，分别在2015年、2017年、2019年4月和12月经历了全国人大常委会四次会议的审议，最终在2019年12月28日第十三届全国人大常委会第十五次会议审议后通过并于2020年3月1日起实施。

2012年以来，我国资本市场经历了三轮监管周期，分别是2012~2015年的金融创新时期、2016~2018年的防范金融风险时期和2018年底以来的金融供给侧改革时期，整体监管基调从宽松到收紧再到宽松。这样的变化也深刻地影响了本次《证券法》的修订。随着注册制改革步伐的加速和国务院试点注册制的期限即将届满，资本市场对完善证券基本法律制度的需求越来越迫切。在此背景下，为加大证券基本法律制度的供给，催生了新修订的

---

① 本部分作者万艺娇。

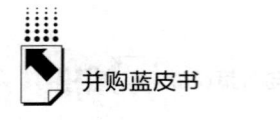

《证券法》（2019年12月修订）的出台。

新《证券法》的修订，系立足本国国情、顺应证券市场改革和发展需要的一项重大立法活动。其按照顶层制度设计所指引的方向，总结和归纳资本市场的实践经验，为证券市场全面深化改革落地，切实防控市场风险，促进证券市场健康、平稳发展，提供了坚实的法治保障，意义深远。

新《证券法》共14章、226条，在完善现有制度的基础上，做出了一系列新的制度改革。

第一，进一步扩大《证券法》的适用范围。

如明确将"存托凭证"纳入法定证券种类，为其发行与管理提供上位法依据；确立资产支持证券、资产管理产品应遵循《证券法》的原则；新增《证券法》的域外适用规定等。本次修订，能够更好地为证券市场提供法律依据服务。

第二，改"核准制"为"注册制"。

随着新《证券法》第9条关于"注册制"规定的出台，股票发行"核准制"正式成为历史。注册制改革是重要的资本市场顶层设计，对于资本市场稳健发展具有重要的意义，是本次法律修订涉及的最大制度改革及亮点。

围绕"注册制"，本次《证券法》进了系列的配套修改。如新《证券法》取消发审委制度。证券交易所取代发审委成为审核股票发行主体；新法大幅降低了企业上市门槛。原我国《证券法》对企业长期持续盈利能力有诸多规定和限制，企业上市条件严苛。此次修订变"持续盈利能力"为"持续经营能力"，无疑更为看重企业的长期经营能力，同时也大幅放宽了上市条件，使得一些发展前景良好，但短期盈利差的创新型高科技企业上市成为可能，极大地丰富和活跃了资本市场。

新法同时为注册制的分步实施留出制度空间，明确证券发行注册的具体范围、实施步骤由国务院规定；放宽公开发行债券的条件，取消净资产、累计债券余额和净资产挂钩等要求；新增利用其他未公开信息的禁止行为规定。

第三，取消原规定中的暂停上市规定，实施企业退市制度。

新《证券法》全面取消了暂停上市规定，企业终止上市交易将按证券交易所业务规则办理。

第四，增设信息披露和投资者保护专章。强化公司的信息披露义务和责任，加强对投资者的保护。如新增代表人诉讼制度。新《证券法》重视投资者权益保护并引入了代表人诉讼制度。新法第91、95条对诉讼代表人制度做出了规定，称为默示加入规则。在该规则下，对于已提起的诉讼，存在有相同诉讼请求的其他众多投资者的，可以在法院登记。法院的裁判对所有进行登记的投资者生效。

第五，优化证券服务机构规则，扩大参与主体范围。

在服务资格上，除从事证券投资咨询服务业务的需要进行核准之外，其他相关服务机构均采用备案制，如律师事务所也在备案制的范围内。

第六，提高了证券违法成本，强化市场主体的法律责任。提高了对证券违法行为的行政罚款的额度和金额，加重了控股股东、实际控制人的责任。

综上，本次证券修订是系统化、全面化、科学化的制度改革，内容规范、完善，适应了市场变化和发展要求，保证了法律制度的稳定性和及时性，其作为助力经济改革的证券根本法，将进一步对证券市场的发展起到良好的规范及促进作用。

（二）《中华人民共和国民法典》[①]

《中华人民共和国民法典》（以下简称《民法典》）于2020年5月28日经党的十三届全国人大三次会议表决通过，于2021年1月1日起正式施行。《民法典》延续了《民法通则》《民法总则》的"民商合一"模式，通过一部法典统摄民法和商法。作为一部基础性和综合性法律，《民法典》规范着各类民、商事主体的各种人身关系和财产关系，涉及社会和经济生活的方方面面，促进商业行为中投融资并购交易的顺利进行。《民法典》中的商法元

---

① 本部分作者万艺娇、章松涛。

素主要有以下几方面的体现。

第一,《民法典》确立了商业活动的基本规则,但同时其第11条强调,"其他法律对民事关系有特别规定的,依照其规定"。《民法典》生效后,《公司法》等商事规则仍具有法律效力。两者之间为一般与特殊的关系,也意味着商法规则优先适用。

第二,物权是重要财产权内容,也是商事活动中重要的交易标的。《民法典》中新增了"居住权""非典型性担保""动产购买价款抵押担保的优先权"等制度;统一了实现担保物权的受偿规则;构建了逻辑统一的登记型动产担保规则。《民法典》作为民事领域的基础性、综合性法律,解决了此前相关法律对物权领域的规定分散、冲突、缺乏等问题,为投资并购等商事活动提供了法律指引。

第三,《民法典》合同编是商法内容的重要集中体现。

①合同编在原有《合同法》的15种合同基础上,增加了保理、物业服务、保证、合伙4种合同,其中的绝大部分合同属于商事合同,如保理合同的确立,有助于推动保理行业健康发展,助力缓解中小微企业融资难、融资贵等问题,物业服务合同的确立将进一步推动小区治理难题的解决,切实保证业主的权利。同时,对合同的订立、效力、履行、变更、转让、终止、违约责任、保全等规定和制度以及典型合同部分进行进一步的修改和完善,更符合民商事中对合同行为的处理,有助于促进商事发展。

②为适应电子商务蓬勃发展的形势和不断增长的市场需求,合同编对电子合同等订立合同方式以法律形式予以肯定和规制。对电子合同的形式、订立和履行等均有明确的规定。如电子合同的形式,合同编规定,以电子数据交换、电子邮件等方式能够有形地表现所载内容,并可以随时调取查用的数据电文,视为书面形式。

③《民法典》合同编第533条关于情势变更原则的规定(且该规定未将不可抗力情形排除在外),因新冠肺炎疫情的影响,大众对"不可抗力"和"情势变更"的认定存在较大争议,且在《民法典》实施之前,两者之间的逻辑关系并不十分明确,导致司法实践中对"情势变更"的适用界定

不明，而《民法典》对"情势变更"从立法层面的确认表明该原则在法律层级得到正式确立。此次情势变更原则得到法律确认后，将给合同变更解除规则及司法实务裁判带来较大变化。

④合同编确认了新的债权让与制度，规定"当事人约定非金钱债权不得转让的，不得对抗善意第三人。当事人约定金钱债权不得转让的，不得对抗第三人"。这一修改是为了满足商业社会对债权流转的高效、便捷的要求，将对商事交易和安排产生重要影响。

⑤修改了保证合同中的责任推定方式，规定"当事人在保证合同中约定，债务人不能履行债务时，由保证人承担保证责任的，为一般保证"。此前我国长时间以来对无约定或约定不明的保证均推定为连带保证。此次规则变动是一个颠覆性的改变，将给相关商事活动特别是金融业带来巨大影响。

⑥完善了合同终止制度和违约责任制度。《民法典》中的合同编对"合同终止制度"及"违约责任制度"做了较大幅度的完善，如增设了债的清偿抵充规则并明确了抵充的相关顺序，明确规定了主债务和利息及实现债权的有关费用的履行顺序，如第561条规定债务人在履行主债务外还应当支付利息和实现债权的有关费用，其给付不足以清偿全部债务的，除当事人另有约定外，应当按照下列顺序履行：（一）实现债权的有关费用；（二）利息；（三）主债务。再者，对合同解除制度进行了完善，增加了解除权的消灭期限，如第564条规定：法律规定或者当事人约定解除权行使期限，期限届满当事人不行使的，该权利消灭。法律没有规定或者当事人没有约定解除权行使期限，自解除权人知道或者应当知道解除事由之日起一年内不行使，或者经对方催告后在合理期限内不行使的，该权利消灭。在违约责任中，吸收了原《担保法》中关于定金规则的制度。

《民法典》为市场经济的交易和活动提供了基本的规则，为进一步完善法治经济奠定了基础。《民法典》实施后，将进一步改善和促进并购交易等商业行为开展，促进商业行为中投融资并购交易的顺利进行。

（三）《上市公司收购管理办法》（2020修订）[①]

中国证监会于2020年3月20日发布新版《上市公司收购管理办法》（以下简称《收购办法》），系针对2020年3月1日起施行的《证券法》第四章相关内容所进行的适配调整。新版《上市公司收购管理办法》的调整主要针对取消要约收购豁免审批、延长收购人锁定期、调整权益变动披露要求、调整投资者披露事项、增加要约收购条件设置及变更等，相关调整对于投资者及投资活动均具有重大影响。

本次《收购办法》的修改共涉及25条主要条款，主要修改要点如下：

第一，取消要约收购豁免审批

取消要约收购豁免审批系新版《收购办法》中最核心的调整，本次修订所涉及的大部分条款均系取消要约收购豁免审批及相应的程序性调整。

原《收购办法》中规定，收购人进行要约收购时，需向中国证监会申请豁免，并需取得中国证监会的豁免批复。鉴于新《证券法》第73条取消了监管部门审批豁免权力，故新《收购办法》亦相应取消了需向中国证监会申请豁免的表述。新《收购办法》将原规定第六章豁免申请修改为免除发出要约，将其中第61条至第66条中所涉及需向中国证监会进行豁免申请的相关表述全部修改为免于发出要约。投资者如符合新《收购办法》第62条、第63条所规定之情形，即可免于以要约方式增持股份或免于发出收购要约。证监会对于要约收购不再设置任何行政许可，极大简化了要约收购的操作流程，提升了收购效率，以更好、更快地适应市场发展。

同时，新《收购办法》第78条明确了证监会对于不符合免除发出要约情形的违规收购行为的监管、处罚措施，确保在取消豁免审批的同时，加强对相关违规行为的监管和处罚。

第二，延长收购人股份锁定期。

新《收购办法》第74条将上市公司的收购中，收购人持有上市公司股

[①] 本部分作者张晓淼、张惟。

份在收购完成后的锁定期由 12 个月延长至 18 个月，这一规定系针对新《证券法》第 75 条的相关适配调整，通过延长锁定期稳定上市公司控制权，避免投资者在短期内利用上市公司的收购牟取不正当利益。

第三，调整持股 5% 以上股东权益变动的披露要求。

按照新《收购办法》第 13 条第一款的规定，上市公司股东持股 5% 以上时应在 3 日内履行通知和公告义务，并在上述窗口期内停止买卖该上市公司股票。同时，按照新《证券法》第 63 条之相关调整，规定中增加了中国证监会可以对窗口期内禁止股票进行例外规定。

新《收购办法》第 13 条第二款中，针对持股 5% 以上的股东，其所持股东权益每增减 5% 时，应在 3 日内履行通知和公告义务，在公告后 3 日内需停止买卖该上市公司股票。新《收购办法》将上述限售窗口期由原来的公告后 2 日改为 3 日，系针对新《证券法》的适配调整。

新《收购办法》在保留原条款中股东权益每增减 5% 时为披露节点的基础上，增加设置了股东权益每增减 1% 时的披露节点。新《收购办法》第 13 条第三款中，持股 5% 以上的股东权益每增减 1% 时，应在次日履行通知和公告义务，但不强制要求停止买卖该上市公司股票。新增加的披露节点要求，提高了主要股东在其增减持过程中的信息披露频次，确保投资者及时了解和把控上市公司股权变动情况，在一定程度上避免主要股东恶意规避增减持信息披露的行为。

同时，新《收购办法》中增加了一些新规定，如投资者违反上述规定所述禁止买卖的窗口期，违规买入该上市公司股票时，在买入后的 36 个月内，对超过规定比例违规买入的股票不得行使表决权，有针对性地从增减持行为目的的角度出发规定了相应的处罚措施，能够有效遏制投资者违规、恶意增持的意图。

第四，增加持股 5% 以上股东的披露内容。

新《收购办法》第 16 条，对于持股 5% 以上但低于 20%，且非第一大股东的投资者需编制的简式权益变动报告书的内容要求中，增加了增持股份的资金来源以及在上市公司中拥有权益的股份变动的时间及方式两项新的信息披露要求,将原来的详式权益变动报告书才需要进行披露的增持股份的资金来源调整至简式权益变动报告书,通过增强对于资金来源的披露和监管,避免股份增持过程中因资金来源存在违法、违规情形而影响交易的合法有效。

第五,增加要约收购条件设置及变更。

为与新《证券法》的调整保持一致,新《收购办法》第 39 条中新增了收购人可以针对上市公司持有不同种类股份的股东提出不同收购条件的条款。同时,增加了设置收购人变更收购要约的条款规定,对变更收购要约的程序、限制条件等进行了明确,规定变更收购要约不得降低收购价格、减少预定收购股份数额、缩短收购期限或证监会规定的其他情形。

第六,规定了免于发出要约的 11 种情形。

鉴于新《证券法》取消了监管部门的审批职责,新《收购办法》第 62 条中规定的收购人可免于以要约方式增持股份的情形在与原《收购办法》保持一致的情况下,即同一控制下转让、收购人挽救上市公司严重财务困难(承诺锁定 3 年),以及证监会认可的其他情形,取消了需向中国证监会申请要约豁免的相关表述。同时,新《收购办法》第 63 条对于原《收购办法》中规定的适用简易程序豁免及自动豁免的情形进行整合,集中规定为投资者可以免于发出要约的情形,包括国资核准的股份变动导致持股超过 30%,对投资者定增 30%(承诺锁定 3 年),持股 30% 以上的股东每 12 个月增持不超过 2%,持股 50% 以上的股东继续增持,金融机构从事承销、贷款等业务致使持股超过 30%,因继承导致持股超过 30%,因履行约定购回协议导致持股超过 30%,因优先股表决权恢复导致持股超过 30%,以及证监会认可的其他情形。

除上述主要修改要点外,新《收购办法》还根据新《证券法》对证券市场管理等方面的内容进行了有针对性的调整。如新《收购办法》第 9 条、第 51 条对相关证券服务机构的要求调整与新《证券法》的规定相匹配,并明确了证券服务机构及其从业人员应遵守法律法规,遵循行业标准和道德规范,对其制作、出具之文件承担责任。新《收购办法》第 21 条还进一步规范了相关信息披露的媒介，要求披露义务人应在证券交易所的网站和符合中国证监会规定条件的媒体上依法披露信息。

（四）《区域全面经济伙伴关系协定》（RCEP）[①]

1. 《区域全面经济伙伴关系协定》签订历程

2012年11月20日，在东亚领导人召开系列会议期间，东盟十国与中国、日本、韩国、印度、澳大利亚、新西兰等16国共同发布《启动〈区域全面经济伙伴关系协定〉谈判的联合声明》，正式启动《区域全面经济伙伴关系协定》（Regional Comprehensive Economic Partnership，RCEP）（以下简称《协定》）谈判进程，旨在达成一个全面、现代、高质量、互惠的区域自贸协定。

2017年11月14日，《区域全面经济伙伴关系协定》首次领导人会议召开后，与会各国发表《联合声明》及《RCEP协定框架》，在不预判谈判结果的前提下，明确了《协定》的框架。2019年11月4日，除印度以外的15国召开第三次领导人会议，正式结束《协定》全部20个章节的文本谈判以及实质上所有的市场准入问题的谈判，《协定》正式进入文本法律审核阶段。

《协定》谈判自2013年5月9日正式开展，历时8年，共历经31轮正式谈判、23次部长级会议以及4次领导人会议，最终于2020年11月15日第四次领导人会议期间，由东盟十国、中国、日本、韩国、澳大利亚和新西兰正式签署。

《协定》签署后，将由各成员国履行国内法律审批程序，在满足相应的生效条件之后，《协定》将正式生效实施。

2. 《区域全面经济伙伴关系协定》的主要内容

《区域全面经济伙伴关系协定》以1994年《建立世界贸易组织协议》以及东盟成员国与澳大利亚、中国、日本、韩国、新西兰之间现有的自由贸

[①] 本部分作者张惟。

易协定项下各自的权利和义务为基础，旨在扩大并深化东亚地区经济一体化，促进经济增长和公平的经济发展，推进经济合作。

《协定》共包含20个章节，重点围绕货物贸易、服务贸易和投资三个议题，并就经济技术合作、中小企业、知识产权、竞争政策、原产地规则、海关程序与贸易便利化、卫生与植物卫生措施等多个方面达成共识。

从《协定》的内容上看，成员国间采用双边方式对货物贸易自由化做出安排，协议生效后，区域内90%以上的货物贸易将立即实现零关税或承诺在10年内降税到零，中国在服务贸易方面的开放承诺达到了已有自贸协定的最高水平，且首次在自贸协定项下以负面清单形式对投资领域进行承诺。《协定》其他章节还涵盖了原产地规则、海关程序、自然人临时流动、电子商务、贸易救济、金融服务、知识产权、竞争政策、政府采购、争端解决等内容，《协定》在总体上的自由、开放、协作水平明显高于区域内现有的其他自贸协定。

同时，考虑到各成员国间经济发展程度的差异性，《协定》"兼顾缔约方，特别是最不发达国家缔约方，所处的发展阶段和经济需求"，对符合其所定义的"最不发达国家缔约方"采取灵活适用方式，在一定情况下对部分成员国提供差别待遇，并在《协定》中有针对性地专门设置了中小企业、经济技术合作等章节，力求促进区域内各成员国的协同、均衡发展。

从《协定》的覆盖范围上看，其整合了东盟十国分别与中国、日本、韩国、澳大利亚、新西兰现有的"10+1"自贸协定及中国、日本、韩国、澳大利亚、新西兰之间现有的自贸协定，同时也在中日、日韩之间达成了新的自贸协定，为将来中日韩及区域内各国之间进一步深化贸易伙伴关系奠定了基础。同时，印度作为《协定》的原始谈判国之一，虽未能参与正式签署，但《协定》仍对印度的加入保持开放态度。

3. 影响评析

《协定》最终全面生效实施后，区域内贸易将达到前所未有的开放水平。通过对货物贸易、服务贸易以及投资领域的自由化安排，辅以原产地规则、海关程序、检验检疫、技术标准、自然人临时流动等程序简化承诺，将最大限度实现区域内市场开放、降低贸易成本、减少贸易壁垒。值得注意的是，《协定》在未来履行国内法律审批程序直至最终生效的过程中，如何适配各成员国国内法律法规，如何就《协定》条款内容与国内法律法规的差异进行针对性调整，仍需以立法等方式为《协定》的落地提供基础和指引。其正式生效后将会促进、便利区域并购领域的交易，也会对区域并购给予更多法律支持和保护。

（五）《私募投资基金备案须知》[①]

2019年12月23日，中国证券投资基金业协会更新《私募投资基金备案须知》（以下简称"新版须知"），从形式上看，新版须知的条款数量有了大幅度的增加，从内容上看，在旧版须知的基础上，有取舍，有创新，规范的事项更为严谨科学、实用广泛、具体明确，如删除了各类私募基金最低的募集规模要求，删除了债权类基金（包括投资于收益权、应收账款等的私募基金）的备案要求。

具体而言，新版须知的内容由五部分组成，分别为私募投资基金备案总体性要求；私募证券投资基金（含FOF）特殊备案要求；私募股权投资基金（含FOF）特殊备案要求；私募资产配置基金特殊备案要求；过渡期及其他安排。通读全文，我们发现，新版须知的主要特点集中于以下几个方面。

第一，贯彻落实《关于规范金融机构资产管理业务的指导意见》（以下简称《资管新规》）的监管原则和相关内容。比如新版须知第一部分第十一、第十三、第十四条关于封闭式运作、禁止刚性兑付、禁止资金池的规定便是沿用了《资管新规》的相关内容；且部分规定在《资管新规》的基础上设置了更为严格的条款，如封闭式运作的要求，明确规定不得新增投资人和额度。

第二，对私募投资基金备案总体性要求的可操作性更强、要求更具体。第一部分内容占据了新版须知全文的绝大部分，且所规定的内容具有重大的

---

① 本部分作者万艺娇、章松涛。

指引意义，如明确了基金内涵和外延，表明私募投资基金不应是借（存）贷活动。对禁止备案的对象通过举例的方式，列举了五个条文来解释借（存）贷活动如投向保理资产、融资租赁资产、典当资产等《私募基金登记备案相关问题解答（七）》所提及的与私募投资基金相冲突业务的资产、股权或其收（受）益权；规定禁止双管理人和多管理人，受托人责任不得转委托；规定投资者资金来源合法，不得汇集他人资金投资私募基金，不得代持；规定了募集推介、完善了募集完毕的概念，强调了私募基金募集完毕的要求，即私募募集完毕后方可备案；建立紧急情况暂停备案制度；等等。新版须知的第一部分内容广泛、具体，且便于实施和操作，宽严有度，有助于各管理人更好地理解基金备案的要求和条件，从而顺利通过基金备案。

第三，对私募证券、私募股权及资产配置等不同类型的私募基金提出了有针对性的特殊备案要求。如为防范不同基金间的利益冲突，新版须知规定，在已设立的私募股权投资基金尚未完成认缴规模70%的投资之前，除经全体投资者一致同意或经全体投资者认可的决策机制决策通过之外，管理人不得设立与前述基金的投资策略、投资范围、投资阶段均实质相同的新基金。关于投资方式的规定，新版须知规定，中国证券投资基金业协会规定私募资产配置基金80%以上的已投基金资产应当投资于依法设立或备案的资产管理产品。

第四，对新备案须知的适用，做了过渡期的安排。简而言之，须注意两个时间节点。一是2020年4月1日起，中国证券投资基金业协会不再办理不符合须知要求的新增和在审备案申请。二是2020年9月1日后，从事须知第（二）条中不符合"基金"本质活动的私募投资基金，不得新增募集规模、不得新增投资、到期后应进行清算，原则上不得展期。

（六）最高人民检察院、中国证券监督管理委员会联合发布的证券违法犯罪典型案例[①]

2020年11月6日，最高人民检察院会同中国证券监督管理委员会以

---

① 本部分作者万艺娇、章松涛。

"依法从严打击证券违法犯罪　维护金融市场秩序"为主题召开新闻发布会，发布12起证券违法犯罪典型案例，分别为6起刑事犯罪案例和6起行政违法案例。

其中6起刑事犯罪案例分别为：欣某股份有限公司、温某乙、刘某胜欺诈发行股票、违规披露重要信息案；中某通机械制造有限公司、卢某旺等人欺诈发行债券、出具证明文件重大失实、非国家工作人员受贿案；唐某博等人操纵证券市场案；王某、王某玉等人内幕交易、泄露内幕信息案；胡某夫利用未公开信息交易案；滕某雄、林某山编造并传播证券交易虚假信息案。6起证券违法典型案例为：雅某股份有限公司信息披露违法案；华某股份有限公司信息披露违法案；廖某强操纵证券市场案；通某投资公司操纵证券市场案；周某和内幕交易案；吉某信托公司内幕交易案。

这12起典型案例集中展现了证券部门、检察机关打击证券期货犯罪的信心和决心，旨在增强资本市场各类主体和投资者的法治意识，对预防证券市场违法犯罪具有警示教育作用。同时也呈现了以下几个特点。

第一，为《证券法（2019年修订）》的贯彻实施保驾护航，推进注册制的全面推行。这12起典型案例表明了证券市场违法犯罪的种类及发展态势、违法犯罪主体复杂、违法犯罪的新特点新趋势不断涌现等特点，正好与《证券法（2019年修订）》所修订的内容如扩大《证券法》的适用范围、增设专章强化信息披露义务人的信息披露责任和加强对投资者的保护、提高违法成本等相呼应，表明本次修订案是一项与时俱进、继往开来、具有前瞻性的科学立法活动，这12起案例，以案释法，更能彰显我国加强对证券市场保护、促进证券市场稳定发展的决心和勇气。

第二，科学、精准地揭示了当前证券期货违法犯罪的主要类型及变动趋势。其中6个刑事犯罪案例涉及证券发行、交易和信息披露领域的常见犯罪，深刻解释了当前形势下证券犯罪的"新态势""具有隐蔽性、专业性""逐利性"的特点；6个行政违法案例表明当前的证券违法行为集中表现为财务造假、信息披露违法、操纵市场、内幕交易等，违法主体也呈多样化的趋势，即上市公司、中介机构、私募基金管理人、自然人等均可以是违法主体，且随着经济的发展，违法行为不断地出现一些新特点、新趋势和新类型，跨境、跨市场犯罪案件和利用新概念、新技术实施犯罪的案件不断涌现，如通某投资公司操纵市场案，是私募基金管理人利用资管产品操纵市场的新型案件。

第三，表明了国家和政府对资本市场违法犯罪行为"零容忍"的态度，进一步净化了资本市场环境，依法惩治了金融证券违法犯罪、防范化解了重大金融风险。这12起案例系经最高检和证监会精心挑选的具备典型性、代表性及普遍性的违法犯罪案例，既揭示了当前证券期货市场违法犯罪的主要特征，又表明了国家和政府对违法犯罪行为从重从严打击的态度，明确了检察机关参与资本市场法治建设的职能作用，即检察院在刑事诉讼指控证明犯罪、维护证券市场健康稳定方面发挥着积极作用，能精准打击证券犯罪，不枉不纵；表明了证监会对违法违规行为"零容忍"的鲜明执法态度，彰显了司法和执法部门多位一体、协同合作的优势，共同保证了证券市场的健康发展，使证券违法犯罪者明晰违法犯罪的成本将进一步提升，对违法犯罪行为形成强大的威慑力，将进一步夯实资本市场法治和诚信基础，推动构建良好的证券市场秩序。

（七）《关于证券纠纷代表人诉讼若干问题的规定》[①]

2020年7月23日，最高人民法院审判委员会第1808次会议通过《关于证券纠纷代表人诉讼若干问题的规定》，自2020年7月31日起施行。

最高人民法院根据《民事诉讼法》《证券法》的相关规定，发布《关于证券纠纷代表人诉讼若干问题的规定》（以下简称"《规定》"），旨在保障投资者，尤其是中小投资者的合法权益，建立健全证券集体诉讼制度，为投资者进行证券相关诉讼、降低诉讼成本、提高诉讼效率提供具体指引。

该司法解释的主要内容包括以下几个方面。

《规定》分为四个部分，共计42条，分别对代表人诉讼的启动、立案、

---

① 本部分作者张惟。

权利登记、诉讼代表人的推选、代表人条件、调解、审理、执行、信息化技术手段运用等代表人诉讼司法实践中的重、难点问题进行了细化规定。

第一，适用范围。《规定》的适用范围包括因证券市场虚假陈述、内幕交易、操纵市场等行为引发的普通代表人诉讼和特别代表人诉讼。普通代表人诉讼采取权利人"明示加入"模式，由权利人在起诉时或在权利登记程序中主动加入代表人诉讼；特别代表人诉讼采取权利人"默示加入、明示退出"模式，由投资者保护机构主动启动诉讼。

第二，信息化技术手段运用。为了给投资者在证券纠纷代表人诉讼过程中提供便利、降低诉讼成本、提高诉讼效率，《规定》分别在第 4 条、第 8 条第二款中明确规定了依托信息化技术手段开展立案登记、诉讼文书送达、公告和通知、权利登记、执行款项发放等工作，为确认原告资格而进行的权利登记也可以依托电子信息平台进行，以方便当事人行使诉讼权利，提高审判执行的公正性、高效性和透明度。

第三，代表人资格。《规定》第 12 条明确了代表人应当符合自愿担任代表人、拥有相当比例的利益诉求份额、本人或者其委托诉讼代理人具备一定的诉讼能力和专业经验，能忠实、勤勉地履行维护全体原告利益的职责等条件。同时，为充分保障权利人的诉讼权利，《规定》明确原告对代表人的推选具有一人一票表决权。原告认为代表人不符合规定条件的，亦可以向人民法院申请撤销其代表人资格。

针对投资者保护机构作为代表人的特别代表人诉讼，中国证监会于 2020 年 7 月 31 日发布《关于做好投资者保护机构参加证券纠纷特别代表人诉讼相关工作的通知》（以下简称《通知》），第 2 条规定，投资者保护机构是指中证中小投资者服务中心有限责任公司、中国证券投资者保护基金有限责任公司。《通知》亦明确了投资者保护机构应当制定参加特别代表人诉讼的管理制度，对内部决策程序、实施步骤、通知公告方式、与诉讼参与人之间的权利义务关系、费用管理、工作人员行为规范以及诉讼活动中可能涉及的重要事项等做出规定，严格按照制度执行。

第四，权利人诉讼权利保障。按照《规定》的相关规定，为提高代表

人诉讼的效率，参加代表人诉讼的原告均视为给予代表人特别授权。为充分保障每一原告在代表人诉讼中享有的诉讼权利及程序权益，代表人在诉讼中对原告实体权利的处分均应通知各原告。同时，各原告在代表人诉讼的调解阶段、审理阶段均享有退出代表人诉讼的权利。各原告对于权利人范围有权单独提前复议，亦分别就一审判决享有上诉权，且各原告是否上诉均不对其他原告与被告间一审判决生效与否产生影响。

因证券纠纷代表人诉讼涉及的权利人通常具有人数众多、人员分散、诉讼标的较小等特点，在《规定》出台前，证券中小投资者很大程度上因立案困难、诉讼成本高、诉讼程序复杂等原因而放弃司法救济途径，导致较多资本市场证券违法违规行为不承担具有威慑力、强制力的法律后果。《规定》为证券纠纷代表人诉讼提供了翔实的程序及法律依据，投资者维权有法可依，有章可循，能极大地降低投资者维权难度，有力保障投资者的合法权益，同时提高了资本市场的违法成本，对相关领域内的违法违规行为产生震慑力，为投资者营造更为良好的投资环境。

（八）《挂牌公司重大资产重组审查要点》及相关和配套规定①

全国中小企业股份转让系统有限责任公司分别于 2020 年 5 月 22 日及 2020 年 11 月 6 日对《全国中小企业股份转让系统重大资产重组业务指南第 2 号：非上市公众公司发行股份购买资产构成重大资产重组文件报送指南》（以下简称《业务指南第 2 号》）及《全国中小企业股份转让系统优先股业务指引第 1 号——发行和挂牌的申请文件与程序》（以下简称《业务指南第 1 号》）进行了修订，并于 2020 年 11 月 20 日针对《业务指南第 2 号》及《业务指引第 1 号》修改了《挂牌公司优先股发行审查要点》和《挂牌公司重大资产重组审查要点》，以进一步规范全国中小企业股份转让系统非上市公众公司重大资产重组行为，规范优先股发行备案及挂牌程序，完善相应程序的文件报送工作。

---

① 本部分作者张惟。

为配套适用《挂牌公司优先股发行审查要点》及《挂牌公司重大资产重组审查要点》，全国中小企业股份转让系统有限责任公司分别制定了《挂牌公司股票定向发行申请文件受理检查要点》、《挂牌公司优先股定向发行申请文件受理检查要点》及《挂牌公司发行股份购买资产构成重大资产重组且发行后股东累计超过200人申请出具自律监管意见文件的受理检查要点》，并于2020年11月20日公布施行，以保障所涉及的挂牌公司股票定向发行、优先股定向发行、发行股份购买资产构成重大资产重组且发行后股东累计超过200人等申请文件受理工作的规范清晰、透明。

《挂牌公司股票定向发行申请文件受理检查要点》共38条，按照股票定向发行所适用的程序，即普通程序定向发行、授权定向发行及无须提供中介机构专项意见的定向发行，分别规范了相应所需的申请材料及申请文件检查要点，同时也对股票定向发行终止审查申请文件受理检查要点进行了规范。

《挂牌公司优先股定向发行申请文件受理检查要点》共22条，对优先股发行所需的申请程序性文件、决策机构决议、定向发行优先股说明文件、中介机构出具文件、优先股认购合同、证券简称及证券代码申请书、优先股转让服务协议等受理检查要点进行了规范，对相关内容表述及文件形式进行了明确要求。

《挂牌公司发行股份购买资产构成重大资产重组且发行后股东累计超过200人申请出具自律监管意见文件的受理检查要点》共24条，明确申请出具自律监管意见文件所需重大资产重组报告书、决策机构决议、独立财务顾问报告、中介机构出具文件、股份锁定期承诺等受理检查要点进行了规范，对相关内容表述及文件形式进行了明确要求。

全国中小企业股份转让系统有限责任公司所制定并发布实施的上述涉及并购重组的规范性文件，为全国股转系统重大资产重组业务操作、优先股发行审查、挂牌公司重大资产重组审查、股票定向发行申请文件受理检查及挂牌公司发行股份购买资产构成重大资产重组且发行后股东累计超过200人申请出具自律监管意见文件的受理检查做出了指引性的规范。

B.3
"新法新规"下并购市场"新变化"分析

刘 维 朱奕奕[*]

摘 要: 本报告从五个方面分析了"新法新规"即将给中国并购市场带来的"新变化":一是新《证券法》给并购业务带来新"变化",新《证券法》完善了上市公司收购制度,有利于优化资本市场的资源配置,规范上市公司并购重组行为,引导资源向更有利于实体经济发展的方向流动;二是证监会根据新《证券法》对不符合新《证券法》等上位法精神的规定进行清理、整合,将使并购业务面临"新变化";三是科创板、创业板注册制规则将给并购业务带来"新变化";四是《外商投资法》将给并购业务带来"新变化";五是《公司法》将给并购业务带来"新变化"。

关键词: 并购法律 《证券法》 并购重组

一 新《证券法》给并购业务带来的变化

新《证券法》的施行,是中国资本市场进入新的历史阶段的重要标志。

---

[*] 刘维,律师,国浩律师事务所集团执行合伙人、资本市场业务研究中心主任,中国人民大学、华东政法大学兼职教授,华东政法大学硕士生导师,主要研究方向为公司法、并购等;朱奕奕,法学博士,国浩律师事务所律师,主要研究方向为上市公司投融资业务、大型集团公司合规及争议解决。

新《证券法》的制定，完善了上市公司的收购制度，强化了资本市场服务实体经济发展的功能，对引导资源向更有利于实体经济发展的方向流动起到了促进作用。

新《证券法》规定上市公司收购的股份应该是有表决权的已发行的股份，修订内容主要涉及要约收购、举牌上市公司、收购人的法律责任、持股期限等关键点。具体包括：第一，延长收购后的锁定期，由原来的 12 个月延长至 18 个月；第二，明确收购过程中属于收购要约的承诺期限内的，收购人不能撤销其收购要约；第三，为保护上市公司及股东的利益，禁止投资者对超比例增持部分行使表决权；第四，对收购信息的披露要不断加强，例如收购方要对收购资金的来源进行披露，若 5% 以上股东的股份发生变动并已达 1% 时需要及时进行公告，投资者持有上市公司有表决权的已发行的股份达 5% 后，股份增减超过 5% 的需要披露权益变动报告等①。

新《证券法》完善了上市公司收购制度，有利于优化资本市场的资源配置，体现上市公司的市场价值，规范上市公司并购重组行为，从而服务实体经济高质量发展。

二 证监会相关规定给并购业务带来的变化

2017 年，证监会对《公开发行证券的公司信息披露内容与格式准则第 26 号——上市公司重大资产重组（2014 年修订）》（证监会公告〔2014〕53 号）进行了修订，同时配合《上市公司重大资产重组管理办法》的修改，对重组上市信息披露进行了统一规范，在一定程度上打击了"忽悠式""跟风式"重组，提升了并购重组效率，规范了重组上市的透明度和准确性。

2018 年，证监会对《公开发行证券的公司信息披露内容与格式准则第 26 号——上市公司重大资产重组（2018 年修订）》进行了修订并发布实施。主要内容包括：第一，允许中介机构依据尽职调查的实际进展情况对核查意

---

① 祝惠春：《并购重组新规落地》，《经济日报》2019 年 10 月 23 日。

见进行披露，提高了中介机构核查要求的弹性；第二，不再要求披露交易对方的主要财务指标、业务发展情况以及下属企业的名录，海外并购、招拍挂等交易在本次修订后允许简化或暂缓披露相关内容，聚焦于对主要交易方和交易标的所涉及的核心要素的披露；第三，在已明确交易标的的情况下，为便于交易方充分谈判，不再强制要求披露标的的拟定价或预估值；第四，在对相关风险进行充分披露的情况下，对披露权利瑕疵，立项环保，本次交易对公司同业竞争、关联交易的预估，相关主体买卖股票自查情况等事项不再强制要求。本次修订减少和简化了上市公司并购重组的流程和环节，对上市公司的并购重组给予了进一步的鼓励，对服务实体经济、提高上市公司质量、落实股票停复牌制度改革给予了支持。

2019年，证监会发布了《关于修改〈上市公司重大资产重组管理办法〉的决定》，对于推进建设规范、透明、开放、有活力和有韧性的资本市场，深圳建设中国特色社会主义先行示范区，探索符合中国国情的资本市场多元化退出渠道和出清方式，优化重组上市监管制度，提高上市公司质量起到了推动作用。该次修订的主要内容包括以下几个方面。第一，允许符合国家战略方向的战略性新兴产业和高新技术产业的相关资产在创业板重组上市，而其他资产不予批准。创业板上市公司的重大资产重组应符合重组办法的第十三条第二款第一项、第三项、第四项、第五项有关要求和《首次公开发行股票并在创业板上市管理办法》规定的发行条件，创业板上市公司所购买的资产对应的经营实体应当是有限责任公司或股份有限公司。第二，取消"净利润"指标，简化重组上市认定标准。第三，恢复重组上市配套融资。第四，将"累计首次原则"缩短至36个月。第五，丰富重大资产重组承诺监管措施和业绩补偿协议，同时加大问责力度。此外，进一步简化指定媒体的披露要求，明确科创板公司对并购重组监管规则的衔接安排。本次修订对优质资产注入上市公司给予了进一步支持，有利于严格规范重组上市行为和完善"全链条"监管机制。持续从严监管并购重组"三高"问题，对内幕交易、恶意炒"壳"、操纵市场等违法违规行为进行打击，旨在遏制盲目跨界重组、"忽悠式"重组等乱象，促进了资本市场稳定健康发展和上市公司运营质量的提升。①

2020年，为进一步深化"放管服"改革，全面落实新《证券法》等规定，明确市场主体预期和提高市场监管的透明度，释放并购重组市场活力，证监会将涉及监管及并购重组审核的监管问答进行整合，并以《〈上市公司重大资产重组管理办法〉第二十八条、第四十五条的适用意见——证券期货法律适用意见第15号》《监管规则适用指引——上市类第1号》重新发布。② 此次清理、整合，对不符合新《证券法》等上位法精神的以及重复上位法规定的内容予以废止；对明确相关规章适用的问答进行合并，以证券期货法律适用意见的形式发布，包括重组方案重大调整、发行价格调整机制等内容；对涉及同类问题的各项问答进行整理合并，对不适应市场发展、监管导向更新的问答做相应修改，完善体例、统一编号、优化结构、科学分类，以监管规则适用指引的形式发布，包括募集配套资金、业绩补偿承诺及奖励、内幕交易核查要求、分类审核安排等16项内容。

证监会的相关规定进一步细化了并购重组领域的操作规则，使市场主体有章可循，充分释放了并购重组领域的市场活力。

2020年，证监会在召开的上市公司监管工作会议中强调，要做好提高上市公司质量和做好国资国企改革的推动工作，服务好实体经济，继续深化执行并购重组市场化改革做出的监管要求。

三 创板、创业板注册制规则给并购业务带来的变化

（一）创板规则给并购业务带来的变化

2019年，为深入落实科创板上市公司（以下简称"科创公司"）并购

---

① 《证监会：从严监管并购重组"三高"问题　打击恶意炒壳》，https：//www.163.com/money/article/ERPK1UET002580S6.html。
② 《证监会修订版"重组新规"正式发布　允许符合条件资产在创业板重组上市》，《证券日报》2019年10月19日。

重组注册制试点改革要求，利用高效的并购重组制度规范科创公司并购重组行为，证监会发布了《科创板上市公司重大资产重组特别规定》（以下简称《特别规定》）。《特别规定》指出，进一步突出科创板制度的包容性和适应性，坚持法治化和市场化的整体原则，对科创公司重大资产重组的发行定价机制、认定标准、创新试点红筹企业并购重组等重点问题做出规定。《特别规定》明确规定，科创公司发行股份购买资产实施注册制，上海证券交易所履行审核义务并出示审核意见，证监会收到上海证券交易所报送的审核意见等相关文件后，在5个交易日内做出同意或者不予注册的决定。注册制有效地提升了科创公司并购重组效率。

其后，上海证券交易所制定了《上海证券交易所科创板上市公司重大资产重组审核规则》（以下简称《科创板重组审核规则》），经中国证监会批准予以发布，自发布之日起开始施行①。《科创板重组审核规则》指出，科创公司发行股份购买资产或实施重大资产重组或者的，标的资产应当符合科创板定位，所属行业应当与科创公司处于同行业或者上下游，且与科创公司主营业务具有协同效应。《科创板重组审核规则》以支持科创企业通过并购重组提升创新能力、研发实力、市场竞争力为基本目标，依循科创企业发展的规律，为科创企业提供更多商业选择，留足了并购重组政策空间，为科创企业自主决策，自主推进，自主实施同行业、上下游并购重组提供了良好的规则环境，进一步完善了科创板重大资产重组的基本规则体系。

（二）创业板规则给并购业务带来的变化

深圳证券交易所制定了《深圳证券交易所创业板上市公司重大资产重组审核规则》（以下简称《创业板重组审核规则》）。《创业板重组审核规则》对重大资产重组、可申请重大资产重组的上市主体资格、申请和审核流程等内容做出规定，有利于规范创业板上市公司重大资产重组审核工作，保护投资者合法权益，增强了交易各方对重组业务的制度预期。

---

① 杨毅：《上市公司重大资产重组迎来新规》，《金融时报》2019年10月19日。

四　《外商投资法》给并购业务带来的变化

《外商投资法》要求外国投资者并购中国境内企业的，应依《反垄断法》接受审查。《外商投资法》中明确外商投资的形式包括"外国投资者取得中国境内企业的股份、股权、财产份额或者其他类似权益"，从法律层面规定了外国投资者并购境内企业的股份、财产份额、股权或其他类似权益属于外商投资的形式之一。外国投资者并购中国境内企业或者以其他方式参与经营者集中的，依照《反垄断法》的规定接受经营者集中审查。外国投资者在依法需要取得许可的行业、领域进行投资的，应当依法办理相关许可手续。外商投资需要办理备案的，投资项目核准按照国家有关规定执行。

五　《公司法》给并购业务带来的变化

《公司法》解释四与股东优先购买权的行使规范及并购交易密切相关。公司法解释四细化了行使股东优先购买权的程序和规则，增加了"其他能够确认收悉的合理方式通知"，更灵活、简便的通知方式将使股权转让的交易效率提升，有助于降低并购交易的时间成本。同时，《公司法》解释四明确了股东优先购买权的行使边界，对非转让股东在收到股权转让通知后的优先购买权行使期间做了限定，防止非转让股东在收到股权转让的通知后，既不拒绝也不同意，而在并购交易交割前突然提出要行使优先购买权，以致并购交易处于不确定的状态。

股东优先购买权的立法宗旨在于维护公司股东的人合性利益，而非保障其他股东取得转让股权。《公司法》解释四第 21 条规定："有限责任公司的股东向股东以外的人转让股权，未就其股权转让事项征求其他股东意见，或者以欺诈、恶意串通等手段，损害其他股东优先购买权，其他股东仅提出确认股权转让合同及股权变动效力等请求，未同时主张按照同等条件购买转让股权的，人民法院不予支持。"这可以理解为，非转让股东若对相关的并购交易存有异议、意欲阻却的话，应以"购买"为前提。

《公司法》解释四通过规范非转让股东在不同意股权转让时的权利行使，有利于化解有限公司人合性与股权自由流动之间的冲突，平衡了并购交易与股东的优先购买权，能够降低投资并购的潜在风险。

参考文献

祝惠春：《并购重组新规落地》，《经济日报》2019年10月23日。

北京证监局课题组、北京上市公司协会：《上市公司并购重组案例解析与法规汇编》，科学出版社，2019。

《证监会：从严监管并购重组"三高"问题打击恶意炒壳》，https://www.163.com/money/article/ERPK1UET0025890S6.html。

《证监会修订版"重组新规"正式发布允许符合条件资产在创业板重组上市》，《证券日报》2019年10月19日。

杨毅：《上市公司重大资产重组迎来新规》，《金融时报》2019年10月19日。

上海证券交易所资本市场研究所：《资本市场与科技创新：理论与国际经验》，格致出版社，2020。

深圳证券交易所创业企业培训中心：《上市公司监管法规选编：并购重组问答、规范运作指引、中小企业板、创业板股票发行上市问答》，中国财政经济出版社，2021。

〔美〕吕立山：《外商投资实务指南》，法律出版社，2020。

雷霆：《公司法实务应用全书》，法律出版社，2018。

《公司法司法解释（四）颁布，股东的这些权利将得到保护》，https://www.sohu.com/a/167927186_656835。

行业篇
Industry Reports

B.4
2020年制造业并购分析

周 经*

摘 要： 制造业是国民经济的支柱产业，是国家创造力、竞争力和综合国力的重要体现。2020年，中国制造业经受了新冠肺炎疫情的冲击，呈恢复性增长态势，市场活力进一步增强。从制造业并购区位分布看，制造业并购主要集中于中国境内，境外交易比重较低；从国内地区分布看，制造业并购主要集中于广东、江苏等省份；从制造业并购交易笔数看，总体呈上升态势。深圳前海锐致收购长安汽车股份、海南发展控股收购中航三鑫股份、TCL科技集团收购中环电子股份、蓝思科技收购可胜科技与可利科技股权是制造业领域的主要并购事件。在制造业PE投资方面，PE在制造业领域的投资共有15项，包括半导体设备、休闲设施、医疗保健

---

* 周经，博士，安徽财经大学国际经济与贸易系主任，教授，硕士生导师，主要研究方向为对外直接投资理论与实践。

设备、电子设备和仪器等行业。

关键词： 制造业　并购　PE 投资

一　制造业发展概况

（一）制造业 PMI 指数分析

2020 年 11 月，中国制造业 PMI 为 52.1%，其他指数也普遍得到进一步改善，制造业市场逐渐恢复、活力增强。综观 2020 年 1~11 月份制造业 PMI 指数，主要呈现以下特点。

一是产需两端协同发力，稳步上升。2 月，受新冠肺炎疫情影响，新订单指数和生产指数分别为 29.3% 和 27.8%，比 1 月分别回落 22.1 个和 23.5 个百分点。3 月开始，产需两端明显回升，需求恢复弱于生产。11 月，新订单指数和生产指数分别为 53.9% 和 54.7%，分别比 10 月高 1.1 个和 0.8 个百分点，两种指数均上升至年内高点，且两种指数的差值从 2.5 个百分点降至 0.8 个百分点，自 6 月以来逐月缩小，数据表明制造业供需循环持续改善，内生动力不断增强。

二是进出口贸易恢复缓慢。受疫情冲击，2 月进出口指数处于历史低位，自 3 月开始稳步回升，但仍有连续 7 个月位于收缩区间，自 9 月进出口指数升至临界点以上，进入扩张区间，至 11 月均处于缓慢回升状态。11 月新出口订单指数和进口指数均为年内高点，分别为 51.5% 和 50.9%。连续 3 个月新出口订单指数和进口指数位于扩张区间，保持逐月回升走势，这表明我国进出口持续恢复向好发展。[①]

三是新旧动能接续转换，产业升级步伐加快，经济恢复较快。从重点行

---

① 李可愚：《52.1%！11 月制造业 PMI 创 38 月新高》，《每日经济新闻》2020 年 12 月 1 日。

业看,高技术制造业和装备制造业虽受新冠肺炎疫情冲击但恢复较快,2020年多数月份PMI指数都高于制造业PMI指数。消费品行业PMI指数恢复较快,表明相关企业产品订货增长加快。

四是不同规模企业景气度回升速度存在差异。其中,大、中型企业PMI指数从3月开始一直保持在景气区间,小型企业景气度存在波动,回落至收缩区间,其PMI指数也较同期大、中型企业低。但总体上,由于我国较快控制住疫情,企业信心不断增强,生产经营活动预期指数基本保持在景气区间高位。

(二)制造业发展趋势分析

根据国家统计局网站数据,2020年1~10月,制造业实现的利润总额为42560.1亿元,增长4.2%;其中汽车制造业1~10月实现利润总额4211.5亿元,同比增长6.6%;铁路、船舶、航空航天和其他运输设备制造业1~10月实现利润总额454.9亿元,同比增长1.5%,由于高铁行业的技术增长空间已经趋于饱和,现阶段运输设备最大的市场来自航空航天产业。在中国医药行业的政策支持与市场需求增长的背景下,2020年1~10月,医药制造业实现的利润总额为2779.1亿元,同比增长8.7%。

由于近年来智能制造的步伐逐渐加快,我国目前研发投入最高的产业是计算机、通信和其他电子设备制造业,这些产业近几年蓬勃发展,2020年1~10月计算机、通信和其他电子设备制造业实现的利润总额为4478.2亿元,同比增长12.6%。

2020年1~10月纺织业、纺织服装、服饰业、木材加工和木、竹、藤、棕、草制品业等实现利润额均小幅下降,主要原因是纺织、制鞋等行业以劳动密集型模式为主,对劳动力资源的依赖度较高,随着国内人力成本的不断提高,我国劳动力成本优势逐渐弱化,经营压力倒逼企业淘汰落后产能,自动化技术的引入和高速化纺织机械设备的使用带来的是电气机械和器材制造业的发展,2020年1~10月电气机械和器材制造业实现利润总额3029.9亿元,同比增长3.5%。除此之外,中国电气机械和器材制造业已经实现了普

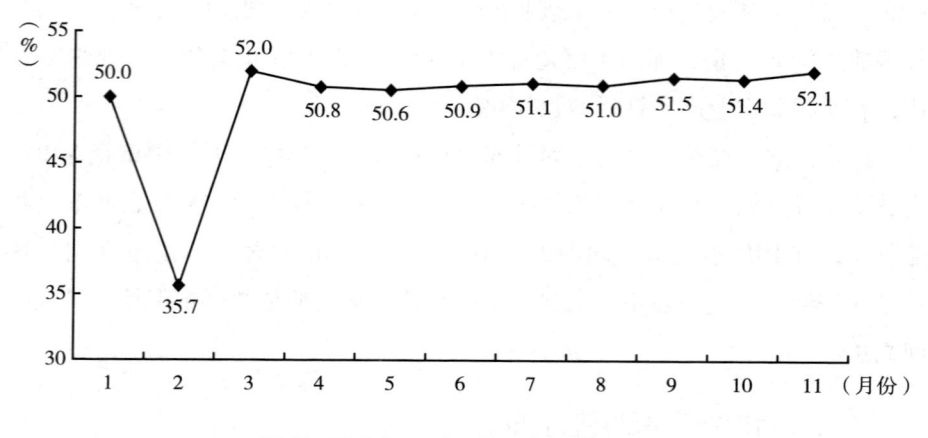

图 1　2020 年 1~11 月以来制造业 PMI

资料来源：国家统计局网站。

遍性的技术突破，出口增加，在全球市场占据较高份额。①

2020 年 11 月中旬，国家统计局公布了前 10 个月的工业利润情况。1~10 月，汽车制造业营收 63949.0 亿元，同比增长 2.1%，利润总额同比增长 6.6%，至 4211.5 亿元。根据中国汽车工业协会数据，2020 年 10 月，汽车工业企业经济效益继续好转，汽车产销分别达 255.2 万辆和 257.3 万辆，同比增长 11.0% 和 12.5%，环比增长 0.9% 和 0.1%。1~10 月，国内汽车产销量为 1951.9 万辆和 1969.9 万辆，同比下降了 4.6% 和 4.7%②。目前，随着各行业制造业智能化的不断升级，一些城市也相继出台一系列调整政策，随着时间的推移，汽车行业未来的整体消费仍会保持良好的态势。

在疫情防控常态化时期，中国制造业面临着巨大的挑战。由于疫情带来的失业及消费能力减退带来的影响，中国制造业更多地要依赖科技创新，从而实现重大突破。制造业要做好长远规划，以创新、绿色、协调、开放、共享作为高质量发展的"五大理念"，走自主创新驱动和市场需求拉动的发展路径。

---

① 国家统计局，http://www.stats.gov.cn/tjsj/zxfb/201910/t20191025_1705454.html。
② 中国汽车工业协会，http://www.caam.org.cn/。

二 制造业并购分析

(一) 制造业并购数据

1. 制造业并购地区分布

2019年12月至2020年11月制造业并购区位分布如图2、图3所示。

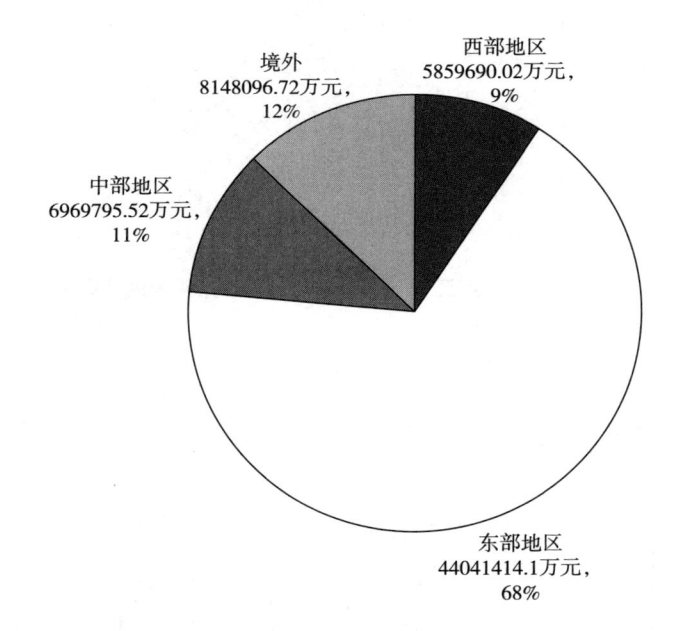

图2 2019年12月至2020年11月制造业并购金额总体区位分布

资料来源：CVSource数据库。

境外 8148096.72万元，12%
西部地区 5859690.02万元，9%
中部地区 6969795.52万元，11%
东部地区 44041414.1万元，68%

从制造业并购金额的区位分布来看，制造业并购集中于境内，境外交易比重较低；从国内地区分布看，制造业并购集中于广东、江苏等省份。

2. 制造业并购时间分布

2020年制造业并购交易时间分布如图4所示。

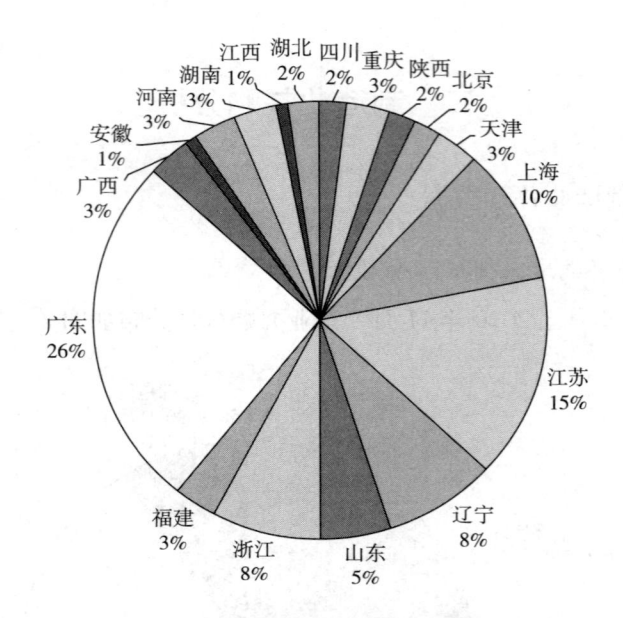

图 3　2019 年 12 月至 2020 年 11 月制造业并购国内地区分布

资料来源：CVSource 数据库。

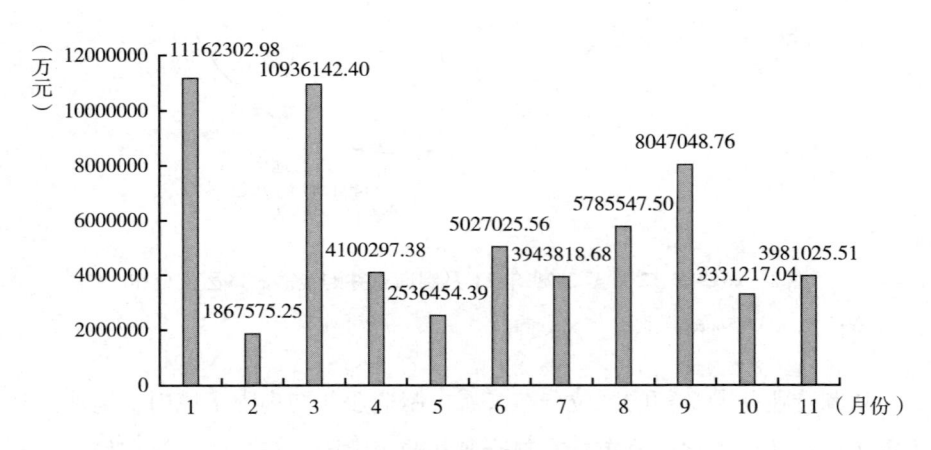

图 4　2020 年制造业并购交易时间分布

资料来源：Wind 数据库。

2020年制造业并购分析

3. 制造业并购交易事件数量

2020年制造业并购交易事件数量如图5所示。

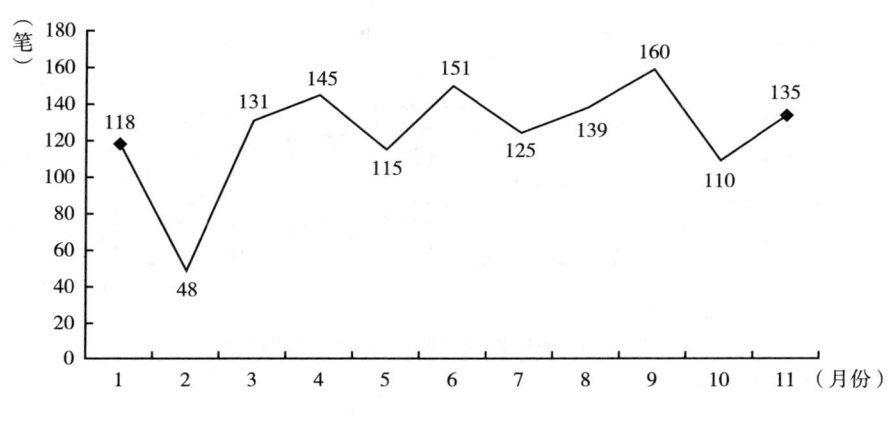

图5　2020年制造业并购交易事件数量

资料来源：CVSource数据库。

从交易金额来看，各月间波动没有明显规律；从交易笔数来看，总体呈上升趋势。

4. 机械设备制造业并购时间分布

2020年机械设备制造业并购时间分布如图6所示。

5. 汽车制造业并购交易事件数量

2020年机械设备制造业并购交易成交笔数如图7所示。

（二）制造业并购事件TOP5

1. 深圳前海锐致投资有限公司收购重庆长安汽车股份有限公司50%股权

2019年12月30日，深圳前海锐致投资有限公司（宝能汽车持有100%股权的子公司）与重庆长安汽车股份有限公司签署了《股权转让协议》。随后，《中国证券报》发布《深圳前海锐致投资有限公司收购重庆长安汽车有限公司50%股权暨关联交易的公告》，深圳前海锐致投资有限公司将通过现金方式收购重庆长安汽车股份有限公司50%的股权，收购金额为16.3亿

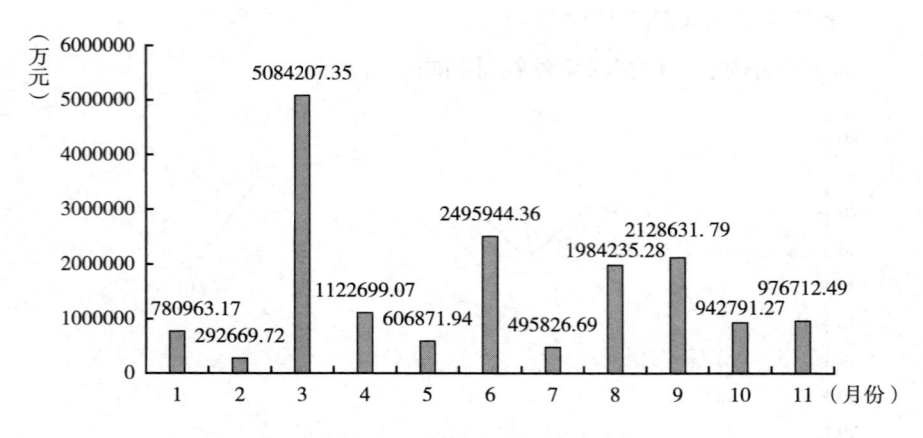

图6　2020年机械设备制造业并购时间分布

资料来源：Wind数据库。

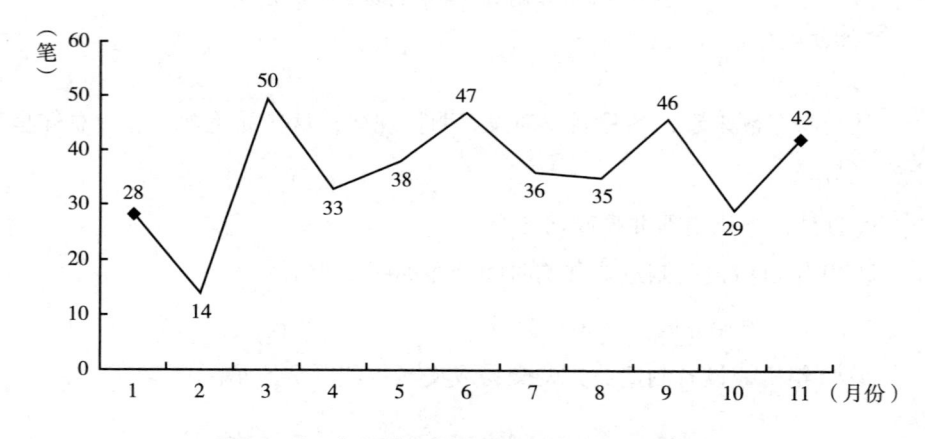

图7　2020年机械设备制造业并购交易成交笔数

资料来源：Wind数据库。

元。本次收购完成后长安汽车不再持有长安SPA的股权。

深圳前海锐致投资有限公司本次的收购充分体现了市场化运作规则，宝能汽车、长安汽车和SPA集团三方充分实现了市场化。宝能汽车将与长安汽车和SPA集团长期合作。后续，宝能汽车将加大对深圳制造研发基地的研发、技术、资金、人才和资源投入，共同为客户、行业和社会创造更大价值。

2. 海南省发展控股有限公司收购中航三鑫股份有限公司27.12%股份

2020年5月29日，中国证券登记结算有限责任公司出具了《证券过户登记确认书》。海南省发展控股有限公司以非公开协议转让方式完成了对中航三鑫股份有限公司原控股股东中航通用飞机有限责任公司及其下属子公司中国贵州航空工业集团有限责任公司、深圳贵航事业有限公司共同持有的217934203股无限售条件流通股（占公司27.12%股份）股份的收购。收购的价格为5.88元/股，涉及交易金额为12.8亿元。通过本次控制权转让的股份收购后，中航三鑫股份有限公司的第一大股东为海南控股，实际控制人由中国航空工业集团有限公司变更为海南省国资委。

海南控股是海南省带动省外资金投资海南、促进海南经济发展而设立的综合性投资控股公司（国有独资）。通过对中航三鑫股份有限公司部分股份的收购后，海南有发展控股有限公司将进一步成为海南省重要区域综合开发和运营服务商、重大基础设施投资运行主体、重点产业发展培育平台，形成了以区域开发、清洁能源、制造业为投资重点的综合性产业发展格局。

3. TCL科技集团股份有限公司收购中环电子信息集团有限公司100%股份

2020年7月，TCL科技集团股份有限公司召开了第六届董事会第二次临时会议、第二十八次会议和2020年第四次临时股东大会，审议并通过了关于公司参与公开摘牌收购天津中环电子信息集团有限公司100%股份事项的相关议案，并于2020年7月15日收到产权交易中心的通知，告知公司成为标的股权的最终受让方。TCL科技集团将通过二级市场收购的方式对中环电子集团100%股份进行收购，涉及金额为109.7亿元。通过本次交易，TCL科技集团将包括半导体业务在内的资产和负债置出，致力于有效解决TCL科技集团与控股股东之间长期存在的同行业竞争问题。

TCL科技集团聚焦资本密集型的高端科技产业，定位是研发全球领先的智能科技，推进半导体显示产业的横向整合和纵向延伸，加速在下一代显示材料、基础材料以及新型工艺制程中的关键设备等领域的布局。本次交易有助于双方发挥资金、经验、技术等优势，通过协同整合、需求引导等方式加速产业落地，寻求突破，把握能源供给、清洁升级、智能网电气化的发展浪潮以及半导体产业向中国转移的历史性机遇，有助于TCL科技集团实现全球领先的战略目标[①]。

4. 蓝思科技股份有限公司收购可胜科技股份有限公司和可利科技有限公司各100%股权

2020年8月19日，蓝思科技股份有限公司及其全资子公司蓝思国际香港有限公司与Lyra International Co. Ltd.、可成科技股份有限公司签署了《股权买卖契约》。蓝思国际以现金99.0亿元人民币收购可胜科技（泰州）有限公司和可利科技（泰州）有限公司各100%的股权。本次收购完成后，可胜科技股份有限公司和可利科技有限公司成为蓝思科技有限公司的全额子公司。

本次并购交易完成后蓝思科技将尽快对公司旗下从事电子元件的企业进行专业化整合，履行控股股东承诺，提升公司整体竞争力。此次收购将进一步改善行业竞争格局，公司将会在降杠杆的基础上持续提升管理水平，开拓新业务，提高经营质量，增强协同效应，促进蓝思科技有限公司增强国际竞争力。

5. 国家管网集团收购中石化榆济公司100%股权

2020年7月21日，冠德集团与国家管网集团在北京签署了《关于支付现金购买中石化榆济公司股权的协议》，协议约定冠德公司将下属中石化榆济公司100%的股权转让给国家管网集团，并获得对方支付的现金对价，冠德公司所持标的资产的评估值及交易对价为32.20亿元。同时，中石化天然气公司与国家管网集团在北京签署《关于增发股权及支付现金购买资产的协议》，约定中石化天然气公司拟将相关油气管道公司的股权转让给国家管网集团，以该等标的资产认购国家管网集团重组交易完成后228.87亿元的

---

① 《底价109亿！TCL科技参与摘牌收购中环集团100%股权》，https：//www.thepaper.cn/newsDetail_ forward_ 7969154。

注册资本并取得国家管网集团支付的 186.21 亿元现金，国家管网集团以向中石化天然气公司增发股权及支付现金的方式支付交易对价，该等标的资产的评估值及交易对价为 415.09 亿元。交易完成后，国家管网集团获得中石化榆济公司 100％ 的股权。

本次交易完成后，国家管网集团将大幅提升在行业中的竞争力，进一步巩固自己在石油和矿产行业中的地位，做大做强公司的资源加工类业务。同时也能消除公司的潜在对手的威胁，公司的综合能力将得以增强。

（三）制造业典型并购案例分析：TCL 科技集团股份有限公司收购中环电子集团100％股份

1. 交易概况

2020 年 5 月 20 日，天津中环电子信息集团有限公司在天津产权交易中心公开挂牌转让，并依法定程序公开征集受让方，股权转让比例合计为 100％，转让底价 1097436.25 万元。TCL 科技集团股份有限公司于 2020 年 6 月 13 日召开第六届董事会第二次临时会议，审议并通过《关于公司参与公开摘牌收购中环集团 100％ 股权的议案》。决定公司作为意向受让方，参与中环集团 100％ 股权转让项目，受让天津津智国有资本投资运营有限公司（以下简称"津智资本"，持有中环集团 51％ 股权）和天津渤海国有资产经营管理有限公司（以下简称"渤海国资"，持有中环集团 49％ 股权）合计持有的中环集团 100％ 股权。依据《深圳证券交易所股票上市规则》第 20 条的规定，该次董事会审议的事项涉及招投标挂牌流程，存在重大不确定性，因此公司向深圳证券交易所申请了暂缓披露。同时，TCL 科技集团股份有限公司已按照天津产权交易中心要求提交受让申请相关资料，并于 2020 年 6 月 17 日收到《受让资格确认通知书》。本次中环集团 100％ 股权公开挂牌转让，项目产生两个及以上符合条件的意向受让方，天津产权交易中心根据权重分值体系进行评议，得分最高的意向受让人为最终受让方。经过一系列审核后，TCL 科技集团股份有限公司成为最终受让方，以 109.7 亿元收购中环电子集团 100％ 股份。

2. 并购背景

TCL创立于1981年，最初为广东惠州生产磁带的小合资企业，随着公司规模的扩大，业务涉及冰箱、洗衣机、空调、电话、电视、手机、小家电、液晶面板等多个领域。1999年，TCL开始探索国际化发展路线，通过推广一系列自主品牌和进行跨国并购，奠定了坚实的海外市场基础，成为中国企业国际化的领头羊，是中国进行全球化规模经营的、最大的消费类电子企业集团之一。TCL整体在深圳证券交易所上市，旗下另拥有4家上市公司：TCL通讯科技、TCL电子、TCL显示科技和通力电子。同时，翰林汇在新三板挂牌。TCL已形成多媒体、通信、家电和部品四大产业集团，以及房地产及投资业务群、物流及服务业务群。截至2020年，TCL有7万多名员工，26个研发中心，10余家联合实验室，22个制造加工基地，在80多个国家和地区设有销售机构，业务遍及全球160多个国家和地区。2020年，TCL科技实现营业收入572.7亿元，TCL华星实现营业收入339.9亿元。2014年，TCL以用户为中心，推进"智能+互联网"战略转型，构建"产品+服务"新商业模式。构建面向未来的新经营体系，不断提升技术能力、工业能力、全球化能力，强化以用户为中心的运营与服务能力。预计到2025年，公司将成为全球智能终端产品的主流厂商之一，智能手机、智能电视销量达到全球前三，发展有ARPU值贡献的1亿的移动用户和1亿家庭用户，踏上互联网化先锋道路，致力于为用户提供极致产品的体验与服务，让生活更精彩。

天津市中环电子信息集团有限公司是1995年天津市委、市政府在撤销天津市电子仪表工业管理局组建天津市电子仪表工业总公司的基础上，于2000年进一步批准改制组建的具有法人资格的国有独资性质的，既从事生产经营，又从事资产经营、管理和监督，并承担保值增值责任的大型企业集团。中环电子位居天津市十大企业集团之首，致力于电子、信息、制造、服务、通信产业的研发、解决方案的提供及投融资等多元化业务。集团公司拥有控股子公司17家，参股子公司13家，全资子企业21家，全资科研企业5家，全资经营企业4家，院校3所，总资产249亿元，净资产85亿元。截至2020年，TCL有各类专业技术人员1.31万人，占17.5%，具有中高级职称人员4890人，占全部专业技术人员的37.3%。

3. 并购动因

TCL集团聚焦于技术和资本密集的高端科技产业，定位于打造全球科技领先的智能科技集团，推进半导体显示产业的纵向延伸和横向整合，并加速在下一代显示材料、基础材料以及新型工艺制程中的关键设备等领域的布局；以内生增长能力为基础、以股东利益最大化为原则，通过合作、合资、收购兼并等方式进入核心、基础、高端科技领域以及可能制约其发展的上下游相关产业，广泛找寻符合公司战略方向的产业和企业。中环电子主要从事半导体及新能源材料的自主创新研发，符合TCL科技战略定位和产业发展理念。本次交易有助于双方发挥资金、技术、经验等优势，通过协同整合、以需求引导产业落地等方式进行突破，能够促进TCL实现全球领先的战略目标。

4. 并购评述

从产业链协同的角度来看，PCB和面板产业是紧密相邻的产业链，TCL集团能够与中环电子在业务上产生联动和互补。而在上游的半导体材料、半导体器件领域，中环电子与TCL也能产生协同效应，符合TCL科技集团一直向上游产业进军的发展路线。TCL集团也表示，公司一直在推进半导体显示产业的纵向延伸和横向整合，加速在下一代显示材料、基础材料以及新型工艺制程中的关键设备等领域的布局。

最后，收购也有利于TCL科技资产和收入规模的增加，盈利能力的增强。

三 制造业PE投资分析

（一）2020年制造业PE投资分析

截至2020年12月中旬，中国私募股权投资基金在制造业的投资共有15项，涉及细分领域有半导体设备、休闲设施、医疗保健设备、电子设备和仪器等。其中除11项具体投资金额未公布之外，其余4项涉及制造业的私募股权投资金额累计3.69亿元。在已知投资金额的投资商中，投资金额达到1亿元的投资商有3家。

1. 制造业投资规模分析

如图8所示，在有具体投资数额的4个投资案例中，私募股权投资基金规模主要集中在5000万~1亿元和1亿~5亿元的区域，其相对应的投资案例分别有1个和3个，在4个已知投资金额的投资案例中分别占25%和75%。

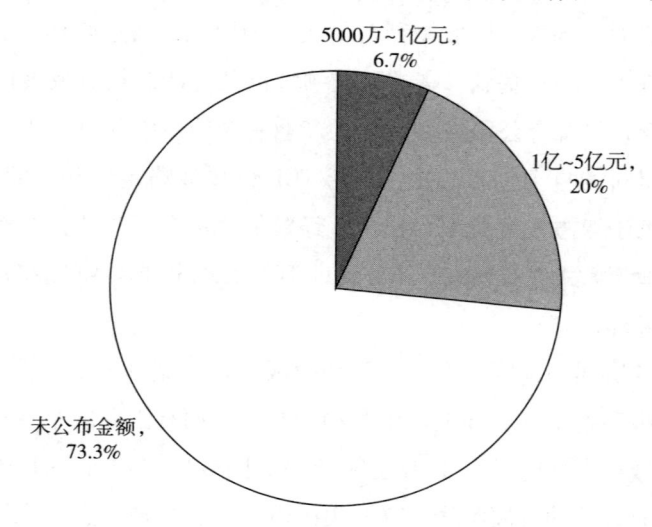

图8　2020年制造业PE投资规模分布

资料来源：Wind数据库。

2. 制造业PE投资区域分布

由图9可见，制造业的投资区域分布集中，主要集中在江苏和上海等经济发达省份，上述两个地区在制造业PE投资中所占份额达46.7%。其次是四川和广东，投资数占比26.6%。

3. 制造业PE投资时间分布

制造业PE投资时间分布如图10所示。

4. 制造业各类PE投资情况

制造业不同性质PE投资情况如图11所示，从公布金额的4个投资案例的投资性质来看，人民币基金占据投资主导地位，美元居其次。

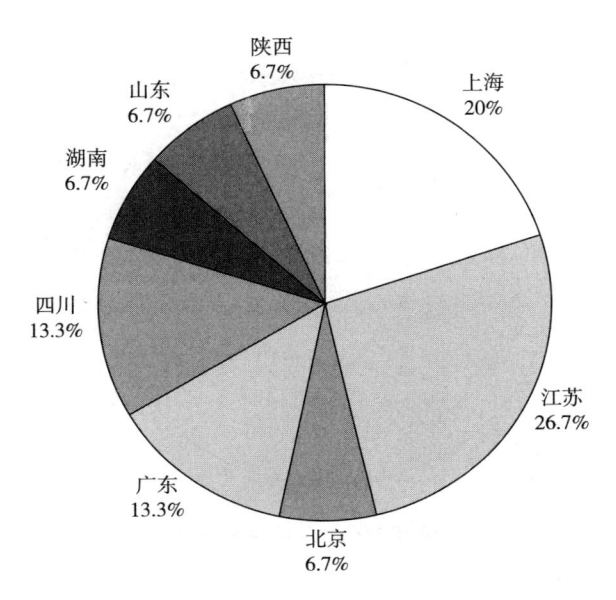

图9　2020年制造业PE投资区域分布

资料来源：Wind数据库。

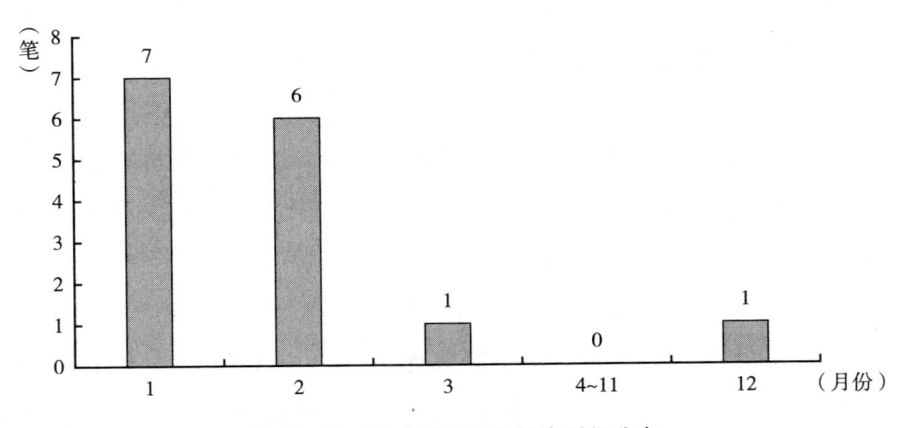

图10　2020年制造业PE投资时间分布

资料来源：Wind数据库。

（二）2020年制造业PE投资与2019年制造业PE投资比较研究

由于收集的资料受时间的制约，2020年制造业PE投资数据截至2020

101

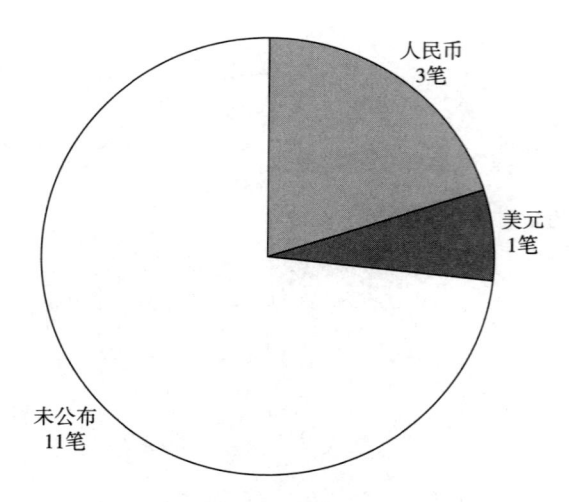

图 11　2020 年制造业不同性质基金投资情况

资料来源：Wind 数据库。

年 12 月 23 日，所以我们选取了 2019 年 1 月 1 日至 2019 年 12 月 23 日的制造业 PE 投资数据，将从投资规模、投资区域、投资时间和投资基金的不同性质几个角度对 2019 年和 2020 年的情况进行比较研究。

1. 投资额规模的比较

如表 1 所示，2019 年 1 月 1 日至 2019 年 12 月 23 日，公布的 2019 年制造业 PE 投资有 46 个案例。而 2020 年 1 月 1 日至 12 月 23 日，公布的 2020 年制造业 PE 投资有 15 个案例。

2. 投资区域分布的比较

2020 年投资区域分布在东部地区的有 11 个，中部地区有 4 个，西部地区有 0 个。而 2019 年投资区域分布在东部地区的有 38 个，中部地区有 7 个，西部地区有 0 个，未披露地区的有 1 个。

如图 12 和图 13 所示，2020 年与 2019 年制造业 PE 投资案例分布在西部地区占比一样，都为 0，但是 2020 年中部地区占比高于 2019 年，而东部地区占比略低于 2019 年，仅为 75%。

表1　2020年与2019年投资规模对比

单位：笔

投资规模	2020年	2019年
5000万元以下	0	3
5000万~1亿元	0	1
1亿~5亿元	3	8
5亿元以上	0	2
未披露	12	32

资料来源：Wind数据库。

表2　2020年与2019年制造业PE投资区域分布对比

单位：个

投资区域分布	2020年	2019年
东部	11	38
中部	4	7
西部	0	0
未披露	0	1

资料来源：Wind数据库。

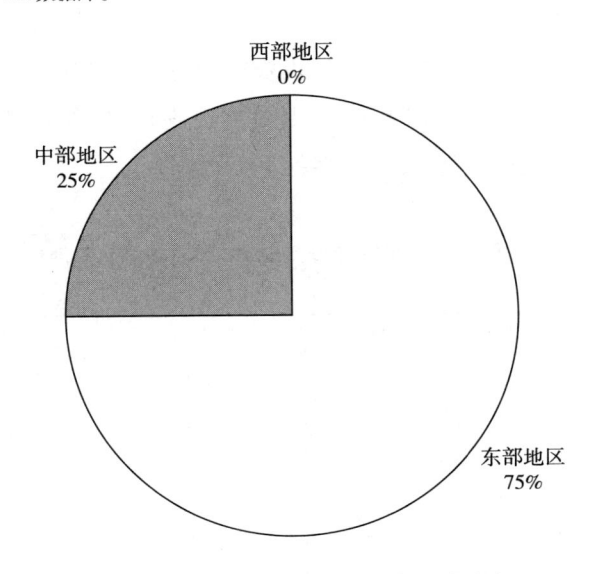

图12　2020年制造业PE投资区域分布

资料来源：Wind数据库。

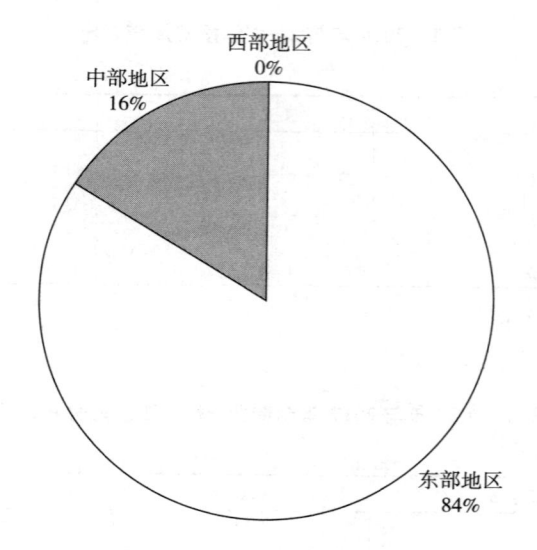

图 13　2019 年制造业 PE 投资区域分布

资料来源：Wind 数据库。

3. 投资时间分布的比较

如表 3 所示，2020 年制造业 PE 投资时间分布与 2019 年相比，差异较大的出现在 8 月和 11 月。2019 年，1 月是制造业 PE 投资案例分布最多的月份，而 2020 年 PE 投资案例发生最多的是 11 月。

表 3　2020 年与 2019 年制造业 PE 投资时间分布对比

单位：个

投资时间	2019 年	2020 年	投资时间	2019 年	2020 年
1 月	7	1	7 月	0	0
2 月	6	1	8 月	0	8
3 月	1	3	9 月	0	3
4 月	0	2	10 月	0	5
5 月	0	3	11 月	0	15
6 月	0	2	12 月	1	3

资料来源：Wind 数据库。

4. 投资基金的类型

在公布了投资基金类型的制造业 PE 案例中，如表 4 所示，2020 年人民币投资基金案例个数低于 2019 年；美元投资基金案例个数与 2019 年持平。

表 4　2020 年与 2019 年不同性质的投资基金对比

基金性质	2020 年	2019 年	基金性质	2020 年	2019 年
人民币	4	20	未披露	10	25
美元	1	1			

资料来源：Wind 数据库。

B.5
2020年能源矿产业并购分析

胡伟 蒋贻宏 高琛[*]

摘 要： 2020年以来，受新冠肺炎疫情影响，中国企业收购兼并意愿有所下降，传统能源行业并购并不活跃。从规模看，2020年前11个月，中国能源矿产业的并购交易仅60笔，披露的交易金额为560多亿元。其中，国有企业在能源领域的并购占比较高，国有企业作为买方参与的能源矿产业并购交易笔数高达44笔。兖州煤业收购兖矿集团相关资产、兖州煤业收购内蒙古矿业股权、大同煤业收购同忻煤矿股权、平煤股份收购中平供应链公司股权、山煤国际收购靖江发电股权是能源矿产业2020年主要并购事件。

关键词： 能源矿产业 并购 股权收购

一 能源矿产业并购趋势分析

2020年以来，受新冠肺炎疫情影响，全球经济活跃度下降、逆全球化与贸易保护主义盛行，中国企业收购兼并意愿有所下降，传统能源行业并购并不活跃。根据Wind资讯，2020年1~11月，中国能源矿产业的并购交易

---

[*] 胡伟，中国并购公会注册并购交易师，国元证券股份有限公司投资银行总部董事总经理、并购业务部总经理、保荐代表人；蒋贻宏，国元证券投资银行总部高级项目经理、保荐代表人；高琛，国元证券投资银行总部项目经理。

共发生60笔，披露的交易金额为560.17亿元，有交易金额的并购交易中平均每笔交易金额为11.43亿元，其中，比较典型的能源矿产业并购事件包括兖州煤业收购兖矿集团相关资产、兖州煤业收购内蒙古矿业股权等。

2019年，全国的能源消费总量为48.6亿吨标准煤，与2018年相比，增长3.3%。其中，原油消费量增长6.8%，电力消费量增长4.5%，天然气消费量增长8.6%，煤炭消费量增长1.0%，煤炭消费量占能源消费总量的57.7%，占比较2018年下降1.5个百分点。天然气、核电、水电、风电等清洁能源消费量占能源消费总量的23.4%，占比较2018年提高1.3个百分点。[1]根据《能源发展"十三五"规划》以及正在制定中的"能源发展'十四五'规划"，中国城镇化过程中居民能源消费结构将发生变化，将从以煤炭消费为主转化为多种能源消费并存的结构。

能源矿产业的并购活跃度虽然有所下降，但其在并购市场中的绝对金额仍然较大。2019年，全球能源消费净增量中，中国占比超过3/4，而美国和德国均创历史最大降幅。中国连续19年成为全球能源增长的最主要来源之一。[2]目前中国是全球最大的能源消费国，但仍处于工业化升级、城镇化进程加快发展的阶段，能源需求在未来一段时间内有望持续增加。因此，中国在能源领域的并购活动仍将维持在较活跃水平。

二 能源矿产业并购分析

（一）能源矿产业并购数据

1. 能源矿产业并购趋势

2020年1~11月，中国能源矿产业的并购交易共发生60笔，披露的交易金额为560.17亿元，有交易金额的并购交易中平均每笔交易金额为

---

[1] 《2019年国民经济和社会发展统计公报》。
[2] 《BP世界能源统计年鉴2020》。

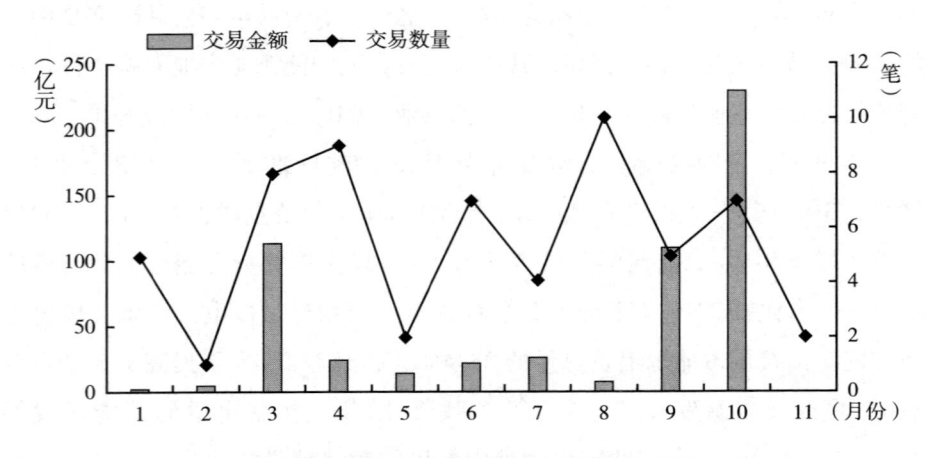

图1 2020年能源矿产业并购交易金额与数量

资料来源：Wind资讯。

11.43亿元。从交易金额来看，2020年下半年的交易金额大于上半年，但交易笔数却少于上半年。其中，并购交易笔数发生最多的月份为8月，为10笔；并购交易笔数发生最少的月份为2月，为1笔。并购交易金额发生最多的月份为10月，为229.46亿元；并购交易金额发生最少的月份为1月，为2.48亿元。

2. 能源矿产业不同类型的并购交易笔数

2020年1～11月，能源矿产业不同类型的并购交易笔数如图2所示。

2020年1～11月，中国能源矿产业发生的并购交易笔数为60笔，其中境内并购、入境并购和出境并购分别为58笔、0笔和2笔，交易笔数占比分别为96.67%、0和3.33%。中国能源矿产业的并购交易绝大多数发生在境内。

3. 能源矿产业不同类型的并购交易金额

2020年1～11月，能源矿产业不同类型的并购交易金额如图3所示。

2020年1～11月，中国能源矿产业发生的并购交易金额为560.17亿元人民币，其中境内并购、入境并购和出境并购分别为559.02亿元、0亿元和1.15亿元，交易金额占比分别为99.79%、0%和0.21%。中国能源矿产业的境内交易金额构成了并购交易金额的主要部分。

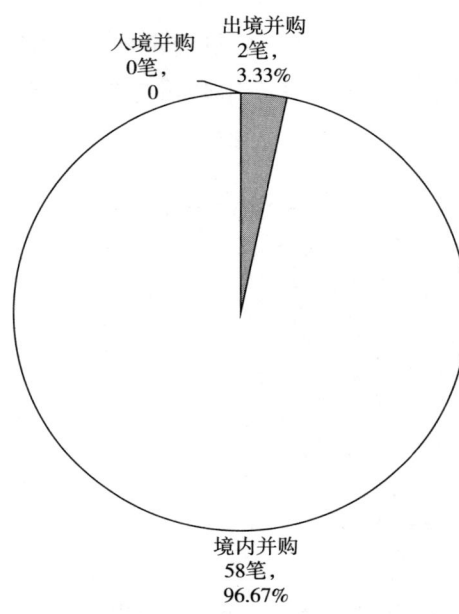

图 2　2020 年 1～11 月中国能源矿产业不同类型的并购交易笔数

资料来源：Wind 资讯。

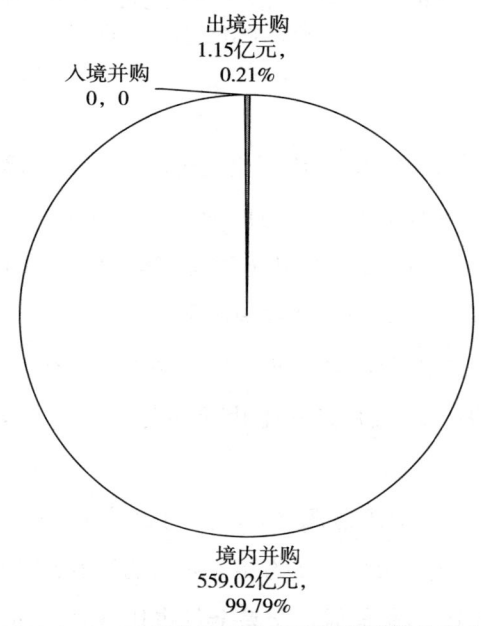

图 3　2020 年 1～11 月能源矿产业不同类型的并购交易金额

资料来源：Wind 资讯。

4. 能源矿产业上市公司与非上市公司的并购交易笔数

2020年1~11月,能源矿产业上市公司与非上市公司的并购交易笔数如图4所示。

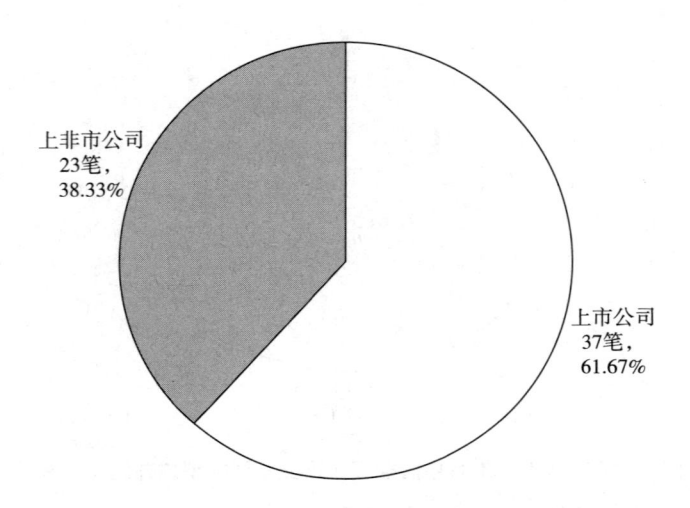

图4 2020年1~11月能源矿产业上市公司与非上市公司的并购交易笔数

资料来源:Wind资讯。

2020年1~11月,中国能源矿产业发生的并购交易笔数为60笔,其中上市公司与非上市公司作为买方参与的能源矿产业并购交易笔数分别为37笔和23笔,交易笔数占比分别为61.67%和38.33%。中国能源矿产业上市公司并购数量占比高于非上市公司并购数量。

5. 能源矿产业上市公司与非上市公司的并购交易金额

2020年1~11月,能源矿产业上市公司与非上市公司的并购交易金额如图5所示。

2020年1~11月,中国能源矿产业发生的并购交易金额为560.17亿元,其中上市公司与非上市公司作为买方参与的能源矿产业并购交易金额分别为450.89亿元和109.29亿元,交易金额占比分别为80.49%和19.51%。中国能源矿产业上市公司并购交易金额高于非上市公司并购金额。

6. 能源矿产业并购中的国有企业与非国有企业的并购交易笔数

2020年1～11月，能源矿产业并购中的国有企业与非国有企业的并购交易笔数如图6所示。

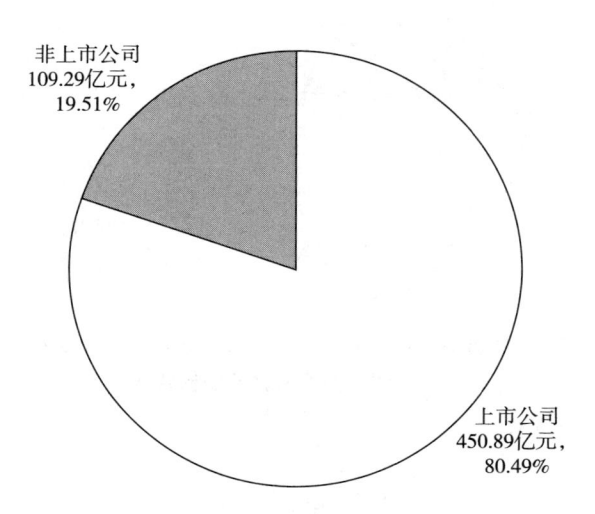

图5　2020年1～11月能源矿产业上市公司与非上市公司并购交易金额

资料来源：Wind资讯。

2020年1～11月，中国能源矿产业发生的并购交易笔数为60笔，其中国有企业与非国有企业作为买方参与的能源矿产业并购交易笔数分别为44笔和16笔，交易笔数占比分别为73.33%和26.67%。国有企业并购笔数占比较高。

7. 能源矿产业并购中的国有企业与非国有企业的并购交易金额

2020年1～11月，能源矿产业并购中的国有企业与非国有企业的并购交易金额如图7所示。

2020年1～11月，中国能源矿产业发生的并购交易金额为560.17亿元，其中国有企业与非国有企业作为买方参与的能源矿产业并购交易金额分别为532.81亿元和27.37亿元，交易金额占比分别为95.12%和4.89%。

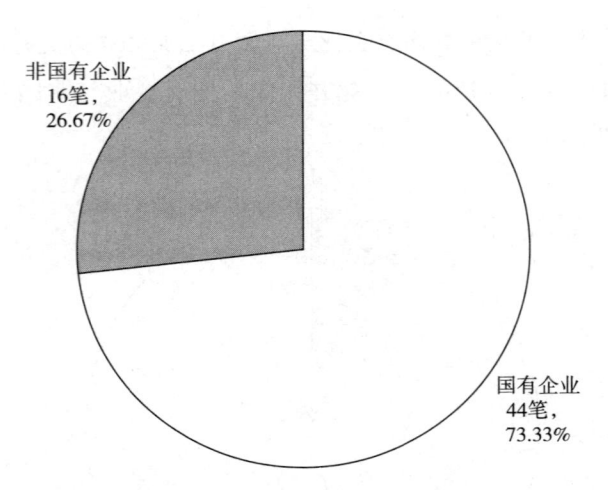

图6　2020年1~11月能源矿产业并购中国有企业与非国有企业的并购交易笔数

资料来源：Wind 资讯。

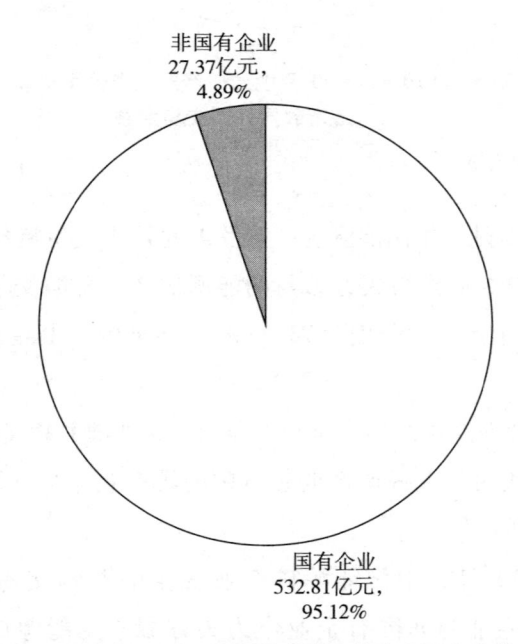

图7　2020年1~11月能源矿产业并购中国有企业与非国有企业的并购交易金额

资料来源：Wind 资讯。

（二）能源矿产业重要并购重组事件TOP5

1. 兖州煤业收购兖矿集团相关资产

2020年9月30日，兖州煤业股份有限公司发布公告，拟以现金约183.55亿元收购兖矿集团有限公司相关资产，其中包括兖矿鲁南化工有限公司100%股权、兖矿榆林精细化工有限公司100%股权、兖矿煤化供销有限公司100%股权、陕西未来能源化工有限公司49.315%股权、兖矿济宁化工装备有限公司100%股权、山东兖矿济三电力有限公司99%股权和兖矿集团信息化中心相关资产[①]。

本次交易中，兖州煤业股份有限公司通过对兖矿集团下属煤化工板块业务进行整合，进一步延伸了产业链，优化了兖州煤业的主营业务，增强了盈利和抗风险能力，提升了兖州煤业的价值和股东回报率。交易完成后，兖州煤业合并报表范围将新增标的公司与标的资产。本次交易能增大兖州煤业的资产总额，提升营业收入，发挥协同与规模效应；通过延伸产业链，能提高整体经营业绩及盈利能力，增强兖州煤业的持续发展能力和抗风险能力，有利于保护兖州煤业股东利益。

2. 兖州煤业收购内蒙古矿业集团51%股权

2020年10月28日，兖州煤业股份有限公司与内蒙古地矿集团、内蒙古矿业集团共同签署《增资协议》。兖州煤业为本次公开挂牌确定的内蒙古矿业集团最终投资方，最终成交价格为396228.95万元，即兖州煤业以396228.95万元对内蒙古矿业集团增资并取得本次增资后内蒙古矿业集团51%股权。

本次增资有利于发挥协同优势，实现互惠互利、合作共赢。参与内蒙古矿业集团的增资项目，一方面可以借力内蒙古矿业集团在煤炭、有色金属方面的资源和平台优势，调整和优化兖州煤业产业结构；另一方面可以发挥兖州煤业在人才、技术、资金、管理等方面的优势，加快建成一批煤化工、煤

---

① 白宇：《兖州煤业拟入股内蒙古矿业》，《中国电力报》2020年9月19日。

炭以及电力"一体化"示范项目。

3. 大同煤业收购同忻煤矿32%股权

大同煤业股份有限公司拟以现金方式收购大同煤矿集团有限责任公司持有的同煤国电同忻煤矿有限公司32%股权,与同煤集团于2020年10月30日签署《大同煤业股份有限公司与大同煤矿集团有限责任公司之现金购买资产协议》。2020年11月21日,大同煤业股份有限公司召开2020年第一次临时股东大会,审议通过了《关于公司收购同煤国电同忻煤矿有限公司32%股权的议案》。

本次收购旨在积极响应山西省政府的号召,落实山西省国资委关于国资国企改革的战略部署及要求,提升公司核心竞争力,推动公司实现高质量发展,以提高公司的每股收益,为股东创造更大的价值。

4. 平煤股份收购中平供应链公司26.32%股权

2020年6月30日,平顶山天安煤业股份有限公司召开2020年第一次临时股东大会,会议审议通过了《关于增资河南中平能源供应链管理有限公司暨关联交易的议案》。根据议案,中国平煤神马能源化工集团有限责任公司、平顶山天安煤业股份有限公司和深圳前海瑞茂通供应链平台服务有限公司拟签订与河南中平能源供应链管理有限公司的《增资扩股协议》。前海瑞茂通与平煤股份共同以现金11亿元对中平供应链公司进行增资,中国平煤神马能源化工集团有限责任公司不参与本次增资,其中,平煤股份增资5.61亿元,增资后占比26.32%。

本次增资具有三个方面的优势:第一,充分利用中平供应链公司交易平台和信用支持扩大公司煤炭销售渠道;第二,通过煤焦产业链稳定公司原料配煤采购品质及数量;第三,利用中平供应链公司平台融资优势,为产业链下游企业提供资金支持,加快公司资金周转。①

5. 山煤国际收购靖江发电35%股权

为了降低煤炭行业由价格周期性波动带来的风险,增强与公司煤炭主业

---

① 《平煤股份(601666.SH)拟与前海瑞茂通共同对中平供应链公司进行现金增资扩股》,http://finance.sina.com.cn/stock/relnews/cn/2020-06-19/doc-iirczymk7939961.shtml。

的协同能力和提升公司抗风险能力，山煤国际能源集团股份有限公司拟以现金支付方式收购控股股东山西煤炭进出口集团有限公司所持有的江苏国信靖江发电有限公司35%股权。2020年7月17日，山煤国际就本次交易相关事项进行具体约定，与山煤集团签署附条件生效的《关于江苏国信靖江发电有限公司之股权转让协议》。2020年8月3日，山煤国际召开本年度第三次临时股东大会，审议通过《关于公司收购江苏国信靖江发电有限公司35%股权暨关联交易的议案》。

通过收购靖江电厂部分股权，可以降低上市公司由煤炭行业价格周期性波动带来的风险，增强了与公司煤炭主业的协同性提升了公司抗风险能力，同时能够减少集团上市公司之间的关联交易，保障上市公司的可持续发展。

B.6
2020年房地产业并购分析

张 博[*]

摘　要： 房地产业是中国支柱性产业。2020年，我国房地产企业数量逆势增长，房企间合作开发模式逐渐形成，全国房地产行业集中度进一步提升。本报告回顾了2020年中国房地产业的发展，以及房地产业发展面临的问题，并分析了过去一年中国房地产业的并购概况。2020年，房地产业并购无论是交易规模还是交易笔数下降幅度均超过20%。GIC收购LG双子大厦、中信信托战略投资广州万溪、南国置业吸收合并电建地产等交易成为房地产行业2020年重要并购案例。

关键词： 房地产业　并购　战略投资

一　房地产业发展趋势分析

2020年，我国房地产企业数量逆势快速增长，突破10万家大关；而在此规模增长的形势下，房企间合作开发模式也逐渐形成，权益销售占比明显下降；龙头房企密切关注收并购市场，全国房地产行业集中度得到进一步提升。在房企购地和融资方面，由于融资渠道来源多方面受阻，融资规模增速呈现波动下降的趋势；房企综合融资成本微降，出现成本分化；土地溢价率

---

[*] 张博，博士，安徽财经大学讲师，主要研究方向为公司金融、金融机构和金融市场、融资租赁等。

低位波动，地价增速明显放缓；同时，受监管新政的影响，房企拿地行为也出现分化的趋势。在房企开发和销售方面，商品房新开工与竣工面积增速逐渐走出疫情的影响，降幅不断收窄；销售面积与销售额保持平稳增长的趋势，但市场整体去化压力仍然较大；房企加快转变销售模式，强化线上销售渠道。房企转型方面，各大房企积极探索多元化业务，推动"地产+"运营模式转型。值得警惕的是，当下住房租赁市场仍有不规范现象，特别是长租公寓"暴雷"事件，使"住房租赁+金融"的商业模式备受争议。

当前，房企仍面临较多问题，其中杠杆率问题是重中之重。近两年来在中央坚持"房住不炒"的环境下，我国房地产市场增速有所放缓，尤其是进入 2020 年初，受新冠肺炎疫情影响，市场出现大幅下滑。但随着疫情得到有效控制、各项利好政策出台，房地产市场逐渐回暖，销售降幅不断收窄。数据显示，2020 年 1~9 月，全国商品房销售面积 117073 万平方米，同比下降 1.8%，降幅比 1~8 月收窄 1.5 个百分点；商品房销售额 115647 亿元，同比增长 3.7%，增速提高 2.1 个百分点。同时，从市场格局来看，规模房企竞争优势较为凸显，市场集中度小幅提升。数据显示，2020 年 1~10 月，TOP10、TOP30、TOP50 房企操盘金额门槛分别达到 1825.9 亿元、796.4 亿元、478.6 亿元，同比分别增长 11.8%、13.4%、10.9%。此外，从具体房企来看，龙头企业行业地位稳固，碧桂园、恒大、万科依旧处于行业领先地位。数据显示，2020 年 1~10 月，碧桂园以 6903.1 亿元的销售额排行第一，恒大和万科分别以 63525.2 亿元和 5467.6 亿元紧随其后名列第二、第三名。

二 房地产业并购分析

2020 年初突发的新冠肺炎疫情，打乱了房企的销售节奏，上半年房企在集体抗击疫情的背景下努力恢复销售节奏，下半年"三道红线"融资新规出台，给房企的资金面带来压力，即使是大型房企也更加注重流动性管理，长远来看融资新规将加速行业的分化与整合。

在融资监管严格的背景下,近年来一些大型房企通过并购加快了全国布局,很快完成了规模增长阶段,目前基本处于相对稳定阶段。但随着监管政策的延续,真正的竞争差异化时代才刚刚到来。销售方普遍受到地方监管,融资渠道不断被监管部门收紧,土地成本不断上涨。在这种背景下,大量中小企业面临转型或被并购的局面。新冠肺炎疫情暴发后,由于规模的不同,房企在抵御疫情影响方面表现也有所不同。对于大型房企和债务结构稳定的房企来说,疫情过后,在谨慎投资的同时,也遇到了增加市场份额的机会;但对于债务水平过高的成长型房企和中小房企来说,疫情就是危机,特别是困境资产融资等特殊投资机会开始受到市场关注。

(一)房地产业并购数据

1. 房地产业并购交易笔数

2020年,房地产业并购平均单笔交易金额9.1亿元,较2019年增加0.21亿元,仅有小幅增长。2020年,共有3笔单笔交易金额超过100亿元的大额交易,较2019年减少2笔,其中2笔为借壳上市,如忠旺集团借壳中房股份上市,置入资产305亿元;电建地产借壳南国置业,置入资产112.7亿元;另外一宗为格力地产以122.2亿元收购免税集团。

2. 房地产业并购交易金额

2020年,房地产业收并购交易金额与笔数同比下降均超20%。具体来看,境内房地产公司作为买方完成的收并购事件约有257笔,涉及的交易金额约为2338.1亿元,同比分别下降22.8%、21.0%。分季度来看,2020年第二季度由于有两笔100亿元以上的交易,当月收并购金额达719.3亿元,位于全年最高,第四季度收并购交易笔数为82笔,收并购市场较为活跃。

(二)房地产业重要并购重组事件TOP5

1. GIC投资LG双子大厦

2020年2月10日,LG集团成功将中国总部大楼LG双子座大厦出售给新加坡政府投资公司(GIC)的全资子公司,售价约1.37万亿韩元(约合人民币 80.46 亿元）。

LG 的此次出售旨在确保在全球经济不确定性背景下的流动性，并为其未来的增长提供资金。GIC 的投资反映其对中国市场的关注，并且其投资将受益于北京市对写字楼的强劲需求，并在长期内产生可观的回报。

2. 世茂集团、福晟集团携手成立世茂福晟

2020 年 1 月 13 日下午，福晟集团和世茂集团联手对外宣布将全方位进行战略合作，并成立了"世茂福晟"平台，由世茂海峡发展公司（以下简称"世茂海峡"）董事长兼执行总裁吕翼担任总裁。未来双方涉及合作的项目品牌输出将一律使用"世茂福晟"，合作内容涵盖各类项目。

此次战略合作可能会产生"1 + 1 > 2"的效果。目前世茂主要通过代建、品牌输出等方式介入福晟日常运营，包括对项目进行债权重组。世茂的强项在于融资能力、操盘能力和施工管理等。世茂欲借此打通上下游产业链，构建新常态下的"地产合作生态圈"。福晟集团的优势则在于项目储备，但在拿地过程中耗费的大量资金压得福晟喘不过气来，亟须外部资金输血。通过合作发展，债务重组主要依靠世茂的资源，结合项目的实际情况，福晟将通过后期经营逐渐具备清偿能力。

3. 软银集团投资贝壳和长租公寓品牌自如

2020 年 3 月，软银通过愿景基金向自如投资 10 亿美元，其中 5 亿美元是直接投资，另外从其创始人手中购买了 5 亿美元股票，公司估值为 66 亿美元。此外，软银还领投了贝壳找房的 15 亿美元融资，其中，软银领投 10 亿美元，另外 5 亿美元由高瓴资本、腾讯控股、红杉资本出资。

从软银豪掷 20 亿美元能够看出其对中国市场的期许。无论是贝壳找房还是自如，软银的这两笔巨额投资都可以称得上是恰逢其时，新一轮融资也减轻了两家企业的资金链压力。但融资并不是重点，通过融资度过当前的困难期，在资本市场输血后找到长期可持续的盈利模式是自如和贝壳最为重要的任务。软银押注的贝壳、自如通过多年拓展建立了较为强大的用户基础。就商业模式而言，两家房企的服务都是将传统业务从线下迁移至线上，并没有实现对传统商业模式、供需关系的彻底重构。整体上，两大平台并不属于

自身的"杀手级"的应用和服务,其能提供的服务,竞争对手也能做到,无法形成真正的竞争壁垒。

4. 中信信托战略投资广州万溪

2020年6月29日,万科发布公告,为广信资产包引入以信达为首的7家战略投资者,拟转让下属公司广州市万溪企业管理有限公司(以下简称广州万溪)50%的股权给"中信信托·广州万溪股权投资集合资金信托计划"(以下简称信托计划),同时万科将继续担任项目操盘方,推进项目建设。本次交易完成后,万科将整体回笼资金390.4亿元。根据公告披露的信息,此前万科累计已对广州万溪投入470.4亿元,其中390.4亿元为股东借款、80亿元为股权投入[①]。

2017年拿下的551亿元的广信资产包的核心资产是广州市区16宗可开发土地,对应权益可开发计容面积近211万平方米,其中约98%位于荔湾区、越秀区。这些分布在广州中心城区未开发的地块,在如今地价高企的广州可谓"寸土寸金"。但广信资产包背后错综复杂的债权关系及当年土地融资合同的隐患,让万科很难独自吞下这单巨无霸土地。三年时间转瞬即逝,551亿广信资产包隐存的疑难杂症仍未完全解决,引入战投只是一个开始。本次万科引入战略投资者采用的是"股权+债权"的交易方式,而非单纯的股权转让。分三个步骤:第一,万科将广州万溪50%股权以70.4亿元的价格转让,收回前期股权投入的40亿元,获得预付款溢价30.4亿元;第二,根据"同股同投"原则,信托计划根据万科此前的股东借款投入,向广州万溪提供借款70.4亿元用于归还万科给广州万溪的前期借款;第三,引入并购贷249.6亿元,归还万科给广州万溪的剩余前期借款。

5. 南国置业吸收合并电建地产

南国置业2020年6月21日披露,公司计划以支付现金和发行股份的方式,对电建地产实施吸收合并,而电建地产系南国置业的控股股东,手握南

---

① 《张良:引战投回笼资金390亿元 万科探索合纵连横新打法》,《上海证券报》2020年6月30日。

国置业 40.49%的股权。公告显示，南国置业拟向电建地产的股东中国电建、中电建建筑公司发行股份及支付现金作为对价，对电建地产实施吸收合并；电建地产为被吸收合并方，南国置业为吸收合并方。合并完成后，南国置业为存续方，将承继及承接电建地产的全部负债、人员、资产、业务、合同及其他一切权利与义务，电建地产将注销法人资格，电建地产及武汉新天地持有的上市公司股份将被注销，中国电建将成为上市公司的控股股东。其中，股份发行价格为2.07元/股，现金支付对价为12亿元，股份方式支付对价约97.82亿元，发行股份数约47.26亿股，两项合计约110亿元。[①]

本次交易完成后，国务院国资委仍为南国置业最终实际控制人，电建集团仍为南国置业实际控制人，上市公司将成为电建集团下属涵盖住宅地产与商业地产的专业化房地产业务平台。

---

① 《南国置业拟以110亿元吸收合并电建地产》，http://finance.sina.com.cn/stock/relnews/cn/2020-06-21/doc-iirczymk8242972.shtml。

B.7
2020年互联网信息技术业并购分析

蒋弘 孙芳城*

摘　要： 2020年，互联网信息技术业并购大幅萎缩。受新冠肺炎疫情等因素的影响，2020年前3个月，互联网信息技术业的并购交易比较低迷。从4月份开始，交易量开始回升，之后又有所回落。前10个月，整个行业并购较2019年下降了13.87%。并购活动表现出交易逐渐活跃、软件与服务业占比最大、单笔并购交易金额较小、以行业内并购为主的特点。天华超净控股天宜锂业、金科文化收购万锦商贸、国美通讯出售德景电子是行业重要并购案例。

关键词： 信息技术　并购　股权投资

一　互联网信息技术业并购概况

2020年1~10月，互联网信息技术业共发起并购交易658笔，涉及交易金额5234.35亿元。

（一）互联网信息技术业发起的并购交易数量和金额

互联网信息技术业发起的并购交易数量如图1所示。2020年前10个月

---

* 蒋弘，博士，加拿大劳里埃大学Lazaridis商学院访问学者，重庆工商大学会计学院副教授、会计系主任、硕士研究生导师，研究方向为并购活动中涉及的技术创新、公司治理、资金融通等；孙芳城，博士，重庆工商大学校长，教授，博士研究生导师，研究方向为会计理论与实务、环境审计、并购重组。

互联网信息技术业发起的并购交易数量较2019年同期有所减少,由764次减少为658次,下降了13.87%。从2020年前3个季度的情况来看,该行业每个季度发起的并购交易数量都较上年同期有所减少,特别是第一季度的交易数量下降幅度最大,超过30%。2020年第一季度,我国正处于新冠肺炎疫情暴发期,经济活动受到一定影响。随着疫情在短时间内得到有效控制,2020年第二季度的并购交易数量开始回升。

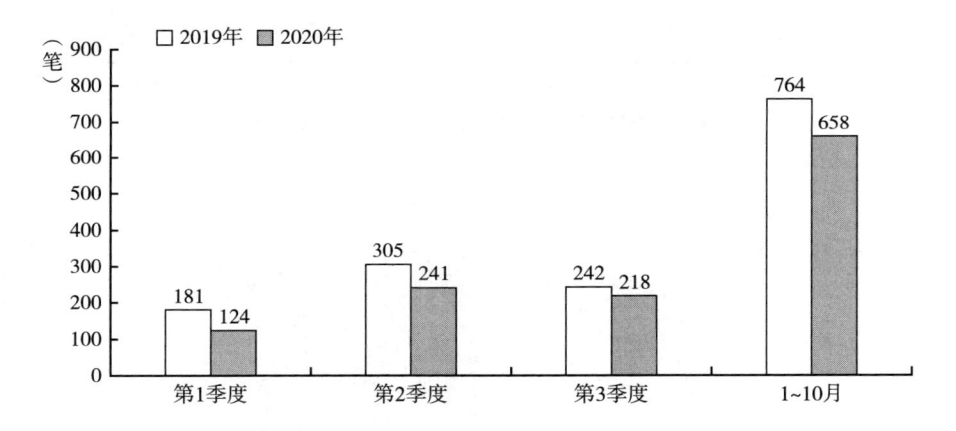

图1　互联网信息技术业发起的并购交易数量

资料来源:Wind数据库中国并购库。

互联网信息技术业发起的并购交易金额如图2所示。2020年前10个月互联网信息技术业发起的并购交易金额远高于2019年同期,由960多亿元跃升到5200多亿元,这使得每笔平均交易额由2019年的1.26亿元提高到2020年的7.95亿元,增加约5.3倍。如此巨大的差异主要产生于第3季度。

(二)互联网信息技术业发起的并购交易进度

互联网信息技术业发起的并购交易进度如图3所示。在2020年前10个月互联网信息技术业发起的并购交易中,成功了173笔,占比26.29%,失败了15笔,占比2.28%,其余交易尚在进行当中。

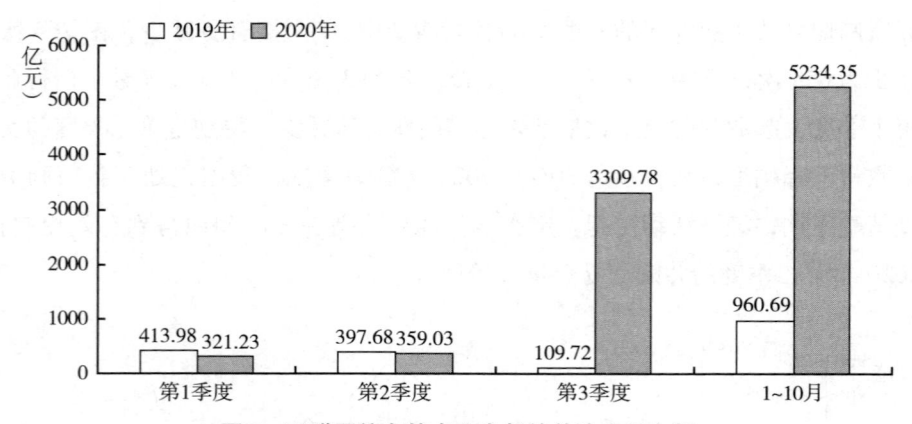

图 2　互联网信息技术业发起的并购交易金额

资料来源：Wind 数据库中国并购库。

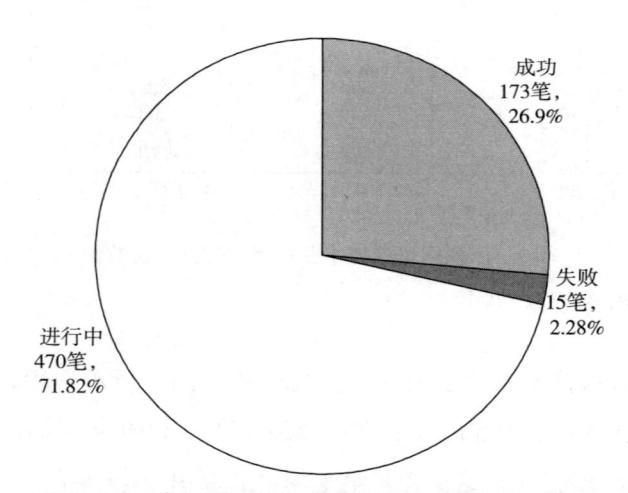

图 3　2020 年互联网信息技术业发起的并购交易进度

成功 173笔，26.9%
失败 15笔，2.28%
进行中 470笔，71.82%

资料来源：Wind 数据库中国并购库。

二　互联网信息技术业并购特点

2020 年前 10 个月，互联网信息技术业的并购活动表现出交易逐渐活跃、软件与服务业占比最大、单笔并购交易金额较小、以行业内并购为主的特点。

（一）互联网信息技术业发起并购交易的时间分布

互联网信息技术业发起并购交易的时间分布如图 4 所示。受疫情等因素的影响，在 2020 年前 3 个月，互联网信息技术业的并购交易比较低迷。而从 4 月份开始，交易量开始爆发，之后虽有所回落，但整体上维持在较高的水平，月均发起的并购交易数量达到 76 笔。并购交易已经由 2020 年 1 季度的低谷期转向活跃期。

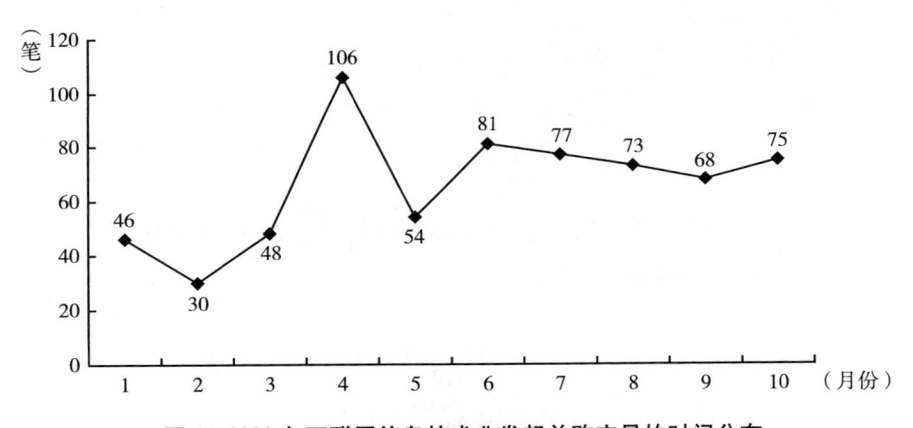

图 4　2020 年互联网信息技术业发起并购交易的时间分布

资料来源：Wind 数据库中国并购库。

（二）互联网信息技术业发起并购交易的细分行业分布

互联网信息技术业发起并购交易的细分行业分布如图 5 所示。在 2020 年前 10 个月由互联网信息技术业发起的并购交易中，属于软件与服务业这一细分行业的并购交易数量最多，数量为 354 笔，占比超过 50%。

（三）互联网信息技术业单笔并购交易金额分布

互联网信息技术业单笔并购交易金额分布如图 6 所示。在 2020 年前 10 个月由互联网信息技术业发起的并购交易中，单笔金额低于 1 亿元的并购交易占多数，比例达到 55.32%。

125

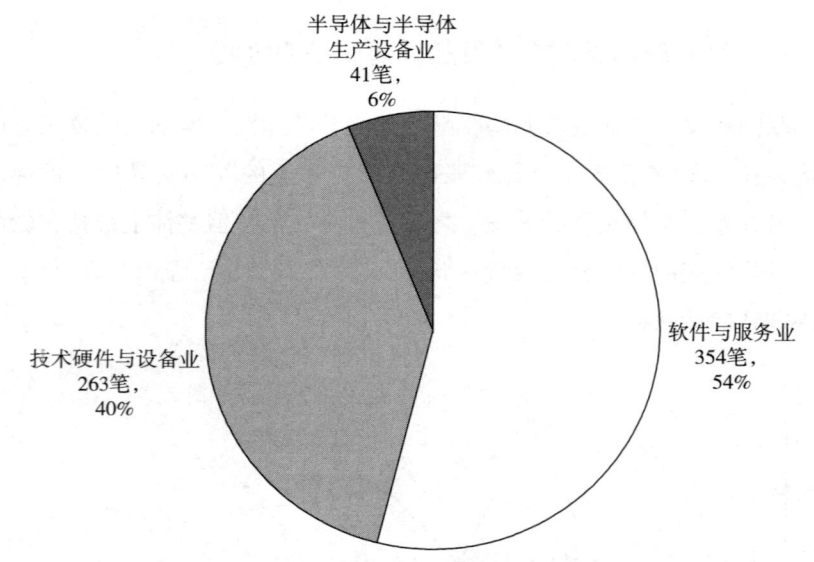

图 5　2020 年互联网信息技术业发起并购交易的细分行业分布

资料来源：Wind 数据库中国并购库。

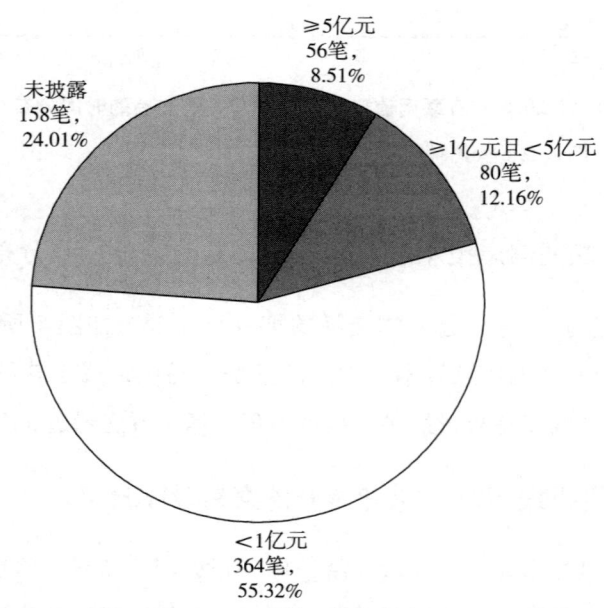

图 6　2020 年互联网信息技术业单笔并购交易金额分布

资料来源：Wind 数据库中国并购库。

（四）互联网信息技术业发起的并购交易类型分布

互联网信息技术业发起并购交易的类型分布如图7所示。在2020年前10个月由互联网信息技术业发起的并购交易中，行业内并购无论从交易数量还是交易金额上都大幅超越跨行业并购，行业内资源整合是2020年互联网信息技术业并购的主旋律。

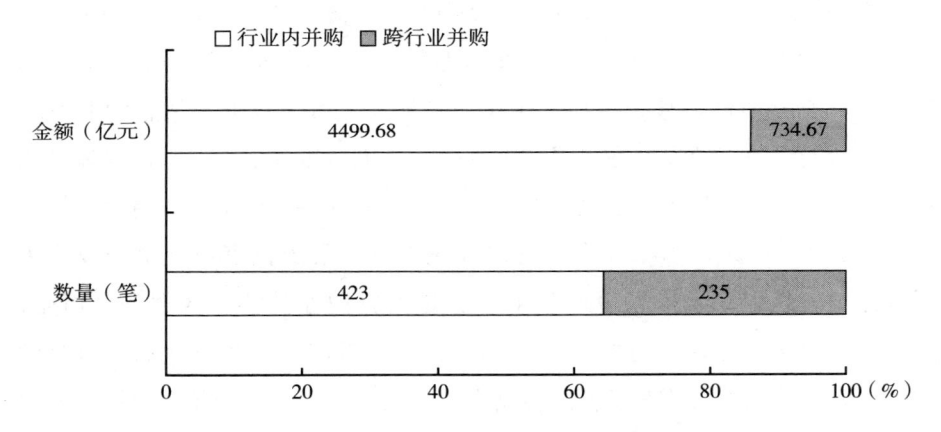

类型	行业内并购	跨行业并购
金额（亿元）	4499.68	734.67
数量（笔）	423	235

图7 2020年互联网信息技术业发起并购交易的类型分布

资料来源：Wind数据库中国并购库。

三 互联网信息技术业重大并购事件TOP5

（一）天华超净控股天宜锂业

2020年9月4日和2020年10月29日，苏州天华超净科技股份有限公司（下称"天华超净"）分别召开董事会和临时股东大会，审议通过了重大资产购买相关议案，拟以支付现金方式收购长江晨道（湖北）新能源产业投资合伙企业（有限合伙）（下称"晨道投资"）持有的宜宾市天宜锂业科创有限公司（下称"天宜锂业"）26%的股权。截至2020年11月3日，天华超净已经按照此次交易相关协议的约定，全额支付了第一期股权转让价款人民币12740万元。交易各方也完成了此次交易协议中约定的交割程序，天华超净取得了天宜锂业26%的股权。剩余股权转让款人民币3480万元将在此次股权转让工商登记手续办理完毕之日起7个工作日内支付。至此，天华超净合计持有天宜锂业68%的股权。从筹划到完成，短短几个月时间，天华超净实现了对天宜锂业的控股。

天华超净主营防静电超净技术产品和医疗器械产品，天宜锂业则主要从事锂电池材料的研发、制造和销售，两者分属于不同行业。天华超净于2014年在深交所创业板上市后，主营业务增长缓慢，急需开拓新的业务增长点。新能源汽车的发展在世界范围内带动了电池级碳酸锂、电池级氢氧化锂等产品的爆发性需求，加之有国家产业政策的支持，天华超净将目光投向了锂电池产业。2018年，天华超净与宁德时代、晨道投资共同出资设立了天宜锂业。其中，天华超净持股42%，是天宜锂业的第一大股东。但是，由于三家股东的持股比例均在50%以下，且都未占有半数以上的董事会席位，天宜锂业无控股股东及实际控制人。本次交易后，天华超净控股天宜锂业，前者将对后者董事会进行改组以便管理。根据预测，在营业收入和净利润方面，未来的天宜锂业会超过目前的天华超净。通过控股，天宜锂业的财务数据将纳入天华超净的合并报表，有助于大幅提升后者业绩。然而，天宜锂业一期项目达产后，市场份额与行业头部企业仍然存在较大差距，其成长过程可能面对行业头部企业"步步为营，强者愈强"和行业集中度进一步提升的残酷事实。在行业竞争日趋激烈的形势下，天宜锂业究竟能否为天华超净创造足够的价值还有待观察。

（二）金科文化收购万锦商贸

金科文化于2020年提出资产收购议案，计划以现金支付方式向其控股股东金科控股集团有限公司（下称"金科控股"）购买后者持有的万锦商贸有限公司（下称"万锦商贸"）100%的股权，以取得相关物业资产用于建设"会说话的汤姆猫"主题商业综合体项目。该议案首先在2020年7月16

日召开的公司董事会和监事会会议上审议通过，然后在 2020 年 8 月 10 日召开的临时股东大会上审议通过，资产收购随之进入实施阶段。此次交易的对价达到了人民币 15.5 亿元，由金科文化通过自有及自筹资金支付。2020 年 8 月 12 日，根据金科文化公布的关于收购资产暨关联交易的进展公告，万锦商贸完成了股权转让的工商变更登记手续，成为上市公司的全资子公司。金科文化通过此次收购将进一步丰富线下的 IP 应用场景，持续扩大用户覆盖面，加深 IP 落地与变现，有助于该公司落实全栖 IP 生态运营商的战略规划。

金科文化最初从事氧系漂白助剂 SPC 的研发、生产和销售。2019 年，该公司将精细化工业务出售，全面转向移动互联网业务。金科文化先后通过收购杭州逗宝、上虞码牛和联合好运，取得了 Outfit 7 100% 的股权。而 Outfit 7 正是"会说话的汤姆猫"这一全球知名 IP 的创造者。金科文化此次收购万锦商贸，看重的是万锦商贸自持的优质酒店与商业综合体等商业物业资产。万锦商贸旗下的雷迪森酒店和时代广场均位于浙江省绍兴市上虞区 CBD，分别是该地区的知名五星级酒店和知名商业综合体，品牌效应显著，区位优势明显，具有巨大的发展潜力。金科文化希望通过此次收购，将上市公司平台和资源优势、万锦商贸服务运营优势、世界级 IP 品牌和流量优势相结合，推出"会说话的汤姆猫"主题高档酒店、室内主题乐园、IP 衍生品旗舰店、餐饮服务区以及其他商贸业态，将万锦商贸旗下建筑打造成有世界级 IP 加持的集商业、办公、居住、旅店、展览、餐饮、会议、文娱等于一体的城市生活空间，构建起从内容到营销、从线上到线下、从虚拟到实物、从娱乐到教育的完整 IP 生态链，助力公司实现全产业链布局，进一步提升 IP 品牌价值和变现能力。不过，由于存在交易对手方金科控股占用上市公司及其全资子公司大额资金未还、万锦商贸净资产为负值等情况，此次收购被外界质疑是上市公司向控股股东进行利益输送。为此，深交所分别于 2020 年 7 月 18 日和 7 月 25 日两发关注函，要求金科文化做出相关说明，后者两次回复的内容几近百页。如今，收购顺利完成，也为那些质疑暂时画上了句号。

（三）TCL科技拓展产业布局

2020年6月23日，TCL科技董事会全票通过《关于公司参与公开摘牌收购中环集团100%股权的议案》。随后，在2020年7月9日的公司临时股东大会上，该议案获得99.91%的赞成票，TCL科技收购天津中环电子信息集团有限公司（下称"中环集团"）的交易正式启动。中环集团于2020年5月20日起在天津产权交易中心公开挂牌转让天津津智国有资本投资运营有限公司和天津渤海国有资产经营管理有限公司合计持有的集团100%股权，转让底价109.74亿元，并依照法定程序公开征集受让方一家。TCL科技作为意向受让方，参与到上述项目中。2020年7月15日，TCL科技收到天津产权交易中心的通知，通知指出，经评议小组评议并经转让方确认，TCL科技成为标的股权的最终受让方。2020年7月17日，交易各方签署了《产权交易合同》，TCL科技收购中环集团的交易落下帷幕。

作为天津国资委旗下的大型电子信息企业集团，中环集团在天津产权交易中心公开挂牌转让是其混改进入实质阶段的标志之一。此次TCL科技成功取得中环集团100%股权，使得中环集团成为天津市第17个成功混改的市管企业，也让TCL科技拓展了自身的产业布局。中环集团主要经营新能源与新材料、新型智能装备及服务、核心基础电子部件配套等业务。旗下核心子公司中环股份是上市公司（股票代码002129），主要从事单晶硅的研发和生产，产品包括太阳能硅片、太阳能电池片、太阳能组件、半导体材料、半导体器件等。另一家核心子公司天津普林也是上市公司（股票代码002134），主要从事印制电路板（PCB）的研发、生产及销售。而TCL科技定位于全球科技领先的智能科技集团，聚焦于技术和资本密集的高端科技产业发展。一方面，该公司努力推进半导体显示产业的纵向延伸和横向整合，加速在基础材料、下一代显示材料，以及新型工艺制造过程中的关键设备等领域的布局；另一方面，该公司尝试通过合作、合资、收购兼并等方式进入核心、基础、高端科技领域以及可能制约其发展的上下游相关产业。由于中环集团主要致力于半导体及新能源材料的自主创新发展，符合TCL科技战略方向和产业发展理念,从而成为 TCL 科技战略推进的目标。在这场百亿级的股权争夺战中,TCL 科技最终击败隐身资本入主中环集团,拼接起"新能源光伏+半导体"的产业版图,有助于把握半导体向中国转移的历史性机遇、能源供给清洁升级及智能联网电器化的发展浪潮,最终迈向全球领先产业。

(四)国美通讯出售德景电子

2020 年 4 月 23 日,国美通讯发布公告,拟通过现金出售的方式向北京美昊投资管理有限公司(下称"美昊投资")出售上市公司持有的浙江德景电子科技有限公司(下称"德景电子")100% 股权。在此次交易前,德景电子需先行将其与智能移动终端 OEM 相关的资产、部分债权和债务按账面价值划转至其全资子公司京美电子,然后剥离京美电子和全资子公司德恳电子,国美通讯按照公允价格受让京美电子和德恳电子 100% 股权。2020 年 8 月 10 日,在京美电子和德恳电子 100% 股权已过户至国美通讯的前提下,国美通讯将所持德景电子 100% 股权过户至美昊投资。通过此次交易,国美通讯实质上置出了亏损业务,并保留了对未来发展有价值的资产,有助于缓解上市公司在财务及现金流方面遇到的困难,有利于增强上市公司的持续经营能力。

经历 2018 年、2019 年连续两年的亏损,国美通讯被实施退市风险警示,股票名称"披星戴帽"变更为"＊ST 美讯",被拉响了保壳的警钟。为尽快摆脱公司困境,缓解经营压力,国美通讯决定出售德景电子。2016 年,国美通讯的前身三联商社出于公司业务转型需要,战略布局智能移动终端产业,斥资 8 亿元收购了德景电子。之后,通过出售家电零售业务相关资产,三联商社主营业务彻底变更为智能移动通信终端产品的研发、生产及销售,股票也更名为"国美通讯"。收购后的初期,国美通讯几乎所有的营业收入和取得的正的净利润都来自德景电子。然而好景不长,国内智能手机出货量从 2017 年开始连续 3 年下滑,市场竞争加剧,德景电子自有品牌手机业务与 ODM 业务都遭受很大冲击,2017 年和 2018 年都未能完成业绩承诺。

由于德景电子属于劳动和资金密集型企业，员工多、人工成本居高不下，加上部分应收账款出现逾期，合作的金融机构又缩减授信，企业的流动资金趋于紧张。在上述内外部因素共同作用下，德景电子于 2019 年陷入亏损。为避免业绩被其继续拖累，也为了保住上市公司地位，国美通讯决定剥离亏损的德景电子。出售德景电子后，国美通讯的亏损额和资产负债率将会降低，而且还保留住了核心智能移动终端制造业务。尽管如此，由于国美通讯的另一家重要子公司国美通讯（浙江）有限公司还在持续亏损，上市公司的财务数据依旧难看。断臂求生，何去何从？国美通讯给我们留下了诸多悬念。

（五）汇金科技定增收购失败

汇金科技于 2020 年 7 月 13 日发布公告称，公司拟通过发行股份、可转换债券以及支付现金的方式向卓沃信息技术（上海）有限公司、陆晓奕、梁邦龙、王亚荣购买其合计持有的卓沃网络科技（上海）有限公司（下称"卓沃网络"）100% 股权。同时，该公司拟向不超过 35 名符合条件的特定投资者非公开发行股份，募集不超过人民币 2.5 亿元的配套资金。在筹划此次重大资产重组的过程中，为避免有关事项存在的不确定性对公司股价造成的重大影响，汇金科技的股票已于 2020 年 6 月 29 日上午开市起停牌。汇金科技指出，此次交易对公司主营业务和盈利能力都是利好，而且不会造成公司的控制权发生变更，也不会出现导致公司股票不符合上市条件的情形。然而，仅仅过了 1 个多月，汇金科技突然发布关于终止重大资产重组相关事项的公告，终止了此次交易，收购卓沃网络的行动宣告失败。

汇金科技的主营业务是基于银行内控风险管理整体解决方案的相关应用产品研发、生产和销售，而卓沃网络的主营业务是向从事资产管理和资产托管业务的金融机构提供数据中台及其延伸应用的整体 IT 解决方案和相关技术服务，两家企业的业务存在不少契合点。因此，此次交易被认为有利于汇金科技软件开发能力和技术服务水平的提升，有利于双方客户资源的相互补充、相互促进和有效整合，有利于汇金科技盈利能力、持续经营能力和抗风险能力的增强。然而，两家企业看似珠联璧合的"牵手"，却引来深交所的问询。此次交易，卓沃网络100%股权的交易价格被确定为36800万元，汇金科技计划以发行股票方式支付1.84亿元，以发行可转换公司债券方式支付7360万元，以现金方式支付1.104亿元。但是，卓沃网络的净资产只有2500万元，汇金科技是在溢价13.7倍的情况下去收购的。并且，卓沃网络在业绩承诺、市场规模、研发费用、营收数据等方面都存在不少疑点，公司未来的业务和盈利存在较大不确定性。为此，深交所于2020年7月26日向汇金科技发去问询函要求做出书面说明。然而，对于深交所的一系列问询，汇金科技都以工作量较大为由申请延期回复，分别于2020年7月31日、2020年8月7日、2020年8月14日、2020年8月21日共4次发布《关于延期回复深圳证券交易所重组问询函的公告》，随后便在2020年8月27日终止了收购。尽管汇金科技对此次交易终止的原因以"为适应行业及市场环境变化，需要对本次重组方案及相关协议条款进行调整，但交易各方无法达成一致意见"这种理由一笔带过，但考虑到高价收购、标的存疑、回避问询等事实，收购失败的个中缘由难免引发众多的猜想。

四 互联网信息技术业典型并购案例分析：天华超净控股天宜锂业

（一）交易概述

天华超净在2020年9月4日召开的第五届董事会第六次会议以及2020年10月29日召开的2020年第三次临时股东大会上，审议通过了其收购天宜锂业股权的重大资产议案。此次交易，天华超净以支付现金的方式购买晨道投资持有的天宜锂业26%股权，交易金额合计1.622亿元。交易前，天华超净已经持有天宜锂业42%的股权，为其参股股东；交易完成后，天华超净持有天宜锂业68%的股权，成为其控股股东。由于此次交易的资产总额指标占比达到60.67%，超过了50%，因此构成了重大资产重组。

在此次交易中，天华超净以现金方式分两期向交易对方支付交易对价：第一期股权转让款 1.274 亿元自交易双方签订的《股权转让协议》生效之日起 3 个工作日内支付；第二期股权转让款 3480 万元自此次股权转让工商登记手续办理完毕之日起 7 个工作日内支付。

2020 年 11 月 3 日，天华超净发布关于收购天宜锂业 26% 股权完成交割的公告。公告指出，截至公告披露日，天华超净已经按照此次交易相关协议的约定，全额支付了此次交易的第一期股权转让价款，并且交易各方完成了此次交易协议中约定的交割程序，天华超净取得了天宜锂业 26% 的股权。

（二）并购背景

第一，锂化工产品的市场需求旺盛。一方面，混合动力及纯电动汽车的发展在世界范围内带动了电池级碳酸锂、电池级氢氧化锂等产品的爆发性需求；另一方面，数码 3C 产品对锂电池的需求依然旺盛，玻璃陶瓷等传统应用领域长期保持平稳。因此，全球对锂的需求量将继续保持强劲态势。

第二，新能源汽车的发展将带动对氢氧化锂的需求快速提升。我国在《新能源汽车产业发展规划（2021～2035 年）》（征求意见稿）中提出，力争经过 15 年持续努力，使我国新能源汽车核心技术达到国际领先水平。到 2025 年，新能源汽车市场竞争力明显提高，新能源汽车新车销量占比达到 25% 左右。因此，新能源汽车将迎来进一步发展。而新能源汽车又是锂行业发展的关键因素。随着对电池系统的能量密度、电动汽车续航能力要求的提高，三元电池应用于新能源汽车已成为趋势。由于三元材料中的关键材料只能使用氢氧化锂进行焙烧，随着未来电池对能量密度要求越来越高，对氢氧化锂的需求将快速提升。

第三，国家产业政策支持。氢氧化锂作为生产制备高端锂产品的基础原料，符合国家产业政策。根据我国《产业结构调整指导目录（2019 年本）》，"锂化工矿产资源勘探开发及综合利用"以及"锂离子电池用三元和多元、磷酸铁锂等正极材料"都是鼓励类产业。而根据我国《战略性新兴产业分类（2018）》，氢氧化锂属于战略性新兴产业中的重点产品。

（三）并购动因

第一，天华超净的发展需要新的增长点。天华超净目前的主营业务涵盖防静电超净技术产品和医疗器械产品两大领域，业务较为传统，产品需求也较为平稳。因此，该公司主营业务收入增长不明显。与此同时，动力电池领域的锂化工产品因为新能源汽车的发展引爆了市场需求。而天宜锂业正是一家专业从事电池级氢氧化锂生产及销售的企业，产品主要用于生产新能源汽车用动力电池的三元正极材料。此次交易完成后，天宜锂业成为天华超净子公司，天华超净进入一个具有发展前景的新行业，这将为其带来新的业务增长点。

第二，增强天华超净的持续经营能力。此次交易前，天华超净2017～2019年的营业收入增幅较小，并且这三年扣除非经常性损益后的净利润规模也较小。在净利润最高的2019年，金额也不到6000万元。此次交易完成后，天宜锂业财务数据纳入天华超净合并报表。在天宜锂业一期项目建成后，预计会大幅提升天华超净的营业收入和净利润规模，增强后者的持续经营能力。

（四）并购评述

此次收购，天华超净跨界布局动力电池。从公开信息可以看出，该公司十分看好天宜锂业的未来发展，将电池级氢氧化锂业务定位为其未来的发展战略。尽管天华超净向外界详细说明了此次收购的目的，却仍然引起不少质疑。首先，在2018年天华超净、宁德时代、晨道投资三方合资成立天宜锂业时，约定于2018年、2019年和2020年分三次缴纳投资款。截至此次收购启动的2020年9月，晨道投资实缴出资1.27亿元，尚有5460万元未缴。而在天华超净向晨道投资的分期支付中，第一期股权转让款正好是1.27亿元。因此，这让深交所发出"明股实债"的质疑。其次，天宜锂业"1期2万吨电池级氢氧化锂建设项目"即使达产，市场份额也仅有5%左右，与天齐锂业、赣锋锂业等龙头企业还存在不小差距。而据权威机构预计，氢氧化锂行业的集中度未来将会进一步提升，天宜锂业的生存空间可能受到严重挤压。因此，此次收购所描绘的美好未来是否真如天华超净所愿，还有待进一步观察。

B.8
2020年金融业并购分析

陈 超[*]

摘 要： 本报告首先回顾了金融行业2020年的发展趋势，然后分析了2020年金融行业的并购现状，介绍了金融行业的并购规模与交易数量、各细分行业以及各区域金融行业的并购特点。受新冠肺炎疫情的影响，金融业在2020年的并购公告和完成的交易数量与2019年比都大幅减少。除并购交易数量大幅减少外，金融业并购大多数为关联方的并购案例。光大集团向中央汇金定向增发股份是2020年金融业第一大并购案例；英大股份收购英大国际信托、越秀金控向中信证券出售控股公司股份、国投资本增资安信证券是2020年知名的金融业并购案例。

关键词： 保险 证券 银行 并购

一 金融行业趋势分析

2020年全球受到新冠肺炎疫情的冲击，加上中美贸易摩擦的延续，即使美国联储会（Fed）于2020年3月23日推出无上限量化宽松（Quantitative Easing，QE）货币政策，使官方利率降为零，并在2020年推出两次新冠肺炎疫情纾困方案，但美国2020年全年GDP增长率预估为-3.8%，国际货币基

---

[*] 陈超，博士，复旦大学管理学院特聘教授、香港大学商学院荣誉教授、美国加州州立大学荣誉教授，研究方向为企业融资、信用评级、并购与重组、公司治理与金融市场。

金组织（IMF）预估2020年全球GDP萎缩4.4%。中国2020年前三季度的GDP增长率也比2019年大幅下滑，分别为-6.8%、3.2%和4.9%。但IMF预估2020年中国的GDP增长1.9%，中国的资本市场仍不断成长，尤其是2019年7月22日推出的科创板至2020年底已有超过200家公司上市，创业板也在2020年8月24日开始实施注册制。此外，中国资本市场对外更加开放，至2020年12月底已经有外资参股、控股证券公司17家，其中新批准外资控股证券公司9家，包括6家大外资投行提高持股成为控股券商，包括瑞信方正、摩根士丹利华鑫证券、摩根大通证券、高盛高华证券、瑞银证券与野村东方国际证券。

2020年12月底前，共有495家首次上市公司（IPO），包括386家A股上市公司，70家港股上市公司与39家美股上市公司。2020年公募基金发行规模破新高，超过3万亿份。2020年第三季底，中国银行业平均不良贷款拨备覆盖率为269.06%，低于财政部认为有隐藏利润动机的300%比例。同期中国大陆境内A股投资者结构显示，境内专业机构投资者合计持股市值占比为14.78%，外资持股市值占比4.74%，个人投资者占比为32.69%，一般法人持股市值占比为49.80%。境内机构投资中，公募基金、保险、社保的持股市值分别为6.67%、2.85%与1.65%。

在2020年金融业的并购领域，依据同花顺iFinD数据分析库，去除数据不全的并购案例（如并购金额与日期缺失）后，在2020年12月8日之前共有93起公告的并购事件，其中完成并购的有49起，进行中的有39起，而失败的并购有5起。金融业在2020年无论是并购家数还是金额，均比2019年大幅减少。下文以2020年1月1日至11月30日期间成功完成并购的48个案例为分析对象。

二 金融业并购分析

（一）金融业并购数据

1. 金融业并购趋势

受新冠肺炎疫情的影响，金融业在2020年的并购公告和完成的并购事件数目与2019年比都大幅减少。金融业完成并购数目的高峰出现在2020年1月份，之后并购家数随着疫情的恶化而逐步减少，虽然6月份后触底反弹，但也只是昙花一现（见图1）。

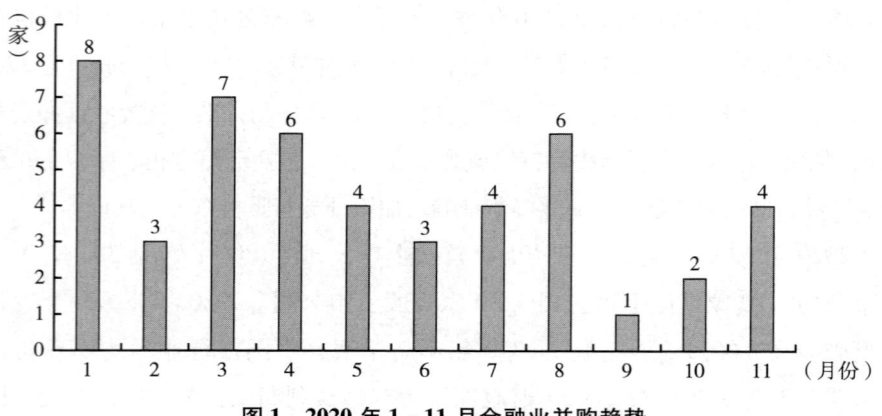

图1 2020年1~11月金融业并购趋势

资料来源：同花顺iFinD数据分析库。

2. 金融业不同性质企业的并购情况

图2显示，2020年金融业完成的并购中58.3%的标的属于保险及其他金融服务行业。其次，35.4%的标的属于证券行业，6.3%属于银行业。

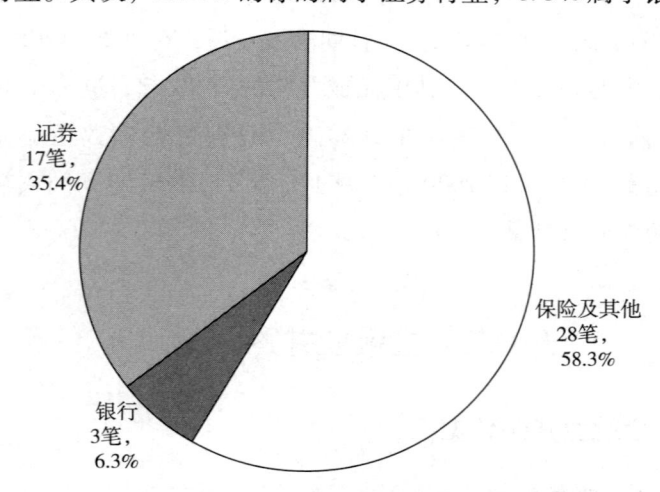

图2 2020年1~11月金融业不同行业企业并购情况

资料来源：同花顺iFinD数据分析库。

3. 金融业并购交易金额

图 3 显示，并购交易金额于 2020 年 3 月达到高峰 430.43 亿元，然后 7 月是次高点为 384.41 亿元。并购金额全年呈现很不稳定的波动，也无明显的趋势。

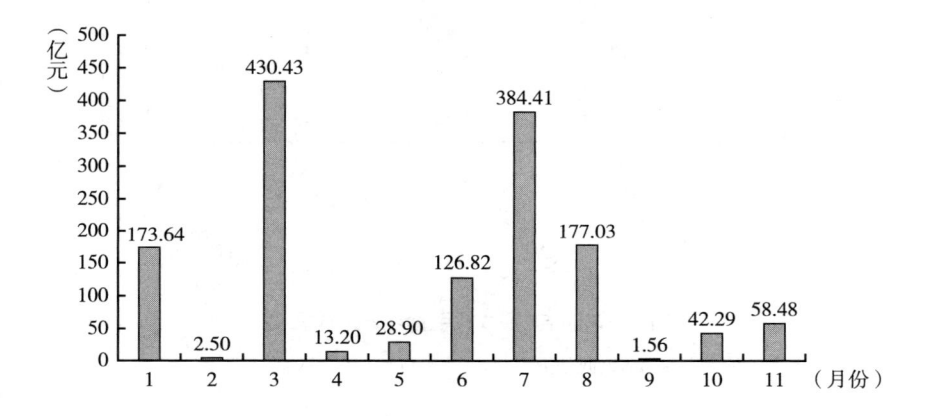

图 3　2020 年 1~11 月金融业并购金额

资料来源：同花顺 iFinD 数据分析库。

4. 金融业并购交易规模

依据同花顺 iFinD 数据分析库，并购交易规模在 1000 万元以下的占 5%，1001 万~1 亿元的并购占比 26%，10001 万元到 10 亿元的占比为 29%，100001 万~100 亿元的交易占比 21%，最后 1000001 万元及以上的交易占比 18%（见图 4）。

5. 金融业并购地区分布

依据同花顺 iFinD 数据分析库，2020 年金融业并购交易最多的省份上海市占比 18.75%，第二是浙江省，占比 16.67%，第三是广东省，占比 14.58%，第四是北京市，占比 10.42%，山东省为第五，占比 6.25%。有 19 个省份在 2020 年没有完整的金融业并购数据（见图 5）。2020 年主要并购区域分布与地区的经济发达程度显然高度相关，大多数集中在东部沿海的发达地区，依次为上海、浙江、广东、北京与山东等地。

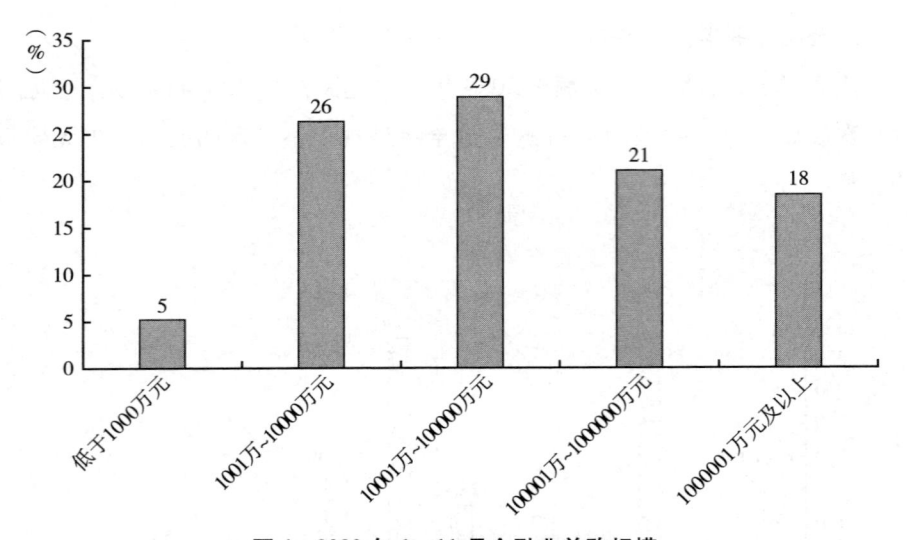

图4　2020年1~11月金融业并购规模

资料来源：同花顺iFinD数据分析库。

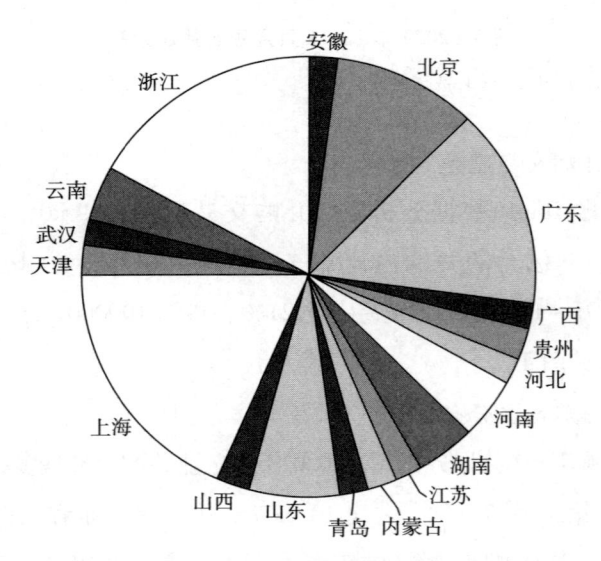

图5　2020年1~11月金融业并购地区分布

资料来源：同花顺iFinD数据分析库。

（二）2020年金融业并购的主要事件

2020年中国金融业的并购事件较2019年大幅减少，金融业并购大多数为关联方的并购案例，如光大银行、英大股份、越秀金控的并购。

1. 光大集团向中央汇金定向增发股份

2020年金融业并购金额第一位的是光大集团于2020年5月6日宣布以102.51亿元向中央汇金投资有限公司增发股份，同时中央汇金投资有限公司将其持有的光大银行（601818.SH）102.51亿股A股（占光大银行总股数的19.53%）转让给光大集团。通过此一股权交换的并购模式，光大集团原来共持有25.43%光大银行的总股本上升至44.96%，包括218.17亿股A股股份与17.83亿股H股（06818.HK）股份。

2. 英大股份收购英大国际信托

2020年金融业并购金额第二位的是国网英大股份（600517.SH）于2020年2月17日宣布以143.98亿元完成收购英大国际信托73.49%的股权与之前以49.84亿元收购英大证券99.67%的股权。英大国际信托和英大证券属于资产管理、托管银行、投资银行业与经纪业。

3. 越秀金控向中信证券出售控股公司股份

2020年金融业并购金额第三位的是越秀金控。越秀金控向中信证券出售剥离广州期货99.03%股权及金鹰基金24.01%股权后的广州证券100%的股权。而中信证券则发行股份以购买资产方式支付这笔交易的对价。因此，越秀金控于2020年3月12日披露以约194亿元市值取得中信证券（600030.SH）8.10亿股，即6.26%的股权，成为中信证券的第二大股东。

4. 《外商投资证券公司管理办法》实施

新的《外商投资证券公司管理办法》于2018年4月正式公布并实施，允许外资股东持股比例放宽至51.00%。此外，从2020年4月1日起，中国进一步取消证券公司与公募基金管理公司。2020年3月27日，华鑫证券以3.76亿元转让2%的股权给摩根士丹利后，摩根士丹利持股从49%上升至51%成为控股股东，而华鑫证券的持股从51%降为49%。

2020年8月，摩根大通国际金融有限公司持有摩根证券51%的股权，而上海外高桥、珠海市迈兰德基金管理有限公司等合计持有其余的49%的股权。此外，2020年3月27日高盛披露中国证监会已核准其在高盛高华的持股从33%增加到51%。

5. 国投资本增资安信证券

2020年8月，国投资本股份有限公司（600061.SH）及其子公司毅胜投资对另一全资子公司安信证券增资，发行可转债增资安信证券，增资金额达7943.94百万元。增资完成之后，国投资本持有安信证券股份99.9969亿股，持股比例为99.9969%，毅胜投资持有安信证券312499股，持股比例为0.0031%。

B.9
2020年文体及娱乐业并购分析

胡伟 蒋贻宏 高琛[*]

摘　要： 文体及娱乐业是国民经济的重要产业，连续多年保持增长，同时国家也从制度改革、政策引导、市场体系完善等方面大力推进"文化+"产业持续健康发展。受资管新规及配套政策影响，叠加新冠肺炎疫情冲击，2019~2020年的文体及娱乐业投资热度明显下滑。但随着疫情防控取得显著成效，经济社会秩序有序恢复，文体及娱乐业复工复产扎实推进，特别是"互联网+文化"持续升温，行业再次展现出巨大韧劲和发展潜力。2020年前10个月，我国文化、体育和娱乐业上市公司共完成并购交易12笔，披露的交易金额为25.12亿元。2020年最大的一笔并购交易是北京文化收购东方山水100%股权。

关键词： 文化体育　娱乐业　并购　股权投资

一　文体及娱乐业趋势分析

2020年初以来，新冠肺炎疫情持续发酵，全球主要经济体均遭受了不同程度的生产停摆、消费疲软等经济衰退风险，全球贸易摩擦与经济结构性

---

[*] 胡伟，国元证券股份有限公司投资银行总部董事总经理、并购业务部总经理、保荐代表人，研究方向为股权融资、并购重组；蒋贻宏，国元证券投资银行总部高级项目经理、保荐代表人，研究方向为股权融资、并购重组；高琛，国元证券投资银行总部项目经理。

压力剧增。当前，我国经济步入"新常态"，处于增长动力转换、产业结构调整、发展方式转变的关键时期，全国范围内的产业升级将成为未来经济发展的主要驱动力。

文体及娱乐业是国民经济的重要产业，连续多年保持增长，同时国家也从制度改革、政策引导、市场体系完善等方面大力推进"文化+"产业持续健康发展。此前，受资管新规及配套政策影响，叠加新冠肺炎疫情冲击，2019～2020年的文体及娱乐业投资热度明显下滑。但随着疫情防控取得显著成效，经济社会秩序有序恢复，文体及娱乐业复工复产扎实推进，特别是"互联网+文化"持续升温，行业再次展现出巨大韧劲和发展潜力。

二 文体及娱乐业并购分析

通过对我国文化、体育和娱乐业上市公司2020年1～10月完成的并购交易进行分析，发现该行业并购交易具有以下特点。

（一）文体及娱乐业并购趋势

如图1所示，2020年1～10月，我国文化、体育和娱乐业上市公司共

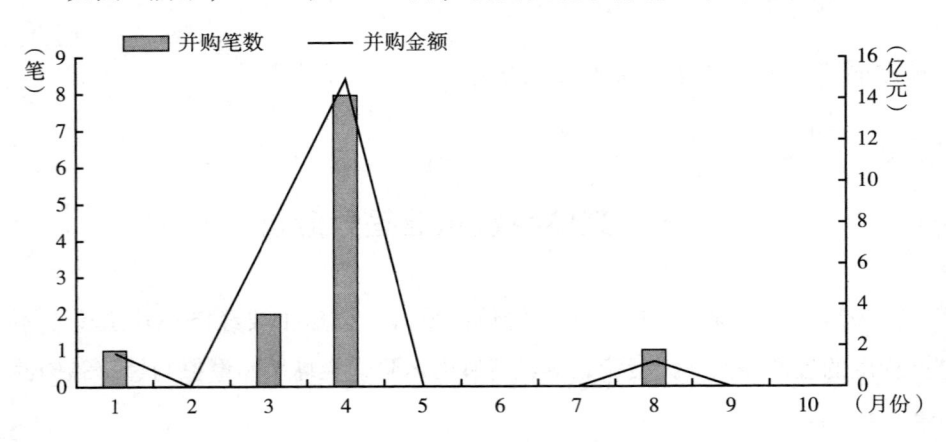

图1 2020年1～10月文体及娱乐业并购交易金额和笔数

资料来源：Wind资讯。

完成并购交易12笔,披露的交易金额为25.12亿元,披露交易金额的并购交易中平均每笔交易金额为2.09亿元。从交易笔数来看,发生最多的月份为2020年4月,达到8笔;从交易金额看,发生最多的月份也为2020年4月,达到14.95亿元。2020年最大的一笔并购交易是北京京西文化旅游股份有限公司(以下简称北京文化)收购北京东方山水度假村有限公司(以下简称东方山水)100%股权,交易金额为8.40亿元。

(二)文体及娱乐业并购规模

如图2所示,文体及娱乐业上市公司的并购交易金额普遍偏小,单笔交易金额主要集中在1亿元以下,共有6笔交易,占比50%。交易金额在1亿~5亿元的有3笔交易,占比25%。单笔交易超过5亿元的并购交易有北京文化收购东方山水100%股权、美盛文化创意股份有限公司(以下简称美盛文化)收购香港NEW TIME GROUP(HK)LIMITED(以下简称NEW TIME LIMITED)100%股权和鼎龙文化股份有限公司(以下简称*ST鼎龙)收购云南中钛科技有限公司(以下简称中钛科技)51%股权3笔,占比25%。

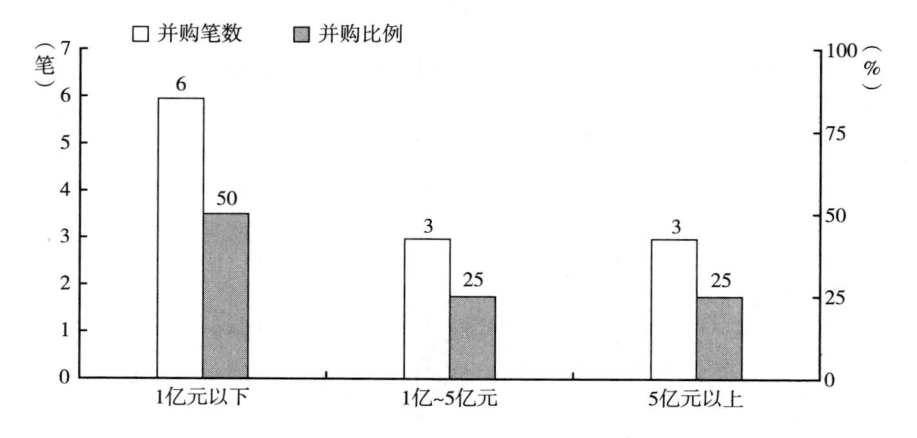

图2 2020年1~10月文体及娱乐业单笔并购规模情况

资料来源:Wind资讯。

（三）文体及娱乐业并购标的行业分布

如图 3 所示，从并购标的所属行业来看，信息科技咨询与其他服务业最多，达到 4 笔；其次是出版业，达到 2 笔；广告业、互联网软件与服务业、餐饮业、休闲用品业等行业均为 1 笔。

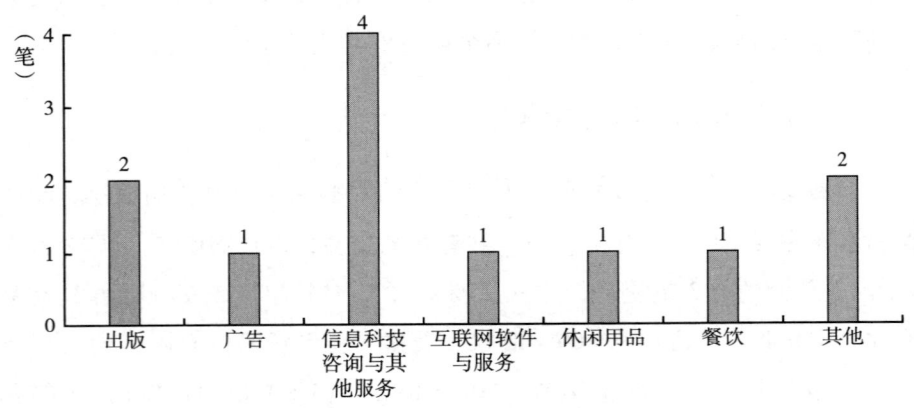

图 3　2020 年 1~10 月文体及娱乐业并购标的行业分布

资料来源：Wind 资讯。

（四）文体及娱乐业并购区域分布

如图 4 所示，从我国文体及娱乐业上市公司的地域分布来看，北京、

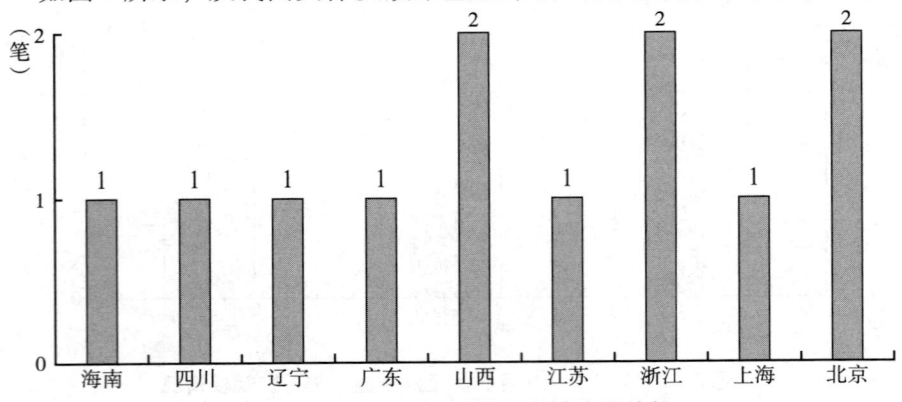

图 4　2020 年 1~10 月各省份并购交易笔数

资料来源：Wind 资讯。

浙江和山西各完成2笔并购交易；海南、四川、辽宁、广东、江苏和上海的上市公司各完成1笔并购交易；其余地区的上市公司2020年无并购交易。

从交易金额看，北京居首，达到8.4亿元，浙江和广东的交易金额均超过5亿元（见图5）。

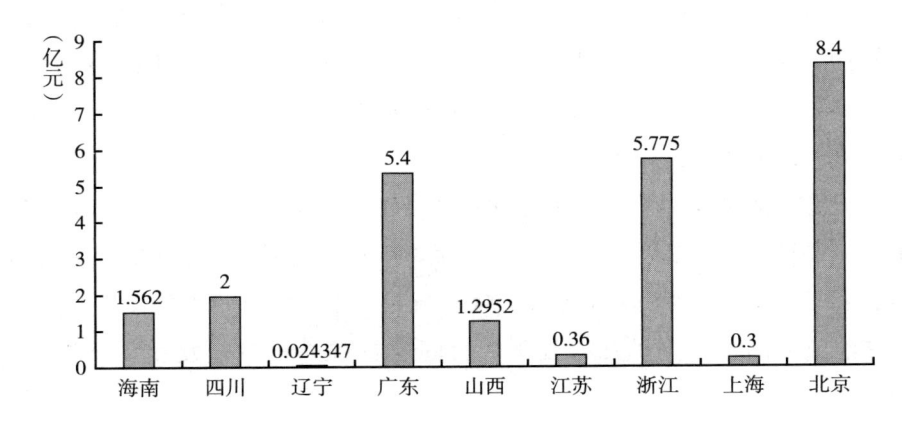

图5 2020年1~10月各省（市）并购交易总金额

资料来源：Wind资讯。

三 文体及娱乐业并购事件TOP5

（一）北京文化（000802）收购东方山水100%股权

2020年4月，北京文化以自有资金8.4亿元收购东方山水100%股权。本次交易完成后，北京文化持有东方山水100%股权，东方山水纳入北京文化合并报表范围。北京文化取得东方山水合法拥有的位于北京市密云区穆家峪镇阁老峪村北18.72万平方米的国有土地的使用权，并结合北京文化IP资源，打造北京文化密云国际电影文旅项目。

（二）美盛文化（002699）收购香港 NEW TIME LIMITED 100%股权

2020年4月29日，美盛文化以5.775亿元的价格向曾华伟、曾华雄、朱海锋和胡相林购买其持有的 NEW TIME LIMITED 100%股权。

NEW TIME LIMITED 是一家在香港注册、由协俊实业集团有限公司（香港）、协骏实业贸易有限公司（澳门）、珠海市协骏玩具有限公司等多家公司组成的集团公司，主要从事玩具制造业，向 JAKKS Pacific, Inc.、孩之宝、美泰、乐高等客户销售玩具。

美盛文化现有生产链中IP衍生品主要为动漫服饰，为了拓展和丰富其IP衍生品种类和产品线，完善IP衍生品产业链，美盛文化拟收购标的公司。标的公司长期为海外大型玩具公司供应玩具，不仅具有较强的设计和生产、仓储物流、品控、测试和研发能力，同时具备进出口权及相关体系认证资质。

本次对外投资符合美盛文化实际情况，对美盛文化现有业务具有协同效应，有利于夯实衍生品主业，增强衍生品的设计、生产、销售能力，进一步提升市场占有率等，也有利于延伸整合产业链，开拓IP衍生品上下游及周边产业，进一步整合资源，更好地实施战略布局。

（三）*ST鼎龙（002502）收购中钛科技51%股权

2020年3月28日，*ST鼎龙以人民币5.4亿元向中钛科技进行增资，增资后取得中钛科技51%的股权。上述增资完成后，*ST鼎龙持有中钛科技51%的股权，中钛科技成为*ST鼎龙的控股子公司。

本次交易完成后，*ST鼎龙将进入以钛矿为主的固体矿产资源行业。近年来，受游戏、影视行业监管环境及市场情况变化的影响，其的整体经营业绩出现了较大波动。根据*ST鼎龙的经营规划，将在立足现有影视及游戏业务的基础上，积极尝试向具有良好发展前景的产业拓展，探索新的利润增长点，增强综合竞争力和持续发展能力。本次交易完成后，*ST鼎龙将进入发展前景良好的钛产业，符合其探索新的利润增长点以及提升可持续发展能力的内在需求和发展规划。

（四）新华文轩（601811）收购文轩鼎盛基金66.4452%股权

新华文轩出版传媒股份有限公司（以下简称新华文轩）的全资子公司文轩投资以自有资金2亿元人民币认购宁波梅山保税港区文轩鼎盛基金66.4452%的基金份额成为其有限合伙人。

新华文轩本次认购宁波梅山保税港区文轩鼎盛基金的基金份额，一方面有利于拓展自身投资渠道，挖掘优质合作标的，为其持续发展带来更多的机遇和支持；另一方面，有助于降低其直接对外投资的财务风险。本次投资对新华文轩目前的财务状况和经营成果无重大影响，符合股东的利益和公司发展战略。

（五）华闻集团（000793）收购新财富31.11%股权

华闻传媒投资集团股份有限公司（以下简称华闻集团）通过深圳联合产权交易所以1.562亿元的价格收购了证券时报社所持有的深圳市新财富多媒体经营有限公司（以下简称新财富）31.11%的股权。

2019年6月，华闻集团与深圳证券时报社有限公司（以下简称证券时报社）正式签署了《股权转让协议书》，将深圳证券时报传媒有限公司（以下简称时报传媒）84%股权以6.972亿元的价格转让给证券时报社，证券时报社以现金2.7亿元和证券时报社或其关联方所持有的新财富31.11%的股权、界面（上海）网络科技有限公司4.83%的股权，向华闻集团支付本次股权转让交易价款。

2019年12月31日，新财富股权交易获得深圳联合产权交易所《成交确认通知书》，新财富31.11%的股权对价为1.562亿元，等额冲抵时报传媒股权交易对价。2020年1月3日，深圳联合产权交易所发布成交确认公告并退还保证金，新财富31.11%股权过户于2020年1月15日完成。

四　文体及娱乐业典型案例：北京文化(000802) 收购东方山水100％股权

（一）交易概述

2019年10月11日，北京文化的第七届董事会第二十次会议审议通过了《关于收购北京东方山水度假村有限公司100％股权的议案》，讨论决定同意北京文化与北京汉邦国信国际集团有限公司、北京南都国际经贸有限公司签订《北京东方山水度假村有限公司股权转让协议》，北京文化以自有资金购买北京汉邦国信国际集团有限公司、北京南都国际经贸有限公司合计持有的东方山水100％股权。最终以资产评估有限责任公司出具的《评估报告》（中锋评报字〔2019〕第01173号）的评估结果为参考依据，综合考虑标的公司核心资产、公司未来发展战略等各方面因素，经协商确定的交易对价为8.4亿元[①]。

（二）并购背景及动因

购买标的公司符合上市公司战略发展需要。为了发挥影视IP的衍生经济效应、完善公司产业链，北京文化计划采用"影棚+导演工作室+影视娱乐"一体的电影文化产业发展规划。北京文化建设拍摄影棚、配套设施等，聚合业内导演、主创、编剧等行业资源，发挥影视业务形成IP的衍生价值，从而进一步巩固北京文化在影视行业的龙头地位。

标的公司资产所在地位置十分优越。标的公司拥有位于北京市密云区穆家峪镇密云水库旁29块国有土地的使用权，该处依山傍水，风景宜人，可以远眺水库全景，适合多种旅游项目开发。同时，自然山体结构符合项目开发需要，极具稀缺性和不可替代性。

[①] 向炎涛：《"两寺一山"退市　北京文化全面转型影视娱乐业》，《证券日报》2020年1月8日。

（三）交易评述

本次交易是为满足北京文化全产业链战略发展和业务经营需要。交易事项完成后，东方山水将成为北京文化全资子公司。北京文化将在北京市密云区建设密云国际电影文旅小镇，打造"影视主题为主的商区+酒店为核心"的文旅小镇，并配套亲子类主题乐园、明星餐饮街区、摄影棚、多功能影院、封神之城、主题酒店等设施，实现公司业务延伸与产业链布局。通过北京文化电影 IP，提升公司盈利能力。通过密云国际电影文旅小镇的建立，促进各业务板块间协同发展，进一步增强北京文化行业竞争力，提升公司的品牌影响力和核心竞争力。

B.10
2020年建筑业并购分析

姚禄仕 辛韫哲 舒 宁*

摘 要： 建筑业是国民经济的重要物质生产部门。近年来，建筑业的产业规模、企业效益、技术装备以及建造能力不断提高。本文首先回顾了近年来建筑业的发展趋势，尤其分析了中国提出"一带一路"倡议之后建筑业"走出去"的发展机会；然后介绍了建筑业在2020年的并购概况。2020年全年，建筑业发生的并购交易笔数为234笔，以境内并购为主，海外并购以及外资收购数量较小。本报告最后介绍了建筑业五大重要并购事件，并对其中的典型案例中国能源建设以换股方式吸收合并葛洲坝进行了分析解读。

关键词： 建筑业 "一带一路" 并购

一 建筑业趋势分析

建筑业是国民经济的重要物质生产部门。近年来，建筑业自身的产业规模、企业效益、技术装备以及建造能力不断提高。据国家统计局统计，2020年建筑业总产值累计至第三季度为167927.00亿元（见图1），同比上升3.36%；

---

* 姚禄仕，博士，合肥工业大学管理学院证券期货研究所所长，教授，研究方向为公司治理、资本市场与会计学；辛韫哲，合肥工业大学管理学院硕士研究生，研究方向为公司治理、资本市场与会计学；舒宁，合肥工业大学管理学院硕士研究生，研究方向为公司治理、资本市场与会计学。

建筑业竣工产值累计至第三季度为 63454 亿元，同比下降 5.63%；签订总合同累计至第三季度为 466797.26 亿元，同比上升 7.02%；房屋施工面积累计 1245358.95 万平方米，同比上升 0.85%；房屋建筑竣工面积累计 206955.98 万平方米，同比下降 9.63%。截至 2020 年 9 月，建筑业企业有 108321 家，同比上升 11.24%。由此可以看出，2020 年受新冠肺炎疫情影响，建筑业竣工产值和房屋建筑竣工面积均有所下降，但是随着复工复产的推进，我国建筑行业总产值以及合同签订额依然处于上升态势，并且建筑业依然是我国国民经济的重要物质生产部门。据国家统计局统计，截至 2020 年第三季度，我国国内生产总值为 722786.4 亿元，同比上升 1.39%。建筑业实现增加值 48517.2 亿元，同比上升 1.43%，增速相较国内生产总值上升 0.04 个百分点，并且建筑业增加值占国内生产总值的比重为 6.71%，建筑业对国民经济的增长有重要推动作用。据国家统计局统计，截至 2020 年 9 月，建筑业从业人数为 4550.29 万人，相比上年同期减少 128.96 万人，下降了 2.76%；建筑业企业单位个数为 108321 个，相比上年同期增加 10943 个，上升了 11.24%；2020 年第三季度按建筑业总产值计算的劳动生产率为 338016 元/人，比上年同期增加 6.93%，劳动生产率的提升体现出我国建筑行业效率不断上升的趋势。

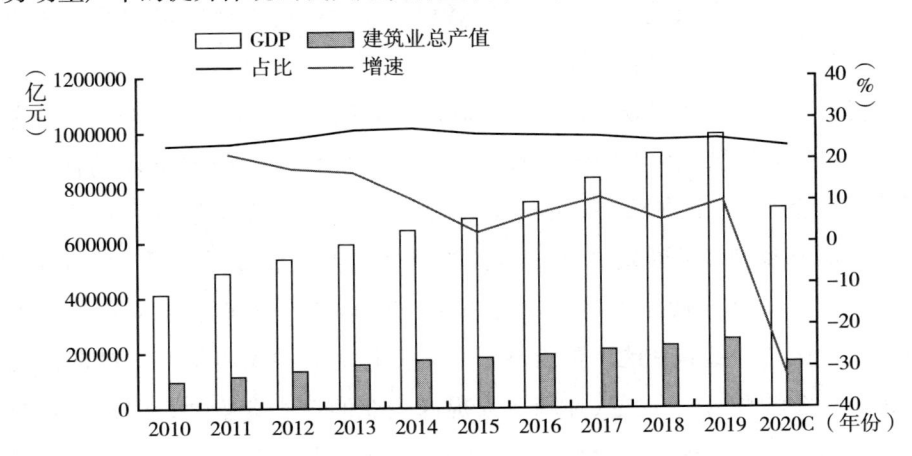

图 1　2010 年至 2020 年 9 月我国建筑业总产值及同比增速

资料来源：国家统计局。

随着我国"一带一路"倡议的不断推进落实，我国建筑行业与"一带一路"沿线国家合作交流也更加深入和广泛。据商务部统计，2020年1~10月，我国企业与61个"一带一路"沿线国家新签对外承包工程项目合同3838份，金额为6447.2亿元人民币，占同期我国对外承包工程新签合同金额的55.5%，并且与"一带一路"沿线国家签订合同的完成速度较快，2020年1~10月完成营业额4233.1亿元人民币，占同期总额的58.5%。

2020年受新冠肺炎疫情影响，对外承包总业务下降。据商务部统计，2020年1~10月，我国对外承包工程业务完成营业额7238.9亿元人民币，同比下降8.8%（折合1038.7亿美元，同比下降10.1%），新签合同额11612.1亿元人民币，同比下降4.4%（折合1666.2亿美元，同比下降5.7%）。据商务部统计，2020年1~10月，我国对外劳务合作派出各类劳务人员23.1万人，较上年同期减少16.2万人；其中承包工程项下派出10.9万人，劳务合作项下派出12.2万人，10月末在外各类劳务人员63.1万人。与"一带一路"沿线国家的合作，对我国建筑业发展有重要影响，为建筑业的发展提供了新的增长点。虽然2020年受新冠肺炎疫情影响对外承包总业务下降，用人需求减少，但是可以看出，与"一带一路"沿线国家的合作依然是我国对外承包业务的主力。

目前，我国各地积极发动建筑业企业相互之间通过兼并、联合、股份合作、改组等方式形成大型综合性的企业集团。大型综合性企业集团具有资产规模大、管理水准高的优势，能培育出较强的企业核心竞争力，发挥规模效应；形成多点多极的发展方式与各具特色的专业企业并存的发展局面，支持地方龙头企业加速发展，支持中小企业培育专业特色，提高技术含量，做专做精。随着并购、重组不断增多，行业集中度将提高，纵向发展是建筑企业转型的一项主要途径。为提高企业的核心竞争力，建筑业企业需走差异化路线。通过整合产业链的相关资源，开拓市场，增强自身抗风险能力。

从"建筑承包商"到"城市运营商"也是建筑业的发展趋势。在过去的一段时间内，施工业务是建筑业的主要业务和优势业务，是企业价值链延伸的载体，建筑业企业一直对其发展格外重视。而现在，相关产业投资业务可以带动企业下游的运营业务。建筑业产业链的上游是规划、设计、咨询业务，提供一体化的解决方案，设计复杂的综合的大型工程，可以拉动下游的运营业务，产业投资业务对建筑企业来说是一个很好的契机。

同时，随着我国对环境保护和企业社会责任履行情况越来越重视，绿色建筑将成为建筑业的发展趋势之一。建筑业将以环保、节能为行业发展重要导向，加速新技术在核心、关键领域的推广应用。加大绿色建筑的研发投入，研发和使用新工艺、新技术、新材料和绿色建材。为符合转型升级的本质要求，建筑向工业化方向转型，对施工方式进行根本的革命性创新，能减少用工，缩短工期，降低劳动强度，节能降耗，提高企业和社会综合效益。

二 建筑业并购分析

（一）建筑业并购数据

1. 建筑业并购交易的总笔数

2020年全年，建筑业发生的并购交易笔数为234笔，其中境内并购、出境并购、入境并购和境外并购分别为220笔、4笔、5笔和5笔，其中境内并购交易笔数占94%，建筑业并购交易几乎均为境内并购，出境并购、入境并购和境外并购笔数相差不大，均占比较小（见图2）。

2. 建筑业并购交易金额

2020年全年，建筑业发生的并购交易披露的金额为739.42亿元人民币，其中境内并购占比最大，为96.8%，金额高达715.77亿元，出境并购、入境并购和境外并购占比较小，分别为14.14亿元、0.7亿元和8.81亿元，交易金额占比较小（见图3）。

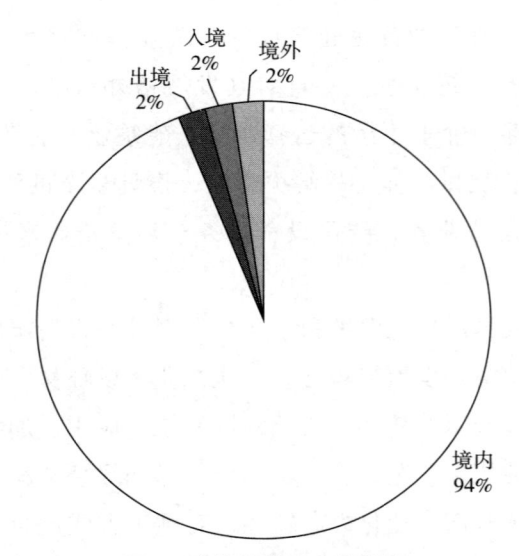

图2　建筑业并购交易笔数

出境 2%
入境 2%
境外 2%
境内 94%

资料来源：Wind 数据库。

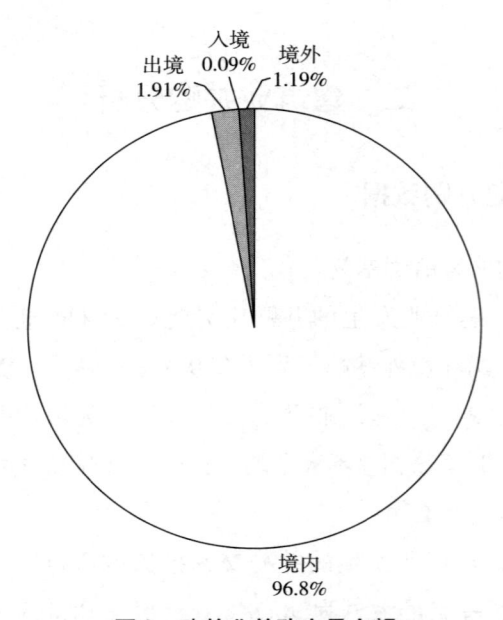

图3　建筑业并购交易金额

出境 1.91%
入境 0.09%
境外 1.19%
境内 96.8%

资料来源：Wind 数据库。

3. 建筑业各季度并购交易情况

2020年全年，建筑业发生的并购交易共234笔，披露的交易金额为739.42亿元人民币，披露金额的并购交易中平均每笔交易金额为3.14亿元人民币。其中交易笔数在第四季度最多，共77笔，同样交易金额在第四季度最高，共337.82亿元，第二季度和第三季度交易金额最低，分别为99.18亿元和121.59亿元（见图4）。

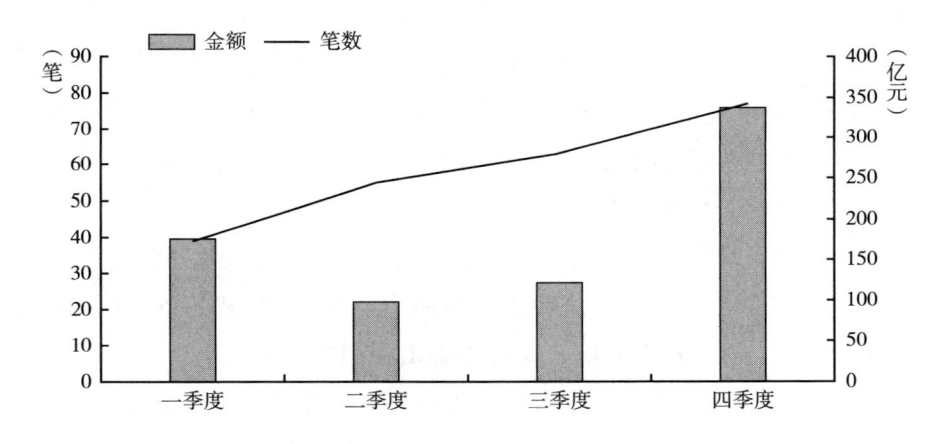

图4 建筑业各季度并购交易情况

资料来源：Wind数据库。

（二）建筑业重要并购事件TOP5

1. 中国能建以换股方式吸收合并葛洲坝

2020年10月15日，据中国葛洲坝集团股份有限公司（以下简称葛洲坝）发布的公告，其间接控股股东中国能源建设股份有限公司（以下简称中国能建）拟筹划换股吸收合并公司。本次合并的合并方为中国能建，被合并方为葛洲坝。本次交易完成后，中国能建将实现A股和H股两地上市。10月27日，葛洲坝发布《中国能源建设股份有限公司换股吸收合并中国葛洲坝集团股份有限公司暨关联交易预案》。截至预案摘要签署日，葛洲坝总股本为4604777412股，其中，除了集团持有的本公司股份，有2632286188

股股份参与换股。经计算，中国能建本次合并发行11645760553股，因本次合并所发行的A股股票将申请在上交所主板上市流通①。本次葛洲坝换股股东所持有的股票可以每股8.76元换得4.4242股中国能建发行的A股股票。葛洲坝集团在合并完成后将终止上市并注销法人资格，中国能建的主营业务不发生改变，并将作为续存公司承继及承接葛洲坝的全部权利与义务。

作为拥有完整业务链的特大型骨干企业，中国能建承担了我国90%以上的电力勘测、设计、科研和行业标准制定任务，是中国乃至世界最具竞争力的电力和能源规划研究、勘测设计企业。公开资料显示，中国能源建设公司2015年于港股上市，目前全资持股葛洲坝集团有限公司。中国能建作为大股东，葛洲坝本来也就是其资产。目前双方在工程建设与工业制造等方面均有一定话语权，并常年开展合作。

由于在港股而非A股上市，大多数股民对中国能建的熟悉程度不如中国建筑、中国铁建、中国交建等大型基建央企，但中国能建的地位并不输这些巨头。然而，香港资本市场并没有体现出中国能建应有的价值。同花顺iFinD数据显示，中国能建在港股的股价仅有0.8港元，居然沦为"仙股"（不足1港元的股票统称仙股）。为了进一步提高上市公司质量，也为了体现公司自身的合理价值，中国能建回归A股是大势所趋。中国能建要回归A股，需要消除与葛洲坝存在的同业竞争关系。因此，为了中国能建顺利回归，葛洲坝必须结束自己的资本市场之旅。本次换股吸收合并后，中国能建与葛洲坝集团会在减少潜在同业竞争的同时实现资源的全面整合，充分释放和发挥业务协同效应，深度整合管理、品牌、人员以及资产等要素，进一步提高存续公司的综合服务能力，增强其核心竞争力和行业影响力。

2. 延长化建换股吸收合并陕建控股

2020年12月8日，陕西延长石油化建股份有限公司（以下简称延长化建）收到证监会核发的批复，批准延长化建向陕西建工控股集团（以下简称陕建控股）发行22.08亿股股份、向陕西建工实业有限公司（以下简称

---

① 《葛洲坝：营收创历史新高 换股存套利空间》，《股市动态分析》2021年4月3日。

陕建实业）发行 2230 万股股份购买相关资产，核准公司发行股份募集配套资金不超过 21.3 亿元。本次交易完成后，在不考虑配套募集资金的情况下，陕建控股预计将持有延长化建 2473935223 股股份，持股比例为 78.59%；陕建实业预计将持有延长化建 22300292 股股份，持股比例为 0.71%，陕建控股及陕建实业预计合计持股比例将为 79.30%。

此次并购意味着陕建控股通过重大资产重组实现整体上市的梦想指日可待。与此同时，此次国企混改也使陕西省诞生首个营收超千亿元的上市公司。陕西省建筑业龙头国企整体上市，优质建筑主业资产打包注入上市公司，对企业提升品牌知名度、完善公司治理体系、拓宽融资渠道有重要意义，陕建控股的发展动力和投融资能力得到进一步提升。此次重组借助资本市场的力量提高了企业的盈利能力，同时也促进了国有资产的保值增值。此次并购作为陕西省规模最大、进度最快的国有资产证券化改革，对陕西省甚至是全国的国企改革都有重大意义。

3. 重庆建工拟收购三建公司及住建公司全部股权

为有效推进公司减负债、去杠杆、优化资产结构，提升建筑主业的市场营销实力和投融资能力，2018 年 8 月 21 日，重庆建工集团股份有限公司（以下简称重庆建工）引入第三方投资者招商证券资产管理有限公司（以下简称招商资管），对所属企业重庆建工住宅建设有限公司（以下简称住建公司）、重庆建工第三建设有限责任公司（以下简称三建公司）分别增资 8 亿元和 6 亿元。增资完成后，招商资管分别持有三建公司和住建公司 46.22% 和 46.59% 的股权。2020 年 9 月 9 日，重庆建工拟收购招商资管持有的住建公司和三建公司全部股权，收购金额分别为 65894.54 万元和 77253.08 万元，总计收购金额 14.31 亿元。

近年来建筑业基本面良好，三建公司及住建公司在增资后经营业绩持续提升，盈利能力不断增强。2019 年，三建公司实现营业收入 88.46 亿元、净利润 1.66 亿元；住建公司实现营业收入 64.77 亿元、净利润 1.45 亿元。重庆建工对两家控股子公司股份的收购起到了优化资源配置和提高发展动能的作用，本次收购也进一步增加了母公司的净利润。重庆建工未来的发展战

略是不断优化主营业务和新业务领域的资本投向，在提高持续经营能力的同时，增强所属骨干企业的管控和决策效率，实现建筑主业资产有效集聚，以投资驱动发展，优化产业结构，完善产业链和提升盈利结构。

4. 敬业集团斥资4.5亿元收购英国钢铁

2020年3月，标志着我国民营企业河北敬业集团走向国际化的交割仪式在英国举行。3月9日敬业集团举行收购英国钢铁公司的交割仪式；10日，敬业集团正式宣布收购英国钢铁公司，并披露了交易细节。本次交割资产包括斯肯索普钢铁厂、提赛德钢梁轧机厂和斯金宁格罗夫钢铁厂，以及英国钢铁公司旗下的FN钢铁厂和TSP工程公司。交易价格为5000万英镑（约4.5亿元人民币）。

疫情挡不住共同发展的脚步。本次收购不仅仅证明了我国钢铁走向世界的能力，更是中英关系中重要的一步。本次收购是除河钢集团收购塞尔维亚钢铁厂外，中国在欧洲收购的第二个钢铁厂。本次收购难度更大，彰显了我国钢铁企业的实力。同时本次收购为中英两国关系注入新动力，是"一带一路"倡议框架下的重要成果之一，为两国"一带一路"合作带来新的发展契机。

本次收购对敬业集团和英国钢铁公司有重要意义。对敬业集团而言，是落实"做全球钢材和金属制品的供应服务商"的关键一步，有利于敬业集团收购实体经济，走向国际化。同时，本次收购使得敬业集团的钢材种类更加完整，弥补了敬业集团钢轨和型材产品的缺失。对英国钢铁公司而言，首先此次收购提升了其核心竞争力，公司原有设备升级改造，其可持续发展能力得到进一步提高。其次，此次收购为英国钢铁公司带来3200多个工作岗位，带来更多资金和就业机会。最后，此次收购推动了中英之间的合作交流，在全球经济受疫情影响之时，有利于英国本土经济复苏。

5. 山西路桥拟全资收购平榆高速

2020年8月25日，山西路桥股份有限公司（以下简称山西路桥）发布公告称，拟收购山西省高速公路集团有限责任公司（以下简称高速集团）持有的山西平榆高速公路有限责任公司（以下简称平榆公司）100%股权。收购价格为3.41元/股。本次交易完成后，平榆公司将成为山西路桥全资子公司。2020年11月26日，交易价格为292327.8万元，山西路桥拟向高速集团发行A股股票8.57亿股。与此同时，山西路桥拟向招商局公路网络科技控股股份有限公司（以下简称招商公路）非公开发行股份募集配套资金，总额不超过4.8亿元，发行股份数量不超过1.41亿股。

本次交易使山西路桥高速公路的运营收费里程大幅提升，在行业中的地位和影响力也大幅提升。山西路桥在增加高速公路运营资产的同时，主营业务能力和盈利能力显著提升。另外，本次交易拟引入招商公路作为募集配套资金的认购方。建立战略合作关系后，双方可以在更多领域展开全面合作，发挥强大的综合实力，实现多方面合作共赢，为自身的高效发展打下基础。此次重组完成后，山西路桥无论是资产规模、营运能力、盈利能力，还是可持续发展能力、未来的融资能力，都将实现大幅度提升和根本性的转变。同时，山西路桥整体资产负债率有望降低约10个百分点，在资信评级、融资授信方面也有望得到显著提升。

山西路桥此次重组，是继山西汾酒以来山西省第二个国有上市公司混改项目。此次重组中引入战略投资者央企招商公路，未来有望借力实现"走出去"战略，开辟省外高速项目。作为山西路桥的股东，本次山西交控集团将最优质的平榆高速注入上市公司，是山西交控集团完善公司治理、打造省内交通行业A股资本运作平台的重要举措，是积极履行2018年承诺的在前次重大资产重组实施完毕后的36个月内，将优先启动资产注入上市公司的具体行动。

三　建筑业典型并购案例分析：中国能建以换股方式吸收合并葛洲坝

（一）交易概述

2020年11月18日，依据中国葛洲坝集团股份有限公司发布的《中国能源建设股份有限公司换股吸收合并中国葛洲坝集团股份有限公司暨关联交

易预案》，中国能建拟通过向葛洲坝除葛洲坝集团以外的股东发行 A 股股票的方式换股吸收合并葛洲坝。考虑到股票价格波动的风险并对葛洲坝换股股东进行风险补偿，葛洲坝换股价格以定价基准日前 20 个交易日的均价 6.04 元/股为基准，给予 45% 的溢价率，换股价格为 8.76 元/股。中国能建本次 A 股发行价格为 1.98 元/股。本次中国能建换股吸收合并葛洲坝的换股比例为 1∶4.4242。截至该预案签署日，葛洲坝总股本为 4604777412 股，除葛洲坝集团持有的葛洲坝股份外，参与本次换股的葛洲坝股份合计 2632286188 股。按照上述换股比例计算，则中国能建为本次合并发行的股份数量合计为 11645760553 股。

（二）并购背景

中国能建主营业务涵盖能源电力、水利水务、铁路公路、港口航道、市政工程、城市轨道、生态环保、水泥、民爆和房地产等领域，为我国乃至全球基础设施和能源电力等行业提供整体解决方案、全产业链服务，是一家综合性特大型集团公司。随着国家"一带一路"倡议的推进，中国能建也积极参与国际产能合作，形成了以亚洲、非洲为主，辐射美洲、中东欧、大洋洲的市场格局。

中国葛洲坝集团股份有限公司一直保持水电建设特色和全球竞争优势，企业业务核心是建筑业，围绕建筑产业链继续布局，完善自身业务结构，形成了工程建设、工业制造、投资运营、综合服务的结构布局。换股吸收合并后，中国能建主营业务未发生改变，中国能建和葛洲坝将实现资源全面整合，消除潜在同业竞争，业务协同效应将得到充分释放。

（三）并购评述

"十四五"规划提出要坚持实施更大范围、更宽领域、更深层次对外开放的要求。在共建"一带一路"高质量发展以及统筹推进基础设施建设，推动全产业链优化升级，推动传统产业高端化、智能化、绿色化的背景下，近年来，我国出台多项政策，促进行业的整合重组和升级，支持国有企业利用资本市场开展兼并重组。中国能建与葛洲坝拟通过本次合并，贯彻落实国家关于国有企业改革的决策和部署，发挥全产业链优势，通过内部资源集中配置和业务协同化发展，推动相关优势产业发展。中国能建和葛洲坝将实现资源的全面整合，避免可能出现的同业竞争，将业务协同效应充分释放，使企业综合服务能力进一步得到提高。中国能建、葛洲坝将在多个领域深度合作协同，提升核心竞争力和行业影响力。合作范围包括资产、品牌、人员、管理等各个要素，最终提升中国能建的创造价值，巩固提升中国能建的行业领先地位与国际竞争能力①。

此次合并有利于全产业链优势的发挥。通过此次合并，中国能建与葛洲坝共同发挥价值链整合优势，发挥全产业链服务作用和价值链整合优势，在装备制造、勘测设计、运维检修、国际经营、投资运营、施工承包等环节实现组织与资源更有效的融合，真正实现产业链纵向一体化。

此次合并有利于提升管理效率，缩短公司管理链条，优化资源配置。本次合并之前，中国能建为葛洲坝的间接控股股东，中国能建通过葛洲坝集团间接持有葛洲坝约42.84%的股权。因为双方各自拥有独立的管理层，各自的利益目标与激励机制不完全一致，影响到组织运行效率与管理效率。本次合并后，中国能建的盈利能力进一步增强，管理效率进一步提升，中国能建的决策机制与治理结构进一步完善。

此次合并有利于推动公司业务转型升级与企业的可持续发展，扩大企业核心业务群。中国能建旗下的民爆、水泥、水务、高速公路投资运营等业务主要由葛洲坝内部经营。由于法人层级较低，得不到充分的资源投入和政策支持，缺乏市场认同，发展受到限制，影响了公司业务转型与结构调整的速度。本次合并完成后，中国能建可以对上述业务板块实施有效的支持，促进各项业务稳定发展，为公司转型发展提供强劲动力。

此次合并有利于更好地保护合并双方股东的利益，提高中小股东投资回

---

① 王雪青、白雪松：《"国企改革三年行动"现首例央企上市公司吸并案》，《上海证券报》2020年10月29日。

报。葛洲坝除葛洲坝集团以外的所有股东可选择将所持有的葛洲坝股份换为中国能建 A 股股份，成为中国能建的股东。中国能建作为为中国乃至全球能源电力和基础设施等行业提供整体解决方案和全产业链服务的综合性特大型集团公司，将给参与换股的葛洲坝中小股东带来更优且更长久的回报。本次合并完成，中国能建回归 A 股后，中国能建的品牌影响力将进一步提升，有利于中国能建业务的发展和提升，有利于与资本市场的有效互动，有利于更好地维护股东的利益和促进未来的长远发展。

此次合并有利于增强企业竞争优势，拓宽融资渠道。本次合并完成后，中国能建作为存续公司将实现 A+H 两地上市，也可同时在 H 股市场和 A 股市场开展资本运作活动。本次合并有利于中国能建进一步拓宽融资渠道、提升企业的竞争力和扩大品牌影响力，为未来的业务发展和兼并收购提供有力的资本支持。

B.11
2020年电力、热力、燃气、水务公共服务业并购分析

胡 伟 蒋贻宏 高 琛*

摘　要： 2020年初，受新冠肺炎疫情影响，电力工业增长幅度降低。随着疫情得到控制，行业整体回暖，且呈现加速上升态势。本报告首先回顾了电力、燃气、水务等公共服务业发展现状。水务及供暖、燃气供应行业系民生刚需行业，并购交易活动较为稳定。电力行业并购主要有传统电力企业重组整合、新能源发电、央企输配电领域大型海外并购等主线。然后对热力、燃气等公共服务业的并购概况进行了分析，梳理了公共服务行业的并购数据。在此基础上，对长源电力收购湖北电力项目、桂东电力收购桥巩能源项目、天富能源收购泽众水务项目、天伦燃气收购汇鑫天然气项目、珠海港收购天杨能源项目这5起重大并购事件进行了介绍，并对中国国家电网收购智利CGE公司这一并购案例进行了详细的分析解读。

关键词： 电力、热力、燃气、水务　并购　股权投资

---

* 胡伟，国元证券股份有限公司投资银行总部董事总经理、并购业务部总经理、保荐代表人，研究方向为股权融资，并购重组；蒋贻宏，国元证券投资银行总部高级项目经理，保荐代表人，研究方向为股权融资，并购重组；高琛，国元证券投资银行总部项目经理。

一 电力、热力、燃气、水务公共服务业趋势分析

公共服务业包含电力、燃气暖气供应、水务等。2020年初,受新冠肺炎疫情影响,电力工业增长幅度降低。随着疫情得到控制,行业整体回暖,且呈现加速上升态势。根据国家能源局发布的2020年1~11月全国电力工业统计数据,全社会用电量达66772亿千瓦时,同比增长2.5%;全国供热量达429366万百万千焦,同比增长3.8%。

对于燃气供应行业,随着中国城镇化过程中居民能源消费结构的变化,以及环保监管日趋严格的背景下燃气替代煤炭供电供热需求的提升,天然气下游消费需求急速增长。根据国家统计局数据,2020年1~10月,我国天然气产量达1534.1亿立方米,同比增长9%。由于国内天然气产量增幅有限,消费量却逐年增加,国内天然气供应短缺的形势将会长期存在,大量的进口资源成为弥补供应缺口的重要途径。2020年1~10月中国天然气进口量为8126万吨,同比增长4.7%。结合能源发展"十三五"规划和近两年国家对煤改气政策的执行力度看,未来两年内天然气需求仍有望保持10%以上增速的较快增长。

对于水务行业,随着国家"十三五"规划提出的"全面推进节水型社会建设"以及"大力发展循环经济"的战略部署,环保行业边界逐步淡化,以环境治理绩效为导向的"环保综合服务"是未来产业的发展趋势。同时我国水务行业市场化成效明显,城镇水务投资已趋于饱和,近年来国内水务市场呈现并购重组加剧、项目趋于中小型化的特点。

二 电力、热力、燃气、水务公共服务业并购分析

截至2020年12月5日,公共服务业上市公司共发生102笔并购交易,总金额约713亿元,该行业并购交易呈现以下特点。

电力行业并购主要有传统电力企业重组整合、新能源发电、央企输配电领域大型海外并购等主线。传统电力企业重组整合交易主体集中在央企，在国资委"持续推进兼并重组"的指导方针下，国有能源企业通过上下游整合或横向兼并优质资产的方式，不断降本增效，促进资源优化配置，以求进一步转型升级；在新能源发电领域，国家政策鼓励发展水电、风电、光伏等清洁能源，传统电力企业纷纷开展新能源行业布局，新能源行业的并购保持活跃；近年来，能源央企执行"走出去"战略，大举进入海外电力基础设施及输配电领域，大型并购不断，如2020年11月中国国家电网公告以25.7亿欧元收购智利第一大配电公司CGE 96.04%的股权，继续推进海外投资步伐。除此之外，国内电力供应行业并购主要为国有资本和民营资本针对地方性热电供应、配电、售电企业的中小型并购。

水务及供暖、燃气供应行业系民生刚需行业，并购交易活动较为稳定。此类行业具有区域性较强、异地业务扩张难度较大等特点，因此此类行业并购主要以行业内优势企业通过外延式并购打破技术及地域限制、实现快速扩张为主。此类行业以国内投资为主，随着国家面向社会资本扩大市场准入，加快开放天然气、市政公用等行业的竞争性业务，越来越多的社会资本进入供暖供气等基础设施行业中。

（一）电力、热力、燃气、水务公共服务业并购数据

1. 电力、热力、燃气、水务公共服务业并购笔数及并购时间分布

如图1所示，2020年1月至12月5日，中国电力、热力、燃气、水务公共服务业的并购交易共发生102起。其中并购交易发生最多的月份为9月，发生13起，并购交易笔数发生最少的月份为2月，发生2起。

2. 电力、热力、燃气、水务公共服务业并购交易金额

如图2所示，2020年1月1日至2020年12月5日，中国电力、热力、燃气、水务公共服务业的并购交易共发生102起，涉及的交易金额约713亿元。从交易金额分布来看，上半年度共发生50起并购交易，总金额约161亿元；2019年7月至12月5日共发生52起并购交易，总金额约552亿元。

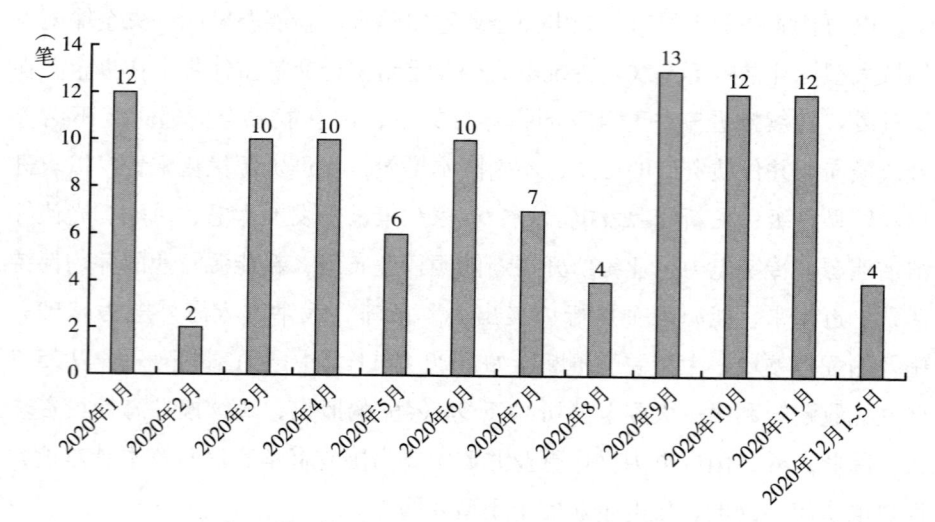

图1 2020年电力、热力、燃气、水务公共服务业并购数量

资料来源：Wind资讯。

其中并购交易金额最大的月份为2020年11月，并购交易金额为410亿元；并购交易金额最少的月份为2020年2月，并购交易金额为1.87亿元。

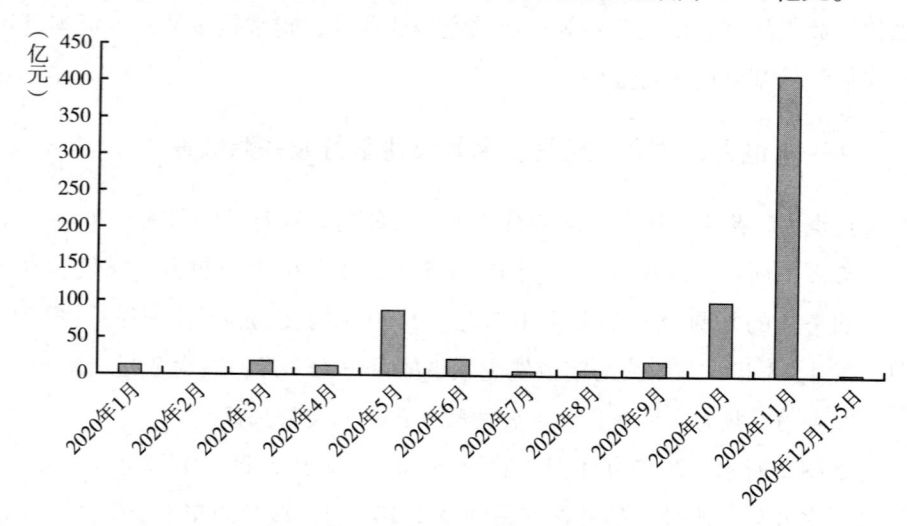

图2 2020年电力、热力、燃气、水务公共服务业并购交易金额

资料来源：Wind资讯。

3. 电力、热力、燃气、水务公共服务业不同性质企业并购情况

如图3所示,2020年1月1日至2020年12月5日,从不同性质的企业并购情况看,国有企业参与的电力、热力、燃气、水务公共服务业并购为85笔,占比为83%;民营企业参与的本行业并购为13笔,占比13%。

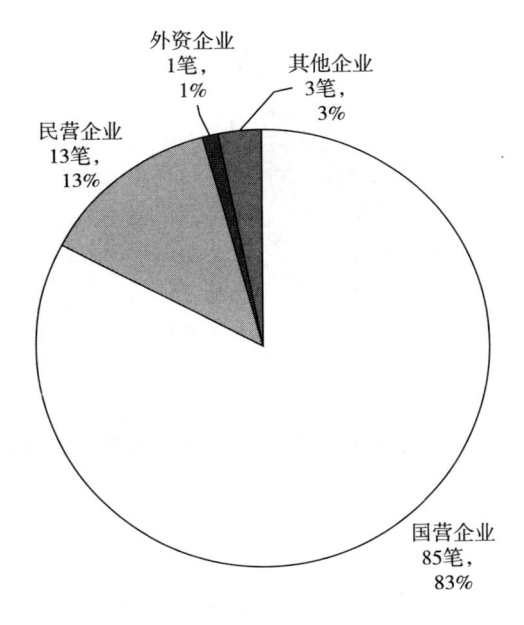

图3 2020年电力、热力、燃气、水务公共服务业不同性质企业并购情况

资料来源:Wind资讯。

4. 电力、热力、燃气、水务公共服务业并购交易标的细分行业分布情况

如图4所示,自2020年1月1日至2020年12月5日,从并购标的细分行业分布情况看,电力、热力、燃气、水务公共服务业发生的并购主要集中在传统发电行业、新能源发电行业、燃气行业等领域。其中,电力领域的并购交易最为频繁,传统发电行业与新能源发电行业共发生72笔并购交易。传统发电行业发生的并购交易数量最多,为40笔,占比39%;其次,新能源发电领域发生32笔并购交易,占比31%。

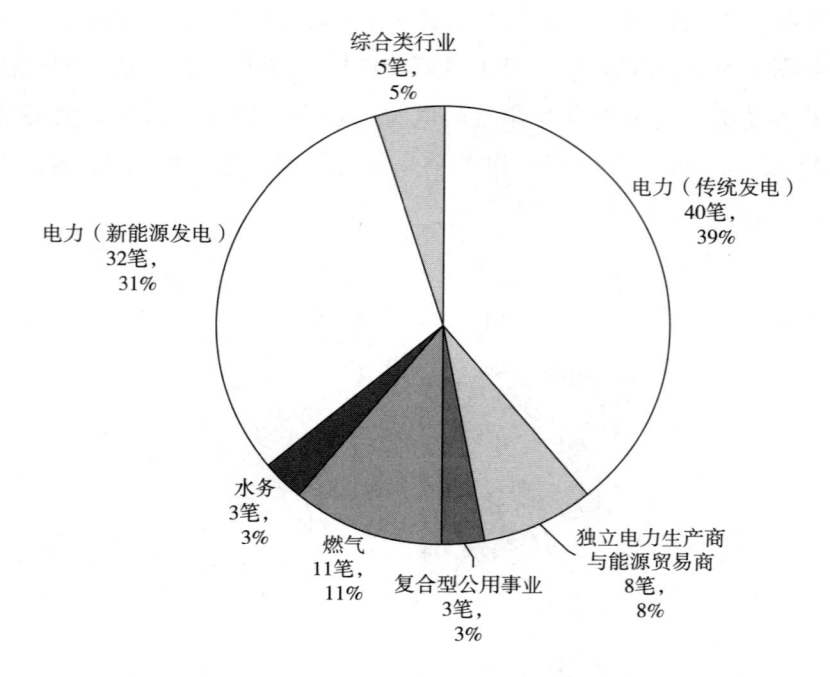

图 4　2020 年电力、热力、燃气、水务公共服务业并购标的细分行业分布情况
资料来源：Wind 资讯。

（二）电力、热力、燃气、水务公共服务业重大并购事件 TOP5

1. 长源电力收购湖北电力项目

2020 年 5 月 20 日，长源电力（000966.SZ）发布公告，拟向国家能源集团发行股份及支付现金购买其持有的湖北电力 100% 股权。本次收购最终成交价格约 60.6 亿元。

收购湖北电力后，长源电力总装机容量达 704.02 万千瓦，湖北省内总装机容量占比约 8.66%，火电总装机容量占比约 19.36%，大幅提升了公司装机规模和盈利能力，进一步提高了核心竞争力。此外，湖北电力水电装机容量占比较高，本次交易后，长源电力火电装机容量占比降低至 90% 以下，水力发电成为长源电力第二大主要发电来源，将有效平衡火电、水电布局，提升清洁能源发电资产占比，优化公司的电源结构。

2. 桂东电力收购桥巩能源项目

2020年3月20日，桂东电力（600310.SH）于晚间发布交易预案，拟向广投能源非公开发行股份并支付现金，购买其持有的桥巩能源公司100%股权，其中桂东电力通过发行股份方式支付不低于50%的交易对价，其余部分以现金方式支付。本次收购最终成交价格约14.9亿元。

本次交易属于广投集团内部能源板块的重组整合，旨在优化旗下能源产业的布局，通过将优质的水电资产注入桂东电力，提升公司盈利能力及国有资产证券化率，最终实现国有资产的保值增值。桂东电力也将进一步提升公司电力业务的盈利能力，优化资源配置，增强公司抗行业风险能力。

3. 天富能源收购泽众水务项目

2020年11月26日，天富能源（600509.SH）发布公告，拟以现金支付方式收购关联方石河子市天富智盛股权投资有限公司持有的石河子泽众水务有限公司100%股权。本次收购最终成交价格约6.8亿元。

本次股权交易有助于天富能源强化城市综合能源服务平台职能，增厚股东收益及减少关联交易，提升持续竞争力。此外，本次交易有利于进一步整合天富能源营销及调度体系，提高营销效率及服务质量，有利于公司整体成本管控，并增加公司利润及现金流，符合企业整体长远发展战略规划。

4. 天伦燃气收购汇鑫天然气项目

2020年1月22日，天伦燃气（01600.HK）宣布，公司间接全资附属公司河南天伦于近日与卖方订立一份股权转让协议，据此，河南天伦同意向卖方收购目标公司沈丘县汇鑫天然气100%股权，总代价为2.8亿元。

汇鑫天然气位于河南省沈丘县，该县作为河南省的东大门，是中原经济圈和华东经济圈的交会点。沈丘县拥有中石油西气东输一线淮阳分输站淮阳—项城管道气源，并计划于近期启用界首新奥以及界首海特两家公司的西气东输一线管道气源，充足的气源量为公司未来经营提供强力保障。通过此次收购，天伦燃气可进一步扩大公司在河南省内的煤改气业务覆盖范围。同

时，该项目将与天伦燃气在河南省已运营的城市燃气项目形成协同效应，进一步增强天伦燃气在河南省内的市场占有率。

5. 珠海港收购天杨能源项目

2020年9月23日，珠海港（000507.SZ）发布公告，公司全资子公司珠海经济特区电力开发集团有限公司持股83.38%的珠海港昇新能源股份有限公司拟收购永州界牌协合风力发电有限公司持有的安徽天杨能源科技发展有限公司100%股权，股权转让价格约1.82亿元，同时在交割日前由安徽天杨能源向永州界牌分红3800万元。本次投资交易金额合计为219873092.30元，资金来源为公司自筹资金。

能源环保是珠海港重点发展的主业板块，风力发电项目为可再生能源项目，符合国家的产业发展规划，且具有广阔的市场前景，投资风电项目亦符合企业新能源产业投资方向和可再生能源发展规划。天长杨村风电场建设条件良好，生产的绿色电力能源能有效消纳，项目整体风险基本可控，珠海港昇通过股权并购的方式实际控制天长杨村风电场，加快对外投资开发进度，有助于进一步拓展公司能源环保板块的业务，培育新的业务增长点。

三 公共服务行业典型并购案例

（一）中国国家电网收购智利 CGE 公司

1. 交易概述

2020年11月13日，中国国家电网有限公司与西班牙 Naturgy 公司通过线上视频形式签署了股权购买协议，正式收购其持有的智利 CGE 公司96.04%股权，收购价格为25.7亿欧元（折合人民币约201亿元）。

2. 并购背景及动因

智利是拉丁美洲区域主权信用评级最高的国家（标准普尔 A+、穆迪 A1），政治经济稳定，法律制度健全，是中国国家电网公司重要的海外投资市场。同时中国是智利第一大贸易伙伴、第一大出口目的国和第一大进口来源国，双边关系紧密。目前，智利经济受新冠肺炎疫情冲击后初现企稳恢复态势，中长期发展形势稳定向好，是当前国际环境下"一带一路"沿线投资条件最好的投资目标国之一。

CGE 公司是智利第一大配电公司和第二大输电公司，拥有输电线路 3500 千米，配电线路 64738 千米，配电用户 300 万户。收购 CGE 公司是中国国家电网开展国际业务以来第二大境外投资项目，是近年来我国企业在智利最大的投资项目之一。

智利电网有一个很大的难题。智利作为世界上国土最狭长的国家，所跨纬度长，气候复杂，海岸线长，电网也容易出现腐蚀等状况，这对电网运行、安全提出了特别大的挑战。但中国国家电网在长距离输配电方面经验丰富，电网管理水平高，能够帮助智利提高电网的效率。

3. 并购评述

本次收购将优化中国国家电网境外资产组合，增强中国国家电网在南美地区的影响力。作为电力行业长期投资者，中国国家电网未来将充分发挥在技术、管理、建设、资本等方面的综合优势，努力促进 CGE 公司发展，提升其电网运行服务水平，为智利居民生活、经济发展提供稳定供电保障。

（二）国投电力并购江苏响水 120MWp 光伏项目

1. 交易概述

2020 年 5 月 8 日，北控清洁能源集团有限公司宣布，间接非全资附属公司拟向国投电力出售响水恒能全部股权及响水永能全部股权，代价分别为 4.38 亿元及 1 亿元，且买方需以现金支付。5 月 28 日，双方完成江苏响水恒能 100MWp 与响水永能 20MWp 两个光伏项目公司的工商变更及现场交割，响水恒能太阳能发电有限公司、响水永能太阳能发电有限公司正式成为国投电力全资子公司。

2. 并购背景及动因

近年来，国投电力积极响应国家深化能源供给侧结构性改革战略，紧紧把握新能源投资窗口期，大力推进新能源板块开发工作。

国投电力一方面充分利用专业化管理优势和授权改革带来的高效投资决策优势，成功实现云南南庄 300MWp、新疆托克逊 140MWp、浙江湖州 100MWp、陕西定边 100MWp 及江苏响水 120MWp 五个光伏项目的并购，光伏总装机容量跃升至 938MWp。近期还在重点跟踪推动辽宁、陕西、山东、河北等地多个大型光伏项目的并购工作。另一方面，国投电力全力推动自主开发新能源项目进程，2020 年初完成了天津宁河二期 50MW 风电和内蒙古杭锦旗 150MW 风电项目投资方案审查；浦北三期 100MW 风电成功列入广西 2020 年平价开发计划并完成项目立项；此外国投电力自 2019 年起，先后在内蒙古、青海、广西、云南、天津、陕西等地区获得近 3000MW 的新能源项目储备资源，为后续持续开发奠定了基础。

响水恒能与响水永能光伏发电项目位于江苏省盐城市响水县，总装机容量 120MWp，于 2014 年 12 月投产，均已列入国家第七批可再生能源补贴目录，项目装机具有一定规模，盈利能力有保障，符合国投电力新能源发展战略和项目投资收益率的要求。

3. 并购评述

此次成功并购是国投电力公司继 2019 年 8 月并购湖州祥辉 100MWp 渔光互补项目以来在我国中东部地区取得的又一成就，对国投电力推动中东部地区新能源项目开发、形成区域规模效应具有重要意义。

B.12
2020年交通运输与仓储物流业并购分析

胡伟 蒋贻宏 高琛*

摘 要： 2020年，受新冠肺炎疫情影响，交通运输与仓储物流业总体呈现"先降后升，趋于正常"的运行态势。到第三季度末，行业运行基本回到原有发展轨道，部分领域已补齐缺口。在并购方面，2020年前10个月，中国交通运输与仓储物流业的并购交易共发生71起，涉及交易金额约265亿元人民币，与2019年同期相比，无论是并购数量还是规模都出现较大幅度下滑。大连港换股吸收合并营口港、楚天高速与湖北建设集团联合竞拍大广北100%股权、珠海港全面要约收购香港上市公司兴华港口100%股份、吉祥航空现金收购吉道航100%的股权、锦州港重大资产出售是2020年交通运输行业的五大并购事件。

关键词： 交通运输 仓储物流 要约收购 股权投资

一 交通运输与仓储物流业趋势分析

2020年前三季度，随着统筹疫情防控和经济社会发展，交通运输各项

---

* 胡伟，国元证券股份有限公司投资银行总部董事总经理、并购业务部总经理、保荐代表人，研究方向为股权融资，并购重组；蒋贻宏，国元证券投资银行总部高级项目经理，保荐代表人，研究方向为股权融资，并购重组；高琛，国元证券投资银行总部项目经理。

工作效果逐步显现，交通运输经济总体呈现"先降后升，趋于正常"的发展态势，尤其是三季度以来，行业经济的运行快速回到原有发展轨道，部分发展领域已补齐缺口，为落实"六保"任务、做好"六稳"工作提供了坚实的交通运输保障基础，为完成全年交通运输的各项目标打下了前期基础和创造了良好的条件。

前三季度共计完成交通固定资产投资2.51万亿元，同比增长9.8%，增速已达近三年同期最高水平。其中，公路、水路共计完成投资1.88万亿元，同比增长12.8%，目前已经完成全年1.8万亿元投资目标任务的104.7%。

营业性客运持续恢复，前三季度，完成营业性客运量68.1亿人，同比下降49.0%，其中三季度末（9月）恢复至2019年同期的66.3%，较上半年末（6月）提高10.0个百分点。城市公共交通客运量已恢复超八成，前三季度，36个中心城市完成公共交通客运量298.7亿人，同比下降39.5%，其中第三季度末恢复至2019年同期的81.7%，较上半年末提高12.9个百分点。第三季度货运量增速已恢复正常水平，完成全社会货运量327.8亿吨，同比下降3.3%，降幅较上半年减少4.5个百分点，其中第三季度同比增长4.4%，增速与2019年同期基本持平。港口货物吞吐量增速加快，内外贸运输均实现增长，前三季度完成港口货物吞吐量106.1亿吨，同比增长3.0%，其中第三季度增长7.4%，增速较2019年同期上升1.0个百分点。分内外贸看，内贸吞吐量增长2.4%，外贸吞吐量增长4.2%。集装箱吞吐量完成1.9亿标箱，同比下降1.3%。

物流行业是国民经济的基础性行业，物流行业的发展与一国的经济总量和经济发展水平密切相关。2020年1~10月，疫情防控和经济发展成效持续显现。在此背景下，物流需求企稳回暖，物流市场供需继续改善。市场预期向好，物流行业运行稳中趋升。根据国家发改委、国家统计局及中国物流与采购联合会统计的数据，1~10月，全国社会物流总额为229.3万亿元。按可比价格计算，同比增长2.5%，增速比前三季度提高0.6个百分点。其中，工业品物流总额为204.9万亿元，同比增长1.8%，增速比前三季度提高 0.6 个百分点；进口货物物流总额为 11.6 万亿元，同比增长 9.0%，增速比前三季度降低 0.4 个百分点；单位与居民物品物流总额 7.6 万亿元，同比增长 13.8%，增速比前三季度提高 0.9 个百分点；农产品物流总额 3.8 万亿元，同比增长 0.9%，增速比前三季度降低 1.4 个百分点。

2020 年是全面建成小康社会和"十三五"规划收官之年，也是《"十三五"现代综合交通运输体系发展规划》《物流业发展中长期规划（2014~2020）》的实施初见成效之年。交通运输与仓储物流业作为支撑国民经济发展的基础性、战略性产业，面临诸多发展机遇。综合各方面因素初步判断，我国物流业将保持企稳回暖、稳中向好的基本态势。未来一段时期随着国内经济发展进入新常态时期，我国物流业也将进入以质量和效益提升为核心的发展新阶段，物流基础设施网络布局将更加完善，政策层面继续坚持深化供给侧结构性改革，降低全产业链物流成本，提高物流供给质量，做好降本增效，不断增强实体经济竞争力，另外行业也将积极引入新技术、新模式、新理念，提高全要素生产率，逐步优化行业运行体系，实现产业转型升级。

二 交通运输与仓储物流业并购分析[①]

（一）交通运输与仓储物流业并购数据

1. 交通运输与仓储物流业并购趋势：交易数量与交易金额

2020 年 1~10 月，中国交通运输与仓储物流业的并购交易共发生 71 起，披露的交易金额为 265.31 亿元人民币，披露交易金额的并购交易中平均每笔交易金额为 3.74 亿元。2019 年度同期，中国交通运输与仓储物流业并购交易数量为 97 起，总金额 488.05 亿元。2020 年与 2019 年相比，有较大幅度的下滑。

---

① 本部分作者为胡伟、蒋贻宏、高琛。

如图1所示，从交易数量来看，2020年第二季度和第三季度的并购交易发生数量较多，分别为21笔和23笔，第一季度受疫情影响并购交易数量较少，为15笔。从交易金额来分析，2020年前三季度交易金额波动较大，而平均单次交易金额呈现第一季度和第二季度较高、第三季度和10月份较低的情形。

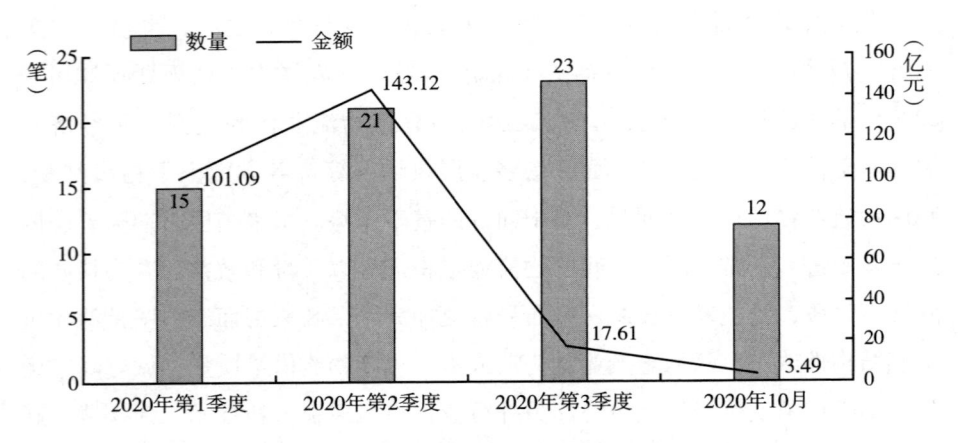

图1 2020年交通运输与仓储物流业并购交易数量与交易金额

资料来源：Wind资讯。

2. 交通运输与仓储物流业不同企业性质的并购交易数量

2020年1~10月，交通运输与仓储物流业不同企业类型交易统计如图2所示。

2020年1~10月，中国交通运输与仓储物流业发生的并购交易数量为71起，其中国有企业并购交易占比约45.07%，共发生并购交易32笔；民营企业并购交易数量也占据相当比例，共发生并购交易29笔，占比40.85%；外资企业并购交易数量与占比均较2019年同期有提升，共发生并购交易10笔，占比14.08%。

3. 交通运输与仓储物流业不同业务类型的并购交易统计

2020年1~10月，交通运输与仓储物流业不同业务类型的并购交易金额如图3所示。

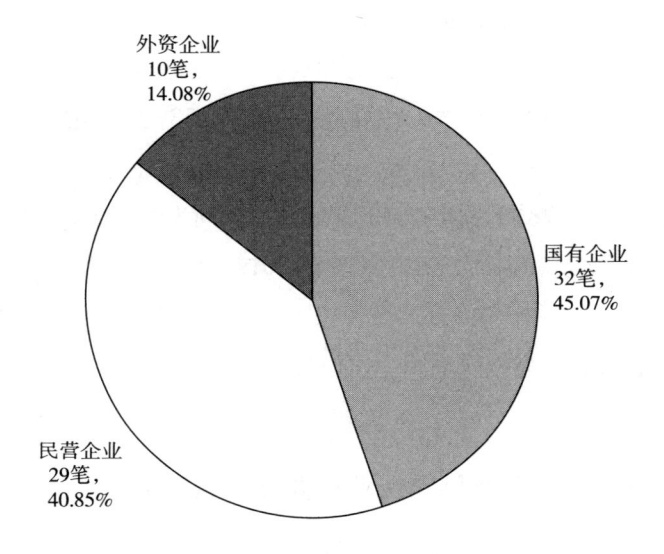

图 2　2020 年 1～10 月交通运输与仓储物流业并购交易企业性质统计

资料来源：Wind 资讯。

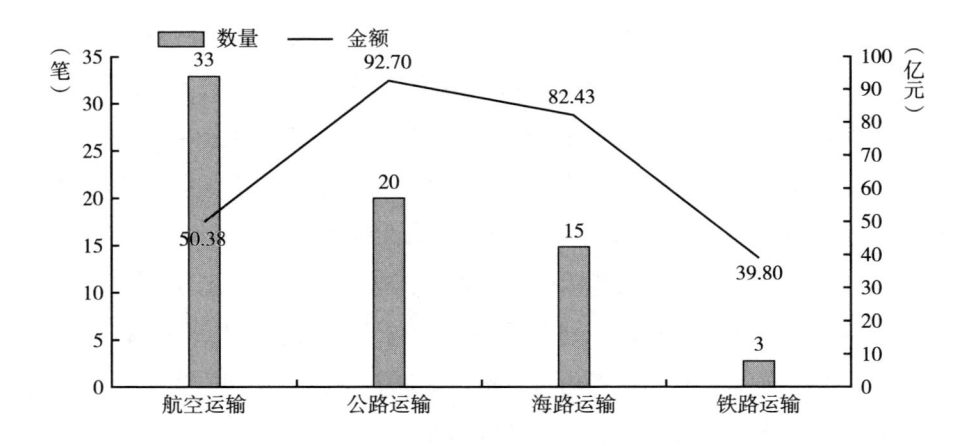

图 3　2020 年 1～10 月交通运输与仓储物流业不同业务类型的并购交易数量与金额

资料来源：Wind 资讯。

2020 年 1～10 月，中国交通运输与仓储物流业发生的航空运输相关并购交易数量为 33 笔，交易总金额为 50.38 亿元；与 2019 年度同时期数量相

当，总交易金额有一定程度的下降。

公路运输相关的并购交易次数为20次，交易总金额为92.70亿元，与2019年同期总交易次数50次、总交易金额177.58亿元相比，均有较大幅度的下降。

水运相关的并购交易发生15起，总交易金额为82.43亿元，与2019年同期相比交易数量持平，总交易金额较2019年的69.85亿元有较大幅度上升。

铁路运输的并购交易数量为3次，总交易金额为39.80亿元，交易单价为各行业最高。

（二）交通运输与仓储物流业重要并购重组事件TOP5

1. 大连港（601880.SH）换股吸收合并营口港

2020年12月7日，中国证监会并购重组委无条件通过大连港换股吸收合并营口港务股份有限公司并募集配套资金暨关联交易事项。

大连港向营口港的换股股东发行A股股票，交换股东所持有的营口港股票；同时，大连港拟通过询价方式向不超过35名特定投资者非公开发行A股股份，募集配套资金不超过21亿元。本次换股吸收合并中，大连港拟购买资产的交易价格为换股吸收合并营口港的成交金额（计算方式为交易价格＝营口港换股价格×营口港总股本），为164.41亿元[①]。

大连港和营口港通过换股吸收合并的方式将实现港口资源全面整合，业务协同效应将得到充分释放。合并后的存续公司综合港口服务能力将进一步得到提升，大连港、营口港将通过人员、品牌、资产、管理等各个要素的深度整合，进一步增强影响力、核心竞争力及风险抵御能力，有利于有效保护中小股东的利益。

合并前，大连港和营口港为环渤海区域内领先的港口运营商。其中，大

---

① 《大连港：换股吸收合并营口港务股份有限公司并募集配套资金暨关联交易预案（修订稿）》，http://www.cfi.net.cn/p20200728001872.html。

连港是我国东北地区油品和液体化工品储运分拨基地之一和最大的集装箱枢纽港,是重要的散杂货转运中心、矿石分拨中心以及最具竞争力的粮食转运中心。营口港是我国东北地区"一带一路"中欧物流海铁联运重要的中转港、最大的内贸集装箱枢纽港,也是沈阳经济区、环渤海经济区的重要枢纽港。

合并后,存续公司将成为东北地区最核心的出海口。营口港的集疏运条件优势、低陆路运输成本优势将进一步提升存续公司的经营效益,并且其下属的集装箱、散粮、矿石、汽车、煤炭、成品油及液体化工品等专业性码头将纳入存续公司的统一战略规划和资产体系,充分发挥协同作用,提高了整体港口资产及业务的盈利能力和发展空间。通过货源、航线以及客户群体的整合,存续公司将进一步提升揽货能力,降低运营成本,业务增长质量进一步提高,在巩固国内市场地位的同时进一步增强国际竞争力。

2. 楚天高速(600035.SH)与湖北建设集团联合竞拍大广北100%股权

2019年11月27日,中国葛洲坝集团公路运营有限公司在北京产权交易所挂牌转让其持有的湖北大广北高速公路有限责任公司100%股权,挂牌转让底价为318400万元,另以受让方偿还126131554.15元股东借款及利息为股权转让附加条件。楚天高速与湖北建设集团共出资345700.00万元,分别认购大广北公司75%和25%的股权。新冠肺炎疫情暴发,导致交割事项延后。在生产秩序逐步恢复后,楚天高速加快推进交易相关后续事项,并协调大广北公司及时申请办理工商变更登记手续,并于2020年4月15日领取了由湖北省市场监督管理局核发的营业执照。

收费公路的投资、建设及经营管理是楚天高速传统主营业务,楚天高速在交通基础设施的投资、建设和运营管理等方面具备丰富经验及管理优势。大广北高速公路属于大广高速公路湖北段的北段。大广高速公路全长3550公里,贯穿我国南北,是连接东北、华北、华中、华东与华南的交通大动脉。大广北高速公路北接大广高速公路河南段,南段与湖北大广南高速公路相连,是河南经湖北通往江西境内的快捷通道,具有良好的区位优势。经过前期培育,在大广南高速公路于近年通车后,大广北高速公路的盈利能力将逐步增强，具备较好的投资价值。本次竞拍成功后，依托楚天高速在路桥运营方面核心能力，必将扩大其主业发展规模和盈利基础，改善其路桥资产的结构，增强可持续经营的能力，夯实长远发展根基，符合楚天高速的发展战略和全体股东利益。

3. 珠海港（000507.SZ）全面要约收购香港上市公司兴华港口100%股份

为进一步提升发展动力，实现西江流域和长江流域港航、物流网络体系协同效应，珠海港股份有限公司通过全资子公司珠海港香港有限公司向联交所主板上市公司——兴华港口控股有限公司（股票简称：兴华港口，股票代码：01990.HK）全体股东发起自愿性有条件全面现金要约，拟以现金收购兴华港口100%的股份，交易对价约为21.15亿元港币。

2020年9月16日，珠海港香港获得不少于90%的无利害关系股份，本次要约成为无条件要约。2020年9月24日，接纳要约的无利害关系股份已完成股权变更登记手续。变更后，珠海港香港持有兴华港口95.9092%的股份，成为兴华港口的控股股东。截至2020年11月19日，珠海港香港已成功收购兴华港口100%的股份，兴华港口将在香港联合交易所退市。

兴华港口所在的江苏常熟兴华港区坐拥重要战略位置，位于长江入海口附近，为横跨华东及华中的腹地经济圈提供服务，目前已发展成为处理高价值钢制成品、工程设备货物以及进口纸浆、原木的重要区域枢纽港。

成功收购兴华港口之后，珠海港股份有限公司可以在巩固原有珠三角内河、沿海、港澳和国际航运网络优势的基础上，加强与长三角流域港口、航运、物流企业的深度合作，促进港口、航运及物流的大跨越、大发展，实现珠海港在长三角和珠三角的双轮业务驱动，加快实现打造华南国际枢纽大港的企业愿景。

4. 吉祥航空（603885.SH）现金收购吉道航100%的股权

吉祥航空拟以支付现金的方式购买其控股股东均瑶集团持有的吉道航100%的股权，本次交易对价为10.00亿元。本次交易中，吉祥航空以现金方式向均瑶集团支付本次交易对价的全部金额。

交易前，吉道航无实际经营，是与吉祥航空、均瑶集团共同参与东方航空非公开发行股份而设立的公司。吉祥航空通过本次交易分步增持东方航空股票，系双方战略合作的重要举措。本次交易完成后，吉祥航空主营业务不会发生重大变化。吉祥航空通过本次交易分步增持东方航空股票，可以提升吉祥航空持有东方航空的股权比例，在委派董事后以权益法进行长期股权投资核算，更加符合吉祥航空对东方航空的长期战略持股意图，并可避免因东方航空二级市场股票价格波动对其盈利产生不必要的影响。

5. 北部湾港（000582）收购北港集团港口业务股权

为实现北部湾港股份有限公司（以下简称北部湾港）整体业务规模的稳步提升，并进一步解决北部湾港与第二大股东广西北部湾国际港务集团有限公司（以下简称北港集团）存在的同业竞争问题，北部湾港拟支付现金收购北港集团及其下属企业所持有的港口业务相关股权，具体包括：北港集团所持有的北海宏港码头有限公司100%股权、防城港务集团有限公司所持有的防城港雄港码头有限公司100%股权、防城港云约江码头有限公司55%股权、广西北港建设开发有限公司（以下简称北港建司）100%股权。同时北部湾港还将收购由广西盛隆冶金有限公司所持有的云约江公司45%股权。本次交易完成后，北部湾港将持有北海宏港100%股权、防城港雄港100%股权、云约江公司100%股权、钦州宏港100%股权。本次交易涉及金额89319.03万元。

利用好国家大力推动"一带一路"倡议发展契机以及"西部陆海新通道"上升为国家战略的重大机遇，建设"大港口"，加强与东盟各国合作，共建"21世纪海上丝绸之路"是建设北部湾经济区的重点，而整合防城港、钦州港和北海港是北部湾经济区港口资源整合、统筹发展的关键。

《中共中央国务院关于深入实施西部大开发战略的若干意见》《国务院关于进一步促进广西经济社会发展的若干意见》《广西壮族自治区国民经济和社会发展第十三个五年规划纲要》等国家及地区发展战略规划文件对北部湾港的战略定位和发展方向做出了明确的部署和要求。

通过本次交易，北港集团、防港集团及北港建司进一步将其所拥有的港口泊位资产注入北部湾港，有利于北部湾港口群的平台整合、统筹建设以及

集约化经营管理，有利于北部湾港依靠地域优势扩宽港口业务覆盖范围，实现整体业务规模的稳步提升。

三 典型并购案例：大连港（601880.SH）换股吸收合并营口港

（一）交易概述

大连港向营口港的换股股东发行 A 股股票，交换股东所持有的营口港股票；同时，大连港拟通过询价方式向不超过 35 名特定投资者进行非公开发行 A 股股份募集配套资金不超过 21 亿元。本次换股吸收合并中，大连港拟购买资产的交易价格为换股吸收合并营口港的成交金额（计算方式为交易价格＝营口港换股价格×营口港总股本），为 164.41 亿元。

本次换股吸收合并完成后，营口港将会终止上市并注销法人资格，大连港或其全资子公司可以承继及承接营口港的全部业务、人员、资产、负债、合同及其他一切权利与义务。大连港因本次换股吸收合并所发行的 A 股股票将申请在上交所主板上市流通[①]。

（二）并购背景及动因

一是不断深化国有企业改革，鼓励并购重组。我国正处于全面深化改革的重要战略机遇期。党的十九大报告指出，要不断完善各类国有资产管理体制，改革国有资本授权经营体制，加快国有经济结构调整、战略性重组、布局优化，促进国有资产保值增值，推动国有资本不断做强做优做大，要防止国有资产流失；深化国有企业改革，要发展混合所有制经济，培育一批具有全球竞争力的世界一流企业。按照党的十九大的战略部署，新一轮的国有企业改革正在全面深入展开。交通运输业是国民经济和社会发展的基础性、先

---

① 崔小粟：《大连港拟换股吸收合并营口港》，《中国证券报》2020 年 9 月 5 日。

导性产业,交通运输在转变经济发展方式、调整产业结构、提高人民生活质量、保障经济社会协调发展等方面起着重要作用。高速公路行业在我国交通运输体系中占有重要地位,是国民经济的基础性支柱产业,在经济社会发展中发挥了重要作用。

二是国家政策不断鼓励和扶持港口资源整合。港口是一个国家对外开放的门户,亦是地区发展的战略性资源。近20年来,我国沿海地区的港口规模不断扩大,港口建设重复投入和同质化问题愈加严重,导致目前港口资源出现过剩的局面,与我国目前的经济和贸易发展需求不匹配,存在沿海港口码头处于闲置状态的情况。

在此背景下,我国制定了一系列鼓励和扶持港口资源整合的政策。2014年,交通运输部印发《交通运输部关于推进港口转型升级的指导意见》(交水发〔2014〕112号),提出要科学地配置港口资源,引导港口集约发展。2017年,交通运输部印发《深入推进水运供给侧结构性改革行动方案(2017~2020年)》(交办水〔2017〕75号),明确提出要制定推进区域港口一体化发展的意见,促进区域港口资源的有效整合。

三是环渤海区域港口行业发展面临瓶颈。从经济形势上看,世界经济增长持续放缓,投资、消费以及出口需求疲软,港航业存在较大下行压力。与此同时,全球贸易摩擦不断加剧,港口生产面临的外部不利因素增加。此外,东北腹地的产业结构单一,未来经济增长比较乏力,无法对环渤海地区的港口发展提供强有力的支撑。

四是国家战略对港口行业提出新的发展方向。2015年3月28日,经国务院授权,国家发改委、外交部、商务部联合发布《推动共建丝绸之路经济带和21世纪海上丝绸之路的愿景与行动》,提出了"丝绸之路经济带"和"21世纪海上丝绸之路",即"一带一路"倡议。2016年3月16日,第十二届全国人民代表大会第四次会议审议通过了《中华人民共和国国民经济与社会发展第十三个五年规划纲要》,提出积极推进"21世纪海上丝绸之路"战略支点建设,参与沿线重要港口经营与建设,推动共建临港产业集聚区,加强畅通海上贸易通道。

（三）并购评述

一是有利于整合资源，优化资本结构。本次合并有利于进一步推进辽宁省港口的深度整合，促进大连港、营口港的集约化发展。存续公司通过对合并双方资产、人员、品牌、客户等要素的统筹管控，可以实现资源的高效整合，通过发挥协同效应提升公司价值，同时也有助于防范经营风险和优化资本结构，实现更加持续稳健的发展。

二是有利于发挥大连港、营口港的协同效应，更好地保护合并双方股东的利益。大连港和营口港均为辽宁省港口企业，双方的主营业务均为码头及其他港口设施服务、仓储服务、货物装卸、船舶港口服务，以及港口设施设备和港口机械的租赁、维修服务等。本次交易完成后，可以充分发挥大连港的自贸区政策优势、港航金融优势和物流体系优势，实现大连港、营口港优势互补，有效结合营口港的集疏运条件优势和功能优势，实现整体转型升级，不断优化服务品牌[1]。

三是有利于避免潜在同业竞争，消除关联交易。大连港及营口港地理位置相近，主营业务重合度高，所处区位一致，辐射经济腹地范围有所重合，存在同业竞争问题。本次合并是当前彻底解决大连港和营口港同业竞争问题的最优途径，同时有助于消除大连港和营口港之间的关联交易，打造统一的港口上市平台，维护全体股东利益。

---

[1] 《大连港股份有限公司换股吸收合并营口港务股份有限公司　并募集配套资金暨关联交易报告书（草案）》，http://epaper.zqrb.cn/html/2020-09/05/content_659023.htm?div=-1。

B.13
2020年住宿和餐饮业并购分析

胡利军[*]

摘　要： 本报告首先分析了住宿和餐饮业的发展现状与趋势。2020年，受新冠肺炎疫情影响，各类聚餐、婚宴等活动几乎全部取消，大量酒店及餐饮门店被迫关停，住宿和餐饮企业面临巨大的资金压力，经营惨淡，整个行业遭受到前所未有的打击，新消费场景和方式加速推进餐饮企业数字化和零售化进程。然后分析了住宿与餐饮业2020年的并购现状，并对典型的住宿和餐饮行业并购案例进行了分析。

关键词： 住宿　餐饮　新消费场景　并购　股权投资

一　新冠肺炎疫情下的住宿和餐饮业概况

2020年初新冠肺炎疫情暴发，举国上下采取了居家隔离、延长春节假期等措施防控疫情的蔓延，以避免人口大规模流动和聚集而引发的交叉感染。受疫情影响，各类聚餐、婚宴等活动几乎全部取消，大量酒店及餐饮门店被迫关停，导致大量人员待岗闲置，加上房租和人力成本等固定成本居高不下，住宿和餐饮企业面临巨大的资金压力，经营惨淡，整个行业遭受到前所未有的打击。数据显示，2020年1月份，中国整体酒店客房平均入住率

---

[*] 胡利军，安徽财经大学工商管理实验中心副主任、商品学实验室主任，讲师，研究领域为旅游企业管理、创新创业。

从1月14日的70%骤降到1月26日的17%①,疫情期间国内联号酒店停业比例高达76%,单体酒店为73%。国际联号品牌酒店具有相对丰富的运营经验,抗风险能力较强,仅有50%的酒店选择停业。2020年前两个月,国内酒店和民宿类等住宿企业营业额损失超过670亿元,租赁式公寓损失约7亿元。2020年中国国内酒店全年入住率同比下降25.4%,预计2020年全年住宿行业营收将同比下滑24%,损失在1300亿元左右②。

餐饮企业经营更是遭遇"滑铁卢"。数据显示,2019年春节7天假期内,全国零售和餐饮业销售额约10050亿元③。而在2020年春节7天假期,因疫情影响餐饮行业造成的零售额损失将达5000亿元④。餐饮连锁企业受冲击更大,因餐饮连锁企业门店数量多,员工也多,且租金较贵。甚至一些上市餐饮品牌因此次特殊事件股票大跌,这造成的损失不可估量。有数据显示,受疫情影响而停业,预估海底捞营收损失约50亿元⑤,西贝损失超7亿元,老乡鸡损失5亿元⑥。随着国内新冠肺炎疫情防控局面的好转,响应国家号召积极复工复产,住宿餐饮业也逐步复苏。"五一"小长假期间,全国住宿、餐饮行业消费复苏指数比清明假期分别增长15.25个和18.84个百分点;消费规模已恢复至2019年同期的7成,比清明假期提升约2成。国家统计局发布的数据显示,2020年我国餐饮收入39527亿元,同比下降16.6%;限额以上单位餐饮收入8232亿元,同比下降14%。

尽管餐饮行业受到疫情的严重冲击,但也出现了转变的机会和方向,新消费场景和方式正在加速推进餐饮企业数字化和零售化进程。以美团

---

① STR:《新型冠状病毒:从STR的初步数据看新型冠状病毒疫情对酒店业的影响》,2020年2月4日。
② 中国饭店协会、优尼华盛:《新冠疫情对中国住宿行业的影响与趋势报告》,2020年7月20日。
③ 《春节黄金周市场年味浓亮点多,销售平稳较快增长》,商务部网站,2019年2月10日。
④ 中国烹饪协会:《2020年新冠肺炎疫情期间中国餐饮业经营状况和发展趋势调查分析报告》,2020年2月12日。
⑤ 中信建投研报:《海底捞受疫情影响几何,估值底部在哪里》,2020年2月4日。
⑥ 《专访老乡鸡束从轩:损失5亿,但再苦不会苦员工》,中新经纬,http://www.jwview.com/jingwei/html/02-10/293685.shtml,2020年2月10日。

为代表的生活服务电商平台率先推出"无接触配送"和"智能取餐柜"等新服务,"社区团购+集中配送"、"中央厨房+冷链配送"、智能餐厅、无接触服务对全行业的数字化、智能化水平有了大幅提升。利用线上平台和数字化经营手段,拓展线上线下相融合的网络营销方式,为顾客提供更好服务,成为更多餐饮企业的选择。"互联网+"与产业的融合发展以及数字化、智慧化发展将成为行业发展新动能,而品类深耕和精细化管理也将成为餐饮行业高质量转型的重要方式,品牌发展将作为餐饮企业重要的发展战略。新冠肺炎疫情过后,龙头企业因为有更强的资本实力和融资能力,更加有望渡过危机,且有机会和动力以低价收购处于危机中的中小企业,餐饮行业有望迎来一波并购潮,行业或将进行重新洗牌。此外,分餐制、消毒餐具、变菜谱(减少野味,增加营养膳食)、增加各种服务成为评价餐饮行业的新标准。

中国餐饮服务市场的增长主要受国家城镇化率的提高及中国人均可支配收入的提高与消费升级所带动。而新冠肺炎疫情结束后,人们受到抑制的旅游意愿将进一步释放。因此从长远来看,新冠肺炎疫情不会改变住宿餐饮等生活服务业快速发展、持续升级的趋势,住宿和餐饮业在2020年四季度的增加值由三季度的-5.1%转为2.7%[①],实现由负转正,我国经济显现持续恢复的势头,新冠肺炎疫情结束后预计住宿餐饮业也会进一步恢复。

二 住宿行业和餐饮行业并购数据

在图1中可以看出,2019~2020年,住宿和餐饮行业总交易金额波动幅度较大,整体来说增幅明显,2020年第三季度交易金额有所收缩。2019~2020年总交易数量维持在9~18起,变化幅度较小。2020年第三季度交易数量出现了明显的下降。

---

① 国家统计局,http://www.stats.gov.cn/tjsj/zxfb/202101/t20210119_1812514.html。

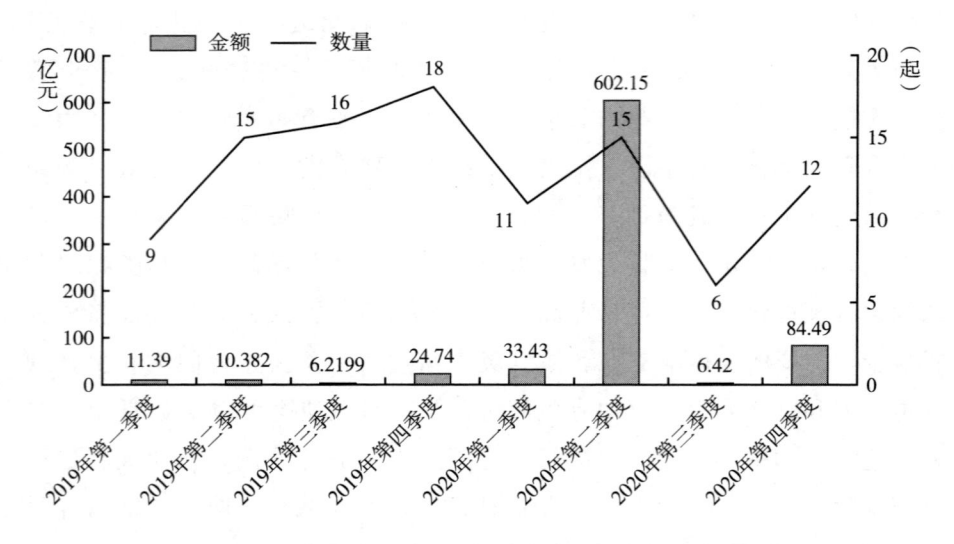

图 1　2019～2020 年住宿和餐饮行业交易金额及数量

资料来源：Wind 资讯。

三　新冠疫情下的住宿行业和餐饮行业并购案例

（一）微盟雅座强强联合助力餐企数字化

以微信第三方开发软件和营销服务起家的微盟集团于 2020 年 2 月 19 日宣布，旗下全资子公司微盟餐林已与无锡雅座在线科技有限公司（以下简称无锡雅座）达成协议，微盟餐林将收购和认购无锡雅座 63.83% 的股权，本次交易的现金对价总额为 1.15 亿元。

无锡雅座是一家以头部连锁餐饮企业为主要客户的智能餐饮解决方案供应商。通过本次交易，微盟集团可充分发掘自身营销体系优势，不仅能为现有中长尾客户提供一站式智慧餐饮解决方案，更能弥补本集团在服务大中型餐饮客户方面的短板，逐渐形成以顾问团队主打头部餐饮客户、直销团队主打腰部餐饮客户及渠道销售主打尾部餐饮客户的全阶梯销售模式。本次交易完成后,集团将完善智慧餐饮产品链,提供从会员、收银、外卖、点餐、预订、供应链管理的全场景解决方案。

(二)海底捞寻火锅之外新天地

2020年9月,海底捞发布公告,公司旗下全资附属公司四川新派已与姚云杰及朱安阳订立协议,有条件同意由四川新派本身或其指定的另一实体企业收购上海澍海80%的股权,交易对价为1.2亿元。海底捞全资子公司Haidilao Singapore还订立了收购餐厅HaoNoodle的相关协议。Haidilao Singapore将以304万美元(约合人民币2076万元)收购HaoNoodle母公司HNT Holding 80%的股权。

"汉舍中国菜"和"Hao Noodle"两家餐厅的创始人都是国内老餐饮人朱蓉,而且两者受到米其林推介,且具备"网红店"特质。自2018年上市以来,海底捞便追求多品牌、多品类、多场景、多业态的布局。通过这两笔收购,海底捞将获得"汉舍中国菜"及"Hao Noodle"两个品牌,加速其在中高端餐饮业的布局,特别是对"Hao Noodle"的收购,将有利于其吸取面馆和海外餐厅的运营经验。

(三)广州酒家收购海越陶陶居100%股权

2021年1月5日,广州酒家集团股份有限公司(以下简广州酒家)成功收购广州市食尚雅园餐饮管理有限公司持有的广州市海越陶陶居餐饮管理有限公司的100%的股权,作价1.8亿元。

在广州,粤菜老字号品牌陶陶居是食客们打卡不可缺少的一站。此次广州酒家收购海越公司股权以及对陶陶居公司的增资扩股,使陶陶居餐饮品牌持有者与经营者实现深度绑定,显然也是意在弥补自身餐饮板块上的弱势。广州酒家通过本次交易取得海越公司所属的陶陶居品牌授权餐饮门店,引入优秀的餐饮管理团队,有利于其进一步提高整体的餐饮业务经营能力。

（四）腾讯入股和府捞面

航母级的互联网巨头腾讯再次瞄准餐饮业。2020年10月26日，和府捞面关联公司江苏和府餐饮管理有限公司发生工商变更，新增股东深圳市腾讯信息技术有限公司等，同时公司注册资本由约1112.93万元增加至1365.83万元，增幅为22.72%。

和府捞面成立于2012年8月，是一家中式面食连锁餐饮企业，坚持打造"养身·养心"的中式文化慢餐饮理念，开创了"书房里捞面"的创新模式，受到市场的欢迎。餐饮行业与资本的结合度越来越高，面文化在中国有广泛的群体基础，随着中国餐饮行业的发展，在面馆这个细分市场，将有机会出现多家知名品牌，并最终走向资本市场，这应该也是腾讯看中和府捞面的主要原因。

（五）百胜中国收购黄记煌

2020年4月8日，百胜中国控股有限公司（以下简称百胜中国）发布对于黄记煌的收购公告，收购价格并未公布。收购黄记煌后，加上2005年自创的中式快餐品牌东方既白和2012年收购的"火锅第一股"小肥羊，百胜中国手里已经有了三个核心中餐品牌。

焖锅黄记煌和火锅小肥羊存在一个共同特点：不需要厨师。这样的模式就为加盟和复制提供了便利。中央厨房只需要把特制的调料包送到旗下餐厅，员工按照相关标准就可以完成，其余工作就剩下切菜、备菜。可以看出，摆脱对厨房的重度依赖，是百胜中国在收购中尤为看中的一个标准。中餐是百胜中国不能放弃的蛋糕，这一次再拿下黄记煌，毫无疑问是对百胜中国中餐业务的一大加强。收购完成后，百胜中国将成立中餐事业部。但据百胜中国2019年财报，西餐仍然是其营收的大头，其中肯德基在财务报表上的营收贡献率为69%，必胜客为23%，小肥羊和东方既白等剩余品牌合计贡献率只有2%。百胜中国的中餐发展之路任重而道远。

（六）格美集团收购鹿港小镇

2020年9月，格美集团正式收购"中国餐饮百强企业"鹿港小镇，为集团的餐饮商业版图再添重量级角色。作为台式菜融合时尚元素餐厅的代表，鹿港小镇秉承"真材实料，品质稳定"的经营理念，以台湾精致料理、台式冰品甜品为核心发展方向，融汇全球美食。

自2017年涉足健康餐饮行业以来，格美集团旗下已形成大娘水饺、家有好面、蜀江烤鱼、竹家庄避风塘和鹿港小镇等跨地域、跨菜系、多种类、多元素相融合的餐饮品牌矩阵。通过品牌酒店和品牌餐饮的有机融合，让所有入住格美旗下酒店的客人有更多优质餐饮选择和新鲜体验，更提升了格美集团旗下酒店品牌的服务品质，充分契合了集团进军中高端酒店的布局与规划。高频的餐饮消费驱动低频的酒店消费，相互辐射转化，发挥客流互助互补优势，实现协同赋能，共生共赢，不仅增加非客房收入，更可提升门店坪效，助力加盟商提高盈利能力。

（七）安歆集团战略收购新起点公寓

2020年11月26日，长租公寓企业安歆集团宣布完成与新起点公寓的战略合并。继并购易企租公寓、战略入股杭州诺巢故寓之后，这是安歆集团2020年第三次大规模扩张行动。此次合并后，安歆集团全国门店数将超250家，床位数超15万张，安歆集团由此开启运营规模的持续扩张。

安歆集团创立于2014年，是国内首家专注为企业员工提供全方位住宿产品的专业运营商，服务企业达2000家以上，全国TOP 100的服务业企业80%为安歆的客户，覆盖金融业、互联网、航空服务业、教育培训、酒店业、餐饮业、物流业等；服务企业员工超30万人。对于需要提供包住宿福利的企业来说，集中式企业员工宿舍不失为一个性价比高、管理成本低、员工保留好的解决方案。数据显示，安歆集团长期合作企业员工流失率从3.44%降低到了2.78%。安歆集团专业的酒店式服务满足了企业基层、中层、高层不同员工的住宿需求。同时，基于对行业趋势的深刻理解，安歆也逐渐形成了多场景、多产品、多模式的综合企业住宿服务业态，将持续领跑中国企业员工住宿服务领域。

（八）华住集团收购德意志酒店集团100%股权

2020 年 1 月，华住集团在新加坡的全资子公司 China Lodging Holding Singapore 宣布收购德意志酒店集团（Deutsche Hospitality）100%股权已完成交割，对价约 7 亿欧元（约合人民币 55 亿元）。

德意志酒店创立于 1930 年，旗下 5 大酒店品牌包括豪华酒店品牌诗德堡（Steigenberger）、高档酒店品牌 MAXX by Steigenberger 和 IntercityHotel、设计型酒店品牌 Jaz in the city 和 Zleep。目前在欧洲、中东和非洲的 19 个国家拥有 118 家酒店和 36 家正在开发的酒店。收购完成后德意志酒店集团旗下的奢华和高端酒店将占华住集团奢华及高端酒店总量的 79%，有望帮助华住集团完善其高端酒店产品供给，强化在高端品牌上的竞争优势，实现华住集团高端品牌布局的再一次升级。同时作为华住集团在境外酒店布局的第一步，此次并购也有助于扩大国际影响力，同时双方也有望在会员体系、酒店服务、运营管理等方面发挥一定的协同效应。

专题篇
Special Topics

B.14
2020年中国上市公司并购分析

李 广*

摘　要： 本报告回顾了2020年中国上市公司的并购现状。上市公司是中国并购市场的主体，2020年，上市公司并购以制造业为主，共涉及18个行业门类，主要采取的并购方式为协议收购，以现金支付的方式进行并购重组。A股上市公司的平均市盈率普遍偏高，存在高估值的风险。此外，本文还将重大并购重组事件中的财务顾问机构以及其他中介机构按照交易金额进行了统计，更全面地解释了上市公司的并购重组情况。

关键词： 上市公司　并购　行业门类　估值　并购服务

---

* 李广，管理学博士，安徽财经大学会计学院财务管理系副教授，案例开发与研究中心主任，会计专硕、会计学硕士研究生导师。主要研究方向为财务管理、风险投资、管理会计等。

2020年全年，中国证券监督管理委员会上市公司并购重组审核委员会（以下简称并购重组委）共审核了79起重组申请，经证监会审核通过的申请共64起。其中参与上市公司并购的共涉及18个门类行业且仍以制造业为主，占比达到62.48%。2020年度上市公司公告披露的并购交易中，主要所采取的并购方式为协议收购，而且大部分上市公司选择采用现金支付的方式进行并购重组，交易金额主要集中在10亿元以下，结合数据分析的结果来看，A股上市公司的平均市盈率普遍偏高，存在高估值的风险。此外，本文还将重大并购重组事件中的财务顾问机构以及其他中介机构按照交易金额进行了前10名的统计，更全面地解释了并购重组的情况。

一 历年A股上市公司并购审核数量

根据证监会官网2016~2020年公布的并购重组委审核结果，近5年的并购审核数量连续下降，2020年并购重组审核数量创下新低（见图1），这与我国IPO市场的企业上会通过率、上市数量均显著增长的趋势相反，但这并不意味着并购重组市场进入了冰封期，相反，这表明我国并购重组市场发展进入了新阶段，开启了新纪元。

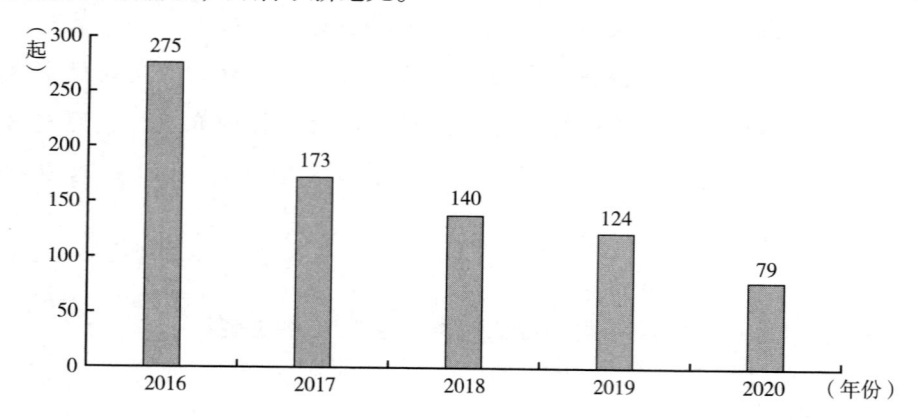

图1 2016~2020年中国证监会历年审核的并购数量

资料来源：中国证监会官网。

二 历年A股上市公司并购审核通过率

根据中国证监会2016～2020年的并购审核通过率情况来看，近5年的并购审核通过率整体上呈现下降趋势，除了在2017年出现小幅回升，并且受注册制改革和新冠肺炎疫情影响，2020年的并购审核通过率降到历史新低，仅为81.01%（见表1）。

表1 2016年以来A股上市公司并购审核数量与通过情况

类别	2016年	2017年	2018年	2019年	2020年
审核项目数量(起)	275	173	140	124	79
通过数量(起)	251	161	123	103	64
通过率(%)	91.27	93.06	87.86	83.06	81.01

资料来源：中国证监会官网。

三 2020年并购重组委关于上市公司的并购重组审核情况

如图2所示，2020年，并购重组委共组织召开工作会议54次，共审核并购重组方案79份（共78家公司，其中2份方案为同一公司），其中未获通过的方案15份，占比18.99%，未获通过的原因集中在持续盈利能力具有较大不确定性、资产权属有瑕疵、交易对价不合理不公允、信息披露不完整；获无条件通过的方案27份，占比34.18%；获有条件通过的方案37份，占比46.84%。获得通过的方案中，按并购重组方式划分，发行股份购买资产57份，吸收合并3份，借壳上市4份。相较于2019年的9起借壳案例，表明资本市场对壳资源的需求热度有所减弱，而产业整合并购作为企业外延式发展的重要手段始终是并购重组的主流，集中体现在横向整合上。

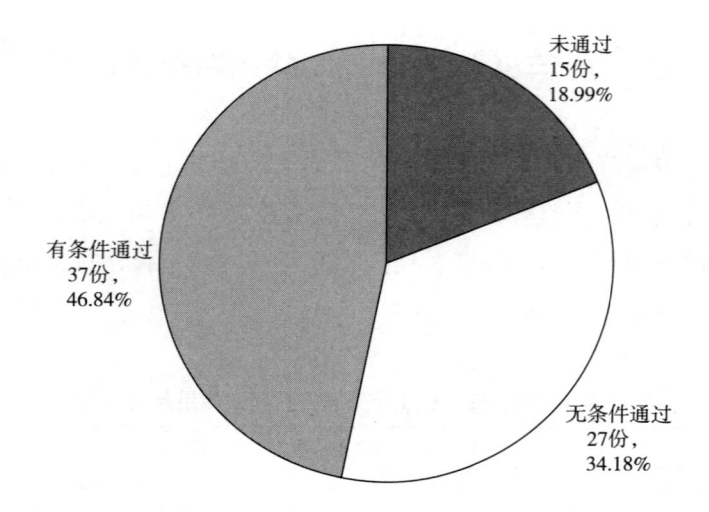

图2 2020年并购重组委关于上市公司的并购重组审核情况

资料来源：中国证监会官网。

四 2020年上市公司并购重组涉及行业情况

根据2012版证监会行业分类指引，2020年上市公司并购共涉及18个门类行业（见图3）。总体上看，并购重组所涉及的行业朝多元化发展，但仍以制造业为主，占比达到62.48%。这一是我国制造业大国的属性特征所决定的，制造业上市公司本身基数就大；二是当前健全和完善制造业产业链、供应链的政策导向所决定的。其次是信息传输、软件和信息技术服务业，占比近9%。其余行业所涉及并购事件占比均较小。此外，随着信息技术的发展和消费升级的趋势，以及服务实体经济政策的助推，未来的并购重组数量将在信息技术和消费行业有所增长，并仍以制造业企业为主。

五 2020年上市公司公告披露的并购方式统计情况

根据Wind数据库的统计数据，2020年上市公司公告披露的并购交易

2020年中国上市公司并购分析

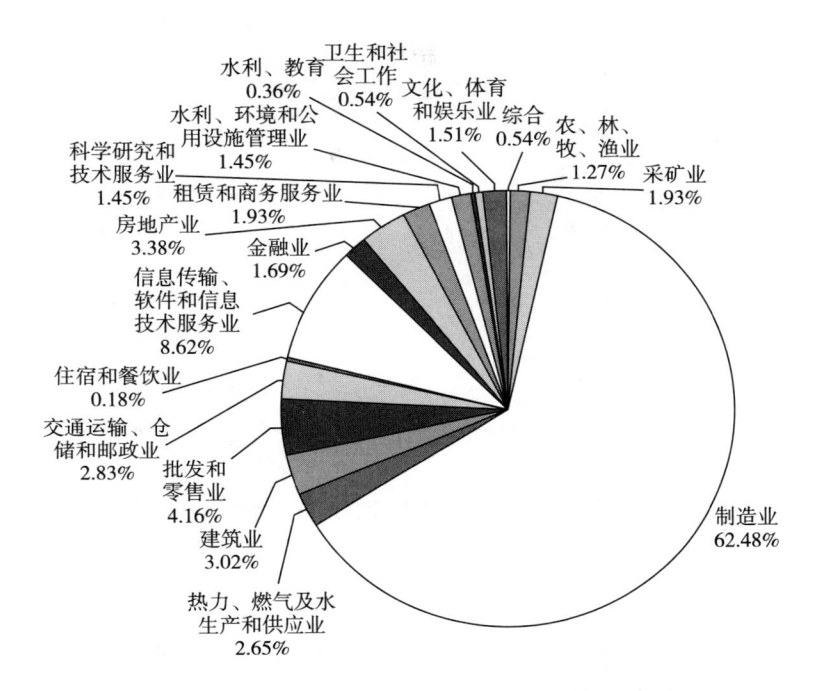

图3 2020年各行业上市公司并购情况

资料来源：同花顺iFinD。

中，采取协议收购的并购方式有5279起，排名第一；采取二级市场收购的并购方式有3006起，排名第二；采取增资的并购方式有1145起，排名第三（见图4）。

公司并购过程中存在着许多明确的或潜在的风险，选择合适的并购方式可以有效地规避并购中的风险点。2021年的并购仍将延续2020年的方式，以协议收购为主。

六 2020年上市公司公告披露的并购支付方式统计

根据Wind数据库的统计数据，2020年上市公司公告披露的并购支付方式主要以现金为主，其余小部分采用股权和无偿等方式（见图5）。

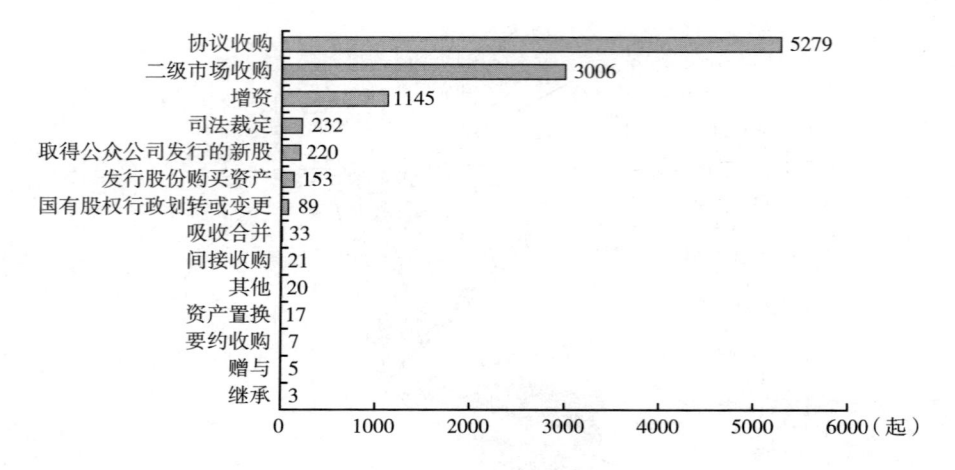

```
协议收购                                    5279
二级市场收购                  3006
增资              1145
司法裁定       232
取得公众公司发行的新股  220
发行股份购买资产  153
国有股权行政划转或变更  89
吸收合并      33
间接收购      21
其他         20
资产置换      17
要约收购      7
赠与         5
继承         3
```

图 4　2020 年上市公司并购方式情况

资料来源：Wind 数据库。

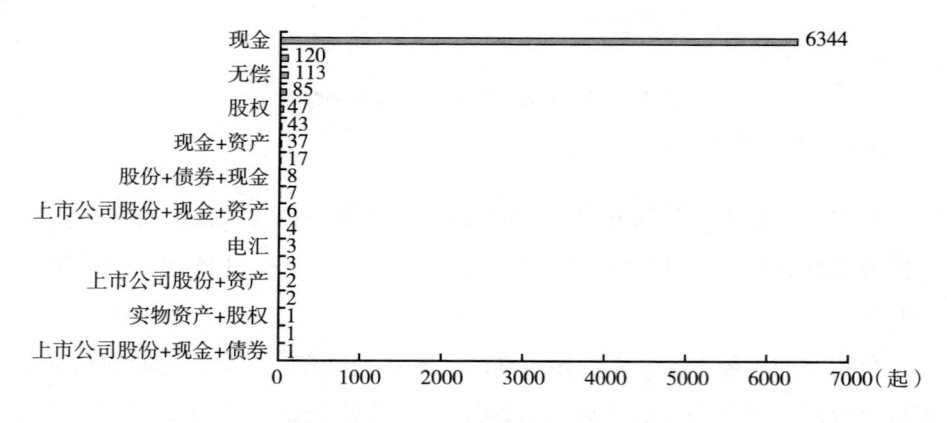

```
现金                                       6344
         120
无偿     113
         85
股权     47
         43
现金+资产  37
         17
股份+债券+现金  8
         7
上市公司股份+现金+资产  6
         4
电汇     3
         2
上市公司股份+资产  2
         1
实物资产+股权  1
         1
上市公司股份+现金+债券  1
```

图 5　2020 年上市公司并购支付方式情况

资料来源：Wind 数据库。

随着证监会推出"小额快速"并购重组审核机制，并直接由并购重组委审议，简化了行政许可程序，压缩了审核时间。2020 年大部分的上市公司选择采用现金支付的方式，以满足"小额快速"的审核机制要求，压缩并购审核的时间成本。

为了提高资本市场的并购审核效率，符合国家政策导向，控制并购市场风险，2021年的并购支付方式仍将以现金支付的方式为主。

七 2020年A股上市公司披露的并购交易统计情况

根据Wind数据库的统计数据，2020年上市公司并购交易金额统计如图6所示。在披露的并购重组公告中，交易金额在0~1亿元的数量是最多的，占比为60.93%；交易金额在1亿~5亿元的数量排名第二，占比26.11%；交易金额在5亿~10亿元的数量排名第三，占比6.50%。根据统计数据，并购交易金额的数量主要集中在0~10亿元之间，随着并购交易金额区间的上升，并购交易金额占比也在逐步下降。

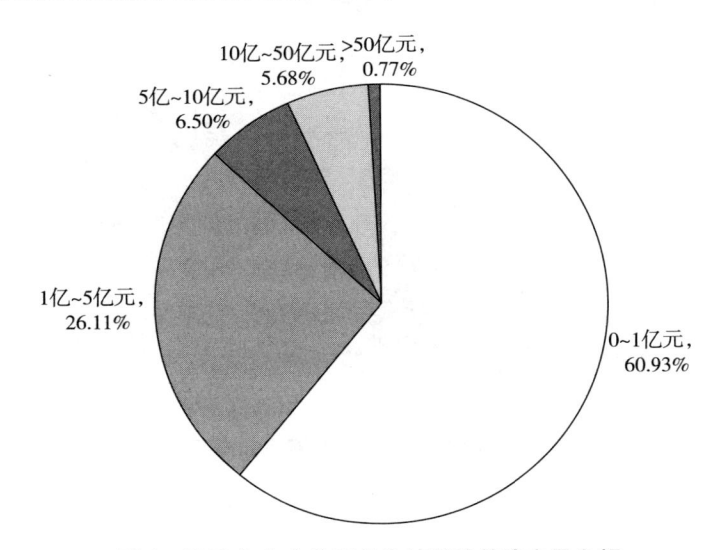

图6　2020年上市公司公告披露的并购交易金额

资料来源：Wind数据库。

随着政策的落实，为了保证资本市场的良性有序发展，预计2021年的并购交易金额不会发生太大变动，仍将维持2020年的情况，并购交易金额主要维持在0~10亿元的规模。

八　2020年A股上市公司并购市盈率统计

根据Wind数据库的统计数据，2020年上市公司并购市盈率统计如图7所示。2020年上市公司并购平均市盈率（PE）大于40倍的占比最大，为32.27%；其次是平均市盈率小于10倍的，占比为21.90%；占比排名第三的是10~15倍的，占比为15.60%。根据数据分析，平均市盈率大于40倍的企业约占三成，并且市盈率大于20倍的企业占比超过一半，说明A股上市公司的平均市盈率普遍偏高，存在高估值的风险。

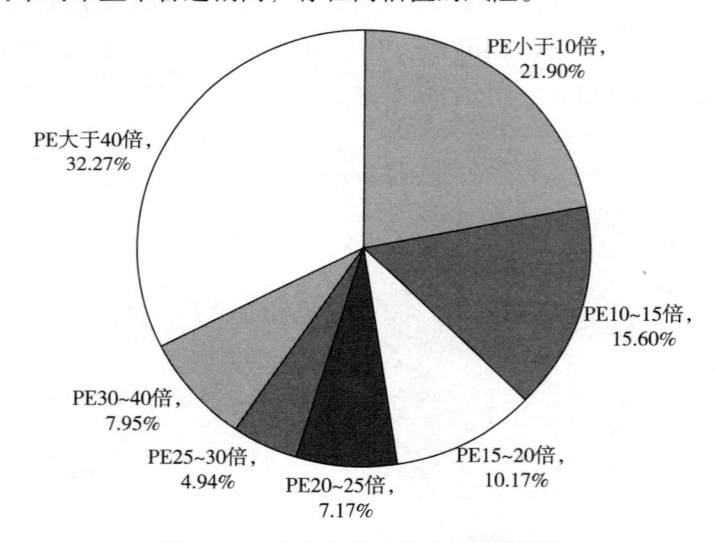

图7　2020年上市公司并购市盈率统计

资料来源：Wind数据库。

2020年的平均市盈率偏高，但是随着市场回归理性，应理性看待高估值带来的风险，预计2021年的平均市盈率将低于2020年的平均市盈率。

九　2020年上市公司并购的财务顾问机构前十名

根据Wind数据库的统计数据，2020年全年参与上市公司并购的财务顾问机构，排名第一的是中信证券股份有限公司，总交易金额为4002.2亿元；排名第二的是华泰联合证券有限责任公司，总交易金额为1049.7亿元；中国国际金融股份有限公司排名第三，总交易额为859.4亿元（见图8）。

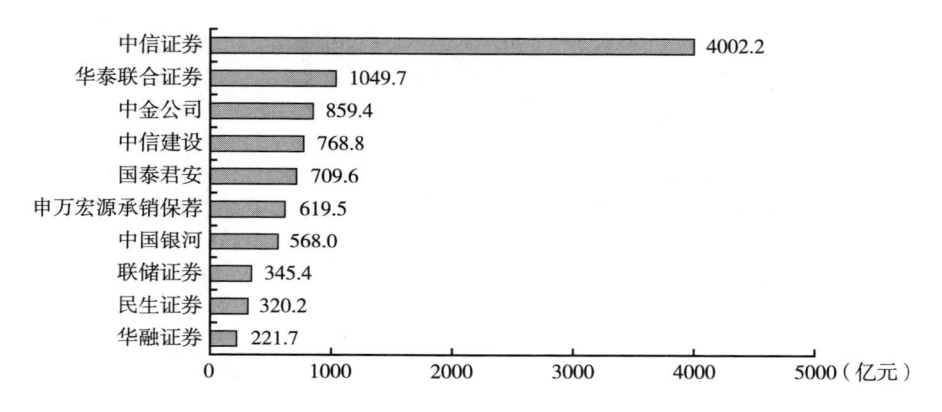

机构	金额（亿元）
中信证券	4002.2
华泰联合证券	1049.7
中金公司	859.4
中信建设	768.8
国泰君安	709.6
申万宏源承销保荐	619.5
中国银河	568.0
联储证券	345.4
民生证券	320.2
华融证券	221.7

图8 2020年参与上市公司并购的财务顾问机构前十名

资料来源：Wind数据库。

十 2020年上市公司并购的其他中介机构前十名

根据Wind数据库的统计数据，2020年全年参与上市公司并购的律师事务所，排名第一的是金杜律师事务所，总交易金额为2676.1亿元；排名第二的是北京君合律师事务所，总交易金额为1672亿元；北京中伦律师事务所排名第三，总交易额为977.8亿元（见图9）。

根据Wind数据库的统计数据，2020年全年参与上市公司并购的会计师事务所，排名第一的是致同会计师事务所，总交易金额为2199.9亿元；排名第二的是天健会计师事务所，总交易金额为1597.3亿元；德勤华永会计师事务所排名第三，总交易额为1581亿元（见图10）。

根据Wind数据库的统计数据，2020年全年参与上市公司并购的资产评估机构，排名第一的是中联资产评估集团，总交易金额为2509.6亿元；排名第二的是国众联资产评估有限公司，总交易金额为1472.6亿元；上海东洲资产评估有限公司排名第三，总交易额为731.4亿元（见图11）。

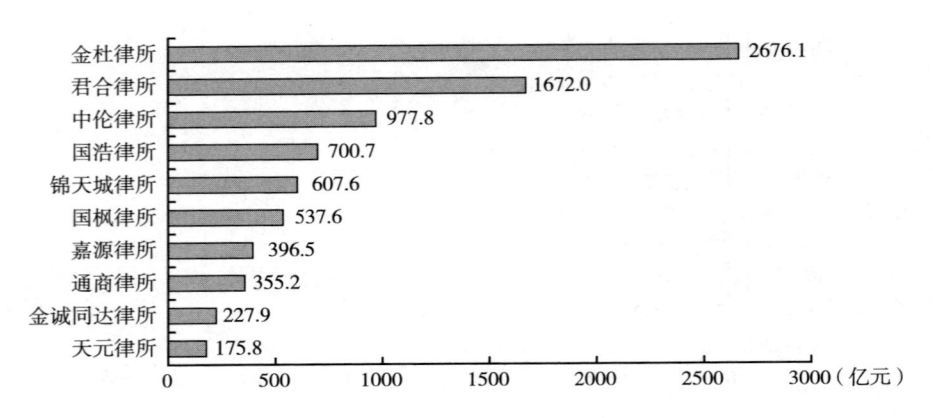

律师事务所	金额（亿元）
金杜律所	2676.1
君合律所	1672.0
中伦律所	977.8
国浩律所	700.7
锦天城律所	607.6
国枫律所	537.6
嘉源律所	396.5
通商律所	355.2
金诚同达律所	227.9
天元律所	175.8

图9　2020年参与上市公司并购的律师事务所前十名

资料来源：Wind 数据库。

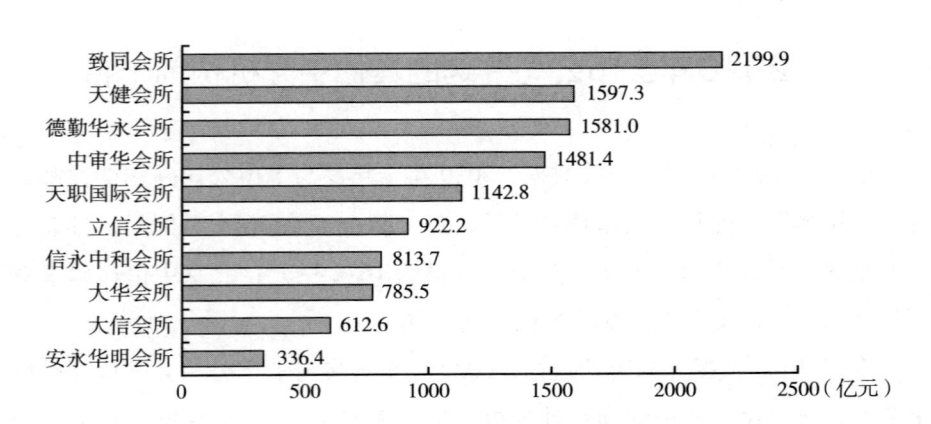

会计师事务所	金额（亿元）
致同会所	2199.9
天健会所	1597.3
德勤华永会所	1581.0
中审华会所	1481.4
天职国际会所	1142.8
立信会所	922.2
信永中和会所	813.7
大华会所	785.5
大信会所	612.6
安永华明会所	336.4

图10　2020年参与上市公司并购的会计师事务所前十名

资料来源：Wind 数据库。

2020年中国上市公司并购分析

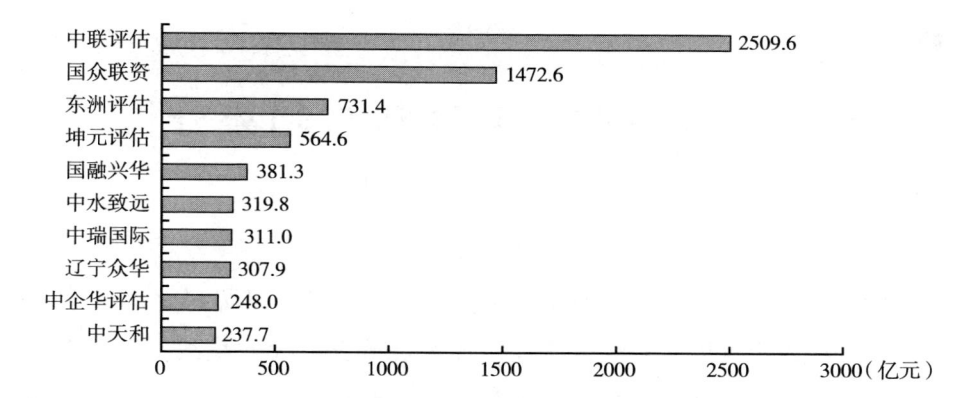

机构	金额(亿元)
中联评估	2509.6
国众联资	1472.6
东洲评估	731.4
坤元评估	564.6
国融兴华	381.3
中水致远	319.8
中瑞国际	311.0
辽宁众华	307.9
中企华评估	248.0
中天和	237.7

图 11　2020 年参与上市公司并购的资产评估机构前十名

资料来源：Wind 数据库。

B.15
2020年民营企业并购现状与趋势分析

王大鹏*

摘　要： 2020年，受新冠肺炎疫情、中美贸易战、世界经济深度衰退等不利因素影响，民营经济发展遭受极大的挑战，民营企业并购同样陷入冰点。一方面，发达国家对外商投资实施的监管和审查更趋严格，地缘政治风险激增，民营企业海外并购规模大幅下滑；另一方面，国内一些中大型民营企业进入破产重整、债务重组的数量显著增加。并购纾困、破产重整是民营企业并购的重要手段。从趋势上看，国企民企混改提速，资本市场并购新规有利于民企并购，高科技领域并购逐渐活跃。

关键词： 民营企业　并购审查　破产重整　债务重组　混改

民营经济是中国经济结构的重要组成部分，在税收、GDP、创新、就业等方面的贡献度日益提升且占据重要地位，民营企业累计贡献了60%以上的国内生产总值、50%以上的税收、70%以上的技术创新成果、90%以上的企业数量、80%以上的城镇劳动就业。2020年9月15日，中共中央办公厅印发的《关于加强新时代民营经济统战工作的意见》中明确指出，民营经济作为我国经济制度的内在要素，始终是坚持和发展中国特色社会主义的重

---

* 王大鹏，中国电子工业科学技术交流中心产业金融研究所所长，金融学博士后，法学博士，研究领域为产业金融、科技创新、并购重组等。

要经济基础。

民营企业并购与民营经济发展高度相关。2020年,受新冠肺炎疫情、中美贸易战、世界经济深度衰退等不利因素影响,民营经济发展遭受极大的挑战,民营企业并购同样陷入冰点。一季度中国GDP下降6.8%,创改革开放以来最大的降幅,国家提出了从"六稳"到"六保"的工作着力点。进入下半年,受益于国内疫情得到控制、海外订单增加,工业生产增速已经超出2019年同期水平。民营经济稳中有升,并购活动逐渐恢复。

一 民营企业并购现状

(一)海外并购遇阻

受全球新冠肺炎疫情影响,并购市场随之降温。与此同时,发达国家对外商投资实施的监管和审查也更趋严格,地缘政治风险激增。2020年1月13日,美国财政部代表美国外国投资委员会(CFIUS)正式发布了实施《外国投资风险审查现代化法案》(FIRRMA)的条例,并于2020年2月13日生效。在欧洲,《欧盟外资审查条例》在很大程度上是为中国"量身定做"的。在这种情况下,中企并购数据大幅下滑。路孚特(Refinitiv)的数据显示,2019年中国企业的海外并购交易规模为410亿美元,金额比2018年减少了近一半,不到2016年峰值的五分之一。其中,中国企业在美国的并购交易额比2018年下降了80%,降至20亿美元。美国波士顿咨询公司2019年并购报告指出,来自中国的海外并购投资额下降78%,交易数量下降31%。另据理脉数据,2020年上半年,中国A股上市公司公开披露的跨境并购交易共计41项,涉及交易金额共计约15.41亿美元,与2018年的126项和2019年的56项相比,分别同比减少了67.46%和26.79%,降幅显著。2020年上半年跨境并购交易中,民营性质的企业并购交易数量超过75%,远超其他性质企业。与2018年和2019年同期相比,民营企业跨境并

207

购项目分别同比下降70.30%和35.42%。

中国民营企业在外扩张遇到明显挑战。在美国持续对中国科技企业的打压下，字节跳动收购Musical.ly的业务遭遇美国外国投资委员会的审查，并被要求强制出售字节跳动的美国业务。豪掷千亿在海外投资的万达、海航等民营企业也在逐渐收缩战线。2020年11月25日，随着芝加哥物业项目完成出售，万达集团已将其海外地产项目全部清空。

（二）并购纾困持续

受国内经济下行压力加大、融资环境趋紧、市场变化、贸易战等多重不利因素影响，民营企业流动性危机增强，2020年突如其来的疫情也令民营经济雪上加霜。民营上市公司控制权变更、破产重整占到了八成以上。

民营控股上市公司控制权变更数量创新高。2018年四季度以来，A股上市公司控制权转让市场热度不减。统计显示，2019年全年A股披露控制权变更的上市公司共计165家，同比增长19.57%。其中，新披露控制权变更的民营控股上市公司为139家（同比增长33.65%），占比84.24%。2020年，国有资本入主的浪潮并未结束。据不完全统计，相关案例多达62起，相关市值3269.8亿元。2019年在民营控股上市公司的控制权变更中，以协议转让和协议转让外加表决权委托（或签署一致行动人、认购定增）的方式导致控制权变更并完成过户的有53家。从溢价率绝对数值看，2019年溢价转让占比虽然超过六成，但平均溢价率仅为13.5%，相较2018年整体溢价率33.17%有显著下降。其中，2019年出现多达18起折价转让案例，占比高达34%，占比创下新高。

近两年，民营企业尤其是大中型民营企业进入破产重整、债务重组的数量显著增加。在上市公司层面，据上证报资讯统计，2019年，A股市场共计48家上市公司涉及破产重整，其中10家的重整主体是针对旗下的子公司，15家的重整主体是上市公司，23家的重整主体是上市公司控股股东。2016~2018年，涉及破产重整的上市公司（其中包括子公司或其控股股东）数量分别为11家、15家和23家。截至2020年10月，另有14家上市公司启动了破产重整相关工作程序，控股股东启动破产重整的公司共计15家，还有19家公司的子公司启动破产重整，加上2019年已启动破产重整但是尚未结束的50多家公司，沪深两市涉及破产重整的公司已近100家。① 除了上市公司，一些全国知名的民营企业也不得不面临重整的窘境，比如精功集团、亿阳集团、中南集团、银亿控股，而这些均是当地赫赫有名的龙头民营企业。

无论是控制权变更继续火爆、溢价率大幅降低、折价交易频现，还是破产重整集中涌现，都反映出民营经济的流动性危机还未过去，并购纾困、破产重整等依旧是民营企业并购的重要手段。

（三）并购扩张与反垄断并存

经济学家乔治·斯蒂格勒说过："没有一个美国大公司不是通过某种程度、某种方式的兼并而成长起来的，几乎没有一家大公司主要是靠内部积累成长起来的。"② 从国际经验看，并购是美国公司的典型成长之路，五次并购浪潮造就了美国一大批产业巨人和跨国公司，也推动了美国的产业变迁、经济转型和持续繁荣。我国正处在经济转型和产业升级的关键时期，迫切需要新的龙头企业的崛起，以提高行业集中度，培育新兴行业，优化资源配置，改善产业结构组合。但与此同时，并购扩张与垄断相伴而行。

我国现行反垄断法施行于2008年，距今已有13年之久。面对当今快速发展变化的经济形态，过去的法律法规已经难以适应。在互联网领域，反垄断的呼声日益高涨。2020年12月11日，中共中央政治局会议明确提出"强化反垄断和防止资本无序扩张"。这一会议精神在中央经济工作会议上得到重申。2020年12月14日，国家市场监管总局对阿里巴巴投资公司收购银泰商业、腾讯控股的阅文集团收购新丽传媒、顺丰旗下丰巢网络收购中

---

① 覃秘、王乔琪：《破产重整风起云涌　近百家A股公司借力求新生》，《上海证券报》2020年9月4日。
② 〔美〕乔治·J. 施蒂格勒：《产业组织和政府管制》，潘振民译，上海三联书店，1989，第3页。

邮智递 3 起并购案未依法申报、违法实施集中给予行政处罚。此前，市场监管总局还发布《关于平台经济领域的反垄断指南（征求意见稿）》。这一系列举动昭示着平台强监管时代正在到来。

如何针对平台经济的行业特点实施有效监管，是各国监管者面临的共同难题。近年来，谷歌、脸书、苹果、亚马逊等巨头在欧美遭到多次反垄断调查，也被开过巨额罚单；脸书和谷歌在美国还面临大规模反垄断诉讼。最近，欧盟委员会提交两部法律草案——《数字服务法案》（*Digital Services Act*）和《数字市场法案》（*Digital Markets Act*）。中国在 2020 年初公布的《〈反垄断法〉修订草案（征求意见稿）》中专门加入了互联网反垄断条款，明确了"认定互联网领域经营者具有市场支配地位还应当考虑网络效应、规模经济、锁定效应、掌握和处理相关数据的能力等因素"。《关于平台经济领域的反垄断指南（征求意见稿）》也将一直处于监管"灰色地带"的协议控制（VIE）架构的经营者集中纳入反垄断审查的范围。这些新动向，都是适应具体业态的举措。民营互联网企业在不断扩张并购的同时，头顶也终于悬起了一把"达摩克利斯之剑"。

二 民营企业并购展望

（一）国企民企混改提速

2015 年，中央出台《国务院关于改革和完善国有资产管理体制的若干意见》（国发〔2015〕63 号）和《中共中央、国务院关于深化国有企业改革的指导意见》（中发〔2015〕22 号），提出了关于改组组建国有资本投资和运营两类公司的要求；2018 年，国务院发布《国务院关于推进国有资本投资、运营公司改革试点的实施意见》（国发〔2018〕23 号），对"两类公司"的改组进程有了具体的方向以及操作规范。2019 年，国务院发布了《改革国有资本授权经营体制方案》（国发〔2019〕9 号），强调了国资监管体制要不断改进和完善的重要性。自此经营性国有资产集中统一监管积极稳妥推进，国资授权经营管理正式进入全面实施阶段。从中央层面选取了6家中央党政机关和事业单位作为开展的试点，省级国资委监管经营性国有资产比例超过90%，有16个地区还超过了95%。国有资本重视的是国家的"资本投入"，而不是具体的"资产"，重点不是看资产的规模，而是关注资本的质量。《国企改革三年行动方案（2020~2022年）》中，提出要积极稳妥深化混合所有制改革①。国务院对外印发的《关于进一步提升上市公司质量的意见》中，明确指出鼓励混改试点企业上市，支持国有企业依托资本市场开展混合所有制改革。

为进一步激发民营企业的活力和创造力，2019年底中央发布了支持民营企业的"28条"，其中包括在电力、电信、铁路、石油、天然气等重点行业和领域放开竞争性业务等与国企混改相关的重要内容。可以预见，在国企混改力度不断加大、民企支持政策逐渐加码的未来，民企与国企之间的并购重组将会迎来一波高潮。

（二）资本市场并购新规有利于民企并购

2019年是A股并购重组市场的政策改革关键年。创业板打破了限制10年之久的借壳禁区，主板上市公司的借壳上市审批条件亦大幅放宽；分拆上市、再融资、简化信息披露等新政遍地开花，速度和力度在中国近30年的资本长河中亦属罕见；控制权转让、破产重整、面值退市等一系列越来越市场化的行为在资本市场掀起了层层热浪。并购重组重磅新政频出，突破力度之大令市场惊讶，监管审批亦大大提速。从定向可转债过审发行，到10月大改《重大资产重组管理办法》、11月科创板重组规则落地，再到12月分拆上市"破冰"，松绑、推进力度前所未有，无不意味着国家对并购重组的大力支持，市场化氛围愈发浓厚。与此同时，监管层对"三高"交易、盲目跨界并购的持续严管成效显著，跨界并购跌入近年来的冰点，标的资产的评估溢价率也显著降低，而壳的价值也

---

① 江寒秋：《青岛国资收购潮》，《齐鲁周刊》2020年8月31日。

不断降低。随着政策的利好不断和市场的理性推动，民营上市公司的并购将逐步市场化、规范化、法治化。

（三）高科技领域并购逐渐活跃

当下，科创板推出和注册制改革、大公司产业的转型进入新领域的需求、疫情等因素共同推动着科技并购市场的良性发展。2020年，全球范围的科技并购确实势头强劲。路孚特数据显示，2019年1~5月，亚马逊、Alphabet、苹果、Facebook和微软已宣布进行了19笔交易，创下2015年以来的同期最多并购数量。中概股私有化、国企改革为中国并购市场带来更多活力；同时，创业板、科创板引入注册制等政策也促使A股市场出现更多资产重组、并购行为。而当前全球经济形势下，我国政府正加大半导体、生物科技、5G等关键行业的投入，产业链升级也将带来更多的并购整合契机。2020年5月18日，安永发布《全球资本信心晴雨表》，约超过60%的受访者预测未来一年全球和中国的并购交易都将增加，有57%的中国受访者预计其公司将在未来一年之内开展并购活动。从历史数据和经验来看，每一次并购潮背后都伴随着技术革新带来的产业重塑，以及金融创新导致的市场繁荣。如今，中国正面临着新一轮的技术浪潮，大数据、云计算、人工智能开始融入金融、医疗、制造、教育等各行各业。传统行业的上市公司，通过并购新兴科技公司也可以进行转型和实现业绩的增长。新一轮并购机会正在出现。而并购市场的繁荣不但是技术创新的结果，更是技术创新的需要[1]。

---

[1] 《2020过半科技并购真的来了》，http://tech.sina.com.cn/csj/2020-07-29/doc-iivhuipn5645947.shtml。

B.16
区块链产业的并购重组机会和价值

邓迪 樊鹏[*]

摘 要： 本文介绍了区块链技术节点的投资方式，区块链投资与传统股权投资存在很大的差别，区块链股权并购投资相较于传统投资方式更有操作价值及机会。本文还展望了区块链产业价值。区块链价值体现在实体企业产业区块链，尤其是制造行业，可以提高协同效率，降低信任成本，可以实现传统产业"价值互联网"的重大升级，开启产业区块链的大幕。

关键词： 区块链 股权投资 产业价值 价值互联网

一 区块链产业并购重组机会

（一）传统股权投资方式

股权投资通常是指长期（一年以上）持有一个公司的股票或投资一个公司，以期达到控股被投资单位，或对被投资单位施加重大影响，或为了与被投资单位建立密切关系，达到分散经营风险的目的。

如被投资单位的产品为投资企业的生产所需的原材料，而市场上这种原材料的价格波动比较大，且供应方面不能保证。此种情况下，投资企业一般

---

[*] 邓迪，太一集团创始人兼董事长，全联并购公会区块链专委会主任；樊鹏，太一云技术股份公司董事、总经理，主要研究方向为新金融科技企业融资并购等。

会通过所持股份，控制被投资单位或对其施加重大影响，进而使其生产所需的原材料能够直接从被投资单位以比较稳定的价格获得，进而保证其生产经营的顺利进行。

如果被投资单位经营状况不佳，或者进行破产清算，投资企业作为股东，也需要承担相应的投资带来的损失。股权投资通常包括金额高、风险大、投资期限长以及能为企业带来较大的利益等特点。股权投资的利润空间一般相当大，包括企业分红或通过企业上市获取的更为丰厚的回报，同时还可享受企业的配股、送股等一系列优惠政策。

投资原则主要包括三个方面。第一，股权投资如同与他人合伙做生意，追求本金的安全和持续、稳定的投资回报，不论被投资单位能否在证券市场上市，只要给投资人带来可观的投资回报，即可以认为是理想的投资对象。第二，要了解所投资的公司。投资者要对投资对象有一定程度的了解。例如，公司管理层的经营能力、个人品质以及能否为股东着想，公司的赢利水平、资产状况、竞争优势等信息。第三，要明确控制投资成本。即使是优质公司，买入股权价格过高，也会导致投资回收期过长、投资回报率下降。因此，投资股权时一定要计算按公司正常赢利水平收回投资成本所需的时间。通常情况下，时间要控制在 10 年之内[①]。

可以看出，传统投资方式投资回报周期长、投资难度大，对标的企业的严苛要求也限制了很多创意型企业的融资计划和发展，资源往往控制在大型企业手中。

（二）区块链技术节点投资方式

区块链投资与传统股权投资存在很大的差别，其中主要的一个差别是：股权投资或并购总是专属于机构与高净值客户，而区块链技术的完善让这项有着高回报收益的项目也可以面向一般客户。下面具体分析区块链投资和传统投资的不同之处。

---

① 《股权投资》，http://www.tuixinwang.cn/wenzhang/4051865.html。

投资人角度：分布式数据存储即去中心化成为区块链股权并购应用的核心，打破传统金融机构高净值客户的限制，将每个自然人作为一个节点，就像在股票交易所买股票，每个自然人都可以在标的并购链上确认属于自己的那部分股权。不同于购买一般金融产品，区块链投资没有门槛，确权快，与其他股东享受相同的收益，在退出上也有着相当高的灵活性。一般股权并购投资都要等待数年，如果是IPO，可能是10年以上，但因为区块链共识机制的存在，区块链股权并购的投资人可以在链上实时转让自己拥有的股权确权份额，这是一般股权投资并购不能比拟的。

公司角度：区块链股权并购投资概念的引入，大大降低了融资的难度和成本，并购方融资将会更容易，收购意向标的企业的时间将会大大缩短；出售方也不必花大量的时间及金钱寻找靠谱的财务顾问机构引荐投资人。

从这几方面来看，区块链股权并购投资相较于传统投资方式确实更有操作价值及机会。

（三）产业联盟节点协同投资方式

联盟区块链产生后，可以从联盟链使用的群体角度对其进行了解。主要群体包括银行、证券、商业协会、保险、集团企业及上下游企业。

区块链诞生于移动互联网时代，上述企业普遍已经IT化和互联网化，区块链在企业圈子的产业链条中对于进一步提升公证、结算清算业务和价值交换网络的效率很有帮助，于是企业开始改造适合它们的区块链体系。联盟链形态，更多是以分布式账本（DSL）为主。区块链的分布式账本和分布式共识为企业解决了主要核心问题，即联盟中多个参与方交互的信任问题[①]。

通过联盟链让节点（公司）间的相互投融资变得更具有操作性。首先，联盟链上的企业之间会存在间接或直接的业务往来，相互绑定的利益使传统行业企业之间建立信任，通过彼此信任的建立，在链内整合产业、并购融资

---

① 《公有链和联盟链的道法术器》，https://blog.csdn.net/elwingao/article/details/55194778。

成为更简单的事情，简化了尽职调查流程，减少了退出机制、约束机制对标的企业的困扰，也为产业链之间的整合奠定了坚实的基础。

二 区块链产业价值展望

（一）区块链价值体现于实体企业产业区块链，尤其是制造行业

区块链技术在一定程度上解决了传统产业价值传输过程中完整性、真实性和唯一性的问题，降低了价值传输的风险和成本，提高了传输的效率。

同时，区块链本身具有无与伦比的革命性和颠覆性，可对传统的产业结构、产业协作体系、价值创造方式以及价值分配方式进行改造，从而可以实现传统产业"价值互联网"的重大升级，开启产业区块链的大幕。

协同效率提高

在过去的企业间协同合作中，因为联合利益分配的不同，核心龙头企业往往以强势的地位成为产业链重心，并对依附于它的中小企业进行剥削，难以形成实质意义上的协同发展。而区块链技术的货币化、分布式、去中心化和产业共识正使传统企业建立真正的产业链的核心。货币化便捷了产业融资融通和业内激励；分布式和去中心化则使产业链中的每个企业都保持独立性，平等交流，信息共享，使得产业共识更容易达成。协同效率得到有效的提高，产业良性循环得以构建。

信任成本降低

目前实体经济的经营成本高，利润薄，其中管理成本和交易成本占比不低，而在运营过程中，信任成本又是大头。传统产业很大程度上避免不了遭遇违约和欺诈，这在无形中增加了信任成本，与此同时互联网经济长期存在的数据无序传播、真伪难辨、信任缺失等问题也进一步加大了企业运营成本。区块链的出现为降低信任成本提供了极好的方向。

（二）在智能合约技术的加持下，违约和商业价值分配改进

数字经济时代，用户逐渐取代资本成为最大的公司价值，传统的价值分

配体系显然不再合理，容易使得价值创造者被抛弃，用户没有机会去分享价值，这样的分配逻辑和发展理念一定会制约着平台发展。

区块链技术则能重构平台价值分配体系，促进互联网经济的发展。在区块链模式中，所有的消费以通证为核心、为纽带、为渠道。每个人每一次的生产和消费，都是在获得平台未来的价值分配权，得到平台一定程度的承诺，获得一系列对应的权益。这样区块链技术就可以把用户对平台的贡献通过通证进行量化反映，实现用户与平台所有者共享平台价值的增值，改变激励模式和价值分配制度，促进平台经济公平健康发展。

国家发改委国经中心研究员、教授级高级经济师萧新桥2020年3月在光明网发文表示，第一代互联网解决了信息传输的成本和效率问题，第二代互联网区块链技术的历史使命是，让价值传递也能像信息传递一样低成本高效率进行。区块链最大的商业价值潜力其实是在制造业，它能够有效解决工业互联网领域的价值互信问题，实现对既有制造业商业模式的重构。建议政府制定明确清晰的区块链产业政策，在顶层设计上推动区块链标准体系建设，引导并规范区块链技术、标准、研发、示范性工程等，特别是对区块链应用的监管和放权并举，推动区块链技术和应用在市场中良性发展。同时，通过联盟加速区块链标准的制定，抢占区块链产业在国际上的话语权。[①]

[①]《国家发改委国经中心研究员：区块链最大的商业价值潜力其实是在制造业》，光明网，2020年3月21日，https：//www.feixiaohao.com/news/8047525.html。

B.17
中国并购基金的发展分析

陈宝胜*

摘　要： 近年来，国外并购基金的发展与美国历史上的并购浪潮紧密相关，全球并购基金规模显著增长，在全球私募股权投资市场中始终占有重要地位，但从国外并购基金的投资和退出情况来看，均有所下降。中国的并购基金经历了著名国际并购基金进入中国、本土并购基金出现、本土并购基金加速发展以及各类型并购基金出现四个阶段。2020年，中国的私募股权基金总体规模不断扩大，市场前景看好，管理机构的管理和运作更加规范。随着中国并购市场的活动日趋频繁，掀起了第六次并购浪潮。未来，中国并购基金的发展机遇与挑战并存，国内的并购基金相较西方发达国家的并购基金在私募股权投资基金中的占比还处于起步发展阶段，仍有较大的增长潜力。

关键词： 并购基金　投资　并购浪潮

一　2020年全球并购基金的发展概况

（一）并购基金在美国并购历史上的作用

国外并购基金的发展与美国历史上的并购浪潮紧密联系，我们首先回顾一下美国历史上5次并购浪潮的过程和特点（见图1）。

---

* 陈宝胜，博士后，中国投资协会股权和创业投资专业委员会副会长，复旦大学兼职硕士研究生导师，研究方向为产业整合、并购重组、资本运作、基金投资等。

中国并购基金的发展分析

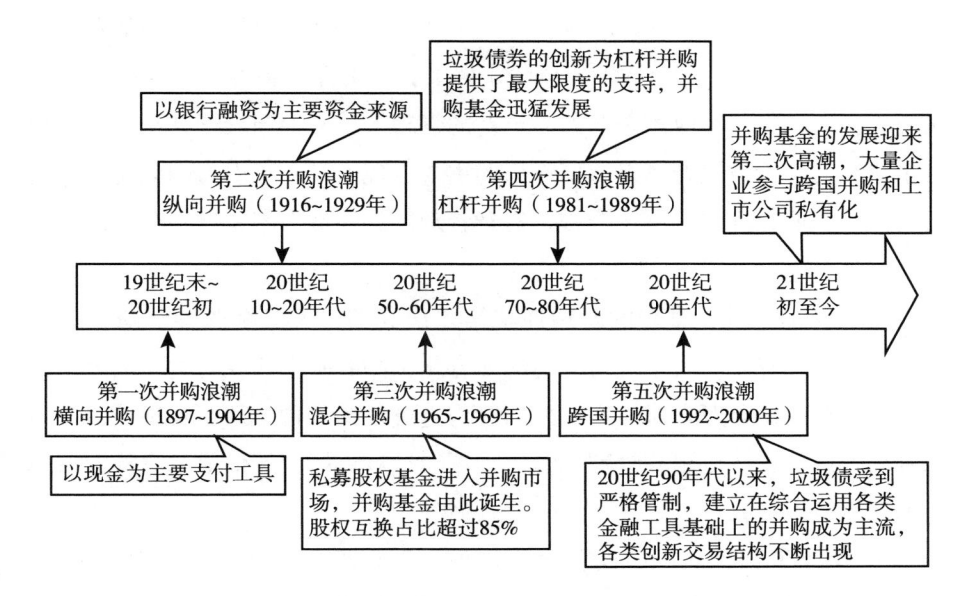

```
以银行融资为主要资金来源          垃圾债券的创新为杠杆并购
                                  提供了最大限度的支持，并
                                  购基金迅猛发展
        ┌──────────────┐         ┌──────────────┐        并购基金的发展迎来
        │  第二次并购浪潮 │         │  第四次并购浪潮 │        第二次高潮，大量企
        │纵向并购(1916~  │         │杠杆并购(1981~  │        业参与跨国并购和上
        │   1929年)     │         │   1989年)     │        市公司私有化
        └──────────────┘         └──────────────┘

  19世纪末~  20世纪    20世纪     20世纪     20世纪    21世纪
  20世纪初   10~20年代  50~60年代  70~80年代  90年代    初至今

  ┌──────────────┐  ┌──────────────┐  ┌──────────────┐
  │  第一次并购浪潮 │  │  第三次并购浪潮 │  │  第五次并购浪潮 │
  │横向并购(1897~  │  │混合并购(1965~  │  │跨国并购(1992~  │
  │   1904年)     │  │   1969年)     │  │   2000年)     │
  └──────────────┘  └──────────────┘  └──────────────┘

  以现金为主要支付工具   私募股权基金进入并购市   20世纪90年代以来，垃圾债受到
                       场，并购基金由此诞生。  严格管制，建立在综合运用各类
                       股权互换占比超过85%    金融工具基础上的并购成为主流，
                                            各类创新交易结构不断出现
```

图1　美国历史上5次并购浪潮

并购基金是美国并购活动中最重要的推动者之一，其发展和杠杆并购模式及债务融资工具创新密切相关。并购基金本身不为相应的债务融资提供担保，而是以并购标的资产和未来现金流作为融资担保。

并购基金是专业化的金融机构投资者。资金规模相对较小，能够充分利用外部资金和金融创新是其最大优势。伴随着市场风险和宏观经济变动及投资者风险偏好调整，并购基金所利用的外部资金主体也相应发生着变化：初期以银行贷款为主，之后保险资金和银团贷款以低成本优势及合作契约优势对银行贷款形成竞争。20世纪80年代，垃圾债以较低的成本和较大的规模成为并购基金最重要的资金来源。美国多家知名的大型并购基金都是在这个时期先后设立并蓬勃发展起来。

美国主流并购基金除了实施大规模的杠杆并购交易之外，也会帮助目标公司管理层进行管理层收购。进入20世纪70年代，越来越多的业务多元化企业集团寻求出售下属业绩不佳的企业，而这些企业在进入企业集团前往往是盈利的。这些集团下属企业的管理者们认为，如果能够脱离企业集团，并

且管理层被授予良好的激励政策,这些下属企业仍然可以取得突出的业绩。

KKR集团创始人之一的科尔伯格设计了企业管理层可以参与的杠杆并购模式:通过吸收被收购企业经验丰富的管理人员来参与杠杆并购,即给予对企业经营和价值提升具有重要作用的主要管理人员有吸引力的股份,进而促进其与企业管理层的有效合作,提升管理层的管理效率,增强公司的盈利能力。

2000年后,并购基金的发展迎来第二次高潮,大量企业参与跨国并购和上市公司私有化。对于上市公司的私有化,并购基金往往通过协助上市公司控股股东或主要股东对流通在外的股份进行要约收购,从而实现上市公司私有化。进行资产重组和管理提升后,再选择对目标资产估值较高的上市地点重新上市。

20世纪80年代美国并购基金大规模经营杠杆收购业务,KKR、黑石、凯雷、TPG都是这一时期发展壮大的。这些典型的并购基金在发展过程中也逐渐发生着变化,一方面并购基金的并购操盘策略从以控股型并购为主转变为控股型和参股型并重,特别是在这些并购基金进入中国、印度及其他新兴市场后,参股型并购的运用越来越多。另一方面,在并购业务之外,部分领先的投资机构还开拓了房地产基金、对冲基金、债券基金等其他领域的基金业务,成为综合性的资产管理集团。

(二)2020年全球并购基金的发展情况

1. 全球并购基金募资情况

据贝恩《2020年全球私募股权报告》数据,2019年全球并购基金募资金额达到3610亿美元,超过历史上最高的2017年募资金额。近年来全球并购基金规模显著增长,并且在全球私募股权投资市场中始终占有重要地位。

据统计,2012年全球私募股权基金的募集金额为2400亿美元,2019年这一数字达到5550亿美元(见图2)。

2012年全球并购基金的募集金额为950亿美元,仅占全球私募股权基金的39.6%。到2019年,全球并购基金募集金额达到3610亿美元,占全球

中国并购基金的发展分析

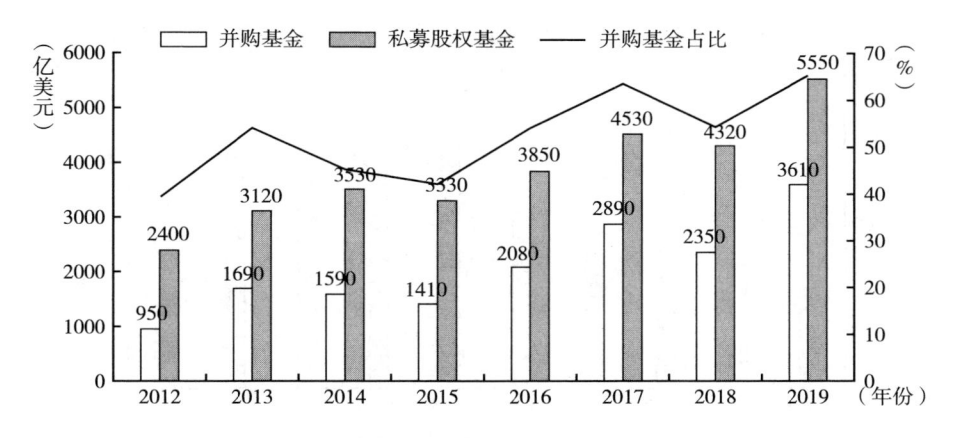

图2　2012～2019年全球并购基金及私募股权基金募集金额对比

资料来源：贝恩咨询，Dealogic，PREQIN。

注：私募股权基金统计口径包括并购基金、创投基金、成长基金、重振基金、私募二级市场基金、私募FOF基金和其他私募基金等。

私募股权基金募集金额的65.0%。全球并购基金的募集金额及在私募股权基金中的占比在过去7年总体稳步上升。

2. 全球并购基金投资及退出情况

根据贝恩咨询的数据，截至2019年底，全球所有私募基金类型的待投资金总额达2.5万亿美元，突破历史高位，仅并购基金就达到8300亿美元，其中超过一半在美国。募集的巨额资本迫使并购基金管理人在全球范围内积极寻求交易机会。

从并购基金的投资情况来看，2019年全球并购基金的投资规模为5510亿美元，同比下降9.2%；投资发生数量为3600起，比2018年小幅增长。无论是从投资项目个数还是从总投资金额来看，2019年的数据仍处于2010年以来的高位（见图3）。

从并购基金的退出情况来看，2019年全球并购基金的退出规模为4050亿美元，同比下降2.2%；退出发生数量为1078起，为2012年以来的最低数字，主要原因是欧洲的经济萎靡不振，交易活动总体下降，由此导致欧洲退出交易数量急剧减少。

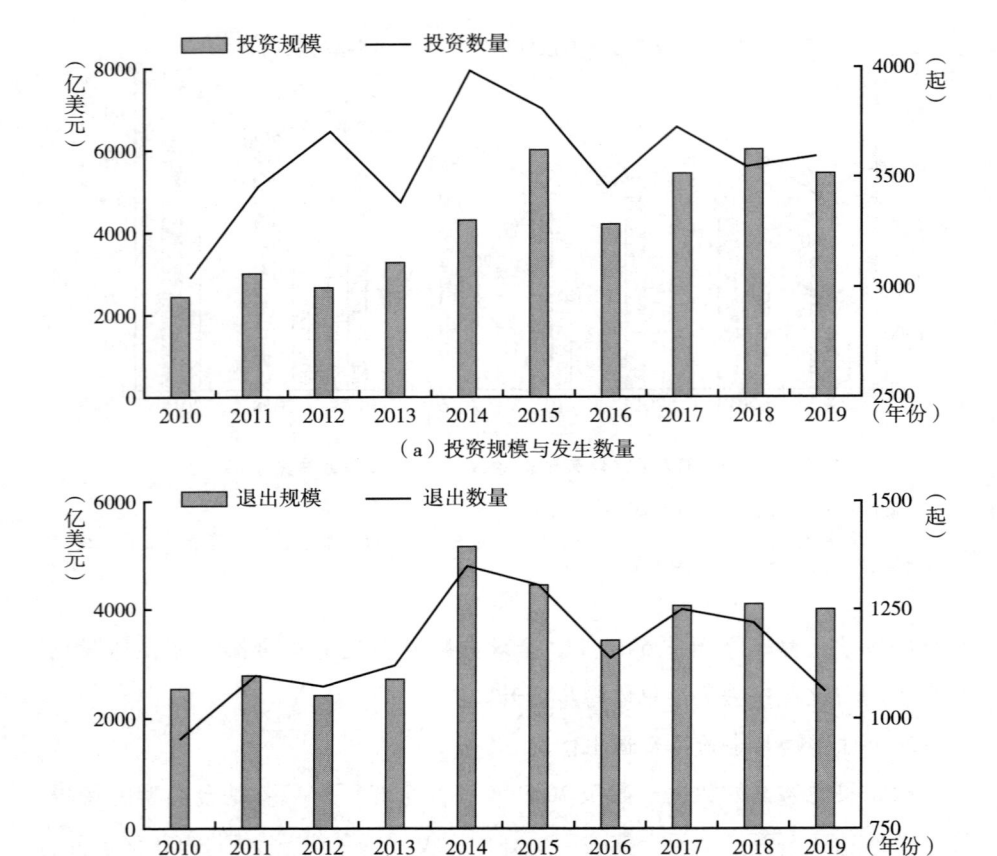

图3　2010~2019年全球并购基金投资及退出交易的规模和发生数量

资料来源：贝恩咨询、Dealogic。

二　2020年中国并购基金的发展概况

（一）中国并购基金发展历程

在成熟的欧美资本市场中，并购基金作为私募股权投资基金中占据主流地位的基金，是企业并购市场上的重要力量。随着中国经济的持续高速增长，自 2000 年开始，并购基金在我国逐渐得到发展，且越来越受到资本市场的欢迎（见图 4）。

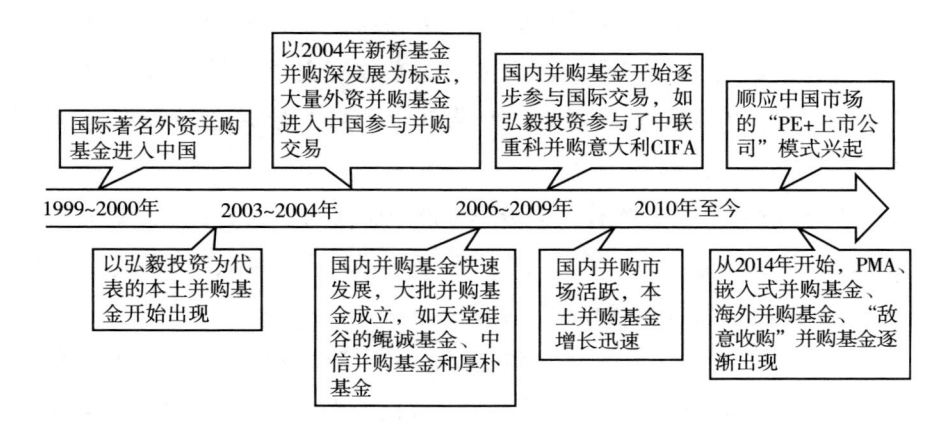

图 4　国内并购基金发展历程

1. 第一阶段　著名国际并购基金进入中国（1999~2000 年）

1999 年，凯雷和 Navis 在中国市场成立了 3 只外资并购基金，标志着国际并购基金管理人正式进入中国。随后外资并购基金也逐步涌入中国，这在一定程度上加速了中国本土并购基金的涌现。

2. 第二阶段　本土并购基金出现，外资并购基金大量参与到中国的并购交易中（2003~2004 年）

2003 年，弘毅投资的成立是中国本土并购基金启航的标志。这一时期，国企改革为并购市场提供了有利机会，本土和外资并购基金共同在国企改革的市场上进行并购活动。例如，弘毅投资收购苏玻集团、美国新桥基金收购深发展银行等。

3. 第三阶段　本土并购基金加速发展（2006~2009 年）

2006 年，天堂硅谷的鲲诚基金成立；2007 年，中信并购基金和厚朴基金成立。据不完全统计，2006~2009 年，中国市场共计成立了 36 只并购基金。随着并购基金数量的逐步增多，并购基金参与并购交易的数量和产生的影响力也在不断提升。例如，中联重科联合弘毅投资以及境外的曼达林基金

和高盛，共同并购意大利CIFA。

4. 第四阶段　各类型并购基金出现（2010年至今）

随着各类新兴产业的发展和中国经济结构调整，中国并购市场逐渐活跃起来，并购基金的数量迅速增长，地方政府也以引导基金的形式参与到市场化的并购基金中。同时，并购基金的组织形式和投资理念也逐步发生变化。

以并购基金的核心运作模式来分类，能够将目前市场上的并购基金分为六类：传统并购基金、"PE+上市公司"并购基金、PMA、嵌入式并购基金、海外并购基金和"敌意收购"并购基金。

其中，"PE+上市公司"并购基金的组织形式和盈利模式更加适合中国并购市场的现状。上市公司与PE机构合作，通过双方优势互补，共同发挥资本运作整合的能力。基金设立时，围绕上市公司战略发展的产业方向进行投资，具有明确投资方向和退出渠道，投资周期相对较短。

（二）2020年中国并购基金的发展情况

1. 中国私募股权投资基金和并购基金总体发展情况

2020年私募股权基金总体规模不断扩大，共有私募股权基金管理人1.5万家，管理基金3.93万只，存量管理资本达到11万亿元，市场前景看好。私募股权投资管理机构的管理和运作更加规范，并出现了较多头部机构。

在国家政策的支持之下，更多类型的机构取得私募股权投资基金管理人牌照，银行、保险、证券、信托等大型金融机构加入了股权投资的竞争市场，私募股权投资参与主体更加多样化，也给市场带来了更多的投资资本和资源。

而政府引导基金已成为市场化基金的重要组成部分，政府引导基金在2020年进一步加快投资步伐，但设立的速度相对放缓。根据投中研究院数据，2020年上半年受疫情影响，政府引导基金设立数量为16只，目标规模为398亿元人民币。早期设立的政府引导基金基本投资完毕，而在中后期设立的引导基金进入投资高峰期。

《中国私募股权投资基金行业发展报告》显示，截至2019年末并购基金存量4874只，管理规模1.71万亿元。2019年受国内外经济金融环境、资本市场波动及监管政策调整影响，新备案并购基金数量和规模整体有所下降，且募资时长和难度增加（见图5）。

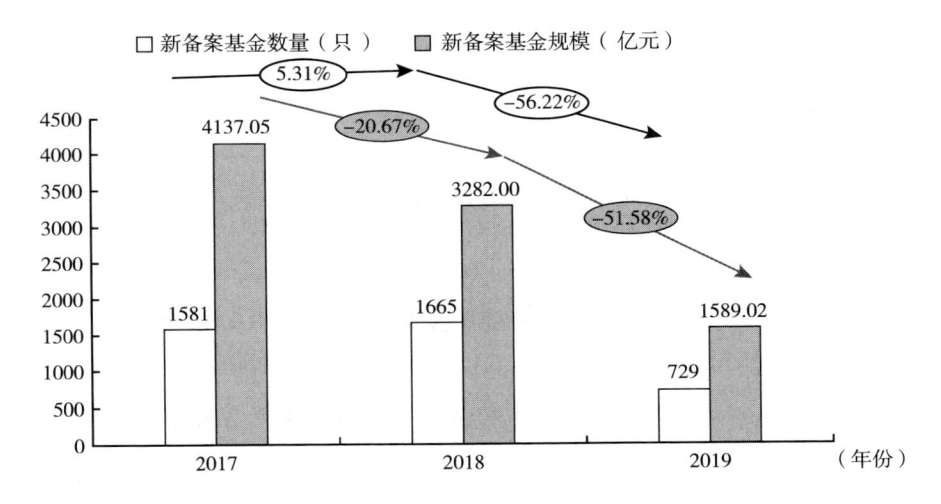

图5 2017~2019年中国新备案并购基金数量与规模情况

资料来源：中国证券投资基金业协会。

越来越多的私募股权基金管理人开始涉足并购基金行业，从创投基金、PE基金走向并购基金，这与国际发达地区私募基金发展的普遍趋势相一致。

2. 中国私募股权投资基金和并购基金募资情况

根据清科研究中心的数据，2020年中国私募股权投资基金（包括早期基金、VC、PE）募集金额为11972.14亿元，同比下降3.8%；基金募集数量为3478只，同比上升28.3%（见图6）。

在2020年新募集的私募股权基金中，占比最高的为成长型基金，分别占私募股权投资基金募资总额和募集数量的55.9%和49.8%；其次是创业基金，分别占募资总额和募集数量的24.3%和44.2%；并购基金募资

图 6　2015~2020 年中国私募股权基金募资情况

资料来源：清科研究中心。

1106.96 亿元，共 52 只，分别占募资总额和募集数量的 9.2% 和 1.5%（见图 7）。

在近 2 年资本市场稳定回升的局面下，2020 年并购基金的募资相比上一年度有大幅增长。2020 年中国并购基金募资规模和数量相比 2019 年分别增长 58.5% 和 85.7%。

3. 中国私募股权投资及并购投资情况（含早期投资、VC、PE）

2014 年以来的国企改革和民企产业并购为并购基金带来了巨大契机，同时随着资本市场的完善，越来越多的企业发现，相比自己从零开始成立新公司拓展新业务，通过并购产业链上下游企业来得更加快捷，这也催生了更多"PE+上市公司"并购基金的成立。在市场化变革的驱动下，并购基金投资已迎来了最好的发展时期。

2020 年私募股权投资案例数量 7559 起，投资金额 8871.49 亿元人民币，退出案例数量 3842 起。在投资数额方面，与募资趋势类似，在 2017 年达到最高峰，2018 年和 2019 年有所降低，2020 年有所回升（见图 8）。

中国并购基金的发展分析

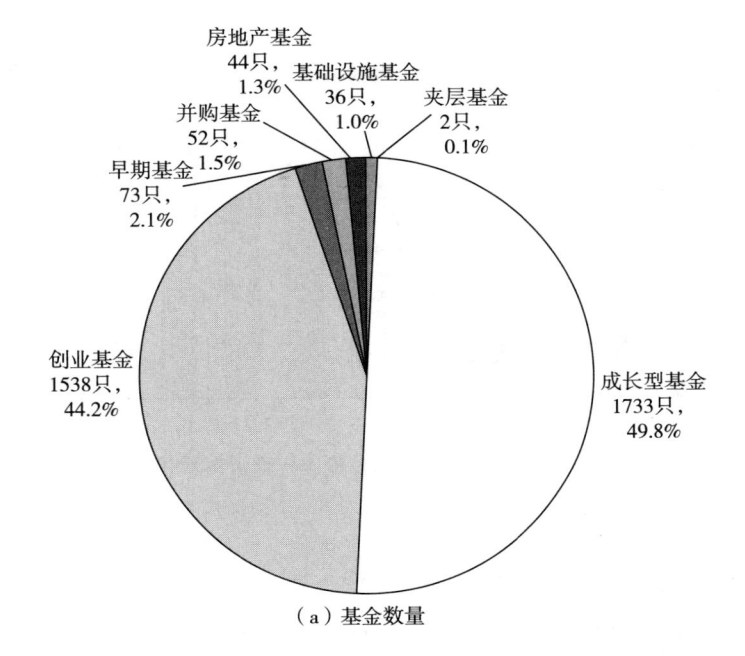

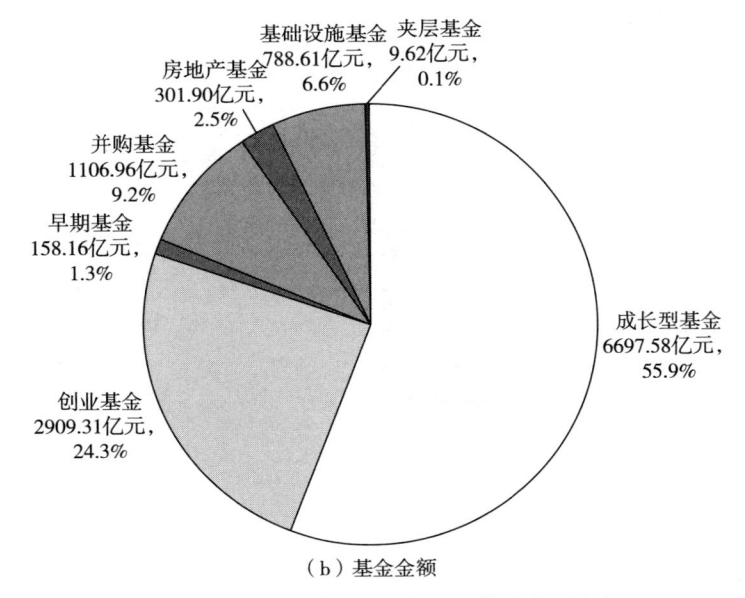

(a) 基金数量

- 房地产基金 44只, 1.3%
- 基础设施基金 36只, 1.0%
- 夹层基金 2只, 0.1%
- 并购基金 52只, 1.5%
- 早期基金 73只, 2.1%
- 创业基金 1538只, 44.2%
- 成长型基金 1733只, 49.8%

(b) 基金金额

- 基础设施基金 788.61亿元, 6.6%
- 夹层基金 9.62亿元, 0.1%
- 房地产基金 301.90亿元, 2.5%
- 并购基金 1106.96亿元, 9.2%
- 早期基金 158.16亿元, 1.3%
- 创业基金 2909.31亿元, 24.3%
- 成长型基金 6697.58亿元, 55.9%

图7 2020年中国私募股权基金募集类型分布

资料来源：清科研究中心。

图8 2010~2020年中国私募股权投资规模和数量

资料来源：清科研究中心。

从2020年私募股权投资类型来看，基金实施的并购投资的金额为352.78亿元，位列成长投资、创业投资、上市定增和战略投资之后，占私募股权投资总金额的4.0%；基金实施的并购投资的案例体量大，数量相对较少，2020年为84起，占私募股权投资总投资案例数的1.1%（见图9）。

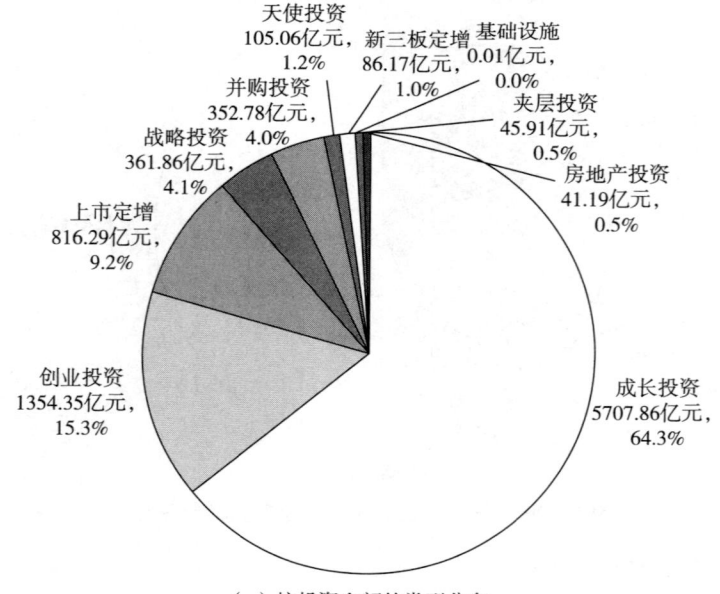

（a）按投资金额的类型分布

中国并购基金的发展分析

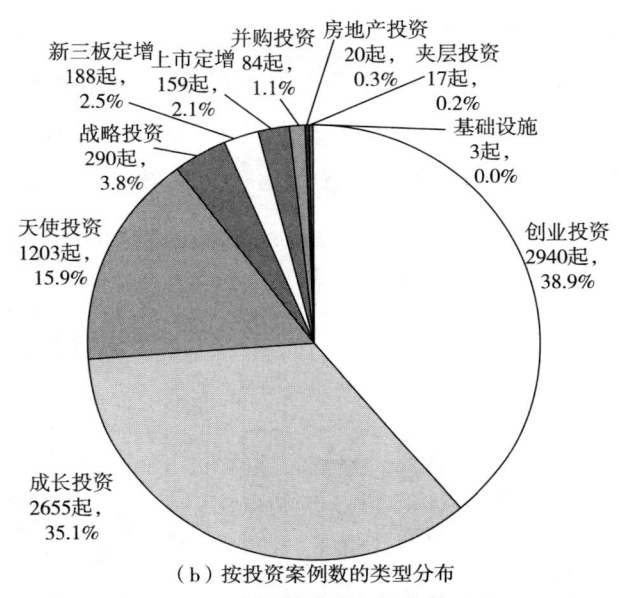

（b）按投资案例数的类型分布

图 9　2020 年中国私募股权投资的分类规模和数量

资料来源：清科研究中心。

中国证券投资基金业协会报告显示，截至 2019 年中国并购基金的投资方向主要集中在 IT 信息、房地产等热门行业（见图 10）。

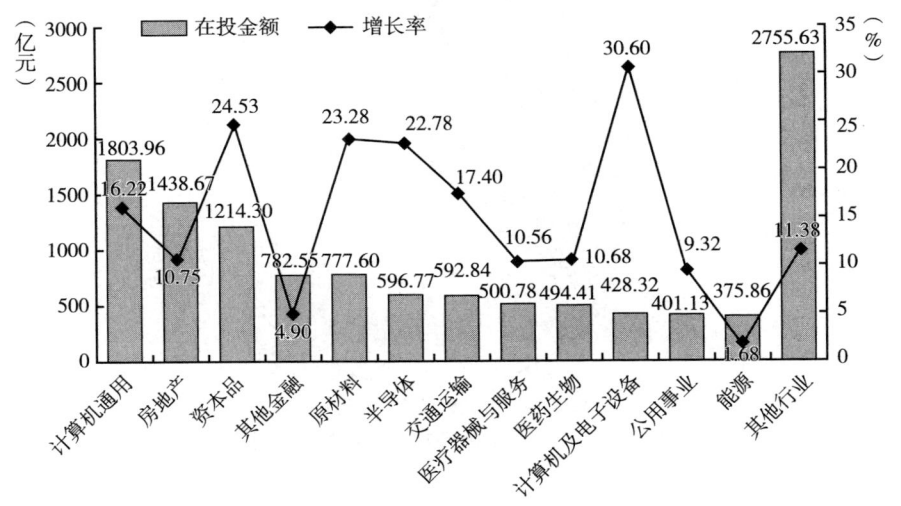

图 10　截至 2019 年并购基金投资行业分布及增长率

资料来源：投中研究院。

229

4. 中国私募股权投资退出情况

2020年中国股权投资市场退出案例数3842笔，相比2018年同期上升30.3%。其中通过被投企业IPO退出的方式为2434笔，同比上升54.7%，主要受益于科创板和创业板注册制的平稳运行（见图11）。

（a）2012~2020年中国股权投资市场退出方式与数量

（b）2020年中国股权投资市场退出方式与数量

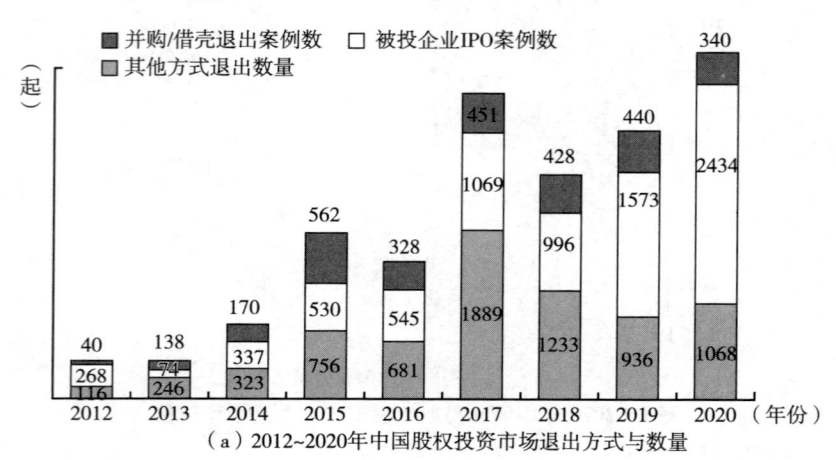

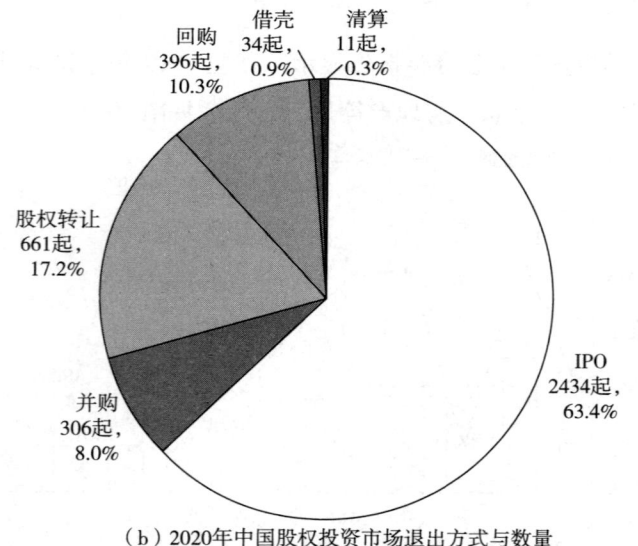

图11　2012~2020年中国私募股权投资退出情况

资料来源：清科研究中心。

注：1笔退出交易指1家机构从1家被投企业退出；如N家机构从1家被投企业退出，则记为N笔。

相比之下，并购/借壳退出的方式受到 IPO 退出剧增的影响，共 340 起，同比下降 22.7%。其他退出方式的情况，股权转让退出 661 起，占比 17.2%，回购退出 396 起，占比 10.3%，清算退出 11 起，占比 0.3%。

根据 Wind 数据，2020 年 A 股 IPO 新上会企业总共有 606 家，通过 580 家，通过率达 95.71%。而 2019 年，A 股新上会企业只有 276 家，通过率为 89.49%。2020 年上会企业中，创业板 203 家，科创板 223 家，中小板 57 家，主板 123 家，创业板和科创板上会企业数占比约 70%。

2020 年并购基金的部分退出案例，如芯屏投资旗下的合肥芯屏产业投资基金（有限合伙）以 48.79 亿元退出安世集团的投资，长城股权投资旗下的芜湖长茂投资中心（有限合伙）以 33.41 亿元退出中铁物晟科技的投资，等等（见表 1）。

表 1　2020 年私募基金参与并购的部分退出案例

退出标的	CV 行业	金额(亿元)	退出机构	基金
安世集团	IT 及信息化	48.79	芯屏投资	合肥芯屏产业投资基金(有限合伙)
中铁物晟科技	消费升级	33.41	长城股权投资	芜湖长茂投资中心(有限合伙)
中兴微电子	IT 及信息化	33.15	华芯投资	国家集成电路产业投资基金股份有限公司
中闽海电	公用事业	25.39	福建投资集团	—
北京矽成	IT 及信息化	24.80	亦庄国际产业投资	北京屹唐半导体产业投资中心(有限合伙)
申联集团	能源及矿业	24.29	西藏沣石投资	平潭沣石恒达投资管理合伙企业(有限合伙)
电铁物晟科技	消费升级	22.27	诚通基金	中国国有企业结构调整基金股份有限公司
中原冶炼厂	制造业	16.37	中银资产基金管理	河南中鑫债转股私募股权投资基金(有限合伙)
承裕资产管理	金融	14.19	仟品上海	上海武岳峰集成电路股权投资合伙企业(有限合伙)
天山铝业	能源及矿业	13.65	中信聚信	潍坊聚信锦濛投资管理合伙企业(有限合伙)

资料来源：投中研究院。

三 中国并购基金发展的机遇与挑战

(一) 中国并购市场的活动日趋频繁

中国并购市场的活动日趋频繁。根据普华永道等机构的报告,中国的并购活动交易额在2016年达到最高规模7383亿美元,2017~2019年并购金额和数量均稍有回落,2020年回升至7338亿美元(见图12)。主要增长来自战略投资者和基金的并购,同时中国企业海外并购的规模有所下降。并购交易随着中国经济转型升级和战略推进持续蓬勃发展。

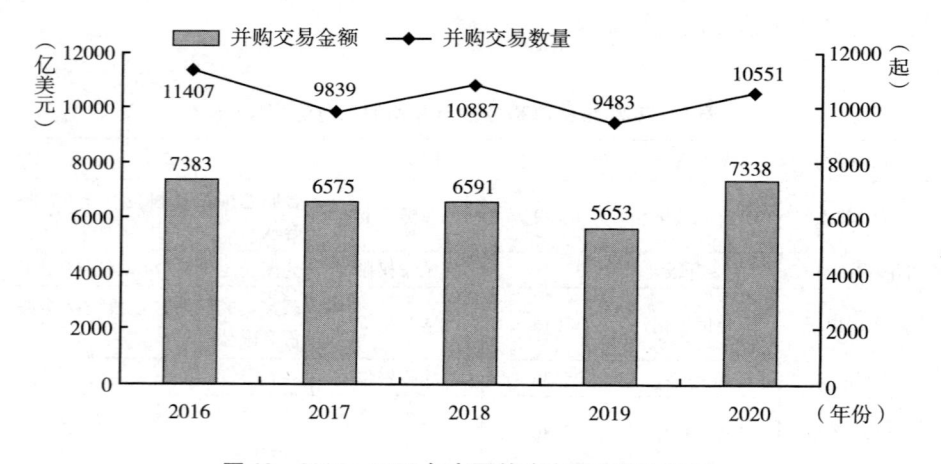

图12 2016~2020年中国并购交易金额和数量

资料来源:汤森路透、投中数据、普华永道。

按全市场口径统计,2013年中国A股上市公司并购重组交易金额为8892亿元,到2020年已增至1.66万亿元,年均增长9.3%,仅次于美国和英国,排在世界第3位。并购重组已成为资本市场支持实体经济发展的重要方式(见图13)。

与成熟发达的国家相比,中国的并购市场仍处于起步阶段,上市公司由于融资和支付手段的便利,成为中国并购市场的主力军。目前,上市公司并

中国并购基金的发展分析

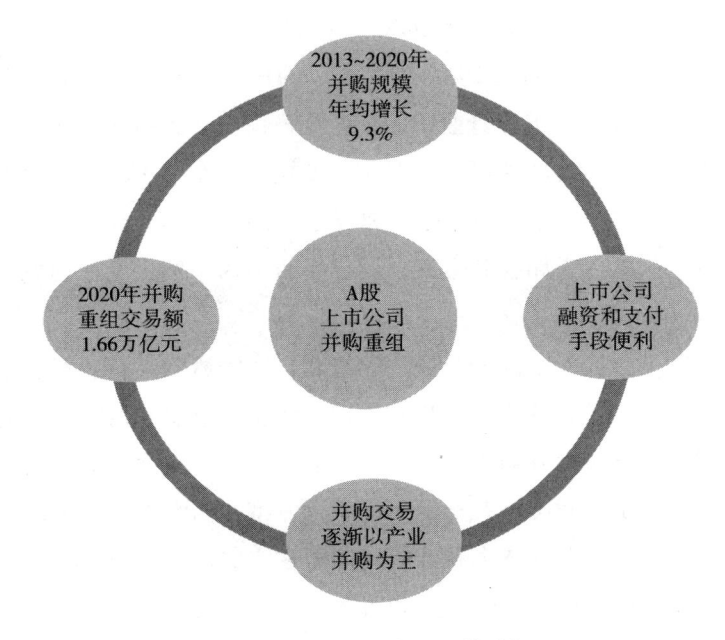

图13 中国A股上市公司并购概况

资料来源：上交所、深交所。

购重组可以根据不同的交易目的分为三种类型，包括整体上市、借壳上市、产业并购。近年来上市公司的并购重组逐渐以产业并购为主。

产业并购是以产业整合和产业价值提升为目的的资产重组与并购。具体是指以上市公司为主体进行行业或上下游产业的资产收购、重组行为，包括产业链的横向和纵向并购，也存在产业跨界并购，主要特征为市场化。此类并购近年逐渐兴起，是上市公司尤其是中小板和创业板企业成长的重要路径。并购能给上市公司带来更多的利润增长，反映在二级市场上则表现为股价和市值的提升，从而进一步推动上市公司进行更大规模、更高质量的产业并购。毫无疑问，产业并购将成为未来中国上市公司并购的主流。

（二）中国企业掀起第六次并购浪潮

中国经济进入发展方式转变、发展速度换挡、增长动力转换、经济结构

调整的关键时期,习近平总书记也以"两只鸟论",即"腾笼换鸟,凤凰涅槃",形象准确地说明"调结构、转方式"的重大意义和方向路径。

目前,我国大多数细分行业中的企业规模尚小,且行业集中度不高,单个企业的规模与力量比较薄弱。面对市场变化时,企业不易依靠自身力量实现转型升级。世界500强企业几乎都是通过不断的并购成长发展的,并购是世界级企业巨头的成长路径和方式,同样也将成为中国企业快速成长的主要方式。

目前中国一方面面临部分行业产能过剩、竞争激烈,行业竞争中占据优势的企业可以通过自身的资金优势和管理优势整合过剩和落后的产能,通过输出管理和设备改造提升弱势企业的盈利能力;另一方面,高端制造和现代服务业的供应不足,我国具有充足资本的企业都在向海外高技术产业进行资本输出,并购高新产业的技术和产能,期望在完成整合后引入需求巨大的中国市场,为中国市场提供高端产品和服务。

因此,行业整合、产业升级以及产融结合将是并购市场发展的主要方向,也是核心机会所在(见图14)。

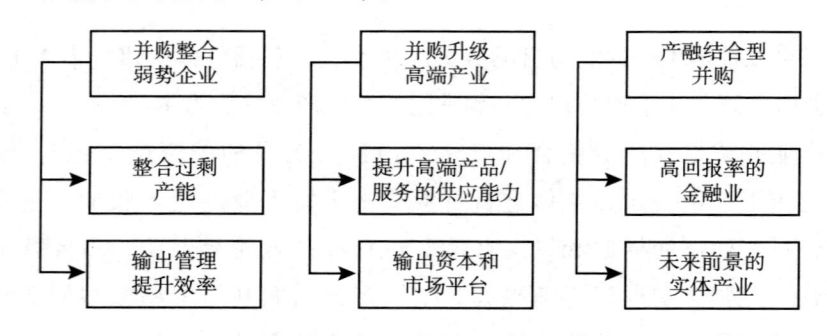

图14 中国并购市场的发展方向

(三)中国并购基金行业与全球并购基金对比

根据清科的数据,目前中国境内并购基金的占比依然较低。2020年新募集并购基金数52只,募集金额1106.96亿元,分别占当年私募股权投资市场新募基金数的1.5%和募集金额的9.2%;而在全球市场私募股权投资基金中，并购基金募集额占50%~60%。

尽管中国境内并购基金已经过一段时间的发展，但相较西方发达国家的并购基金在私募股权投资基金中的占比，中国的并购基金行业还处于起步发展阶段，仍有较大的增长潜力。

四 并购基金收购案例

（一）传统并购基金案例

1. 传统并购基金特点分析

（1）主要运作方式

控股或较大比例参股标的企业，通过管理提升、整合、重组等方式，提升标的企业价值，最后通过退出来实现投资收益。

（2）突出特点

传统并购基金在并购基金运作手法上，与国外并购基金风格较为类似，均着眼于产业长期投资。

2. 代表案例：高瓴资本联合鼎晖投资并购百丽国际

2017年7月25日，高瓴资本、鼎晖投资以及百丽集团的执行董事于武、盛放组成的财团作为要约方，以6.3港元/股的价格收购百丽国际全部已发行股份，收购总对价为531亿港元，较百丽国际停牌前最后交易日的收市价5.27港元/股溢价约19.54%。百丽国际正式私有化，从港股退市。

上述财团成员共同成立并购基金Muse Holdings Inc.，下设2层子公司用于收购百丽国际。交易完成后，高瓴资本持有百丽集团56.81%的股份，鼎晖投资旗下SCBL公司持有12.06%，于武及盛放等百丽集团管理层出资组成的智者创业持股31.13%（见图15）。

经过多年的扩张，百丽集团的经营业绩趋于稳定。由于整体行业性的问题以及百丽品牌老化、销售渠道等因素，股价持续低迷。百丽国际退市前营业收入为417亿元，利润35.55亿元。

```
高瓴HHBH    高瓴HHBG    鼎晖投资旗下SCBL公司    智者创业有限公司
 32.48%      24.33%          12.06%                31.13%
                    ↓
            Muse Holdings Inc.
                    ↓
           Muse Holdings-M Inc.
                    ↓
           MuseHoldings-B Inc         收购主体
                    ↓
              百丽国际
```

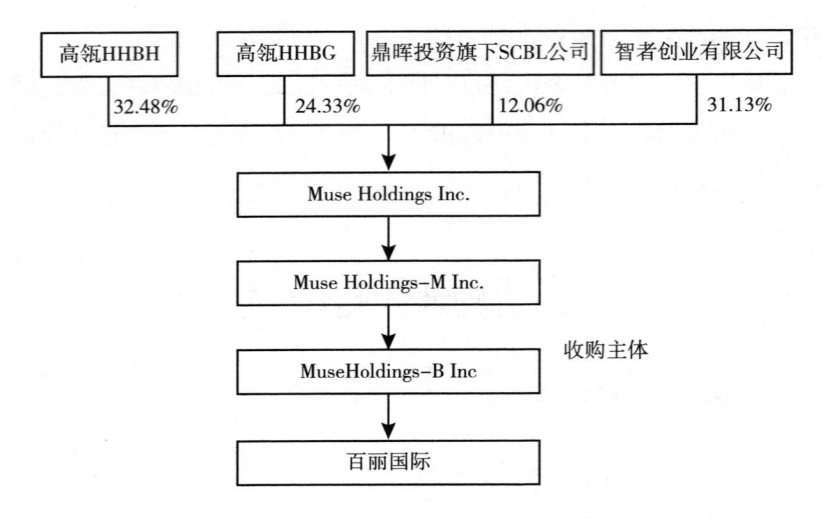

图15　百丽国际私有化后的股权结构

要约收购百丽国际的现金出资为453亿港元，其中280亿港元为美国银行提供的并购贷款，剩余173亿港元由高瓴资本和鼎晖投资等组成的财团提供。

在高瓴资本、鼎晖投资等收购方看来，百丽国际拥有非常良好的现金流，年度净利润超过30亿元，符合作为杠杆收购对象的基本要求。

一方面，百丽国际的业务本身也存在可以提升的空间；另一方面，百丽运动服饰业务具有独特的价值，并可以运作分拆在香港上市。因此，在百丽国际私有化之后，高瓴资本就着手把滔搏国际从百丽国际中进行分拆改造，包括品牌更新、提升运营效率等。

2019年6月，分拆自百丽国际的体育用品经销商滔搏国际向香港联交所提交招股申请，拟赴香港主板上市。

2019年10月10日，滔搏（06110.HK）正式在港股上市。滔搏拥有中国最大且高度下沉的运动鞋服直营门店网络，覆盖中国30个省份的近270个城市，拥有8300余家直营店铺（体育用品类），自有员工约40000名，占据国内运动鞋市场超过15%的市场份额，为行业排名第一。滔搏国际运营的品牌包括耐克、阿迪达斯、彪马、匡威、Asics等国际品牌。

滔搏上市后表现良好，截至 2020 年底，滔搏总市值为 720 亿港元，百丽持有滔搏 78.45% 股份，相当于市值 560 亿港元，加上百丽减持的近 30 亿港元，已超过百丽国际私有化之前的市值。

（二）"PE+上市公司"并购基金案例

1. "PE+上市公司"并购基金特点分析

（1）主要运作方式

私募股权投资（PE）机构与上市公司（或关联人）共同组建基金管理人，发起并购基金，基金围绕该上市公司的产业战略进行投资。

（2）突出特点

基金设立时，具有明确投资方向和退出渠道，投资周期相对较短。上市公司与 PE 机构合作，双方形成优势互补，共同发挥产业和资本的运作整合能力。

2. 代表案例：爱尔眼科设立并购基金

作为眼科专科医院的龙头企业，爱尔眼科于 2014 年首次设立并购基金，其并购基金旗下医院超 120 家。2017 年上半年爱尔眼科注入 9 家并购基金医院，为其带来营业收入 4.35 亿元，净利润 6871 万元，实现了业绩的超预期增长。通过 "PE+上市公司" 并购基金的运作，爱尔眼科进一步巩固了眼科医院的行业龙头地位。

2018 年 10 月 27 日，爱尔眼科发布公告，将以自有资金 1.9 亿元投资设立湖南亮视长星医疗产业管理合伙企业（有限合伙）（下称"亮视长星"），目的是在公司行业经验的基础上充分利用专业投资团队和融资渠道，通过金融工具扩大投资能力，加快眼科医院、眼视光门诊部等的扩张步伐，为爱尔眼科未来发展储备更多眼科领域的并购标的。

亮视长星的经营范围为医院管理、医院管理咨询，主要对眼科医院、眼视光门诊部等进行投资和管理。总规模人民币 10 亿元。其中，招商资管出资 7.5 亿元，爱尔眼科全资子公司拉萨亮视出资 1.9 亿元，铭鸿创投出资 5900 万元，前海安星出资 100 万元，经营期限 5 年（见图 16）。

```
出资1.9亿元      出资7.5亿元      出资5900万元      出资100万元
  拉萨亮视          招商资管          铭鸿创投          前海安星
     LP              LP                LP              GP
                          ↓
        湖南亮视长星医疗产业管理合伙企业（有限合伙）    基金总规模10亿元
                          ↓ 投资并购
                      眼科医院项目
```

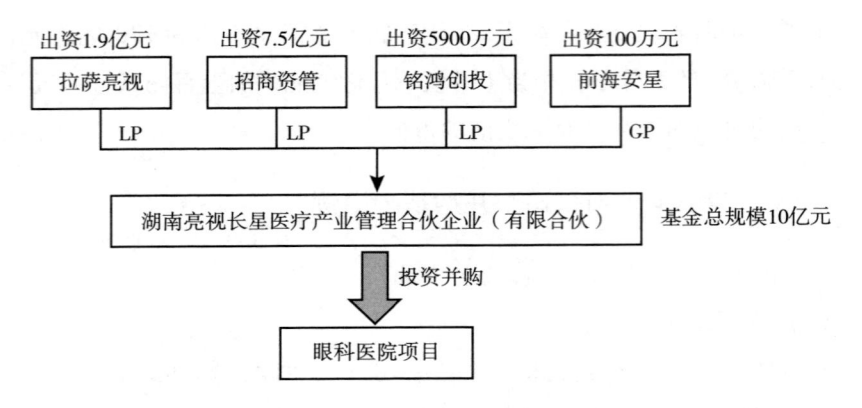

图16 亮视长星并购基金结构

从2018年10月设立开始，亮视长星并购基金已经实现了对58家市级、县级眼科医疗机构的投资，取得的股权占比通常在51%～80%。

截至2020年7月，爱尔眼科国内营业机构522家，其中医院409家、门诊107家、配镜公司6家。上市公司体内有174家，并购基金旗下有348家，与上市之初相比已经扩张了数十倍。通过设立并购基金，一方面爱尔眼科能够获得更多的资金加快营业网点的扩张，另一方面也规避了被并购的风险。对于上市公司而言，并购标的不够优质极易影响股价的波动，从而损害投资者的信心。并购基金的设立为上市公司提供了长远发展和增加业绩的项目孵化平台。

（三）A股并购基金（PMA）案例

1. PMA特点分析

（1）主要运作方式

并购基金通过受让、二级市场交易等方式控制上市公司，重新规划上市公司的业务战略方向，注入受市场欢迎的新兴产业资产，改善上市公司业绩，从而实现上市公司市值的提升。

（2）突出特点

注入新兴产业、新概念的资产，从而实现上市公司市值迅速增长，达到股权增值的目的。

2. 代表案例——东方富海入主光洋股份（002708.SZ）

知名 PE 机构深圳市东方富海投资管理股份有限公司（以下简称东方富海）通过收购 A 股上市公司光洋股份（002708.SZ）的母公司，达到了控制光洋股份的目的。

光洋股份主营业务为汽车精密轴承的研发、制造与销售，近年来的业绩表现平平，特别是 2018 年，汽车产业整体业绩欠佳。光洋股份上市后首年度亏损，2018 年度实现营业收入 13.5 亿元，净利润 -9040.36 万元，分别同比下降 7.24% 和 849.80%。

2019 年 6 月 17 日，东方富海及其关联方与光洋股份控股股东常州光洋控股有限公司（以下简称光洋控股）的 3 名自然人股东签署了股权转让协议。原股东将其持有的光洋控股 100% 股权转让给深圳富海光洋股权投资基金合伙企业（有限合伙）（以下简称富海光洋基金）和深圳市东方富海创业投资管理有限公司（以下简称富海创业投资）。

2019 年 8 月之后，富海光洋基金分批次引入了扬州市江都区政府投资引导基金有限公司、扬帆新材（300637.SZ）、程上楠和沈林仙数名有限合伙人（见图 17）。

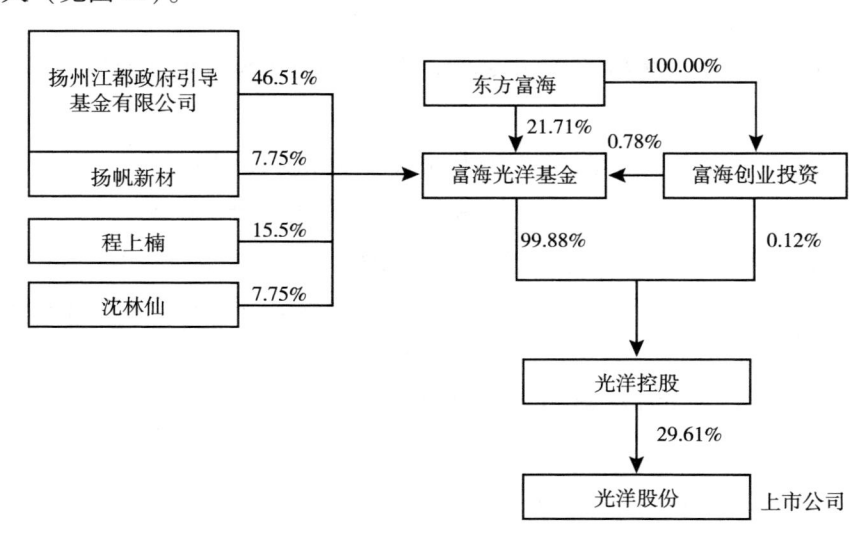

图 17 富海光洋基金的出资结构

其中，富海光洋收购光洋控股99.88%的股权，其应支付的对价为11.99亿元；富海创业投资收购光洋控股0.12%的股权。本次权益变动完成后，富海光洋间接持有上市公司光洋股份29.58%的股份。光洋控股100%的股权，对应上市公司光洋股份总股本的29.61%。2019年6月29日，光洋股份公告，实际控制人将变更为富海光洋基金。

在国内资本市场，由PE机构掌握上市公司控制权的情况并不多见。比较引人关注的案例有2015年九鼎集团间接收购上市公司中江地产（600053.SH），并注入昆吾九鼎100%股权，九鼎集团将私募股权投资业务注入中江地产，上市公司更名为九鼎投资。

富海光洋基金方面表示，购买上市公司控股股东的股权是基于对上市公司经营理念及发展战略的认同，并结合自身战略需要，以及看好上市公司及其所处行业未来发展前景，拟通过上市公司平台有效整合相关资源，提高上市公司的资产质量，全面提升上市公司的持续经营和盈利能力。

（四）海外并购基金案例

1. 海外并购基金特点分析

（1）主要运作方式

并购基金收购中国境外标的公司，将业务引入中国市场进行发展。

（2）突出特点

海外并购基金的特点是将海外技术或产品嫁接到中国市场。

2. 代表案例——建广资产和闻泰科技先后收购安世半导体

安世半导体前身为荷兰的恩智浦集团标准产品事业部，拥有60多年的半导体行业专业经验，于2017年初开始独立运营。安世半导体覆盖了半导体产品的设计、制造、封装测试的全部环节，在全球拥有11000名员工，有10000多种热销产品和20000多家客户，销售网络覆盖全球主要地区。

由于高度依赖进口芯片对中国国内制造业自主发展造成了威胁，2016年6月14日，恩智浦半导体标准产品事业部被建广资产和智路资本以27.5

亿美元收购。除了设计部门，该交易还包括位于荷兰的恩智浦工业技术设备中心、恩智浦位于英国和德国的两座晶圆制造工厂和位于中国、菲律宾、马来西亚的3座封测厂，以及标准产品业务的全部相关专利和技术储备，由该业务独立产生了安世半导体公司。

建广资产是一家专注于集成电路产业与战略新兴产业投资并购的资产管理公司，它设立了合肥裕芯作为境内出资方，与境外的智路资本（JW Capital）组成了海外并购实体裕成控股，继而收购安世半导体（见图18）。

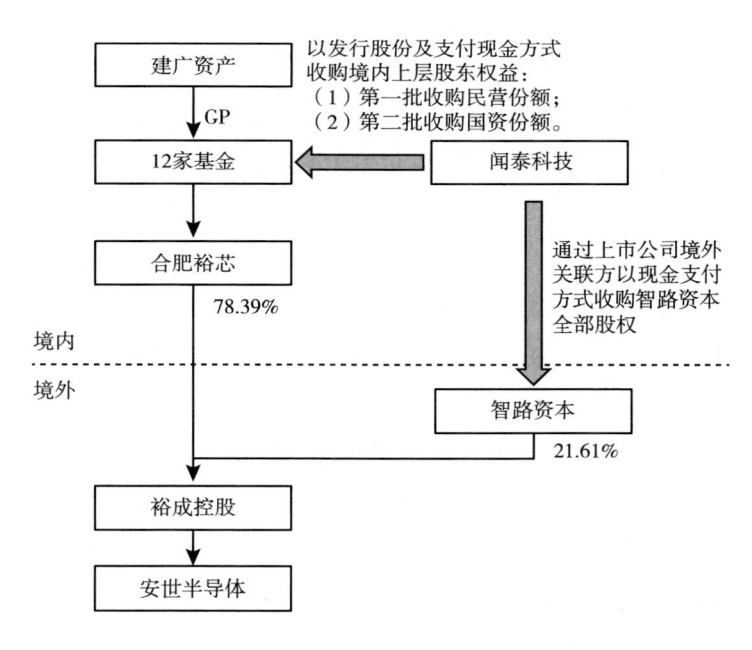

图18　建广资产和闻泰科技先后收购安世半导体的出资结构

据报道，当时智路资本管理的基金投入4.5亿美元，建广资产管理的基金投入约16.3亿美元，合计约20.8亿美元全部投资到裕成控股。建广资产管理基金中，出资人包括京运通、闻泰科技、东山精密等多家上市公司或其实际控制人，以及合肥市建设投资控股（集团）有限公司。

由于安世半导体是全球领军的半导体器件供应商，建广资产完成对安世半导体的收购后，引来了银鸽投资、旷达科技、东山精密、闻泰科技等多家上市公司对其进行竞购。各方产业资本的竞标中，最终以闻泰科技为主的联合体胜出。

2019年3月，闻泰科技（600745.SH）发布公告，拟以发行股份及支付现金的方式收购安世半导体的部分上层股东权益份额，并购对价267.9亿元人民币，相当于间接持有安世半导体74.46%的权益比例。2019年6月，该次交易获得中国证监会的核准，并于2019年12月正式实施。

2020年4月，闻泰科技（600745.SH）发布公告，拟通过发行股份及支付现金的方式收购剩余的上层股东权益份额，并购对价63.3亿元人民币，获得安世半导体23.77%的权益比例，交易完成后总计持有安世半导体98.23%的权益比例。同时闻泰科技发行股份募集配套资金，主要用于安世半导体在中国设立新项目以及补充上市公司流动资金。

安世半导体专注于分立器件、逻辑器件及金氧半场效晶体管（MOSFETs）生产和销售，应用领域包括汽车电子、工业控制、电子通信、消费电子等。恩智浦的标准产品客户数量超过2万家。安世半导体在恩智浦手中时，2010~2016年的营收复合增速仅为1.1%，自2017年2月从恩智浦独立之后，开始逆势高速增长。

第一家收购方建广资产在并购整合上做了大量的工作，包括建立了完备的高管团队，加强了项目和产业链的建设，充实上下游形成全产业链的竞争力。安世半导体背靠中国市场，又自主可控，在广东新增封测生产线，2018年生产总量超过1000亿颗，稳居全球第一。

闻泰科技作为全球最大的手机原始设计制造商（ODM），具备集研发与制造于一体的全业务链解决方案能力。本次收购安世半导体后，将成为目前中国唯一拥有完整芯片设计、封装测试晶圆制造能力的大型国际整合元件制造商（IDM），未来在智能汽车、移动通信、物联网等领域都有强劲的增长潜力，发展空间巨大。

随着5G进入商用阶段，万物互联及智能汽车时代已经到来。在未来，闻泰科技将基于安世芯片开发模组类产品，配合闻泰科技的服务器、软件、驱动程序、云服务能力，提供完整的系统解决方案，在智能硬件、智能汽车及智慧城市等应用领域发挥巨大潜力，真正让本次并购具备"1+1>2"的协同效应。

（五）"敌意收购"并购基金案例

1. "敌意收购"并购基金特点分析

（1）主要运作方式

敌意收购，是指收购主体在未经目标公司董事会允许，不管对方是否同意的情况下所进行的收购活动。

（2）突出特点

通常敌意收购对象为上市公司，由于动用资金量较大，常常伴随着大量外部融资；目前国内敌意收购主要是以控制上市公司为目的的战略性投资。

2. 代表案例——美年健康敌意收购爱康国宾

2014年4月9日，中国民营预防医疗服务提供机构爱康国宾成功登陆纳斯达克，IPO募资规模1.53亿美元。与此同时，爱康国宾以公开发行价格向中投旗下的Best Investment Corporation发行4000万美元规模的私募配售。由此，爱康国宾成为中国健康体检行业第一家上市公司。

2014年11月，美年健康以36亿元人民币的对价收购慈铭体检，成为行业第一，并在2015年3月以55亿元人民币的对价成功借壳江苏三友（002044.SZ）。

美年健康基于行业整合的目的，向爱康国宾发起敌意收购，最终爱康国宾被云峰基金私有化。整个敌意收购过程分为以下6个步骤。

第一步：爱康国宾实际控制人启动私有化，美年健康却展开敌意收购

2015年8月31日，张黎刚（爱康国宾董事长兼CEO）联合相关私募股权基金（下称"内部买方团"）向爱康国宾提交了无约束力的私有化初步要约，提议的报价为每份美国存托股份（ADS）17.80美元（相当于每股35.6美元）。

然而，美年健康却提出，拟以更高价格对爱康国宾进行要约收购。2015

年11月30日，江苏三友集团股份有限公司（即美年健康）和平安德成投资有限公司、华泰瑞联基金管理有限公司、太平国发（苏州）资本管理有限公司、北京红杉坤德投资管理中心（有限合伙）及凯辉私募股权投资基金等公司组建买方团，由买方团向爱康国宾董事会及其特别委员会提交无约束力的私有化交易初步要约，要约价格为每份美国存托股份（ADS）22美元，比内部买方团报价高出23.6%。

第二步：爱康国宾董事会通过"毒丸计划"

2015年12月2日，爱康国宾董事会通过"毒丸计划"：一旦有未经特别委员会批准的恶意收购方获得爱康国宾10%或以上股份，或任何机构获得超过50%股份，在2015年12月13日之前持有爱康国宾普通股股东（除恶意收购方之外）会获得一份相应的股东权利计划。每份股东权利计划持有人有权以80美元购买160美元市值的股票，以达到稀释恶意并购方股权的目的。

第三步：美年健康应对"毒丸计划"两次提高报价

2015年12月15日，美年健康买方团向爱康国宾特别委员会呈递经优化的无约束力的收购建议，买方团将以每份美国存托股份（ADS）23.50美元的价格，全现金购买爱康国宾已发行普通股和美国存托股份（ADS）。该收购价格比内部买方团报价高出32%。

2016年1月，内部买方团新增中国人寿、阿里巴巴、中国新资本国际、安大略教师年金LTW资本捷豹和天津君联赟鹏企业管理咨询等成员，组成了新的内部私有化买方团。

之后，美年健康买方团向爱康国宾特别委员会呈递进一步优化的无约束力的收购要约，买方团将以每份美国存托股份（ADS）25美元的价格，全现金购买爱康国宾已发行的全部普通股和美国存托股份。该收购价格比内部买方团报价高出40.4%。

美年健康买方团在原买方成员的基础上又新增了上海源星胤石股权投资合伙企业（有限合伙）、上海赛领资本管理有限公司和海通新创投资管理有限公司。

第四步：美年健康与爱康国宾在私有化报价之外的"斗争"

除了启动"毒丸计划"之外，爱康国宾已在其他领域对美年健康展开狙击，意图阻止美年健康的恶意收购，包括如下几方面。

①举报在美年健康担任销售职务的前爱康国宾员工泄露爱康国宾商业机密。

②向商务部实名举报美年健康涉嫌违反反垄断法，向中国证监会和交易所举报美年健康信息披露不实。

③向法院提起关于双方之间的知识产权诉讼等。

第五步：云峰基金开展私有化报价

2016年6月6日，爱康国宾宣布收到由虞锋和马云作为创始人的云峰基金的私有化报价函，云峰基金宣布将以每份美国存托股份（ADS）20~25美元的价格全现金收购爱康国宾100%股权。该报价上限与美年健康最新一次报价相当。

2016年6月7日，爱康国宾创始人张黎刚向特别委员会发函，表明将终止参与私有化并撤回其2015年8月31日的私有化要约。

2016年6月8日，美年健康发布公告，表示"鉴于爱康国宾私有化进程的最新变化，公司参与的买方团综合考虑各方面的原因，决定不再向爱康国宾特别委员会呈递有约束力的收购要约，公司亦决定退出买方团"，从而终止了敌意收购爱康国宾的行为。

第六步：云峰基金、阿里巴巴联合爱康国宾创始人再次报价，最终爱康国宾董事会接受交易价格

云峰基金首次报价后，爱康国宾私有化进程搁置了很长时间。2018年3月，爱康国宾发布公告，收到来自云锋基金和阿里牵头的买方团私有化要约，后者提出了全现金收购计划，将收购爱康国宾的全部A类普通股、C类普通股和美国存托股份（ADS），提议收购价为每份美国存托股份（ADS）20美元。

在本次私有化之前，爱康国宾董事长张黎刚、副董事长何伯权两人合计持有的股权比例是25.6%。虽然持股比例不高，但是两人持有的表决权比

例高达43.1%（包含C类股）。

2019年1月，爱康国宾宣布私有化完成，私有化价格最终定为每份美国存托股份（ADS）20.60美元（即41.20美元/普通股）。私有化主体为IK Healthcare Holdings Limited及其全资子公司IK Healthcare Investment Limited。

热点篇

Trending Issues

B.18
困境资产的并购重组分析

韩晓亮[*]

摘　要： 2020年，新冠肺炎疫情加大了金融风险的防控难度，通过困境资产并购重组助力企业脱困，是盘活企业资产、化解经营风险的有效措施，成为我国监管支持推进的重点。目前，我国困境资产并购市场处置能力和资金来源总体不足，困境民营企业和上市公司是当前困境资产并购进行救助的重点。未来，随着我国困境资产并购市场参与者越来越多元化，应协同经济手段和政府支持共同推进困境资产的并购重组，促进并购市场的扩容，关注境外困境资产并购重组，丰富困境资产并购处置手段，进一步推动我国困境资产并购市场的发展。

---

[*] 韩晓亮，博士，全联并购公会副秘书长，北京尚融资本管理有限公司合伙人，全联并购公会信用管理专委会副主任，北京化工大学经济管理学院兼职导师，研究方向为并购重组、资产管理、私募基金、信用管理、财政金融、财务会计等。

并购蓝皮书

关键词： 困境资产　金融风险　并购重组　盘活资产

2020年，突如其来的新冠肺炎疫情对中国乃至全球经济带来前所未有的冲击。世界经济严重衰退，产业链、供应链循环受阻，国际贸易投资萎缩，大宗商品市场动荡。中国经济发展面临更加不稳定、不确定的国际环境。我国正处在转变发展方式、优化经济结构、转换增长动力的攻关期，结构性、体制性、周期性问题相互交织。在经济转型调整的阵痛期，实体企业加速换挡升级，加之受到疫情的冲击，经济链条各环节累积了巨量的问题资产，面临较大压力。各类困境资产层出不穷，形式多样。困境资产并购是盘活资产、化解风险，使企业脱困重生的根本出路，也关乎我国系统性金融风险的防范。

一　困境资产并购概述

（一）困境资产的概念

20世纪90年代亚洲金融危机爆发，我国大量国有企业亏损严重，国家推出一系列经济体制改革举措：国有企业三年脱困，国企员工打破铁饭碗，国有银行从"第二财政"向自负盈亏、独立核算转型，等等。1999年国家组建四大金融资产管理公司，政策性划转处置国有企业形成的不良贷款资产，这是系列改革举措的重要环节。1999~2001年，按照国务院的统一部署，从国有银行向四家金融资产管理公司一次性剥离了1.4万亿元不良贷款。2004~2005年，四家大型国有商业银行股改上市前夕，又以市场化招标的方式，向四家金融资产管理公司第二次剥离不良贷款1.8万亿元。设立四大金融资产管理公司，是我国金融不良资产管理行业运作的开端。两次大规模政策性划转处置国有银行的不良贷款，大幅度降低了国有商业银行的不良率，阻断了金融风险的积聚扩散，为国有商业银行改革赢得了宝贵时间，也为我国金融长期稳定发展奠定了一个良好的基础。

之后，金融不良资产管理的理论研究和实务探索，也多从金融风险防范角度展开。主要方向是不良资产范围的不断扩展，从最初四大行的不良贷款，扩展到所有银行的不良贷款，再扩展到影子银行、非银金融机构的不良贷款，进而扩展到金融机构债券投资、股权投资形成的违约债券、问题股票、问题实物资产，等等。金融不良资产的管理主体也从最初的四个全国性的金融资产管理公司（四大 AMC），发展到五大（中国银河资产管理公司 2020 年获批运营）及 58 家地方资产管理公司。

2015 年金融不良资产管理迎来重要突破创新。2015 年财政部与原银监会下发《金融资产管理公司开展非金融机构不良资产业务管理办法》，将不良资产管理的内涵由金融领域拓展到非金融领域。非金融机构不良资产，简称"非金业务"，一般指企业集团内部、企业之间发生的不良借款。比如应收账款，只要符合"真实、有效、洁净"三原则，即资产客观存在且对应的基础经济行为真实发生、属于国家法律法规允许转让的范围、资产权属关系能够得到交易相关方的认可，就可以认定为"不良资产"。这是官方正式文件对不良资产从金融角度向非金融角度转变的开始。

实质上，从 1999 年四大金融资产管理公司成立之初，四大金融资产管理公司接收由银行划转的政策性不良贷款，对应也是当时国有企业的困境资产。在不良资产处置过程当中，四家金融资产管理公司充分运用了债务重组、债转股、追加投资、破产清算等多样化手段，对上千家国有企业的困境资产实施并购重组，促进资源合理流动和优化配置，在有效化解金融风险的同时，救活了一大批实体企业，有力推动了国有企业改革和发展。

当前，我国经济社会发展面临百年未有之大变局，加之新冠肺炎疫情的冲击、国际贸易摩擦等多种因素的影响，以及我国经济处于转型升级的特殊阶段，一大批企业特别是民营企业陷入经营困境。如何通过对困境资产的并购重组，盘活资产价值，实现对困境企业的纾困救助，确保我国经济社会持续健康发展，这是我们当前必须解决好的重要课题。

正时基于这样的时代发展需求，困境资产越来越引起学界和实务界重视。2020年10月末，由苏州基金博物馆、全联并购公会、苏州市金融发展研究会与中国证券基金业协会在苏州联合举办第六届中国并购基金年会，年会聚焦双循环格局下困境资产并购重组，引起社会广泛关注。与会领导、专家一致认为，随着世界经济和中国经济的深度调整，困境资产的并购重组、市场化处置将是经济金融领域面临的一项突出且重大的任务，应从企业纾困的角度，加强困境资产的理论研究和实践探索。

困境资产的概念在我国应用不多，还没有准确规范的学术定义。我们尝试将困境资产界定为困境企业涉及的实物资产、金融资产等所有资产。与传统的金融不良资产概念相比，困境资产是从非金融角度，全面研究困境企业的全部资产。2015年提出的非金业务，指企业集团内部、企业之间发生的不良借款，只是企业资产的一部分。困境资产是指困境企业的全部资产，内涵更宽泛，这是我国资产管理领域重要的理论突破。以此为出发点，将会为我国困境企业纾困研究打开更广阔的空间。

什么是困境企业？哪些企业属于困境企业？这是困境资产研究的基础。从国家支持企业纾困发展的政策内涵而言，不符合国家产业政策，国家不支持发展的企业，不应列入困境企业。因此，我们将困境企业界定为：符合国家产业政策等政策导向，发展前景良好但遇到暂时困难的企业，包括：（1）因行业周期性波动导致困难但仍有望逆转的企业；（2）因高负债而财务负担过重的成长型企业，特别是战略性新兴产业领域的成长型企业；（3）居于产能过剩行业前列的关键性企业以及关系国家安全的战略性企业；（4）其他原因导致暂时困难的企业。不包括：（1）扭亏无望、已失去生存发展前景的"僵尸企业"；（2）有恶意逃废债行为的失信企业；（3）不符合国家产业政策，助长过剩产能扩张和增加库存的企业；（4）其他不符合国家产业政策的企业。

困境资产与经济周期、技术进步、消费观念迭代等密切相关，是社会进步中一种非常正常的伴生品，困境资产的市场也会长期存在。从资源配置角度来看，使困境资产在不同的空间、时间进行更好的资源配置，困境资产也是巨大的社会财富。

（二）困境资产规模估算

困境资产的研究还处于起步阶段，还缺乏严谨规范的统计制度和统计数据。但从企业运营的角度分析，企业陷入困境，往往带来银行贷款违约、发行的债券违约等问题，从金融机构的不良贷款、债券市场违约情况等方面，也可以看出我国困境资产的概貌。

一是银行不良贷款规模。1998年人民银行参考国际惯例，在《贷款分类指导原则》中，按收回贷款本金的可能性高低，将贷款划分为正常、关注、次级、可疑、损失五种，后三种归入不良贷款。银保监会主席郭树清先生2020年8月在中共中央机关刊物《求是》杂志上撰文指出，"预计2020年总体杠杆率和分部门杠杆率都会出现较大反弹，金融机构的坏账可能大幅增加。2019年银行业新形成2.7万亿元不良贷款，出现疫情'黑天鹅'后，资产质量加倍劣变不可避免。由于金融财务反应存在时滞，目前的资产分类尚未准确反映真实风险，银行即期账面利润具有较大虚增成分，这种情况不会持久，不良资产将陆续暴露。"据有关部门统计数据，2020年底银行业不良贷款余额3.5万亿元，较年初增加了2816亿元。不良贷款率1.92%。[1]

二是债转股规模。2017年，我国五家国有大型商业银行设立了各自的金融资产投资公司（AIC），落实国家市场化债转股政策。债转股的对象一般是有发展前景的困境企业。根据有关部门统计数据，目前市场化债转股规模近2万亿元。[2]

三是"影子银行"不良规模。按照银保监会《中国影子银行报告》，广义的影子银行包括：银行同业特定目的载体投资、委托贷款、资金信托、信托贷款、银行理财、非股票公募基金、证券业资管、保险资管、资产证券化、非股权私募基金、网络借贷P2P机构、融资租赁公司、小额贷款公司提供的贷款，商业保理公司保理、融资担保公司在保业务、非持牌机构发放

---

[1] 《银保监会国新办新闻发布会答问实录》（2021年1月22日），http：//www.cbirc.gov.cn/cn/view/pages/ItemDetail.html？docId=961829&itemId=915&generaltype=0。

[2] 资料来源：Wind数据库。

的消费贷款、交易所提供的债权融资计划和结构化融资产品；狭义影子银行指同业特定目的载体投资和同业理财、理财投非标债权等部分银行理财、委托贷款、信托贷款、网络借贷P2P贷款和非股权私募基金等业务。2016年底，我国影子银行规模已经相当庞大，广义影子银行规模超过90万亿元，狭义影子银行规模亦高达51万亿元。截至2019年底，中国广义影子银行规模为84.80万亿元，占2019年国内生产总值的86%，相当于同期银行业总资产的29%。根据84.8万亿元的规模，按不良率3个点计算，为2.54万亿元。

四是非金业务规模。根据商务部有关研究机构调查，我国规模工业以上工业企业应收账款规模近16万亿元。

五是出险大型企业融资规模。2013年起，人民银行建立了大型企业风险监测机制，大型企业普遍具有市场份额大、就业职工多、供应链长等特点，在实体经济中占有重要地位。根据中国人民银行发布的《中国金融稳定报告（2020）》，我国约有3万家大型企业法人单位，截至2019年末，全国共有575家大型企业出险，其中，460家企业出现严重流动性困难、120家企业未兑付已发行债券、27家企业股权被冻结、67家企业申请破产重整。575家出险企业融资规模为3.88万亿元（其中已被纳入不良资产仅为6462亿元）。从行业看，出险企业主要集中在制造业（241家）、批发和零售业（87家）以及交通运输、仓储和邮政业（51家），融资规模分别为1.3万亿元、4932亿元和5704亿元（见图1）。从经营状况看，272家出险企业资产负债率为70%以上，处于高负债运营状态，融资规模2.6万亿元。其中，97家企业已严重资不抵债。从担保情况看，575家出险企业担保余额共计1.6万亿元，或有债务总额相当于融资总规模的四成。

（三）国家政策支持困境资产并购重组

2020年的新冠肺炎疫情加大了金融风险的防控难度。疫情肆虐使企业经营雪上加霜，推动困境资产并购重组，助力企业脱困，也成为我国金融监管支持推进的重点。

一是疫情危机下救助实体经济的宏观政策导向推动我国困境资产并购市

困境资产的并购重组分析

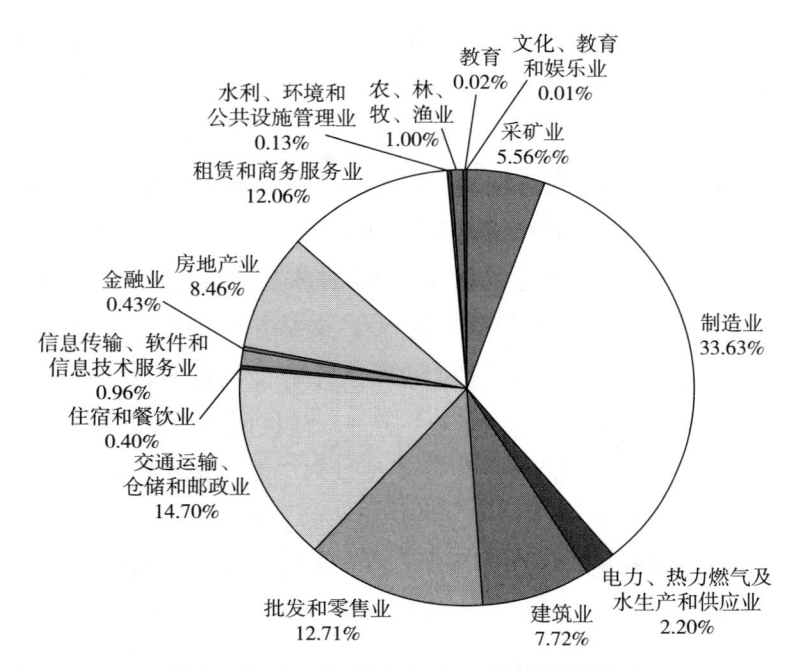

图1 出险企业行业分布（按融资规模计算）

- 水利、环境和公共设施管理业 0.13%
- 教育 0.02%
- 文化、教育和娱乐业 0.01%
- 农、林、牧、渔业 1.00%
- 采矿业 5.56%
- 租赁和商务服务业 12.06%
- 房地产业 8.46%
- 金融业 0.43%
- 信息传输、软件和信息技术服务业 0.96%
- 住宿和餐饮业 0.40%
- 交通运输、仓储和邮政业 14.70%
- 批发和零售业 12.71%
- 建筑业 7.72%
- 电力、热力燃气及水生产和供应业 2.20%
- 制造业 33.63%

资料来源：中国人民银行：《中国金融稳定报告（2020）》。

场快速发展。2021年初，为缓解疫情对中小企业的冲击，银保监会及时发布《关于加强银行业保险业金融服务配合做好新型冠状病毒感染的肺炎疫情防控工作的通知》（银保监办发〔2020〕10号）对中小企业违约给予政策上的优惠，部分地方金融监管局（如北京）也要求地方资产管理公司开展因疫情受困企业的不良资产收购业务，加强优惠融资支持。这些政策支持困境资产并购专业人员依托自身专业能力，通过困境资产收购重组、债权融资、权益性投资等各类经营业务拓展市场发展空间。在《关于防范化解融资平台公司到期隐性债务风险的指导意见》（国办函（2019）40号文）出台后，为困境资产行业参与化解地方政府隐性债务提供了可操作性路径，困境资产行业市场主体可以通过资产收购方式，实现债权人的变更，进而通过债务重组，实现对平台公司债务风险的管理化解。

二是市场化债转股助力困境资产重组和价值提升。根据原银监会《金融

资产投资公司管理办法（试行）》规定，"金融资产投资公司开展债转股，应当符合国家产业政策等政策导向，优先考虑对拥有优质优良资产的企业和发展前景良好但遇到暂时困难的优质企业开展市场化债转股，包括：（一）因行业周期性波动导致困难但仍有望逆转的企业；（二）因高负债而财务负担过重的成长型企业，特别是战略性新兴产业领域的成长型企业；（三）高负债居于产能过剩行业前列的关键性企业以及关系国家安全的战略性企业；（四）其他适合优先考虑实施市场化债转股的企业。金融资产投资公司不得对下列企业实施债转股：（一）扭亏无望、已失去生存发展前景的'僵尸企业'；（二）有恶意逃废债行为的失信企业；（三）债权债务关系复杂且不明晰的企业；（四）不符合国家产业政策，助长过剩产能扩张和增加库存的企业；（五）金融业企业；（六）其他不适合实施债转股的企业"。对困境企业实施债转股政策，有效缓解企业债务负担，释放企业向银行借款抵押的资产，助力企业资产重组，盘活资产，提升价值，使困境企业重获新生。

三是上市公司新政加快困境上市公司并购重组步伐。2020年3月1日，新修订的《证券法》颁布，彻底改变了上市公司的制度逻辑，在加大投资者保护力度的同时加大了对违法违规上市公司的追责强度和惩罚力度，在重塑资本市场生态的同时，也将上市公司的多年积弊暴露于市场之上。另外，国务院金融稳定发展委员会2020年10月31日召开专题会议，指出要完善现代金融监管体系，坚决整治各种金融乱象，积极稳妥防范化解金融风险，坚决维护金融稳定。这将导致大批问题上市公司进行整顿，亟须盘活大量困境资产，而这将为困境资产并购重组提供新的机遇。通过市场化债转股、破产重组、纾困基金、并购基金等多种方式，投资者可以参与到上市公司困境资产化解中，盘活资产，优化市场结构，推进市场变革。

四是拓宽市场准入，引进外资进驻，将会进一步提升困境资产行业市场活力。根据2020年1月15日中美双方在美国华盛顿签署的《中华人民共和国政府和美利坚合众国政府经济贸易协议》，中美双方将在银行、证券、保险、电子支付等领域提供公平、有效、非歧视的市场准入待遇，进一步推动金融服务开放，包括金融资产管理（不良债务）服务。虽然此前类似橡树资本、贝恩资本、黑石、高盛都参与过中国困境资产收购，但它们作为非持牌机构只能通过二级市场交易，无法直接在一级市场上从银行业金融机构中直接批量收购。政策放开后，将会吸引更多外资企业入驻我国困境资产行业。2020年2月17日，橡树资本的全资子公司在北京完成工商注册，注册资本542亿元，此举是橡树资本发力深耕境内困境资产行业的重要布局，8月18日，该子公司完成私募基金管理人备案。外资困境资产经营机构无论是资金还是处置手段都更为成熟，它们的入驻将进一步加剧我国困境资产市场竞争，但也将有力推动行业整体水平的提升，推动困境资产行业向经营专业化、服务客户多元化的方向发展。

从某种程度上讲，2020年初新冠肺炎疫情加速了我国困境资产并购市场的发展，也正是从这个角度讲，2020年可以说是我国困境资产并购元年。根据普华永道发布的《2020年中国企业并购市场回顾与2021年前瞻》报告，2020年中国的并购活动交易金额增长了30%，达到7338亿美元，是自2016年以来的最高水平，并购交易数量比上一年增加了11%。当然中国的并购活动不全是困境资产并购，但这一数据也从一个角度折射出中国困境资产并购市场的发展。

（四）2020年我国困境资产并购市场的新特点

一是新冠肺炎疫情加速经济下行成为困境资产大幅增加的主要原因。2019年以前，困境资产更多源于经济结构的调整、供给侧改革的推进。2020年初突发新冠肺炎疫情，无疑成为当前宏观经济下行加压的主要因素，导致各行业积累的风险加速暴露。中小企业和受到疫情冲击严重的行业成为风险集中爆发的领域。首先，在疫情冲击下，制造业、批发零售业和部分以为外贸订单为主业的中小企业影响最为严重，货物囤积、资金链断裂，大量正常类贷款转化为金融机构不良贷款；其次，部分行业成为产生困境资产的重灾区，旅游业受疫情冲击较大，房地产市场更是在迎来拐点的时刻雪上加霜，在房地产进入下行周期的情况下，中小房企市场加速出清，幸存龙头房企融资成本也持续上升，进一步催生困境资产。此外，受疫情影响，地方政府隐性债务风险进一步加大。近年来，地方政府存量隐性债务到了集中偿还的高峰期，在疫情冲击下，部分地方政府融资平台短期内的偿债压力增大，流动性风险加剧。

二是经济手段和政府支持协同推进成为当前困境资产并购的新探索。受疫情冲击，企业经营困难，资金链紧张，只能通过对外进行大量借款应对到期债务，从而导致企业债权债务关系复杂，潜在债务难以调查。由于企业借款较多，对外抵押资产情况也较为复杂，大多存在重复抵押、保全查封、冻结资产等情况，对困境资产并购造成较大困难。另外，由于债权人利益调和困难，业务拓展效率不高，需要政府支持。地方政府为维护区域稳定，应对疫情冲击，也更加积极扶持困境企业渡过疫情下的发展危机。由此在2020年度，逐渐产生政府与市场联动推进困境资产并购化解企业危机的新态势。

三是我国困境资产的处置能力和资金来源总体不足。据毕马威等机构测算，近年来我国银行不良贷款的年处置能力严重不足，且处置方式主要以清算资产或抵押资产的"打包打折打官司"等方式进行，赢利模式以价差和利差模式为主。辽宁华晨债券和河南永煤短融违约使投资者对国有企业债券信心也大打折扣。总体判断，我国金融困境资产规模随经济转型等影响将出现民营和国有双增的局面，对企业实施整体救助和重组重整任务艰巨。

四是困境民营企业是当前通过困境资产并购进行纾困救助的重点。经过四十多年的快速发展，我国民营经济进入了高质量发展的转型期和前期风险的处置期。民营企业整体实力不强，融资渠道不畅，加上疫情的意外冲击，困境企业较多。由于市场化、专业化救助机制不足，重组、重整、清算等进展缓慢，影响了整体民企融资和金融资产的良性循环。仅就债券市场为例，据统计，2016~2020年，共有250家企业各类公司信用类债券违约，其中民营企业183家，涉及总资产约4万亿元，各类负债约3万亿元，各类债券金额4300多亿元，占违约债券的69%。[1] 目前违约民企大部分外部融资断流，不能正常生产经营，面临重组难、偿债难，整体债券偿付率不足10%。

---

[1] 资料来源：Wind数据库。

对此，应加大民企纾困重整重组力度，加快民企不良资产处置，贯彻习近平总书记在企业家座谈会上"留得青山在，不怕没柴烧，要千方百计把市场主体保护好，为经济发展积蓄基本力量"的指示要求。这对于落实"六稳"实现"六保"、稳定国内国际产业链供应链、调整民营经济布局、促进双循环发展新格局、化解金融债务风险具有重要意义。

五是民营企业困境资产并购重组更加复杂。民营企业债务来源多样化特点突出，银行贷款期限偏短、影子银行融资偏贵、互保普遍、企业应收账款周转天数和坏账率高、融资涉众等情况较多。一是信息不对称、实控企业谱系股权关系复杂、债务混同、民间债务底数不清等使得国有金融机构望而却步，无法果断注资纾困，解决民企流动性危机；二是一些民营企业涉及的债务形式（金融产品）复杂、投资人区域分布广泛，地方监管部门及司法部门风险识别困难、金融纠纷调解服务专业力量不足、本区域内可重组的产业资源不足，使得企业破产重整难度较大，地方政府和法院难下决心；三是政府部门或国有企业出面救助或重整，容易使债权人期望值过高，抱有刚兑幻想，增加市场操作难度和重组成本。上述原因致使一些虽有前景的困境民企错失调整债务结构和救助的窗口期，一旦生产经营失常，专业人员流失，资产贬损，股权价值和债权回收率急速下跌（冰棍效应），最后只能沦为"僵尸企业"或清算了之。当前虽然国有平台采取纾困基金等多种方式对少数民企实施了债务重组、买壳等措施，解决了一些债务问题，但也产生了民营企业变性为国有企业等问题，整体上进展不快。民营困境资产处置的市场化、专业化综合牵头方角色缺位，急需搭建一个民营主导、完全市场化、专业服务能力过硬、具有较强投融资功能的民企纾困综合服务平台，以民企对民企的平等主体关系，与政府和各类机构协同合作，形成民企困境资产处置生态圈，更加有效地推进民企市场化纾困。

二　多重视角下的困境资产并购市场

（一）债券违约潮下民企困境资产规模大、并购需求高

我国民营企业在经济转型升级、提速换挡过程中遇到阶段性困难，加上

新冠肺炎疫情冲击，民营企业的经营压力持续加大，资金链紧张，债券违约潮对民营企业的冲击尤为突出。2016～2020年，民营企业债券违约523只，占总违约债券的72.44%；涉及企业主体183个，占违约企业总数的73.20%；违约债券余额4356.43亿元，占整体违约余额的68.72%（见表1）。

表1 2016年至2020年我国债券违约情况统计表

单位：亿元，%

所有制类型	违约金额	占比	违约只数	占比	违约企业个数	占比
央企	710.6	11.21	53	7.34	10	4.00
地方国企	871.42	13.75	95	13.16	39	15.60
民营企业	4356.43	68.72	523	72.44	183	73.20
其他所有制	400.53	6.32	51	7.06	18	7.20
合计	6338.98	100.00	722	100.00	250	100.00

资料来源：Wind数据库。

民营企业的违约率远超其他主体。2018年是我国民营企业债券违约的爆发期，债券违约金额1328.89亿元，是2017年的4.23倍；2019年民营企业债券违约金额1445.68亿元，是2017年的4.6倍；2020年民营企业债券违约金额1079.14亿元，是2017年的3.43倍（见图2）。

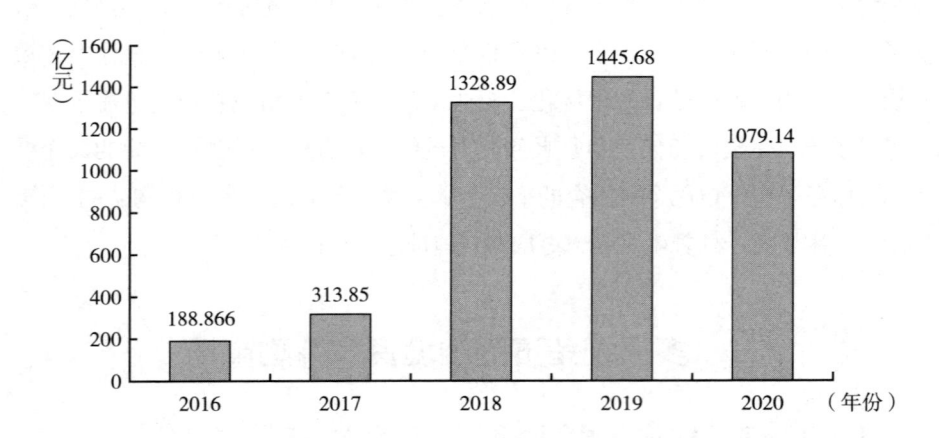

图2 2016～2020年民营企业债券违约金额

资料来源：Wind数据库。

民营企业发债难、发债成本高、债券违约率高，使得民营企业整体资金状况陷入恶性循环，进一步加剧了民营企业的流动性危机，相应加大了金融风险。据有关统计，截至2020年底，违约民营企业的总资产合计近4万亿元，总负债合计近3万亿元。近4万亿的债券违约民营企业的困境资产规模相当于又一个与传统金融不良资产同等体量的困境资产市场规模。

在发生债券违约的民营企业当中，有些违约民企的资产负债率并不高。据统计，债券违约的民营企业中，资产负债率为50%~60%的有19家，资产负债率为60%~70%的有18家。这些企业债券违约的主要原因是信用收紧导致流动性紧张，企业资产的资质不错，通过有效的并购重组，实施救助，能使这些企业重现生机。

民营企业发生债券违约后，往往带来一系列连锁反应，使企业经营雪上加霜，若不及时实施并购重组进行救助，往往错过最佳的时间窗口期。有关机构对40家已经发生公开市场债券违约的上市公司进行统计，其中股价低迷（违约后股价为1~4元）成为"类僵尸企业"的有28家；因股价跌破面值被交易所勒令退市破产重整的有11家；被国企收购的有东方园林1家。

表2　40家债券违约上市公司违约后发展情况统计

市场表现	公司名称
股价低迷成为"类僵尸企业"（共28家）	泰禾集团、协鑫集成、延安必康、永泰能源、中科云网、珠海中富、秋林集团、利源精制、宏图高科、金鸿燃气、金洲慈航、康得新、康美药业、乐视网、力帆股份、庞大汽贸、巴安水务、珠海中富、海印股份、北讯集团、金贵银业、天翔环境、东方金钰、东旭光电、刚泰控股、贵人鸟、奥马电器、海印股份
退市破产重整（共10家）	盛运环保、华业资本、雏鹰农牧、天宝食品、富贵鸟、保千里、神雾环保、印纪传媒、中安消、中弘股份、天广中茂
国企收购（共1家）	东方园林

（二）上市公司是我国困境资产并购重组的重要领域

我国A股上市公司数量有4000多家，沪深两市总市值80多万亿元。上市公司是我国困境资产并购市场的重要领域。陷入困境的上市公司可以分为四种情况。

一是ST及*ST。截至2021年2月末，A股上市公司中ST及*ST共211家，其中ST的85家，*ST的126家。

二是退市。2020年是我国退市制度取得突破性进展的一年。2020年3月，新《证券法》正式生效施行，不再对暂停上市情形和终止上市情形进行具体规定，改为交由证券交易所对退市情形和程序做出具体规定。10月9日，国务院印发《国务院关于进一步提高上市公司质量的意见》，将健全上市公司退出机制作为一项重要任务，要求完善退市标准，简化退市程序，加大退市监管力度。11月2日，中央深改委审议通过《健全上市公司退市机制实施方案》，再次明确强调健全上市公司退市机制安排是全面深化资本市场改革的重要制度安排。11月3日公布的《中共中央关于制定国民经济和社会发展第十四个五年规划和二〇三五年远景目标的建议》中，也明确提出了"建立常态化退市机制"。2020年A股市场退市企业有16家，同往年退市情况相比，2020年退市企业数量大幅提升。近五年来（2015~2019年），A股市场退市企业数量分别仅7家、1家、5家、5家、10家。对2020内退市的16家企业来说，因面值原因而退市的公司占大多数，为9家，占比高达56.25%。其他7家公司中，千山药机、金亚科技、乐视网、龙力生物、保千里6家是因暂停上市后首个会计年度继续亏损被交易所采取终止上市措施，而暴风集团则是因无法按期披露年报而退市。根据Wind数据显示，16家退市公司在告别A股时，合计拥有134.36万户次股东，2020年也成为中国股市历年退市公司波及股东户数最多的一年。

三是借壳并购。随着注册制的到来，更多的公司关注直接IPO，作为曾经市场热点的借壳并购上市也就渐渐地被市场所冷却。2020年A股市场仅有6家企业完成借壳并购。这一数据，比起借壳并购的高峰期2015年的34家大幅减少。

四是破产重整。根据近三年数据分析（2016~2018年），涉及破产重整的上市公司（包括其控股股东或子公司）数量分别为11家、15家和23家。2019年，A股市场上共有48家上市公司涉及破产重整，其中有15家的重整主体是上市公司，10家公司是针对旗下子公司，还有23家的重整对象是上市公司控股股东。到2020年，有14家上市公司启动了破产重整相关工作，上市公司控股股东启动破产重整的公司有15家，还有19家上市公司的子公司启动破产重整，加上2019年已启动破产重整尚未结束的50多家公司，沪深两市涉及破产重整的公司已接近100家。

由于没有上市公司困境资产的具体统计，但从上市公司并购交易的总体数据，可以看出上市公司并购交易的活跃情况，据有关统计，根据上市公司相关公告，2020年共发生上市公司并购公告动态9322起，从完成情况来看，2020年全国上市公司并购事件已完成3770起，占比40%；有5188起尚在进行中，占比达56%；另有364起已宣告失败。

（三）从司法领域破产企业数据看困境资产分布情况

企业陷入困境，根据《企业破产法》申请破产，进行破产清算或破产重整，这是成熟市场经济体系困境资产处置的通常路径。根据我国《企业破产法》，一个典型的破产案件一般包括以下流程：

（1）债权人以债务人资不抵债、无法偿还到期债务为由，向法院申请债务人破产清算；

（2）法院受理后，经过审查决定是否受理破产申请；

（3）法院认为债务人符合破产情形的，选定破产管理人；

（4）管理人入场接管企业的公章、财务章、账本等，向各债权人发送申报债权的通知书；

（5）债权人申报债权，管理人审查债权，同时查询债务人的财产情况；

（6）经过一段时间的梳理，管理人提议召开第一次债权人会议；

（7）一债会上，讨论债权确权、通报债务人财产状况、汇报管理人履职情况、审议并表决财产变价方案、审议并表决财产分配方案、审议并表决管理人报酬方案、选举债权人委员会；

(8) 表决通过，管理人开始拍卖债务人名下的所有财产，追讨债务人对外的应收账款；

(9) 表决不通过的，管理人请求法院裁定；

(10) 财产拍卖完毕，按照拖欠工资、欠税、工程款、优先债权（有抵押物的债权）、普通债权（保证债权、信用借款）不同分组，按照不同的比例偿付，其中工资、税款、工程款在实践中往往优先于抵押权，可以获得全部清偿；然后是优先债权，在抵押最高额范围内获得清偿；最后有剩余的，偿还普通债权，一般清偿比例都比较低；

(11) 全部分配完毕，管理人向法院汇报，法院裁定债务人破产终结；

(12) 管理人要收取管理人报酬，收取比例可以和债权人协商。

除了破产清算，资质较好的债务人，法院会同意其引入第三方进行破产重整，以期恢复活力，重新回到市场。

根据全国企业破产重整案件信息网披露，截至2021年2月末，全国在审破产案件企业数2469个，其中清算案件企业2047个，占破产企业数的82.9%；重整案件企业363个，占破产企业数的14.7%。破产企业数较多的是重庆市和浙江省，破产企业数分别为425个和405个。

表3 企业破产案件分省数据表

序号	省份	破产企业数 小计	其中:清算企业数	其中:重整企业数
1	北京	37	35	0
2	上海	80	78	1
3	天津	67	66	0
4	重庆	425	308	98
5	广东	187	174	12
6	湖北	189	145	16
7	辽宁	98	91	6
8	四川	78	56	21
9	河北	20	14	6
10	山西	64	30	34

续表

序号	省份	破产企业数 小计	其中:清算企业数	其中:重整企业数
11	内蒙古	24	21	3
12	吉林	62	57	5
13	黑龙江	7	4	3
14	江苏	284	269	14
15	浙江	405	346	57
16	安徽	87	71	15
17	福建	29	18	10
18	江西	14	9	5
19	山东	28	23	5
20	河南	27	21	6
21	湖南	41	36	5
22	广西	9	8	1
23	海南	15	13	2
24	贵州	42	24	18
25	云南	49	43	6
26	西藏	0	0	0
27	陕西	24	22	2
28	甘肃	18	16	2
29	青海	9	8	1
30	宁夏	12	11	1
31	新疆	38	30	8
合计		2469	2047	363

资料来源：全国企业破产重整案件信息网。

三 我国困境资产并购市场展望

（一）困境资产规模增加促进并购市场扩容

2020年突发的新冠肺炎疫情已经并将在未来很长一段时间影响我国的经济发展。受疫情影响，宏观经济下行压力进一步加大，各行业积累的风险加速暴露。其中，部分中小企业、局部地区的房地产市场以及地方政府隐性债务等领域的风险加大，这些领域的困境资产急剧增加，相应促进困境资产并购市场扩容。

首先，中小企业不良贷款增加。疫情冲击之下，部分企业，特别是制造业、批发零售业以及部分以外贸订单为主的中小企业面临的资金压力较大，存在积累信用风险的可能。旅游业和零售业同样由于疫情原因收入紧张，进而对资金流动性造成冲击，正常类借款存在转化为不良类贷款的可能性，不良资产行业分布或向消费领域有所倾斜。而监管对困境中的中小企业"不盲目抽贷、断贷和压贷"等政策，客观上放宽了对相关行业不良资产的容忍度，扩大隐性风险，可能导致后期不良资产规模有所增长。

其次，房地产市场迎来拐点，市场风险提升。近年来，在国家"住房不炒"的要求下，对房地产市场的调控逐渐趋严。受2020年突发的疫情冲击，房地产行业发展和房地产贷款质量不容乐观。在房地产进入下行周期的情况下，部分中小房企市场加速出清，2020年以来已有近百家房企宣布破产。与此同时，房企融资成本持续上升，也进一步催生了困境资产。

此外，受疫情影响，地方政府隐性债务风险进一步加大。近年来，地方政府存量隐性债务到了集中偿还的高峰期，在疫情冲击下，部分地方政府融资平台短期内的偿债压力增大，流动性风险加剧。同时，疫情期间，部分地方政府融资平台成为贷款主体，承担疫情防控应急贷款任务，在增大业务范围的同时，客观上也推高了困境资产的形成概率。

（二）境外困境资产并购重组日益引起关注

境外困境资产处置的需求持续增加。从中国加入WTO到中国企业"走出去"和"一带一路"倡议实施，中国企业的对外投资快速增长。截至2019年末，中国境外企业的数量已经达到了42800多家，投资覆盖188个国家和地区，投资覆盖率达到了80.7%。2020年我国对外非金融类直接投资有1101.5亿美元。① 但是，对外投资企业在海外经营，容易因"水土不服"陷入困境。同时，随着全球经济增长减速，叠加新冠肺炎疫情的影响，已经有部分对外直接投资企业，在海外面临破产或处于现金流紧张的状态。面对复杂而多变的国际政治经济环境，对于海外困境资产，需要更为专业的困境资产处置服务。在全球经济萎缩，逆全球化趋势愈演愈烈，新冠肺炎疫情海外反弹的背景下，海外困境资产处置更是难上加难。对外直接投资企业是中国经济融入国际循环的主体，关注境外困境资产并购重组，解决国际国内双循环痛点，不仅有利于畅通国际循环，还可以更好地服务于国内大循环。

（三）我国困境资产并购市场参与者越来越多元化

2020年12月30日，中国银保监会发布《关于推动银行业和保险业高质量发展的指导意见》（本节简称《意见》），《意见》提出到2025年，不良资产市场进一步健全完善，重点领域金融风险得到有效处置的发展目标。具体来看，《意见》涉及不良资产行业主要有两点：第一，《意见》第八条鼓励金融资产管理公司发展不良资产处理主业，允许开展与企业结构调整相关的兼并重组、破产重整、夹层投资、过桥融资、阶段性持股等投资银行业务；第二，《意见》第二十七条提出加大对外开放，支持引进先进的国际专业机构，吸引不良资产处置等领域的外资金融机构进入境内市场。

2020年1月15日，中美双方在美国华盛顿签署第一阶段《中华人民共和国政府和美利坚合众国政府经济贸易协议》，协议对"金融资产管理（不良债务）服务"做出专项约定：一是双方承认在不良债务服务领域存在互利互惠的机会，愿共同在该领域促成更多机会；二是中国应允许美国金融服务提供者在省辖范围申请金融资产管理公司牌照，使其可直接从中资银行收购不良贷款。中国在授予新增的全国范围牌照时，对中美金融服务提供者

---

① 商务部网站。

一视同仁，包括对上述牌照的授予。目前，包括高盛集团、KKR集团、孤星基金、贝恩资本等多家知名外资机构，已通过基金、与内资机构合作等多种渠道参与我国困境资产处置业务。未来随着相关领域逐渐放开外资进入门槛，更加便利的金融服务平台和更加开放的金融支持政策将会吸引更多的全球头部金融机构落户，外资将加速入局。外资进入中国困境资产处置市场，在给我国带来成熟的管理及经验的同时，也将促使行业竞争愈发激烈。

2020年3月5日，银保监会批复同意建投中信资产管理有限责任公司转型为金融资产管理公司并更名为中国银河资产管理有限责任公司（以下简称中国银河）。中国银河股东为中央汇金和中信证券，分别持股70%和30%。这是自1999年中国华融、中国长城、中国东方、中国信达成立以来，再次批复成立全国性AMC。短期来看，中国银河处于业务发展初期，以人才储备、系统建设、资源积累为主；长期来看，中国银河的入场将与传统四大AMC正面竞争，改变行业市场格局。

在全国工商联的指导下，全联并购公会正在积极筹备设立服务民营企业困境资产处置的市场化、专业化服务平台，通过并购纾困的方式救助陷入困境的民营企业。这也为民营困境资产并购拓展了新渠道。

（四）困境资产并购处置手段日益丰富

2019年12月27日，央行、发改委和证监会联合起草的《关于公司信用类债券违约处置有关事宜的通知（征求意见稿）》正式发布。同日，央行授权中国银行间市场交易商协会发布了多个配套文件，这一系列指导性文件的颁布，对丰富市场化违约债权处置方式提供了一定指导，包括引入具备丰富处置经验的资产管理公司、律师事务所、信托公司等专业机构，利用其资产处置或诉讼优势，推动困境资产市场活跃度的提升，提升困境资产处置效率。

当前困境资产产生的部分原因是经济结构调整、供给侧结构性改革的推进所带来的附加效应。对于困境资产服务机构来说，需要以市场上所有存量困境资产为对象，拓展业务空间，以全局意识、创新思维、投行手段处置运作困境资产，实现有效资产价值提升和无效资产清理退出。在业务模式上，灵活运用困境资产处置、直接注资重组、同业收购合并、设立处置基金、设立过桥银行、引进新投资者以及市场退出等多元化传统手段及创新方式，推进困境资产风险化解。

参考文献

何艳春、钟蓉萨、陈春艳等：《中国私募股权投资基金行业发展报告》，2020。
陈瑞：《金融资产管理公司发展评述》，《金融理论与教学》2018 年第 6 期。
程凤朝：《金融不良资产评估》，中国人民大学出版社，2003。
何小锋、韩广智：《资本市场理论与运作》，中国发展出版社，2006。
胡建忠：《不良资产经营处置方法探究——基于价值重估和分类管理的视角》，中国金融出版社，2011。
胡建忠、姜宝骏：《金融资产管理公司发展趋势》，中国金融出版社，2015。
李扬、王松奇：《中国金融理论前沿》，社会科学文献出版社，2000。
梅兴保：《金融资产管理公司的改革转型与发展》，经济科学出版社，2009。
沈晓明等：《金融资产管理公司理论与实务》，中国金融出版社，2014。

B.19
新时期混合所有制改革分析与建议

于明礼[*]

摘　要： 本报告回顾了中国混合所有制改革的历程，对2020年混合所有制改革的进程和趋势进行了分析，并解读了2020年的典型混合所有制改革案例。本报告认为，2021年混改的大方向依然是市场化。文章最后分析了混合所有制改革存在的主要问题，并提出了优化国有产权交易市场与交易制度、完善国有企业管理模式、完善员工持股制度、完善监管机制以及保护出资人权力等相应的政策建议。

关键词： 混合所有制改革　市场化　公司治理

党的十八大以来，我国国有企业在针对所有制政策方面进行了多轮改革及调整，成效显著。混合所有制改革成为新时代所有制改革的主旋律，一方面，混改政策体系逐步形成，操作流程陆续完善，另一方面，混改的领域和范围不断拓宽，极大提升了国有资本的市场影响力，也促进了民营经济的发展。随着混改的推进实施，国有企业和民营企业相互融合，共同发展，国民共进的公司治理和经营机制成为企业市场化选择的新方向。2020年，《国企改革三年行动方案（2020—2022年）》出台，混合所有制改革取得了快速发展，国有资本给民营企业输血纾困，非公有资本给国有企业带来活力和效率，混

---

[*] 于明礼，高级统计师，招商证券董事总经理，投资银行总部副总监，兼任医疗健康行业部负责人，全联并购公会常务副会长，研究领域为国企混改、企业上市融资、并购重组等。

改成效凸显。混改在促进经济体制深层次变化的同时，也为国有资本和非公有资本提供了投资机会，投资者可以通过分析混合所有者改革的现状和趋势，理解新时期的投资逻辑，把握时代机遇，为我国经济的发展贡献力量。

混合所有制改革方兴未艾，有序推动国企混合所有制改革，对于新时期我国宏观经济的健康发展，生产资源的优化配置，企业内部治理结构的完善，以及企业自身整体素质与市场竞争力的提高都具有重要的现实意义。

一 混合所有制改革的回顾与分析

（一）混合所有制改革的逻辑路径

混合所有制改革作为我国国有企业改革进程中最浓重的一笔，推动了我国市场化以及融入经济全球化的进程，也提高了国有企业的活力和效率。国有企业作为国有资本的代理人和政府投资、出资的重要部分，其有序高效发展也是新时代我国经济高质量发展的要求。

混合所有制改革重新定位了我国的所有制结构，进一步厘清了政府和市场的关系，完善了企业产权制度和控制权分配制度，大幅提升了国企的治理效率。由混改推动的产权制度改革提升了产权交易效率。产权制度改革的目光不仅聚焦了民营企业的发展，还着眼于使国有企业成为自主经营、自负盈亏的市场主体。积极推进混改具有重要的理论和现实意义，此项举措不仅可激发创新热情，为我国现代化体系建设注入活力，还可以在深入推进供给侧改革的同时，推动经济高质量发展。

1. 混合所有制改革的微观基础

混合所有制改革的两个重要主体为国有企业和民营企业。我国是社会主义市场经济，市场在社会主义市场经济体制中起重要作用，国有企业和民营企业均脱离不开这个经济体制背景，经济政策和市场之手相辅相成，共同创造了社会主义特色的市场经济。因此，混合所有制改革的微观基础是"国民共进"，国有经济和民营经济之间和谐共生，同时，国有企业和民营企业

在自身领域充分发挥作用是"国民共进"的关键。

2. 混合所有制改革的路径

社会主义市场经济的本质是市场经济，市场化取向的改革，要求国有企业在重塑治理结构的同时遵照产权明晰化原则执行。混改的基本原则是"政府引导，市场运作"，思路是"分层分类"进行。现阶段，混合所有制改革的基本路径有四个：整体上市、民营企业参股、国有企业并购和员工持股。通过正向或反向引入非公有资本的方式实现产权多元化。

（二）混合所有制改革的历史回顾

党的十一届三中全会之后，党和政府对经济体制改革中的重要成分——国有企业的改革进行不断探索和实践，混合所有制改革开始走上历史舞台。整体来看，我国混合所有制改革的历程可分为四个阶段。

1. 第一阶段（1978~1991年）：开始了实践早于理论的有益探索

改革开放后，中央通过利改税等政策扩大了企业自主权，对经营者产生了一定激励作用。1984年5月，国务院规定扩大企业10项自主权，包括生产经营计划权、产品销售权、产品价格权、物资选购权、奖金使用权和联合经营权等。从1987年开始，在国企所有权和经营权分开的原则上把农村改革经验运用于城市，全面实行多种形式的承包经营责任制。1988年颁布的《企业法》正式规定国企实行厂长负责制，取代了原先党委领导下的厂长负责制。这些政策为混合所有制的发展打造了重要基石。

2. 第二阶段（1992~2001年）：夯实了混合所有制改革的根基

邓小平于1992年指明了建立现代企业制度的改革方向，党的十四届三中全会的召开明确了具体的方针政策。1994年试点工作在国有企业中展开，政府不再直接控制和经营国有企业。1995年和1999年两度提出并强调了"抓大放小"的决策，即要积极发展大型企业，放开搞活中小企业，同时提出要通过规范上市、中外合资和企业相互参股等形式，将适于实行股份制的国有大中型企业尤其是优势企业改为股份制企业，发展混合所有制经济。这一阶段，国有企业的资源与非公有制企业的活力优势互补，国有企业的探索和实践为后来的混合所有制改革发展夯实了根基。

3. 第三阶段（2002~2012年）：丰富了混合所有制经济的发展形态

2002年党的十六大报告指出，除极少数必须由国家独资经营的企业外，应积极推行股份制，发展混合所有制经济。2003年，国有资产监督管理委员会作为权责统一的监管机构成立。这10年的改革主要针对五个方面：（1）实施更加严格的股权分置制度，为股份制的健康发展扫清障碍；（2）推进产权的多元化改革，有条不紊地进行上市和整体改制；（3）隔断主辅产业间的混沌，使主辅更好地分离，在突出发展主要产业的同时改革辅助产业；（4）规范公司法人组成，引入外部董事，完善董事会结构；（5）保留政策性破产政策。

4. 第四阶段（2013年至今）：成为新时期经济改革的"主战场"

混合所有制改革的政策方针于2013年在党的十八届三中全会上首次面世。从公布试点开始，我国已经累计推出了210家国有企业，其中央企136家、地方国企74家[①]。从2015年《关于深化国有企业改革的指导意见》的发布到2020年《国企改革三年行动方案（2020~2022年）》出台，混合所有制改革政策频出，改革的力度越来越大，目标愈加清晰，进程越来越快。混合所有制改革成为新时期经济改革的主战场。

自2013年以来，混合所有制改革的领域和范围不断拓宽。混改针对超过4000个方面提出了改革意见，而其所涉及的社会资金也已经达到1.5万亿元。据统计，70%以上的国有企业均加入了混改的阵营，而其中大部分的实现方式为上市。就总规模来看，上市的国企的资产规模占到了所有国企的68%，而其产生的利润则达到了整体的86%[②]。国企和民企的合作方式分为两大类：第一种为投资入股、并购和增资，通过这种方式2020年央企引入社会资金1700亿元，较2019年增加了28%；第二种为与民企进行供应链

[①] 张喜亮：《国有企业混改那些事儿》，《产权导刊》2020年12月。
[②] 张伟、姜昊宇：《中央企业引入社会资本超过1.5万亿元，混合所有制改革取得重大进展》，2020年10月12日，https：//baijiahao.baidu.com/s? id = 1680340270449517830&wfr = spider&for = pc。

和产业链的深入合作，这种方式的合作对象超6000家，投资规模也超过了4000亿元。此般合作为市场输送了许多优质的龙头企业（索寒雪，2020）。

（三）混合所有制改革的政策体系

党的十八大以来，混合所有制改革的政策不断推出，逐步建立了一个全面、多层次，改革方向明确、操作流程完整的政策体系，为国有企业的混改指明了目标和道路。

2013年党的十八届三中全会做出《中共中央关于全面深化改革若干重大问题的决定》，指出要积极发展混合所有制经济，国有资本、集体资本、非公有资本等交叉持股、相互融合的混合所有制经济，是基本经济制度的重要实现形式，有利于国有资本放大功能、保值增值、提高竞争力，有利于各种所有制资本取长补短、相互促进、共同发展。

2015年中共中央、国务院印发《关于深化国有企业改革的指导意见》，作为指导和推进中国国企改革的纲领性文件，从改革的总体要求到分类推进国有企业改革、完善现代企业制度和国有资产管理体制、发展混合所有制经济等，全面提出了新时期国有企业改革的目标任务和重大举措。

2018年国务院国资委公布《国企改革"双百行动"工作方案》，分别在中央和地方挑选了核心企业实施混改。

2019年国务院国资委下发《中央企业混合所有制改革操作指引》，为混改提供了系统的操作指南，聚焦于三个方面：一是规范混合所有制改革操作流程，资本运作要严格履行相关工作程序，切实防止国有资产流失；二是明确通过市场化方式推进混合所有制改革，充分发挥市场在资源配置中的作用；三是推动混改企业切实转变运营机制，包括完善公司法人治理结构和管控方式、深化三项制度改革、灵活用好多种激励约束机制和加强党的建设，明确相关工作的重点内容、有关规定和指导原则（见表1）。

表1 《中央企业混合所有制改革操作指引》要点

具体操作流程	可行性研究	可实施混改的社会稳定风险做出评估
		一企一策
	制定混改方案	改革的必要性和可行性分析
		改革后股权结构设置
		转变运营机制的举措
		引进非公资本的方式、定价办法
		员工激励计划
		风险评估与防范措施
		违反规定的追责措施
		组织保障和进度安排等
	履行决策审批程序	内部程序:三重一大
		处于关系国家安全、国民经济命脉的重要行业和关键领域、主要承担重大专项任务子企业的:集团审核后报国资委批准
		其他功能定位子公司:集团审批
	开展审计评估	选聘具备相应资质的中介机构开展财务审计、资产评估工作,履行备案
	引进非公资本投资者	产权市场:增资扩股和转让部分国有股权
		股票市场:IPO、上市公司股份转让、发行证券、资产重组
	推进运营机制改革	健全法人治理结构、优化管控方式、深化三项制度改革
		用足用好用活各种正向激励工具
		国有出资方强化以出资额和出资比例为限、以派出股权董事为依托的管控方式,明确监管边界,股东不干预企业日常经营
市场化推进	坚持通过市场化方式推进混合所有制改革	转变机制	公司治理和管控方式
	中央企业"混资本"环节要充分发挥市场在资源配置中的决定性作用,通过产权市场、股票市场等平台公开、公平、公正进行		三项制度改革 ——市场化选人用人机制 ——市场化用工制度 ——市场化薪酬分配
	"混资本"过程中资产审计评估、进场交易、上市公司资本运作要严格履行相关工作程序,切实防止国有资产流失		激励约束机制 ——混合所有制企业员工持股(133号文) ——中央企业控股上市公司股权激励 ——国有科技型企业股权和分红激励(4号文)

经过大量调研和反复修改完善，2020年国务院政府工作报告提出国企改革三年行动，随后的中央全面深化改革委员会审议通过了《国企改革三年行动方案（2020~2022年》，有了明确的改革目标、时间表和路线图，标志着国企改革在国企混改、重组整合、国资监管体制改革等方面进入新阶段，全国各省市相继推出了针对性的国企改革三年行动实施方案，国资国企改革进入全面施工阶段。

国企改革三年行动主要聚焦8个方面的重点任务：一是完善中国特色现代企业制度，形成科学有效的公司治理机制；二是推进国有资本布局优化和结构调整，聚焦主责主业，提升国有资本配置效率；三是积极稳妥推进混合所有制改革，促进各类所有制企业取长补短、共同发展；四是激发国有企业活力，健全市场化经营机制；五是形成以管资本为主的国有资产监管体制，进一步提高国资监管的系统性、针对性、有效性；六是推动国有企业公平参与市场竞争，强化国有企业的市场主体地位；七是推动一系列国企改革专项行动落实落地；八是推动党建工作与企业生产经营深度融合。

《国企改革三年行动方案（2020~2022年)》重申了"分层分类深化混合所有制改革"的要求：坚持因地施策、因业施策、因企施策，宜独则独、宜控则控、宜参则参，不搞拉郎配，不搞全覆盖，不设时间表，分层分类深化混合所有制改革，把工作重点放在国有资本投资、运营公司出资企业和商业类子企业上，既支持民营企业等社会资本参与国有企业混合所有制改革，又鼓励国有资本投资入股民营企业（见表2）。

表2 分层分类深化混合所有制改革要点

分层分类	混改定调
两类公司出资企业	重点推进
商业一类子企业	积极推进,可控可参
央企集团	国有独资或全资,可引入其他国有资本
地方国企集团	结合实际推进混改
商业二类子企业	稳妥推进,保持国有控股,非公参股
公益类	规范有序推进投资主体多元化

按照《国企改革三年行动方案（2020~2022年）》"一企一策"的要求，各中央企业制定了本企业实施方案，详细明确了每一项改革举措的牵头人、牵头部门和时间节点，将子企业改革落实情况纳入内部巡视工作范围和考核评价体系。

党的十八大以来众多混改文件的出台，为国有企业深化改革提供了政策支持和操作规范，进一步促进改革实施落地，搭建了一个从改革方向到操作流程的完整的政策体系。

二 2020年混合所有制改革进程和趋势

（一）2020年混合所有制改革的规划

2020年《国企改革三年行动方案（2020~2022年）》的出台意味着混改进入了关键阶段，2020年作为三年行动方案的开局之年，监管体制的建立进入高效推进的新阶段。

2020年国务院政府工作报告明确：国企改革三年行动是可衡量的、可检验的，三年行动是落实国有企业改革"1+N"政策体系和顶层设计的具体施工图。近年来，我国国有企业不断在开放中成长、在改革中壮大，有效发挥了国民经济"稳定器""压舱石"作用。国有企业在中国的政治经济生活中扮演着非常重要的角色，国有资产也是维护社会稳定的攻坚力量。2020年爆发的新冠肺炎疫情充分验证了这一点，国有企业从医疗救援到食物救援等都展现了大国应对紧急状况的反应力，不仅是应对及时，在之后复工复产的经济恢复期也发挥着无法替代的作用。

当前，全球疫情和经贸形势不确定性很大，国企改革攻坚任务更重、形势更复杂。国企改革三年行动是要推出一系列能够激发国有企业活力、提高运营效率的改革举措，对今后国企改革具有重要的指导意义。

（二）2020年混合所有制改革的案例

1. 中环集团："100% 股权转让"

中环集团是天津市属大型企业集团，凭借对市场的敏锐洞察、合理的战略规划和多年来技术与实力的积累，中环集团形成了以专用通信、半导体材料及器件、智能化仪表与控制、基础电子（电缆及印刷电路板）、系统集成五大产业为重点的具有集聚优势的产业群。中环集团现拥有全资及控股企业53家，合资企业44家，资产总额427亿元。

中环集团于2019年9月启动混改相关工作，2019年11月14日，中环集团的控股股东天津国资委将其持有中环集团49%的股权无偿划转至天津渤海国有资产管理运营有限公司。2020年1月20日，其100%产权转让项目在天津产权交易中心进行预披露，2020年7月15日，TCL科技以125亿元的价格获得中环集团100%的股权，中环集团由国有企业转变为民营企业。

中环集团的股权受让过程在混改中属于比较稀有的混改项目，在我国的混改进程中占据着重要地位。

首先，中环集团是混改企业的山中之峰。中环集团的诱人之处来自两个方面：一是管理权，与大部分引入部分民营资本但要坚持保留管理权的混改不同，中环决定出让自身100%的股权；二是盈利权，中环股份作为国内单晶的顶梁柱，拥有丰厚而稳定的年收益，这种盈利能力对民营资本也极具吸引力。中环集团的这般优势吸引着各方优质资本竞相争夺，但中环集团在此次混改中也有着自己独到的考量。

天津政府想以此次混改为契机，通过引入优质产业力量，缔造覆盖面更大的半导体产业链集群，增强中环集团在大尺寸硅片上的优势。为在广大竞标者中选到适合自己的受让方，中环集团制定了复杂的打分机制，从产业布局、产业协同、公司规模等方面设置评分标准，并提出受让方能通过此次混改带动产业协同落地。可以看到中环集团此次混改的诚意和谨慎并存，如此周章为的是换来更加优化的产业结构。

在最为激烈的角逐中，TCL 科技获得了最终的胜利，成交价格高达 125 亿元，14% 的溢价率向社会告知了 TCL 科技对中环的必得之志。而中环集团也转变成了由民资 100% 控股的民营企业。TCL 科技受让成功的决定性优势有三。（1）产业聚焦。TCL 科技专注于科技产业，其在半导体显示及材料业务中具有不可忽视的效率和规模优势。（2）产业链优势。TCL 科技与中环集团为同一产业链的上下游，中环集团就像是世上最贵的鱼饵，引着 TCL 科技不惜一切代价也要拿到中环集团的项目。（3）战略重合。TCL 科技先前与政府签订的于津发展半导体材料与器件、新能源环保、核心基础电子部件等创新型业务，创造完整的研发制造体系，刚好与中环集团的战略相吻合，拼图般严丝合缝的需求吻合度成就了中环与 TCL 的混改佳话。

成交之后，TCL 科技承诺未来将缔造 TCL 与中环协同发展的美好景象：在产业链上形成优势互补、协同发展的共赢布局。中环集团可以带领 TCL 科技走入半导体产业和光伏硅片产业的最先进领域，增强其核心竞争力；而 TCL 科技的加入又进一步促进了天津市制造业的转型升级，对天津电子商务、工业互联网及智能制造、环保和循环经济领域均带来了新的活力。

中环混改是半导体领域混改的典型，也是 2020 年以来成交金额最大的产权转让项目，其成交结果对国内半导体行业具有重要影响。且该项目为 100% 股权转让，此类国有资本完全退出的混改模式，可作为后续国企混改模仿的典型。该项目是天津市政府优化产业链和产业布局的有力抓手，促进了天津市半导体产业的网络搭建，是天津市政府突破混改难点创新混改对策的成功实践（摘自张思雅《案例详解：2020 最大混改！中环集团混改成功经验》）。

2. 广投金投："业务整合 + 资本重组 + 引入战投 + 完善公司治理"

广西投资集团（下简称广投集团）于 1988 年成立，是广西壮族自治区本级国有资本投资公司。广投集团是广西首家世界 500 强本土企业和广西首家营业收入超千亿元企业。其能源、铝业、新材料、金融、健康旅游以及数字经济等多种业务遍布全国并处于领先地位。2008 年广西金融投资集团（下简称金投集团）成立，现拥有 22 家直属公司，参股 14 家银行金融机

构,净资产超330亿元,自其成立便聚焦金融主业,为优质企业客户提供财产保险、金融租赁、资产管理、担保等各项业务。

广投集团和广西金融投资集团的战略性重组顺应和发展了党的十九大精神和中央深化改革国有企业的方针政策。如此强强联合可进一步优化广西金融资源的布局和结构,放大投融资功能,从而实现金融资本高质量发展的目标。

经广西壮族自治区党委及政府同意,广西投资集团与广西金融投资集团于2019年12月31日决定实施战略性重组。广投金投集团战略重组取得阶段性进展,不仅带来"量"的变化,更带动"质"的提升。其成效主要表现在以下四个方面。

一是"业务整合":促成广投金投集团战略重组的关键是业务整合。金投集团鲜明的业务目标、泉涌般的创新能力、敏锐的市场嗅觉以及灵活的企业制度形成了优越的企业竞争优势。这样的制度下催生出完整的业务结构、高效的资源配置效率和规模效应。

二是"资本重组":在广投和金投集团重组之后,金投集团接收了来自广投划入的51%的股权,带来了192.03亿元总资产的增加和84.62亿元净资产的增加。政府也向企业输送了一系列优惠政策和补贴,此般扶持向市场释放了积极的讯号,使资本市场信心显著提升。在这之后,金投集团开始涉猎保险、担保、小贷等多种金融项目,初步形成了综合性的金融全周期服务链条。

三是"引入战投":在明确新的发展目标和公司定位后,引入战略性投资增强优势行业的发展劲头。聘请普华永道、安永咨询作为第三方机构,以确保决策效率,保证发展后劲。

四是公司治理方面:建设更加完善的法人治理结构,更加现代化的治理体系,更加强大的公司治理能力。落实"三会一层"的政策,明确区分党委、董事会和经理层的责权及管理领域。党委负责公司的前进方向,掌控发展大局;董事会负责制定决策和防守风险;经理层负责业务管理和人员管理。公司通过多次召开分级会议,结合改革发展新状况,用发展的眼光制定切合实际的内部控制方案。

3. 中钢洛耐："重组整合 +增资扩股 + 员工持股 +科创板上市"

中钢洛耐始建于1958年，前身为冶金工业部洛阳耐火材料厂，是新中国"一五"期间自行设计、建设的第一家大型国有耐火材料生产企业，产品广泛应用于钢铁、有色、建材、化工等高温工业；子公司中钢集团洛阳耐火材料研究院有限公司创建于1963年，是耐火材料专业领域大型综合性研究机构，是行业技术、学术、信息与服务中心以及科技成果辐射中心。2020年3月，中钢洛耐科技股份有限公司（以下简称中钢洛耐）被国务院国有企业改革领导小组办公室纳入"双百行动"改革试点，成为"双百行动"扩容后入选的首批企业之一。

"重组整合"：2019年12月10日，中钢集团耐火材料有限公司和中钢集团洛阳耐火材料研究院有限公司进行重组，成立中钢洛耐新材料科技有限公司（见表3）。

表3　中钢洛耐新材料科技公司的股权结构

序号	股东姓名	出资额（万元）	出资比例（%）
1	中钢科技发展有限公司	41606.00	88.33
2	中国冶金科技成果转化有限公司	4000.00	8.49
3	洛阳市国资国有资产经营有限公司	1500.00	3.18
	合计	47106.00	100.00

资料来源：中钢洛耐招股说明书。

"增资扩股"：2020年4月9日，中钢洛耐混改增资项目在上海联合产权交易所正式挂牌，公开向社会征集投资方。根据中钢洛耐招股说明书披露，2020年6月14日，中钢洛耐召开股东会同意由国新双百壹号（杭州）股权投资合伙企业（有限合伙）、北京建祥龙科技发展有限公司、平罗县滨河碳化硅制品有限公司、深圳市南电投资控股有限公司、天津丁卯中和企业管理中心（有限合伙）、洛阳市国资国有资产经营有限公司以及洛阳洛耐创壹投资管理中心（有限合伙）等11个员工持股平台增资，进行混合所有制改革及员工持股。中钢洛耐注册资本由 47106 万元变更为 88247.40 万元（见表 4）。

表 4　变更股权后的股权结构

序号	股东姓名	出资额（万元）	出资比例（%）
1	中钢科技发展有限公司	41606.00	47.15
2	国新双百壹号（杭州）股权投资合伙企业（有限合伙）	12987.00	14.72
3	洛阳市国资国有资产经营有限公司	10158.00	11.51
4	北京建祥龙科技发展有限公司	5195.00	5.89
5	平罗县滨河碳化硅制品有限公司	4329.00	4.91
6	中国冶金科技成果转化有限公司	4000.00	4.53
7	洛阳洛耐创拾投资管理中心（有限合伙）	1098.30	1.24
8	洛阳洛耐创捌投资管理中心（有限合伙）	977.10	1.11
9	洛阳洛耐创玖投资管理中心（有限合伙）	926.00	1.05
10	深圳市南电投资控股有限公司	866.00	0.98
11	洛阳洛耐创贰投资管理中心（有限合伙）	831.50	0.94
12	洛阳洛耐创肆投资管理中心（有限合伙）	796.70	0.90
13	洛阳洛耐创伍投资管理中心（有限合伙）	752.60	0.85
14	洛阳洛耐创叁投资管理中心（有限合伙）	732.20	0.83
15	洛阳洛耐创壹投资管理中心（有限合伙）	723.30	0.82
16	洛阳洛耐创拾壹投资管理中心（有限合伙）	720.20	0.82
17	洛阳洛耐创陆投资管理中心（有限合伙）	691.80	0.78
18	天津丁卯中和企业管理中心（有限合伙）	433.00	0.49
19	洛阳洛耐创柒投资管理中心（有限合伙）	423.70	0.48
	合计	88247.40	100.00

资料来源：中钢洛耐招股说明书。

"员工持股"：2020 年 4 月 9 日，中钢洛耐启动员工持股平台。截至 2020 年 6 月 11 日，中刚洛耐引入了 11 家员工持股平台，并将员工持股认购股份额度分为 20 档，分别为：269 万、176 万元、170 万、160 万元、150 万元、114 万元、77 万元、52 万元、50 万元、47 万元、32 万元、26 万元、25 万元、21 万元、20 万元、18 万元、16 万元、15 万元、14 万元、13 万元。股权激励对象共计 455 人，占职工总数的 18.19%，员工共计支付购股款 18423.584 万元，认购公司新增注册资本7941.2万元，持有公司9.82%的股权。

"科创板上市"：2020年12月14日，中国证券监督管理委员会河南监管局披露中信建投证券股份有限公司关于中钢洛耐科技股份有限公司首次公开发行A股股票并上市辅导工作总结报告；2020年12月21日，中钢洛耐提交首次公开发行A股股票招股说明书；2021年3月10日，三方中介机构提交中钢洛耐首轮反馈问询回复。由此可见，中钢洛耐距离科创板上市更进了一步。

（三）2020年混合所有制改革的进程

党的十八大以来，国资委和中央企业按照党中央、国务院的决策部署，坚持正确的工作方向，积极稳妥推动混合所有制改革，取得了一系列进展。

1. 持续拓展的行业板块

相关主营部门不仅在充满竞争活力的行业中进行混改，而且还拓展了涉及国计民生的电力、电信、军工等重要领域。混改所涉资金规模已达1.5万亿元。混改提出的修改意见也愈发全面，提出的修改意见超4000条。国有企业的混改参与率也越来越高。数据显示，国有企业资金产的68%均参与了混合所有制改革，而其产生的利润则达到了整体的86%[①]。

2. 向经营机制中注入活力

混改促进了具备中国特色的现代企业制度的形成，建立了更加完善的职工激励制度和分配制度，浮现出了一批具有示范性和标杆意义的混改企业。

3. 增加国有资本的影响力

国企渗入民企的方式分为两大类：第一种为投资入股、并购和增资的方式，仅2020年，国企便通过这种方式引入1700亿元民间资本；第二种为与民企进行供应链和产业链的深入合作，组成的合作对子多达6000多家，投资规模超4000亿元[②]。

[①] 张伟、姜昊宇：《中央企业引入社会资本超过1.5万亿元，混合所有制改革取得重大进展》，2020年10月12日，https://baijiahao.baidu.com/s?id=1680340270449517830&wfr=spider&for=pc。

[②] 索寒雪：《国资委：上市公司混改投资者持股可超5%》，《中国经营报》2020年10月14日。

4. 国家级混改基金在沪成立

2020年12月29日，经国务院批准，国资委委托中国诚通控股集团有限公司发起设立的中国国有企业混合所有制改革基金有限公司（简称"混改基金"）在上海揭牌成立。

中国国有企业混改基金是我国发行的第三只国家基金。在基金发售初期便募集到了707亿元的初始资金，截至2021年基金总额上涨到2000亿元。此基金凭借良好的口碑和强大的信用担保，一经上市就引起了社会各经济体的广泛关注，吸引了各种各样的资金参与混合所有制改革。

以基金投资模式有针对性地探索和破解国企改革与创新中过程中存在的资本不足、激励不足、容错不足等难题，展现了在多种经济成分合力发展、多种形式资本合力撬动、优化资源配置、机制创新等方面的优势，既在投资体制和资金解决方案上发挥了政府和国资的引导、带动、让利作用，又在实际运作中尊重市场规律、确保高效运行，在投资模式上坚持专业选择、支持创新发展，可以说，努力闯出了既以金融创新推动实体经济和国有经济高质量发展，又以国企改革和创新促进金融供给侧结构性改革的新路。

作为国资运营的一种市场化手段，基金因灵活的市场化运作方式和对社会资金的撬动作用，俨然成为本轮国企改革向迈向纵深方向的加速器，并给予改革更大的想象与发展空间。

5. 国企混改和股权多元化改革进入"深耕之年"

"深"主要体现在政策深度、区域深度、产业深度、集团深度、改革深度五个方面。

政策深度：截至2019年底，中央各个部委出台的相关国有企业改革的政策总共有116项，到2020年8月底，增加了76项，达到了192项。从政策出台数量来看，2020年虽然受到疫情影响，但国企改革没有停步，而且仍在提速。[1]

---

[1] 刘斌：《2020国企混改"深耕年"，有何新变化？"五维纵深"透视》，《混改风云》2020年9月17日 https://mp.weixin.qq.com/s/Qxtci86LQdi7Ah-tZq1tcQ。

区域深度：2019年末，全国各省出台地方国有企业的改革政策是1239项。2020年8月底，统计增加了249项，达到了1488项（摘自刘斌《2020国企混改"深耕年"，有何新变化？"五维纵深"透视》），地方的政策数量也获得了比较快速的增长。从各省政策内容来看，不同的省份在整体政策数量增长、加实加密过程中，表现出不同的特色，并与本省经济和企业特色紧密相关。

产业深度：从2020年开始，混合所有制改革和一些骨干行业市场化改革贴合非常紧密。混合所有制改革，在国有骨干企业打造自己产业链条、产业网络，特别在供应链和产业链建设上开始起到重要工具性作用。对于行业安全、企业安全、经济安全的启示意义值得深入探索。

集团深度：2020年开始，无论是央企还是地方大型国企集团，混合所有制和股权多元化改革，在集团化企业纵深推进方面较过去有很大的进步，从一个集团整体战略的角度整体规划实施混改的数量明显增加。

改革深度：从项目规模（增资、股权转让等）和融资金额两方面都可以看到混合所有制改革在企业内部的深度也在提升。

国企改革进入向精细化过渡的新的历程。2021年，无论是国有企业还是民营企业，都面临着全新的机遇和挑战。对于国有企业来说，国企改革三年行动进入第二年，在改革红利走深走实的同时，体制机制的变革也会给其带来新的挑战；对于民营企业来说，政策红利正在不断释放，而疫情带来的深远影响也需要企业多加准备。在这样的大背景下，"向改革要动力"是各类中国企业最可行的选择。与此同时，政策层面充分发挥"看得见的手"的作用也极为必要。

（四）2021年混合所有制改革的展望

2021年是国企改革三年行动"承上启下"的关键之年，是国企改革关键阶段，应在稳步推进改革进程的同时，总结改革经验，确保国企改革三年行动迅速而扎实地开展。2021年混改有以下三个主要方向。

一是改革应向深处和广处两个方向蔓延，在探索时也应该根据具体情况进行多层多路径的尝试。不应把目光局限在混改，在员工持股计划等其他方面也应适当开展改革计划。

二是改革过程中应时刻把控改革大局，随时调整经济结构，形成健康的经济布局。加速国有资产向核心优势产业的集中，逐步淘汰低效落后的业务经营。对投资布局与存量结构的调整，应以构建以国内大循环为主体、国内国际双循环相互促进的新发展格局为准则。

三是改革的大方向依然是市场化。就企业自身来说，应给予董事会充分的权力，增强国企的自主性，使国企实现最大限度的自主经营、自担风险、自负盈亏、自我约束。就经济环境来说，应构建公平的经济发展环境，使国有企业脱离国家担保后能够通过自我创新赢得市场信任。

深入到企业内部就会发现调动企业员工的积极性和创新精神也十分重要。劳动、人事、分配制度改革的推进必不可少。首先应保证员工权力，保证员工的离职自由。我们解决员工离职问题的方式不应为限制，而应通过有的放矢的激励和公平合理的要素分配机制调动员工的积极性。将企业优异的成果公平分配给职工。此外，应提高公司的容错率，使员工敢于尝试、不怕犯错，为改革者担当、为干事者撑腰。

落实国企改革三年行动，中央企业是实践者，更是受益者。以基层首创精神引领改革创新，我们看到有更多企业正在大胆地试、大胆地闯，共同开辟国企改革的一片新天地。

三　混合所有制改革问题及政策建议

（一）混合所有制改革中存在的问题

混合所有制经济是我国基本经济制度的重要实现形式，是国企改革的关键和有效的实现途径。习近平总书记在党的十九大报告中提出，应给予国企改革足够的重视，大力推进混合所有制经济的发展，给国有资本的发展添加催化剂，让自我创新成为国有企业的核心竞争力，推动企业的可持续发展。

20世纪90年代以来，一批国有企业通过改制发展成为混合所有制企业，促进了国有资本功能的放大，多种形式资本的融合形成了优势互补、共享共荣的美好局面。但另一方面，我国混合所有制改革中还存在一系列问题，特别是新时代下，稳步推进国有企业混合所有制改革还要解决多重困难。国内外的新形势对国有企业的发展提出了更高的要求，当今世界正经历百年未有之大变局，全球政治经济格局在不断发生变化，各类摩擦加剧；在新冠肺炎疫情的影响下，全球经济下行压力加大，不稳定因素增多。国有企业在此形势下，要发挥"畅通循环、稳定增长、引导和协同创新"等重大作用，需要进一步解决混改过程中遇到的障碍和问题。

1. "国有所忧，民有所虑"

长期以来我国的市场不够成熟，为了保护不同所有制公司共同健康发展，我国按公司所有制特点制定了与之相应的经济政策，但这也导致"国营"和"民营"之间独立割裂的发展关系。如今我国的经济环境较为成熟，在这种情况下，打破隔阂消除排斥，真正实现资金流动遵循市场规律是当前的最佳选择。要打破经济互相排斥的局面，其最大阻力来自不同资产之间信任的缺乏，国有企业认为民营资本的渗入会导致国有资产流失；非国有企业忧虑被国有化会将摊薄自身该得的利益。这种"国有所忧，民有所虑"的现象将会严重影响到国企混改的顺利开展，影响到改革的成效。因此，准确判定和有效改革国有股以及非国有股股权分配比例，是国有经济混改成功的关键。

2. 国有产权交易市场不完善

国有产权交易市场不完善主要表现在以下三个方面。一是不合理的产权交易定价。目前协议转让是我国国有资产转让的方式。这种协议的方式剥夺了交易双方通过博弈形成均衡价格的权力，而这种均衡价格可使双方均获利。二是信息披露不完全。为解决信息不对称问题，国家下发的《企业国有产权转让暂行办法》中规定了信息披露必须要遵循相关的原则，但却因没有下发具体的操作细则导致其实用性很差。三是未形成全国性的产权交易市场。目前我国的产权交易地区性割裂严重，产权交易大都在本地区展开，产权无法跨地区流动。与此同时，监管措施不完善和统一的交易规则的缺失都是产权跨地区、跨所有制流动的障碍，导致国有资产流动不顺畅，进而面临流失风险。

3. 产权归属工作落实不到位

虽然我国逐年加大对现代企业制度改革与创新的重视，但就目前来看，并没有彻底消除所有者主体弱化这一关键性问题。这使得现代企业制度一度陷入放权让利式改革的老路。国企在实际运营过程中依然面临无法自由支配资产的限制，而民营企业虽然可以自由支配资产，但在行业进入以及资源获取等方面受到许多限制。这些大范围的产权缺失与错位导致不同所有制的企业会对混合所有制经济产生误解，在操作方面也会受到许多因素的不良影响。

（二）混合所有制改革的政策建议

国企混合所有制改革是多方资本交叉持股、相互融合，不可避免地会存在实施层面的问题，为进一步推动混合所有制改革，可以从以下方面对相关政策制度进行完善。

1. 优化国有产权交易市场与交易制度

目前，我国产权市场尚不成熟，产权制度也有待完善，这都增大了国有资产的流失风险。因此，一是制定科学、完善的体制，建立公平透明的现代化产权市场，使各种来源的资产都可以实现有序进出、高效配置。二是健全定价评估机制，发挥相关中介机构作用，如审计以及资产评估机构等，有效减小国有资产发生流失的风险。三是制定更加科学、健全的产权市场信息披露制度和完善的法律法规，加强立法，制定完善的产权监管机制。四是建立完善的全国性产权交易市场，消除资产跨地区、跨机制的流动障碍，减少国有资产不必要的流失。

2. 完善国有企业管理模式

推行契约化和任期制管理。契约化和任期制管理，是一种适合于国有企业的市场化的干部管理机制，它在国企干部身份和市场化职业经理人身份中间找到了一个过渡形态。"固定任期、刚性兑现、合理拉开收入差距"等管理要素的规定，将会大大提升企业干部管理从观念和操作的市场化程度。也许在未来的几年，中国的国有企业都要向任期制和契约化管理这种市场化的管理模式去靠近、去改变。

进行"科改示范行动"。这个政策是国有企业改革领导小组办公室以2020年一号文件形式发布的，具有很强的导向作用，对推动高质量发展意义重大。科学管理要求国有企业时刻谨记自己的出资人身份，只有这样才能真正实现政企分离。制定科学、健全的公司治理机制，撤销国企中高管的行政级别，真正将企业推向市场，实现企业自主经营、自负盈亏。国企混改应在顺应市场规律的前提下进行，依据企业所处政治经济环境的特点，分层分区分行业进行有针对性的改革。改革不可追求一步到位，应循序渐进，依据现实情况逐步落实各种政策措施。在制定目标时，可制定长期目标以掌控方向，再将长期目标分解到当前，制订一系列"踮脚尖"可触碰的短期目标以确保工作的积极性，使政策逐步得到贯彻和落实。在确定非国有资本持股比例时不可一刀切，应贯彻"一企一策"的制度。在充分顺应市场潮流的原则下，针对每一个企业独特的状况，设置合适该企业的特有的民资比例。在《中央企业控股上市公司实施股权激励工作指引》发布以后，国有控股上市公司的股权激励会持续加速，这个改革措施对全中国来说具有深远影响。如果充分推动国有控股上市公司股权激励，进一步释放企业活力，这种间接传导作用会极大地释放中国经济的活力。

3. 完善员工持股制度

在一般的国有企业中，企业和员工的关系多为管理人和被管理人的关系，这样生硬的上下级关系往往会降低员工工作的积极性，整个公司的工作效率和创新精神都会随之降低。解决这一问题最好的办法便是员工持股，员工持股可将员工收益和公司收益有机地结合在一起。在制定员工持股计划时，应结合相关指导性文件，在充分遵循公平、公开、透明的基本原则下进行，以确保该计划是科学的、高效的。员工持股制度的实施可以保障员工共享公司收益，激发劳动积极性，大幅降低企业的管理成本。

4. 完善监管机制，保护出资人权力

在混改过程中，必须有效保护各方出资人的产权权益。因此，必须制定严格完善的产权监管机制，让产权市场成为混改波涛中最坚固的迎风板，不仅可以给予出资人安全感，还可以充足马力推动政策改革。全面的保护需要提供充足的信息，比如改革的实施细则、交易价格、资产评估方法以及交易方法等，使出资人和社会均可以对每个环节进行必要的监督，最重要的是应保障产权市场上交易的公平、公开，明令禁止暗箱操作，同时也应注意职员持股对国有资产的分散作用。

（三）对混合所有制改革企业和非公经济投资者的建议

对于混改企业，首先建议设计出初步方案，包括明确企业分类、推进方式、控股比重等。此阶段企业应了解股权混合并非代表混改完成，还需要战略投资者积极参与公司治理来完成混改的过渡。混改最为重要的是考察后期实质效果，混改过程务必时刻关注合法合规问题，根据操作指引来完成包括经理层人员任期、职业经理人、股权激励等一系列改革。反向混改时，国资入股后应实行区别于国有独资的管理模式，通过法人治理结构来参与重大事项决策环节。检测混改成功的关键是企业是否有高质量和高效的增长。

无论是非公经济，还是反向混改，企业真正需要的是高认同和匹配的投资者。在这过程中最为重要的是双向选择和深入沟通，建立制衡的管理模式，实现共赢。企业要明确混改能带来的核心竞争力和资源，帮助国有资本提升具体价值和影响力。同时按照相关法律法规要求，与监管机构进行沟通，达成共识。

对于混改投资者，建议首先制订具体可行性的投资方案来帮助企业提升价值，包括整体战略、投资目标、投资细节三方面。整体投资战略可分为两点：一是打通上下游产业链来实现规模扩张；二是拓展资源包括研发、市场等方面。制定投资目标上，需包括企业经营预测、未来业务发展等。在寻找合适标的时要明确评估标准，选择高匹配度标的。与此同时，提前确认投后整合路径，确认投资目标是否与预期一致。最后是明确投资细节，包括交易对价、对价支付节点等。除投资方案外，投资者需要做好尽职调查，具体包括：财务数据核查（包括资产负债情况、盈利能力、现金流状况等）、税务尽调、估值价格等。

（四）总结

当前，我国经济发展进入新常态，外部环境更加复杂。国有企业混合所有制改革的推进可以为实体经济和证券市场注入新鲜血液，从而调整产业结构，进一步优化资源配置状况，激发经济发展的潜力和企业创新发展的新动能。

在新常态的经济发展环境下，我国相关的政府部门和各级立法机关应保持足够的敏感度，及时对新发生的情况和问题进行深入探究，以保证混合所有制改革顺利推进。首先，在顺应市场经济发展规律的原则下，不断调整和完善相关的规章制度，加速优化国有产权交易市场与交易制度。既要建立科学、规范的现代产权市场，确保国有股权和非国有股权二者可以有序进退，又需制定完善的评估定价机制，减少国有资产发生流失的风险。其次，国企混合所有制改革要结合行业的具体特点以及国家战略发展的具体需求，积极推进以契约化为导向的国企干部管理制度和员工持股计划的实施，将员工的切身利益和企业的发展紧密联系在一起，进一步激励员工对企业的责任感和忠诚度。最后，国企混合所有制改革要充分保护混合所有制企业中出资人的产权权益，加强立法监督和执法监管，积极主动对外披露所有制改革方案的细则及重要交易信息，确保混改中的每个环节、每项工作都能够处于良好的监督与管理之中。

我国的国企混合所有制改革覆盖了金融、财政、行政、税收、司法和社会服务等多个方面，是我国供给侧结构性改革的重要组成部分。混合所有制改革并不是一家之炊，它需要各级相关政府部门合理规划、统筹安排、分步实施、有序推进、科学制定混合所有制改革的发展路线图和时间表，在确保国有资产实现保值增值的前提下，充分调动各类社会资本的积极性，通过资产重组和资源整合，优化产业结构、淘汰落后产能，化解经营风险，兼顾公平效率，促进非公经济的健康发展，科学有序地将国企混合所有制改革不断引向深入。

B.20
关于积极应对新冠肺炎疫情影响，深化资本市场改革的若干建议

全联并购公会[*]

摘　要： 鉴于目前新冠肺炎疫情对经济社会、企业经营及民众生活的严重影响以及中国证监会"持续深化并购重组市场化改革，支持实体经济发展"的总体思路，本文提出了搭建直接融资监管与服务机制、多种形式并购促进产业恢复与发展、金融机构及交易所构建全方位专项并购融资服务支持体系、在政府的主导下鼓励多种方式引导和促进并购市场发展、进一步扩大改革政策的试点和执行范围、扩大并购税收优惠政策扶持、支持金融科技在并购业务中发挥更大作用、积极发挥行业协会作用等积极应对新冠肺炎疫情影响、深化资本市场改革的若干建议。

关键词： 直接融资监管　并购　资本市场

鉴于目前新冠肺炎疫情对经济社会、企业经营及民众生活的严重影响以及中国证监会"持续深化并购重组市场化改革，支持实体经济发展"的总体思路，作为全国唯一的并购重组行业协会，全联并购公会站在推动并购服务实体共同渡过难关及促进经济常态化发展的高度上，不忘初心，牢记使

---

[*] 建议汇总整理了包括并购公会王巍、尉立东、徐林、景柱、李峰、蔡咏、郑建彪、于明礼、顾宁珂、李聚合、崔利国、权忠光、汪漪澜、刘锦峰、胡伟、杨棉之等公会领导及会员的个人意见和建议，常务理事单位建信信托和宜信公司等机构也提出了相关意见和建议。

命，就如何在并购重组视角下和新冠肺炎疫情后把握发展新机遇，促进产业结构优化升级；如何促进并购重组市场的活跃，进一步增强并购重组市场化改革力度，向政府有关部门、监管机构提出如下建议。

一 多管齐下，监管机构搭建高效、包容、灵活的并购重组及资本市场直接融资监管与服务机制

（1）对受疫情影响严重地区或行业的上市公司并购重组、再融资、首发上市、分拆上市等行政许可实施绿色通道快速审核政策。证监会、交易所等监管部门对疫情影响严重地区或行业上市公司（含标的公司）的并购重组及配套融资给予绿色通道快速审核发行的优惠政策，即报即办，特事特办，无须排队，审结即发。

（2）适度放宽疫情影响严重地区或行业上市公司并购重组配套融资用途、业绩对赌、时效期及再融资盈利条件等要求。重组再融资配套融资可以全部用于补充流动资金或归还银行贷款，尚未使用的资金履行决策程序与信息披露义务后可以用于生产自救等方面。对于尚在并购重组业绩对赌期间的，确因疫情影响无法完成业绩的，可以允许其适度修改或延长对赌期承诺，具体由上市公司与交易对方协商并履行相应决策程序与信息披露义务后实施。对于新增并购重组，可以不强制要求业绩对赌。建议对"明确因疫情影响，收购标的（相关行业）利润未达到预测的80%和50%分别要求公开道歉和给予监管措施的惩罚措施"的条款进行修订。已经获得重组批文但尚未完成重组的，批文有效期予以暂停计算直至重组实施完毕或疫情完全结束。

（3）修改发行股份购买资产的定价规则，进一步激发重组交易活力。《上市公司重大资产重组管理办法》（下文简称《重组办法》）第四十五条规定"上市公司发行股份的价格不得低于市场参考价的90%。市场参考价为本次发行股份购买资产的董事会决议公告日前20个交易日、60个交易日或者120个交易日的公司股票交易均价之一。"由于再融资新规已将定价基准的90%调整为80%，《重组办法》与再融资新规在发行股定价出现错配，

一定程度影响了上市公司的并购决策。鉴于再融资新政落地以及新《证券法》即将实施，建议对《上市公司重大资产重组管理办法》进行修订。在重组发行定价方面，参照再融资新规可以在市场参考价基础上打八折。

（4）进一步设计和丰富上市公司和非公众公司并购重组的方法、工具等。建议鼓励置换、剥离、托管、债务重组、股权回购、租赁等多种并购方式开展并购，便于上市公司摆脱包袱、资源整合、轻装上阵。此外，除定向可转债外，设计新的上市公司并购重组的支付和融资工具，如根据不同企业的风险偏好和实际情况，允许选择现金、股票、债券等多种形式的可选支付和融资工具，旨在降低并购重组成本。

（5）以新证券法即将实施、全面落实注册制为契机，推进并购重组市场化改革力度，提高审核效率，有条件时实施上市公司并购重组及再融资的注册制，将审核权下放交易所，证监会负责核准。抓紧配套修订相关并购政策，信息披露、停牌、暂停上市、禁止上市、退市后再上市等规则，避免中小投资者跟风炒作，造成损失。

（6）为疫情严重地区企业首发及再融资方提供高效便捷的直接融资服务。对受疫情影响严重地区或行业的上市公司再融资、债券发行、首发上市、精选层公开发行、上市公司分拆下属子公司首发上市等开辟绿色通道。放宽疫情影响严重地区或行业上市公司再融资盈利条件要求。放宽相关上市公司发行可转债、公开增发等发行条件，如修订发行人最近三年扣非后净资产收益率不低于6%的发行条件。降低上市公司分拆下属子公司上市的条件，如降低相关上市公司三年连续盈利且扣非利润累计超过6亿元的条件。

（7）推动监管机构对网上尽职调查、价值评估和重组方案的认可；重组争议的网上仲裁与取证。促进稽查部门完善网上督察和处理系统，特别是对业界的调查、处理和结案等的网上透明与信息公开化。

二 加强行业并购，鼓励以强扶弱、弱弱抱团、产业链整合等多种形式并购促进产业恢复与发展

（1）并购重组是当前经济结构调整和"六稳"工作的重要一环，但这是

一个系统工程，涉及层面很多，单一个部门或仅从时限和方式上做一些放松很难满足需要。希望有关部门能够联合发文，系统地梳理目前破产重整、并购重组以及债转股等层面涉及的问题，再出台切实解决问题的文件。

（2）鼓励各地区、行业，尤其是疫情严重地区及行业，主动开展以强扶弱、弱弱抱团、产业链整合等方式的并购重组。鼓励上市公司、行业龙头企业并购业内弱势企业，扶助其恢复生产和发展；鼓励央企、地方国企以并购方式帮扶民营企业；鼓励疫情影响不大的地区企业帮扶疫情严重地区企业；鼓励行业内弱势企业抱团取暖、合并图强；鼓励产业链上下游企业并购互助等。

（3）鼓励上市公司通过并购重组，加大对医院以及关键医护物资生产、设备制造方面并购与投入，提升公共卫生物资储备，允许更多社会资本参与，扩大公共医院的物资储备规模。

（4）建立便利跨境并购的工作机制。一是沟通发改、商务、外汇等委办局，优化现行跨境并购工作机制，对一些虽非并购主体主业，但在完善产业链或获取原材料、能源、高端制造技术等方面有作用的，放松审查。二是鼓励设立跨境并购平行基金，拓宽境内机构并购境外优质企业或项目资源的渠道。三是沟通外汇等相关部门，放松境外企业或项目并购所需外汇汇出管制，缩短ODI等审批期限。

（5）这次疫情可能造成一些企业重组工作的延迟，致使一些问题上市公司难以"保壳"，不得不退市。上市公司壳资源是凝聚了众多社会劳动的有价值的资产，希望有关部门对这些企业的重组能够给予适度的政策支持，把原有团队和资产的问题与新注入资产和团队区别开来，使原有的问题不影响重组的进行。同时，进行严格的行政审核，防止二级市场的"炒壳"行为。

三 多措并举，金融机构及交易所构建全方位专项并购融资服务支持体系

（1）鼓励金融机构加大购贷款专项支持。适当降低并购贷款利率，延

长并购贷款期限，取消担保条件，主要采取股权质押，提高并购贷款上限，开辟审核绿色通道，提高办理效率。

（2）证券公司、商业银行等金融机构加大对疫情严重影响行业或企业上市公司大股东、实际控制人股票质押融资的利率优惠、期限展期、暂不处置资产等支持力度；加大对并购重组过桥融资的支持，提高服务效率，降低融资成本，降低条件要求。创新并购融资支付工具，灵活满足并购融资需求。

（3）建议证券交易所对上市公司进行分类管理。对于治理规范、信息披露良好、持续分红保护投资者利益的上市公司，在再融资和并购重组中优先审核。证监会目前对并购重组中介机构划分 ABC 等级，其实更应该对上市公司划分 ABC 等级，对好的上市公司在审核时也应优先、快速。像 2015 年证监会推出的沪深 300 上市公司优先，是有一定道理的，但应再细化。对上市公司分类管理，对符合条件的上市公司，其并购重组涉及防疫产业、上下游产业链并购重组、并购高科技资产等，在一定金额范围内（占净资产比重不大）可建立快速通道；此类项目对前次募集资金是否用完、对本次募集资金运用均不做严格限制，可全部用于补充流动资金。

（4）并购重组涉及非上市公司估值、税收、员工、文化等综合因素，除了中介和监管机构外，财政、税务、监管等机构应当统筹考虑上述因素在并购交易中的政策衔接与时间性差异。如资产注入、换股等导致资产增值，上缴税收但股份又有限售期；减持新规对首发、再融资、并购等应视情况区别对待等，均需政府各部门提高沟通效率、保持政策一致性及相关映衬。

（5）放开证券公司另类投资的经营范围，允许其适当负债融资，鼓励其在参与科创板首发之外，更多参与并购重组的股权与债权融资活动，发挥证券公司在专业能力之外的资金优势，更好地支持实体经济。

四 政府主导、多方参与，鼓励多种方式引导和促进并购市场发展

（1）国家及地方政府出资，联合业内基金管理人、私募基金、上市公

司、央企、地方国企、私营企业等成立并购扶助专项基金或信托计划，以并购股权方式为疫情影响严重地区或行业企业提供资金扶持，帮助其解决资金问题，迅速恢复正常生产经营。鼓励私募股权基金或信托计划积极参与上市公司并购重组，如缩短限售期、减持税收优惠、鼓励夹层投资、并购贷款等激励方式。

（2）中央或地方国有投资公司通过协议转让方式，直接入股实控人现金流出现问题而上市公司基本面未发生实质性恶化的上市公司，通过附有一定条件的灵活投资方式对上市公司进行纾困，帮助上市公司恢复市场的信心，尽快步入正常经营。同时，给予投资人更多的自主权，允许采用更为灵活及市场化的交易及退出方式。

（3）通过引导基金发挥政府在并购市场的引导和推动作用。私募股权（并购）基金，是活跃并购市场的重要金融工具。出台措施引导私募股权基金积极参与上市和非上市公司的并购重组非常重要，不仅有利于改善企业治理结构，提升资源整合和重组效率，还可以起到优化产业结构和经济转型升级的作用。建议有条件的政府相关机构，通过引导基金参与市场化的私募股权并购母基金或并购基金，并给予多重扶持政策，引导和推动并购市场的良性发展。

（4）支持优质非上市公司并购重组。建议各方关注优质非上市公司的并购重组支持。通过财税减免补等多种措施支持鼓励私募股权基金或并购基金参与优质非上市公司并购重组，支持实体经济。

五　进一步扩大改革政策的试点和执行范围

（1）将债转股政策试点企业范围扩大，同时将非银行金融机构或者部分非金融机构债权人纳入债转股参与主体范围，为提高相关企业流动性及盘活金融机构资产提供操作空间。

（2）扩大员工持股计划实施范围，对员工持股计划、股权激励给予更多税收优惠支持，鼓励企业通过员工持股计划、股权激励解决核心人员稳定性问题，保持企业竞争力，降低企业薪酬资金压力。

六 加大并购税收优惠政策扶持

税务机关对并购涉及的企业所得税及个人所得税,对疫情影响严重的行业及地区企业,予以适当减免,其他行业给予优惠政策。

七 发挥金融科技优势,支持金融科技在并购业务中发挥更大作用

(1)将金融科技在中小微企业信贷上的技术积淀引导至并购业务上来。突如其来的疫情对中小微企业带来极大影响,例如零售、餐饮、住宿、旅游、线下教育等不同行业的中小微企业,都由于复工等问题受到了很大的打击。由于中小微企业本身抗风险能力较弱,在这种情况下,其被并购的意愿会显著增强。在疫情发生前,针对中小微企业的金融科技业务往往集中在信贷领域,金融科技公司通过大数据的整合、清洗和风控引擎的帮助,快捷有效地分辨出优质企业、给予授信。在受到疫情冲击、市场发生变化的当下,则可以将这种基于大数据的企业分析技术迅速引导到并购的业务流程中来,帮助市场建立有效标的库,协助机构客户提高并购效率。

(2)继续发挥金融科技在中小微企业信贷上的作用。受疫情影响,对中小微企业的实地调研会受到极大的影响,而基于大数据和风控模型的授信模式受到的影响则相对较小。因此,应当继续发挥金融科技在中小微企业信贷上的作用,在帮助企业存续下去的同时,保证自身的不良率控制在合理范围之内。如有可能,可以引导大数据技术在行业内推广,让之前主要依赖于线下工作的机构获得线上技术的帮助。

(3)鼓励金融科技企业开发服务于并购的数字化工具。疫情使得对企业的线下尽调变得困难,应当引导和鼓励在线上数字化研发方面有优势的金融科技企业,积极开发服务于并购的数字化工具,实现例如流程工具、重大事件、线上路演等功能,帮助并购等业务在特殊环境下顺利开展。

八　积极发挥行业协会作用

（1）特殊时期，行业协会应加强服务，建立并购需求信息库、标的公司资源库，发挥沟通桥梁作用，积极献言献策，促进并购交易达成及优惠政策落地。希望证券业协会、律师协会、注册会计师协会、评估师协会尽快针对行业特点，制订新冠肺炎疫情期间的工作指导及疫情过后的改进意见。

（2）建议在并购公会中成立民营小微企业融资咨询服务中心。近年来，中央和地方各级政府对民营企业融资贷款、补贴等金融扶助都有很多具体的政策和优惠，但是小微企业大多得不到实惠，突出表现一是没有抵押拿不到钱，二是利息太高。民营小微企业的问题主要是不了解融资贷款的渠道、财务账目不合要求。而银行和中介机构出于成本和责任考虑，不愿意介入小微企业的小额贷款业务。这次应以抗击新冠肺炎疫情，支持小微企业克服困难、恢复经营为契机，全联并购公会面向小微企业成立公益性的融资咨询服务中心，由公会会员单位和个人主动报名，提供联系电话和服务时间，义务为工商联小微企业指点融资渠道和步骤，查看账务并指出问题，如有需求，免费或低价收费代为申请融资。可以与工商联行业商会或地方工商联对口合作，由它们汇总会员融资需求和问题，并购公会理事、会员对口负责解答和办理，争取先办成几个案例起示范作用。

案例篇
Cases Studies

B.21
并购案例一：国联证券收购国金证券股权

陈 超*

摘　要： 2020年9月18日，国联证券和涌金（集团）有限公司签署受让国金证券（600109.SH）股权意向性协议，并于9月21日发布《关于收购股份暨筹划重大资产重组停牌公告》。国联证券于10月12日公告，由于交易相关方未能就本次重大资产重组方案的部分核心条款达成一致意见，公司终止筹划重大资产重组，公司股票10月13日复牌，基本上这是一次失败的并购。由于并购交易方披露的相关信息很有限，本文试图探讨此项并购的潜在协同效应，并分析自签署并购意向公告前后的市场的反应。

关键词： 资产重组　资源协同　信息披露　异常交易

---

* 陈超，博士，复旦大学管理学院特聘教授、香港大学商学院荣誉教授、加州州立大学荣誉教授，研究方向为企业融资、信用评级、并购与重组、公司治理与金融市场。

一 并购事项概要

2020年9月18日,国联证券股份有限公司(下文简称国联证券)和涌金(集团)有限公司发布公告称,国联证券(受让方)于2020年9月18日与长沙涌金(集团)有限公司(转让方)签订了有关国金证券股份公司(下文简称国金证券)之股份(标的股份)转让意向协议,拟受让国金证券约7.82%的股份。此外,国联证券与国金证券正在筹划由国联证券向国金证券全体股东发行A股股票换股吸收合并国金证券。双方于2020年9月18日签署关于本次合并意向协议。而且本次合并预计构成重大资产重组。因本次收购与合并尚处于筹划阶段,存在不确定性,为保证公平信息披露,维护投资者利益,避免造成公司股价异常波动,经公司向上海证券交易所申请,公司A股股票自2020年9月21日起停牌,预计停牌时间不超过10个交易日。

依据2020年9月30日的信息,国金证券的前两大股东依次为长沙涌金(集团)有限公司持有5.471亿股,占总股本的18.09%;第二大股东为涌金投资控股有限公司持股2.653亿股,占总股本的8.77%。其余股东的持股比例均在5%以下。同时,国联证券的控股股东无锡市国联发展(集团)有限公司持股5.439亿股,占总股本22.87%;第二大股东为香港中央结算(代理人)有限公司持有4.425亿股,占总股本的18.61%;第三大股东国联信托股份有限公司持有3.901亿股,占总股本16.415;第四大股东无锡市国联地方电力有限公司持股2.669亿股,占总股本11.22%。其余股东的持股比例均在总股数的5%以下。

国联证券除了拟受让国金证券约7.82%的股份外,还筹划由国联证券向国金证券全体股东发行A股股票换股吸收合并国金证券。该次并购如顺利进行,股权将大于30%,并触发要约并购,然而本次并购最终失败。

二　背景分析

（一）并购方背景

公司名称：国联证券股份有限公司
所属行业：金融非银行金融证券
股票代码：A股（601456）、H股（01456）
注册资本：23.78亿元
董事长：姚志勇
成立日期：1999年1月8日
上市日期：H股上市日期：2015年7月6日
　　　　　A股上市日期：2020年7月31日
发行量：4.757亿股
发行市盈率：19.60
发行价格：4.25元
所属区域：江苏
主营业务：证券经纪业务、证券自营业务（证券投资业务）、资产管理业务、信用交易业务等
控股华英证券

（二）被并购方背景

公司名称：国金证券股份有限公司
所属行业：金融非银行金融证券
股票代码：A股（600109）
注册资本：30.24亿元
董事长：冉云
成立日期：1996年12月20日

上市日期：1997年8月7日

发行量：1000万股

发行价格：2.20元

所属区域：四川

主营业务：证券经纪业务、证券自营业务（证券投资业务）、资产管理业务、信用交易业务等

三 并购的潜在动机

并购方国联证券的营业部主要分布在江苏省，而被收购方国金证券的营业部主要分布在四川省，两者如果合并有区域互补的协同效应。

据2019年合并财务报表的年报数据，收购方国联证券的总资产为284亿元，营业收入为16.20亿元，而其营业利润与净利润分别为6.88亿元与5.21亿元。而被收购方国金证券2019年报显示其总资产为501.5亿元，营业收入为43.50亿元，而其营业利润与净利润分别为16.52亿元与12.98亿元。

就2019年的规模而言，国金证券的资产规模与营业收入分别是国联证券的1.76倍与2.69倍。而国金证券的营业利润与净利润分别是国联证券的2.40倍与2.49倍。国联证券是地方国有企业，以小博大收购资产规模更大的民营控股的国金证券，从资产管理效率而言，国联证券的总资产周转率0.057也比国金证券的0.087低。如果收购成功，合并后的总资产将提升为中型证券公司中的领先者。2019年底，国金证券的市盈率（市净率）为38.15（1.36），而国联证券为92.64（4.61），如果合并成功，合并后的收购方国联证券的市盈率与市净率将下降，其估值将比目前相对有吸引力。

中国证券业协会于2020年7月10日公布的《中国证券业协会发布2019年证券公司经营业绩排名情况》，据母公司财务报表（非合并财务报表）国联证券2019年主要财务数据与行业排名如表1所示。

表1　2019年国联证券的财务与经营绩效数据

财务变量	数据	排名/参评总数
总资产(亿元)	272.59	55/98
净资产(亿元)	80.24	59/98
营业收入(亿元)	16.32	51/98
净利润(亿元)	5.21	43/98
净资产收益率(%)	6.64	24/49
核心净资本(亿元)	70.90	50/97
财务杠杆倍数(倍)	2.37	56/97
客户资金余额(亿元)	82.12	42/95
证券经纪业务收入(亿元)	3.60	49/95
承销与保荐业务收入(亿元)	1.73	50/95
股票主承销佣金收入(亿元)	0.75	31/62
债券主承销佣金收入(亿元)	1.06	45/92
融资融券业务利息收入(亿元)	2.59	50/89

资料来源：《中国证券业协会发布2019年证券公司经营业绩排名情况》。

2020年前三季度，134家证券公司实现营业收入和净利润分别为3423.81亿元和1326.82亿元，分别同比增长31.08%和42.51%。2020年股票市场基本呈现震荡上扬行情，证券公司投行、经纪等业务业绩向好，证券公司前三季度净利润已超2019年全年。表2显示国联证券对外公告的2020年第三季度未审计财务报告，国联证券的关键财务与经营绩效远弱于行业平均。

表2　2020年前三季国联证券的财务数据

财务指标(未审计)	数据
营业收入(亿元)	13.65
营业收入增长率(%)	13.01
净利润(亿元)	4.59
净利润增长率(%)	-3.92
净资产收益率(%)	4.39

资料来源：Wind数据库。

据统计，2020年上半年中国大陆共有119家企业IPO上市，其中主板新上市企业28家、中小板17家、创业板28家、科创板46家，合计有40家券商瓜分这119家IPO项目，合计承销及保荐收入超过60亿元，而国联证券却未能从中分得一杯羹。

同样依据中国证券业协会公布的《中国证券业协会发布2019年证券公司经营业绩排名情况》，国金证券2019年财务指标数据与行业排名如表3所示。

表3 2019年国金证券的财务与经营绩效数据

财务指标（未审计）	数据	排名/参评总数
总资产（亿元）	469.18	33/98
净资产（亿元）	204.06	23/98
营业收入（亿元）	39.88	21/98
净利润（亿元）	12.98	21/98
净资产收益率（%）	6.47	28/49
核心净资本（亿元）	175.94	21/97
财务杠杆倍数（倍）	1.73	81/97
客户资金余额（亿元）	115.65	31/95
证券经纪业务收入（亿元）	10.81	21/95
承销与保荐业务收入（亿元）	7.34	16/95
股票主承销佣金收入（亿元）	2.23	16/62
债券主承销佣金收入（亿元）	39.86	15/92
融资融券业务利息收入（亿元）	5.14	32/89

资料来源：《中国证券业协会发布2019年证券公司经营业绩排名情况》。

由表3数据，显示国金证券综合实力属国内二线券商。国金证券大部分财务指标与业务规模都排在全行业20~30名左右。

表4 2020年前三季国联证券的财务数据

财务指标(未经审计)	数据
营业收入(亿元)	47.28
营业收入增长率(%)	62.82
净利润(亿元)	15.43
净利润增长率(%)	78.41
净资产收益率(%)	7.09

资料来源:Wind数据库。

从表4国金证券对外公告的2020年第三季度未审计财务报告显示,国金证券绩效与竞争力都远胜于国联证券及行业平均。

对于国联证券来说,国金证券是一家有特色的券商,在承销与保荐业务上,国金在行业内有着举足轻重的地位。凭借国金证券在四川地区的影响力,国联合并后迅速打通在四川地区的销售渠道与品牌,而国金证券也凭借国联在江苏的渠道,逐步在江苏各地拓展金融产品服务与品牌渗透,实现迅速而有效的市场与服务协同效应。

四 国联证券并购宣告的异常交易与股价波动

(一)异常交易与内幕交易

2020年9月18日国联证券与国金证券双方就合并等重大资产重组事宜签署意向性协议,但由于收购与本次合并事宜尚处于筹划阶段,存在不确定性,为保证公平信息披露,维护投资者利益,国联证券、国金证券分别向上海证券交易所申请停牌,预计停牌时间不超过10个交易日。

2020年9月25日,证监会例行发布会上,证监会新闻发言人表示已关注到国联证券与国金证券合并中可能涉及内幕交易情况,并且根据相关规定要求双方公司自查,提交内幕信息知情人名单,并启动了核查程序。

（二）并购意向宣告相关事件的股价、收益率与交易金额的变化

国金证券的股价与市值随着并购事项的推进产生较大波动。在并购之前，国金证券的股价在9月16日与17日分别下挫0.85%与0.01%，但接着在9月18日股价上升了9.29%，反弹的力度相当大，交易额更是较前一交易日暴增了3.49倍（见图1）。

表5　国金证券股价与交易金额的变化

日期(重要公告日)	收盘股价（元/股）	日收益率（%）	成交金额（元）	成交金额变动率(%)
2020年9月15日	14.13	0.07	449827712	-11.10
2020年9月16日	13.99	-0.85	492181472	9.42
2020年9月17日	13.90	-0.01	522823168	6.23
2020年9月18日	15.29	9.29	2345846272	348.69
2020年10月13日	15.73	1.48	3897269504	66.13
2020年10月14日	15.55	-0.52	2088408704	-46.41
2020年10月15日	15.26	-1.61	1334040064	-36.12

资料来源：Wind 数据库。

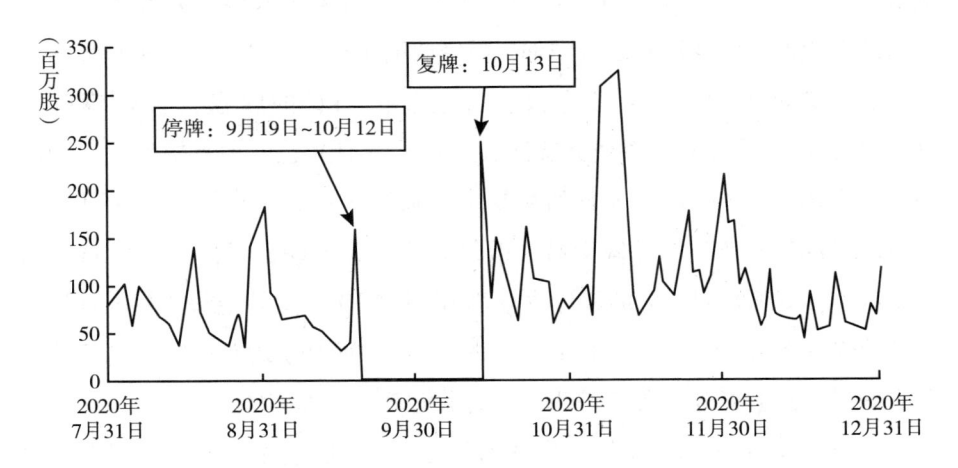

图1　国金证券2020年7月31日至2020年12月31日股票日交易量变化

资料来源：同花顺 iFinD 数据分析库。

表6 国联证券股价与交易金额的变化

日期 (重要公告日)	收盘股价 (元/股)	日收益率 (%)	成交金额 (元)	交易金额 变化率(%)
2020/9/15	16.49	-1.85	1026261120	-2.72
2020/9/16	17.06	3.58	1610927360	56.97
2020/9/17	17.85	6.25	1989642496	23.51
2020/9/18	19.64	11.15	2931879680	47.36
2020/10/13	18.48	-2.74	3033623040	3.47
2020/10/14	17.68	-2.59	1700646016	-43.94
2020/10/15	17.04	-3.35	1508103040	-11.32
2020/10/16	17.29	2.37	1210537088	-19.73

资料来源：东方财富。

2020年9月18日，第一次签署并购意向书当日，国金证券与国联证券的收盘股价分别为15.29元/股与19.64元/股。而2020年9月18日前30个交易日内，国金证券与国联证券的日加权平均价格的算术平均值分别为14.86元/股与16.384元/股。因此，第一次并购意向公告时国金证券的收盘价溢价2.89%。该溢价可以视为市场对国金证券成长性以及并购后协同价值的期望值。国联证券公告中都未披露收购价格与条款，无法进行比较。

在并购过程中，国联证券公告并购意向当日的收盘价大幅攀升了11.15%，但交易金额在两个交易日前（9月16日）已开始大幅攀升（如图2），9月16日、17日与18日的交易量分别较前一交易日上涨了56.97%、23.51%与47.36%。在并购交易失败复牌当日，国联证券的股票收益率为-2.74%，复牌日起三天的累计收益率为-8.68%，交易金额从复牌日第二天开始连续下滑34.94%、11.32%、19.73%。而国金证券在复牌当日的收盘股价则上升1.48%，复牌三天的累计收益率为-0.65%。

2020年9月18日，即第一次并购公告之后，国金证券9月21日开始停牌，停牌当天华泰证券对国金证券的评级为"维持增持"评级，目标股价15.48元/股。依据东方财务的相对估值数据，国金证券的PEG是0.86，小于行业平均的1.64与行业中值0.91。

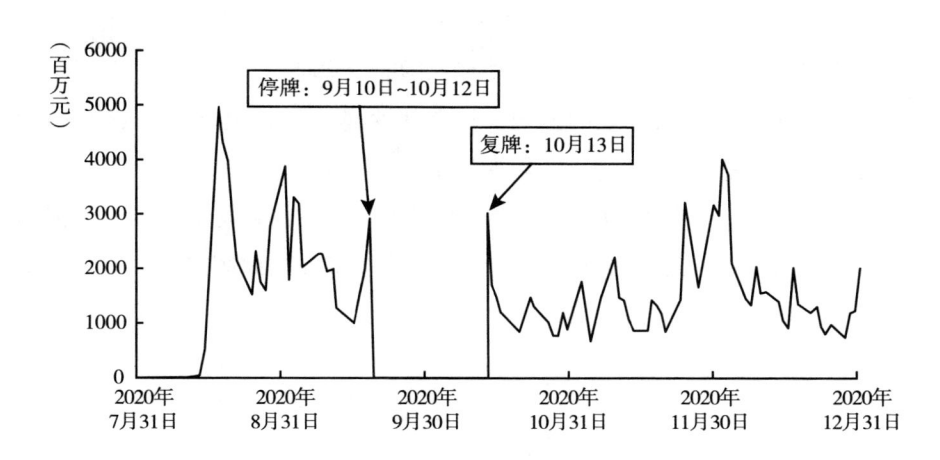

图 2　国联证券于 2020 年 7 月 31 日至 2020 年 12 月 31 日期间股票日交易金额的变化

资料来源：同花顺 iFinD 数据分析库。

五　总结

此次国联证券收购国金证券有几个特征。

一是并购双方签署的初步意向协议的信息披露很有限，收购动机也未披露，对投资者保护、市场的透明度与公平性显然不足。

二是关键的并购的价格、条款、支付方式、高管人事等治理问题安排均未披露，充分披露重大信息显然有疏失。

三是无中介参与。这次并购从披露的有限信息来看，没有涉及任何中介，这可能与券商之间的并购，其本身就有财务顾问经验与业务有关。

四是收购的动机、协同效应均未披露，如协商失败的主要原因是什么？哪些核心问题未能达成协议？利益相关者的知情权显然未受到应有的尊重与保护。

五是本报告试图分析国联证券和国金证券在市场、规模与财务三方面可能带来什么协同效应。至于此次国联证券收购国金证券无法达成协议，以致

并购失败,作者认为主要原因可能包括:国联证券以小博大,收购条件尤其是支付价格未能说服被收购方的大股东;国企(国联证券)与民企(国金证券)在文化和治理结构上的差异,以及未来整合的问题包括资源、高管人事安排,都可能是最后无法达成协议的重要因素。

六是此并购事件的并购方涉及异常交易量,引发媒体与监管部门对内幕交易的关注与问询,这也可能是导致此项并购被喊停的原因之一。

B.22
并购案例二：淘宝收购吉鑫控股股份

吴 黛*

摘　要： 2020年10月19日，阿里巴巴发布公告称，已同意通过其子公司淘宝中国出价总计约280亿港元（36亿美元），向法国的跨国零售企业 Auchan Retail International S. A. 及其附属公司收购吉鑫控股有限公司的总计70.94%股权。随着阿里巴巴完成对高鑫零售控股，原有的人员、架构或将迎来调整。这是阿里巴巴在新零售战略行进过程中重要的一步。

关键词： 新零售　全面收购要约　整合　盒马数字化管理系统

一　交易概述

2020年10月19日，阿里巴巴（09988.HK）发布公告，同意通过子公司淘宝中国出价总计约280亿港元（36亿美元），向 Auchan Retail International S. A. 及其附属公司收购吉鑫控股有限公司的70.94%股权。

吉鑫控股有限公司持有高鑫零售有限公司（下文简称高鑫零售）约51%的股权。股份购买成功后，阿里巴巴连同其关联方将持有高鑫零售约72%的经济权益，而阿里巴巴会将高鑫零售综合入账至其财务报表中。股份购买须待满足惯常完成条件后方告完成。

---

* 吴黛，金融硕士，毕业于同济大学、德国比勒菲尔德大学。现任求思咨询高级行业顾问，主要从事ICT咨询、企业募投可研咨询工作，主要研究方向为金融风险、并购风险等。

二　并购背景

高鑫零售是一家中国知名零售商，主要从事经营大卖场及电子商务平台业务，旗下有"欧尚"和"大润发"两个知名品牌。高鑫零售于2011年在香港联交所上市，目前总市值约760亿港元。2019年中国连锁百强榜单上高鑫零售排第4位。

2017年11月20日，阿里巴巴宣布与润泰集团、欧尚零售达成合作，根据战略协议，阿里集团将投资224亿港元收购高鑫零售股份，并持有36.16%的股份。经过三年的新零售改造和优化，高鑫零售旗下的484家大润发和欧尚超市门店已经全面实现在线化，并接入淘鲜达、饿了么和天猫超市共享库存业务。所有门店均可提供5公里范围内1小时达配送服务，其中180家门店支持20公里范围内半日达服务[①]。阿里巴巴对于与高鑫零售合作最初的设想已逐步变为现实。而依托于双方的新零售改造经验，高鑫零售的新零售能力已经陆续向三江购物、新华都、中百、卜蜂莲花、绿地优选等商超输出。

1997年创立大润发的黄明端曾被称作"中国零售狼王"，底层出身创业，最终击败了沃尔玛与家乐福。但随着电商兴起，仅专注实体店的大润发显然落后于电商平台，大润发最终在2017年选择卖身巨头阿里巴巴。目前，黄明端仍担任高鑫零售首席执行官、大润发中国区主席。

从阿里巴巴以往的收购逻辑来看，任何被收购企业到最后都会被涂上阿里巴巴的底色，原有的团队也都会迎来大换血。不过，由于商超是阿里巴巴涉足的新领域以及高鑫零售股权的复杂性，在缺乏合适人选的情况下，阿里巴巴选择由零售老将黄明端来整合推进新零售改造。从近三年的改造成果来看，黄明端没有辜负阿里巴巴的期望。

[①] 赵述评、赵驰：《高鑫零售归附阿里　商超巨头激战数字化》，《北京商报》2020年10月20日。

联商网零售研究中心监测的数据显示,从营收、净利两项指标来看,高鑫零售仍然是中国绝对的"超市之王"。2020年上半年高鑫零售实现营收531.70亿元,同比增长5.1%。归属上市公司股东净利润20.62亿元,同比增长16.8%。而高鑫零售2019年营收增幅一改近年来连续下降的趋势,净利润更是创五年来新高,同比增幅也迎来反弹。阿里发布的2020财年报告显示,淘鲜达等阿里巴巴系平台带来的增量已经占到高鑫零售总营收的10%。

三 交易动因

2019年高鑫零售486家门店已经全部实现数字化,生鲜1小时达和B2B业务已经走通走顺,而生鲜电商业务也已实现全面盈利。高鑫零售被阿里巴巴控股表明,阿里巴巴已经培养出"自己人"来继续推动以高鑫零售为代表的商超领域的新零售改造,而黄明端所承担的历史角色已经完成。从更深层次的意义来说,阿里巴巴在商超领域已经形成了一套独特的方法论,并且也不缺掌舵者。

这也是自新零售提出一年后,阿里巴巴首次在商超领域进行全国性新零售试验,在收编高鑫零售之前,阿里巴巴已先后与三江购物和百联等区域零售进行战略合作。之后在阿里巴巴的主导下,完成了高鑫零售旗下大润发与欧尚的整合。

阿里对高鑫零售门店(大润发、欧尚)的整合主要围绕门店数字化、B2C、B2B业务展开,贯穿商品联采、运营支持、物流配送、管理系统升级和业态创新等多个复杂环节。借助于阿里巴巴在供应链、技术、流量等方面的优势,高鑫零售的各个业务线开始迎来变革。

2019年初,大润发和欧尚门店开始整合营运系统及供应链,欧尚门店经历了产品组合、供货商结构及营运流程的调整,门店整合已大致完成。而在2020年,大润发、欧尚双品牌整合将会进一步深化。

从B2C业务来看,受益于阿里旗下的饿了么、淘鲜达及天猫超市等平台入口,高鑫零售门店生鲜覆盖周围5公里内客户,可提供1小时达的服务。2019年,高鑫零售B2C达3300万用户数量,活跃用户超过1000万。

截至2020年8月12日，高鑫零售B2C的用户数近5000万，活跃用户数达到近1300万。

另外，高鑫零售与阿里巴巴深度合作的猫超共享库存项目，自2019年10月以来，已经陆续有180家门店提供20公里范围内半日达服务。

B2B业务方面，截至2020年6月30日，高鑫零售B2B业务较2019年同期实现中单位数增长，现有用户已超过60万，活跃用户接近25万，实现全品类覆盖。2020年6月30日，高鑫零售B2B业务的生鲜类商品业绩占比约为32%。

对于阿里巴巴控股高鑫零售，零售市场份额越来越大，越有利于提升零售业规模化、集约化、组织化、智能化水平，不仅能更好地服务百姓生活，还能提高流通效率，最后会取代部分传统的、老化的零售企业，成为我国零售的主导力量。

四 并购评述

2020年6月，据"晚点Late Post"报道，阿里巴巴副总裁、零售通总经理林小海将接管大润发，担任大润发CEO，直接向阿里巴巴CEO张勇汇报。黄明端仍然担任高鑫零售CEO、大润发中国区主席职务。

交易两个月后的2020年12月2日，高鑫零售、大润发[1] CEO黄明端正式交班给阿里巴巴副总裁、零售通总经理林小海，这一人事变动被外界解读为大润发的全面阿里化。

由此可见，阿里巴巴对高鑫零售投入之多、改造规模之大、覆盖范围之广，不可谓不用心。高鑫零售几乎引入了阿里内部所有的新零售能力，比如盒马供应链、盒马数字化管理系统、菜鸟驿站社区团购能力、天猫流量倾斜等。除了内部能力的搭建，阿里也联动盒马为大润发引流，比如主张盒马授权"盒小马"品牌给大润发，助其在下沉市场布局社区业态。未来几年，高鑫零售将在多业态全渠道不断发力、加速发展。

---

[1] 赵述评、赵驰：《黄明端23年身退 阿里全面掌权大润发》，《北京商报》2020年12月4日。

B.23
并购案例三：58同城私有化

吴 黛[*]

摘 要： 58同城私有化主要目的是为了降低美国股市监管趋严带来的负面影响。58同城私有化以后，有一种选择就是在国内资本市场上市，重获高估值或将带领公司走出增长有限且不断面临的"后浪"冲击，以及难以冒险进入新领域的困境。

关键词： 私有化 外国公司问责法案 估值 私募基金 国内上市

一 交易概述

2020年9月7日，58同城发布公告称，经特别股东大会投票，超过75%的票数同意并审议通过Quantum Bloom Group对58同城的私有化议案。这表明58同城私有化博弈持续5个月尘埃已落定，58同城不仅仅是一家上市公司，也是Quantum Bloom Company Ltd的全资子公司。Quantum Bloom Group投资者包括General Atlantic、华平投资、鸥翎投资和58同城董事长兼行政总裁姚劲波。买方财团计划以股权和债务融资结合形式为私有化交易提供资金。

根据合并的具体协议条款，买方投资财团将以每股普通股28美元（相当于每股美国存托股56美元）现金购买58同城所有已发行普通股，最终的

---

[*] 吴黛，金融硕士，毕业于同济大学、德国比勒菲尔德大学。现任求思咨询高级行业顾问，主要从事ICT咨询、企业募投可研咨询工作，主要研究方向为金融风险、并购风险等。

交易估值约为 87 亿美元。

2020 年 4 月 2 日，58 同城宣布，董事会收到鸥翎投资发出的收购要约，此要约不具约束力，其拟以每股美国存托股 55 美元的价格收购所有流通股。

2020 年 4 月 20 日，58 同城董事会成立特别委员会，对私有化要约或公司可能采取的其他替代性战略选项进行评估。

2020 年 4 月 30 日，58 同城公司董事会收到来自 General Atlantic、华平投资、鸥翎投资和公司董事长兼 CEO 姚劲波的非约束性私有化要约。

2020 年 6 月 15 日，58 同城宣布与 Quantum Bloom Group 签订合并协议。依据合并协议的具体条款，华平投资牵头的买方财团与 58 同城签署了 58 同城的私有化协议，总交易估值约为 87 亿美元（约合 617 亿人民币）。

58 同城表示，根据特别委员会（58 同城董事会下设）的一致推荐，董事会已批准该私有化协议，并建议公司股东投票支持。且特别委员会在财务和法律顾问的协助和帮助下，进行了私有化协议条款的谈判。

二　并购背景[①]

2005 年 12 月 12 日，58 同城成立，姚劲波再次开启了他的创业之旅，当时 58 同城的对标对象是创造美国本土神话的分类信息网站 Craigslist. org。在上市之前，58 同城的财务投资方背景相对简单，仅包括赛富投资基金、华平投资及 DCM 中国。58 同城的模式在当时还是相对比较新的，整个分类信息行业的产值也并不大，但这个行业在欧美已经很成熟。由此，58 同城的投资方相信，58 同城将有机会崭露头角，本领域在中国还是蓝海。

然而，58 同城也经历了数次转型，发展并非一帆风顺。例如，2010 年，58 同城形成了区别于竞争者的重资产企业，从纯线上的模式开始转向线上线下并行，建立了线下销售队伍；在 2011 年的广告战中，通过强大的地推

---

① 《超 600 亿，又一在美上市巨头私有化落定！买方财团阵容豪华，溢价近 20% 收购》，https://www.lieyunwang.com/archives/466875。

能力有效地将流量和用户规模的增加转化为收入的增加,赢得了小商户的信任,建立了自身的品牌效应和竞争壁垒。

2013年11月,在"类阿里商业模式"的概念下,58同城正式登陆纽交所,上市当天暴涨42%。2014年6月28日,58同城发布公告称已获得腾讯控股7.36亿美元投资。在流量方面,腾讯占据了国内流量的半壁江山,对于十分渴望流量的58同城来说,腾讯手中独有的流量、社交等优势是重要的资源。58同城想通过旗下与民生相关的平台和多种产品与腾讯的流量深入融合,通过融合创造出更大的价值。

根据58同城上市时公布的招股书显示,2010~2013年上半年,58同城的营收高速增长:2010年为1070.2万美元,2011年为4153.4万美元,2012年为8712.2万美元。而截至2013年上半年,总营收达5884.3万美元,58同城实现扭亏为盈。

2015年起,58同城开始不断扩展版图。2015年3月2日,正式宣布并购安居客集团,以现金加股票的方式进行交易,具体交易金额达到2.6701亿美元;2015年4月17日,58同城发布公告,公司战略入股分类信息网站赶集网;2015年5月8日,58同城宣布并购中华英才网;2015年8月7日,58同城向莱富特佰增资持70%股份,加强汽车布局。但是,从股价表现上看,58同城高速上升的态势自2018年呈现拐点。2018年,58同城股价达到历史最高的89.9美元,之后一直处于下跌状态。58同城发布的2019年全年财报中,公司营收155.8亿元,同比增长18.6%,维持了86.4%的毛利率水平,超过了之前的预期上限。财报还显示,由于会员营收与在线推广收入两个业务的同比增速均下滑,而二者是58同城的营收主要来源。以在线市场服务同比增速为例,2019第二季度为23.8%、2019第三季度为20.1%、2019第四季度为19.3%。2020年3月,58同城宣布与二手车电商平台优信集团签订协议,以1.05亿美元收购优信拍业务相关的资产。2020年4月,58同城、58爱房又宣布向重庆房产经纪企业"到家了"共同投资5亿元。

核心业务增长的下滑导致58同城营收增长下滑。2018年第三季度至

2019年第四季度，58同城的营收增速分别为33.21%、30.55%、22.54%、20.53%、17.40%、15.1%，呈接连下滑之势。58同城想通过旗下与民生相关的平台和多种产品与腾讯的流量深入融合，通过融合创造出更大的价值。

买方团队则由几家较为知名的私募基金组成。其中，Quantum Bloom Group投资者团队中美国的大西洋大众公司（General Atlantic）是全球首屈一指的私募基金，专注为依赖信息技术及知识产权发展茁壮的企业提供成长资金。大西洋大众公司成立于1980年，目前管理约100亿美元的资本，投资的企业超过60家，其中近一半在美国境外。公司凭借覆盖世界各地的业务网络和全球化战略，为所投资公司持续提供增值协助以及长远的投资理念。大西洋大众公司办公机构遍及全球，包括硅谷、华盛顿特区、格林尼治、纽约、伦敦、杜塞尔多夫、孟买、中国香港及圣保罗、新加坡、东京。大西洋大众公司目前在中国的投资项目包括联想集团、神州数码及中星微电子。

美国的华平投资（Warburg Pincus）是全球领先的私募股权投资机构，专注于成长型投资。目前，公司投资于各行各业、处于不同发展阶段的逾195家企业，在全球管理逾540亿美元私募股权资产。成立至今，华平投资共募集19期私募股权基金，总额达950亿美元，已对全球40多个国家的逾920家企业累计投资超过890亿美元。投资的企业主要包括蚂蚁集团、中通快递、美中宜和医疗等。

买家团队另一中国PE基金鸥翎投资的核心团队由在旅游业、互联网行业和投资圈地位举足轻重的江天一、梁建章、张弛、郑南雁四位合伙人组成，被称为"梦之队"。与此同时，鸥翎投资与携程关系密切，参与的投融资机构几乎全部围绕携程的旅游业务进行。

截至2020年3月31日，58同城的年报表明，58同城拥有299728769股，其中，254496649股为A类普通股，45232120股为B类普通股。

截至2020年3月31日，58同城董事长兼CEO姚劲波持有10.2%股份，为第二大股东，拥有42%投票权；Standard Life Aberdeen plc持有10%的股权及4.2%的投票权；T. Rowe Price Associates Inc. 持股为6.6%的股权及2.8%的投票权。腾讯持股为22.4%，拥有28.3%的投票权。

三 交易动因

2020年1月，58同城将组织架构调整为4个前台事业群，分别为房产事业群、汽车事业群、人力资源及职业教育事业群以及本地服务事业群，58同城将从流量收入为主的时代迈进服务收入为主的时代。

昔日在城市服务类网站中"一家独大"的58同城遭遇了瓶颈，能否跳出单纯的"流量"思维，决定了58同城的天花板。58同城业务覆盖招聘、房产、汽车、金融、二手交易及本地服务等各个领域。贝壳找房当前市值超过500亿美元。

58同城实施私有化主要有两个方面原因：一方面，从美国退市是由于美国监管日趋严格，另一方面，58同城在美股市场也存在估值偏低的问题。

58同城从美国退市的重要原因是美国刻意加强对中概股的监管力度。2020年5月，美国通过《外国公司问责法案》，要求在美上市的外国公司加强遵守该国的监管标准。这一法案主要针对在美国上市的中国公司。《华尔街日报》分析称，该法案可能会使中国企业被迫放弃在美国证券交易所上市。2020年8月，美国再次推出一项提案，要求在美上市的中国企业都必须遵守美国的审计要求，否则会面临退市的危险。根据新的计划，已在纽交所或纳斯达克上市的中国公司必须在2022年之前选择遵守美国的规定或放弃交易。如果遵守，中国的审计师必须和美国的监管部门共享相关文件。正是在这种背景下，京东、网易、新浪等众多中概股或提出私有化方案，或宣布返回香港二次上市，而58同城便是其中之一。

另外，目前58同城虽然业务众多，但面临多而不强的问题。如果58同城在退市后回到国内上市，可能会筹集到更多资金投入到各项业务的发展中。即使不重新上市，58同城也将有更高的自由度发展业务。

除了美国资本市场监管严格之外，58同城自身在美股市场估值偏低或许也是其选择私有化的另一个原因。2020年1月，以做空中概股闻名的浑水（Muddy Waters）声称，收到了一份长达89页的匿名做空报告，直指瑞幸咖啡数据造假。之后，包括58同城在内的众多中概股陆续遭到做空。2月13日，美国做空机构灰熊研究（Grizzly Research）发布了针对58同城的做空报告。报告指出，58同城在过去三年中累计夸大了46亿元的总收入；2013~2018年间，美国证监会的文件显示，58同城每年的增长率达71%，而中国国家工商行政管理总局的文件却仅为50%。58同城在美国退市后或回国内上市，寻求更高估值。

自2013年10月31日正式于纽交所挂牌上市以来，58同城的股价经历了过山车般的变动。总体而言，其股价在上市前几年处于快速上升阶段，在2018年达到历史最高点89.9美元，之后便一直处于下跌通道。在最后一个交易日，58同城的股价报55.88美元，市值为83.78亿美元，相比最高点市值跌去将近一半。

相比之下，58同城的定位是生活服务平台。众所周知，成立于2005年的58同城主要提供招聘、房产、汽车、二手、本地生活服务及金融等服务，覆盖了中国大部分城市。在2015年与赶集网合并之后，58同城占据了分类信息行业85%以上的市场份额，一度形成一家独大的态势。

58同城的模式在PC时代无往不利，并因此进入了众多的细分领域。但在进入移动互联网时代，58同城在每一个细分领域都面临激烈的竞争。在招聘垂直领域，58同城面临着Boss直聘、猎聘网、前程无忧、智联招聘等对手的激烈竞争。在房产领域，58同城的竞争对手贝壳找房于8月在美国上市，上市首日市值超500亿美元，是58同城的数倍。除了最主要的招聘和房产业务，58同城近年来还在内部孵化了车好多、转转、快狗打车等品牌，将业务触角伸向二手车、二手商品交易、同城货运等更多细分领域。

二手商品交易品牌转转面临着来自阿里巴巴旗下闲鱼的强大竞争，用户数被闲鱼远远甩在身后；在同城货运领域，快狗打车的市场份额也不及对手货拉拉，另外，2020年5月来，滴滴也进入了同城货运业务。

目前，车好多的发展势态相对较好，不仅在二手车行业占据了有利位置，还抢占了汽车新零售业务。不过，58同城已经出售了车好多的大部分股份，所占股份已不多。除了在各个细分业务面临激烈的竞争，58同城的营收也面临着增速放缓的问题。

四 并购评述

根据58同城股东在2020年9月7日召开的临时股东大会上批准的合并协议条款，本公司每股面值为0.00001美元的A类普通股（"A类股"）和每股面值为0.00001美元的B类普通股，在合并生效时间（"生效时间"）之前发行、流通且未由本公司美国存托股（分别称为"ADS"，代表两股a类股）代表的本公司（a股"B股"，与各a类股合称为"股份"），但不包括排除在外的股份异议股份（每一份定义见合并协议）已被取消并不再存在，以换取收取28.00美元无息现金的权利，除代表排除在外股份的美国存托股外，每1股流通在外的美国存托股，连同该等美国存托股所代表的每1股，都已被取消，以换取该权利收取56.00美元无息现金（"合并对价"）。

在生效时间之前，有权获得合并对价的注册股东将收到一份送文函和关于如何放弃其股份以换取合并对价的指示，并应等待收到送文函后再放弃其股份。在美国存托股受托人花旗银行（Citibank, N.A.）从支付代理处收到应付给美国存托股持有人的合并对价总额后，将尽快向美国存托股持有人支付合并对价（减去每支美国存托股0.05美元的美国存托股注销费），不含利息和任何适用的预扣税。

自2020年9月18日起58同城暂停其在纽约证券交易所（NYSE）的美国存托股交易。根据合并协议条款，买方投资财团以每股普通股28美元（现金价格）购买58同城所有已发行普通股，总交易估值约为87亿美元。

58同城表示，能否完成合并取决于满足或放弃合并协议中规定的条件。公司将与合并协议的其他各方合作，以满足合并协议中规定的所有其他先决条件，并尽快完成合并。合并完成后，该公司将成为一家私营公司，随后在

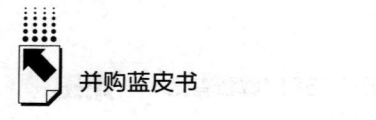

美股退市。

与2020年4月1日（58同城宣布收到私有化要约的前一个交易日）58同城的ADS收盘价相比，此次58同城私有化报价相当于溢价19.9%。从整体数据来看，58同城在2019年第四季度的净利润额和营收都维持了一定的增长，其中净利润实现了同比增长535.1%，在互联网行业是少数保持双增长的企业。

B.24
并购案例四：万达清空海外地产

吴 黛*

摘 要： 万达酒店完成出售芝加哥物业项目，自此，万达集团已将其海外地产项目全部清空。未来万达酒店的发展将专注酒店设计、酒店管理及建设等主业发展，以轻资产形式运营。万达公司发动这次交易主因是万达要逐步清偿全部海外有息负债。此次出售芝加哥项目，对公司日常现金流、盈利能力是一次巨大改善。

关键词： 清偿　海外资产　海外负债　盈利能力

一　交易概述

2020年11月25日，万达酒店发布公告称，美国时间2020年11月24日，公司完成了出售芝加哥物业项目，将不再持有目标公司任何权益，目标公司的负债、资产及财务业绩不再综合计入公司的综合财务报表。自此，万达集团已将其海外地产项目全部清空。

二　并购背景

万达集团自2012年收购美国院线AMC后便开启了海外并购之旅。自

---

* 吴黛，金融硕士，毕业于同济大学、德国比勒菲尔德大学。现任求思咨询高级行业顾问，主要从事ICT咨询、企业募投可研咨询工作，主要研究方向为金融风险、并购风险等。

2013年开始，万达集团开始大举开展海外地产业务布局，主要涉足海外房地产、文娱、体育和酒店等产业的投资。2013年，万达集团投资7亿英镑拿下英国伦敦One Nine Elms摩天大楼。2014年，分别在美国投资芝加哥项目和洛杉矶One Beverly Hills项目。2015年，再次投资10亿美元拍下了悉尼的Circular Quay公寓和酒店项目，并耗资9.71亿澳元拿下澳大利亚黄金海岸项目。芝加哥项目是万达集团与2014年7月8日宣布在美国城市芝加哥投资的五星级酒店和公寓项目，根据万达官方网站发布的信息，该项目投资为9亿美元，拟建成一栋350米高、89层的楼宇，将成为芝加哥第三高楼。

2012—2017年万达集团共计斥资2541亿元人民币用于海外投资，标的项目主要集中在房地产、酒店、文娱等产业。截至2016年底，万达商业的货币资金为1002亿元，总资产7511亿元，负债合计为5278亿元，资产负债率高达70%。一方面负债率居高不下，另一方面还在大手笔地往海外砸钱，有关部门在关注到相关情况后，下发通知要求国内银行审查有关万达等明星并购企业的授信情况和贷款敞口。2017年8月18日，国家发展改革委、商务部、人民银行、外交部发布《关于进一步引导和规范境外投资方向的指导意见》，部署加强对境外投资的宏观指导，引导和规范境外投资方向，推动境外投资持续合理有序健康发展。随后，王健林曾对外公开表态，积极响应政府号召，决定把主要投资放在国内。2020年11月5日，福布斯发布中国富豪榜，王健林从2019年的第14名跌至第30名。

2018年1月20日，王健林在万达年会上表示，万达要逐步清偿全部海外有息负债。由于受国外复杂的法律程序、高额的税费、人工成本和市场环境等因素制约，万达在海外的投资显然是以失败而告终。

王健林已经"甩卖"了国外资产的"包袱"，回归国内发展已成定局。目前，王健林的"轻资产"运作模式虽然做得风生水起，长期来看仅靠品牌和运营管理模式输出，最终只会走向落寞。

过去30多年，房地产行业的"造富"能力是任何行业都无法比拟，房地产商和投资炒房者躺着赚钱比比皆是。由于受线上电商平台的冲击，万达集团发家的主要产业"城市综合体"模式,已经失去市场竞争力。未来中国的不动产市场空间依然巨大,关键要看如何操作。当然,不动产市场盈利空间收窄已无法逆转。王健林"甩卖"国外资产后能否强势回归,值得关注。

三　交易动因

1988年万达集团创立,形成了文化、网络、商业、金融四大产业集团,2017年位列《财富》世界500强企业第380名。截至2019年7月10日,万达集团总资产8826.4亿元,2017年上半年收入1348.5亿元[①]。

万达网络科技集团是"实业+互联网"大型开放型平台公司,拥有飞凡信息、征信、网络信贷、大数据、快钱支付等公司,运用云计算、人工智能、大数据、场景应用等技术为实体产业实现数字化升级,为消费者提供生活圈的全新消费服务。

2017年8月9日,万达集团公布重大资产重组计划,万达集团两大轻资产公司——万达酒店管理公司和万达文旅集团注入香港上市公司。

四　交易内容

2020年11月25日晚间,万达酒店发展公告,美国时间2020年11月24日,公司完成了出售芝加哥物业项目。公司将不再持有目标公司任何权益,目标公司的负债、资产及财务业绩将不再综合计入公司的综合财务报表。公司在公告出售芝加哥物业项目初期曾指出,出售事项预期产生收益约9400万港元(除税前)。至此,万达集团已将其海外地产项目全部清空。

[①]《融创收购万达资产案例分析》,(此处需核实,重复率报告中为学术论文库,但在知网未查到)。

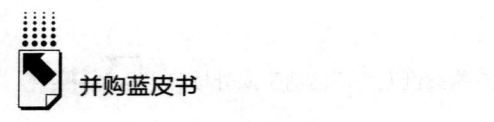

五 并购评述

交易之后，万达期待解决负债率居高不下的问题并没有得到明显的改善，2020年9月，穆迪将万达集团的信用评级调至负面，理由是担忧其流动性转弱。未来万达酒店的发展将专注酒店设计、酒店管理及建设等主业发展，以轻资产形式运营。万达酒店发展的酒店类业务属于服务类型的业务，无论是收益还是回笼资金速度，都会相对降低。此次出售芝加哥项目，对公司日常现金流、盈利能力是一次巨大改善。

附 录
Appendix

B.25
2020年中国并购大事记

1月

2021年1月5日,广州酒家集团股份有限公司发布公告,公司成功受让广州市食尚雅园餐饮管理有限公司持有的广州市海越陶陶居餐饮管理有限公司100%的股权,作价1.8亿元人民币。

2020年1月11日,全球并购研究中心、并购博物馆联合主办的2019"中国十大并购"评选结果揭晓。中信集团重组特钢板块整体上市、物美并购麦德龙中国、高瓴资本入主格力电器、中国宝武与马钢集团重组、紫光国微间接收购法国Linxens集团、苏宁易购收购家乐福中国、中船集团和中船重工合并、新风天域收购和睦家医疗、阿里巴巴收购网易考拉和长江电力收购秘鲁Luz del Sur(南方之光)公司获评2019年十大并购事件;德龙钢铁实业集团董事长丁立国,新奥集团创始人董事局主席王玉锁,蒙牛集团总裁兼执行董事卢敏放,恒大集团董事局主席许家印,融创中国董事会主席孙宏斌,居然之家新零售集团股份有限公司董事长汪林朋,紫金矿业集团股份有限公司董事长陈景河，物美集团创始人、多点 Dmall 董事长张文中，苏宁易购集团股份有限公司董事长张近东，高瓴资本创始人兼首席执行官张磊获评2019年度十大并购人物。

2020年1月13日下午，世茂集团、福晟集团联手对外宣布全方位进行战略合作。双方成立"世茂福晟"平台，由世茂海峡发展公司董事长兼执行总裁吕翼担任总裁。双方涉及合作的项目品牌输出一律用"世茂福晟"，合作内容涵盖所有项目。

2020年1月20日，中国银行保险监督管理委员会发布《信托公司股权管理暂行办法》，并于3月1日实施。

2020年1月22日，天伦燃气宣布，公司间接全资附属河南天伦于近日与卖方订立一份股权转让协议，据此，河南天伦同意向卖方收购目标公司沈丘县汇鑫天然气的100%股权，总价为2.8亿元。

2020年1月，华住集团在新加坡的全资子公司 China Lodging Holding Singapore 宣布收购德意志酒店集团（Deutsche Hospitality）100%股权已完成交割，对价约7亿欧元（约合人民币55亿元）。

2月

2020年2月5日，全联并购公会关于疫情对企业影响的调查报告发布，报告通过线上问卷、公众号发布、会员单位填写等方式，独家调查全国各地982家企业受新冠肺炎疫情影响的情况，调查企业/机构涉及19个行业，涵盖30个省市和地区，这是疫情影响下企业最真实、最翔实的一手信息。

2020年2月10日，据媒体报道，LG集团成功将中国总部大楼LG双子座大厦出售给新加坡政府投资公司（GIC）的全资子公司，售价约1.37万亿韩元（约合人民币80.46亿元）。

2020年2月14日，中国证券监督管理委员会发布《关于修改〈上市公司非公开发行股票实施细则〉的决定》《发行监管问答关于引导规范上市公司融资行为的监管要求（修订版）》《关于修改〈上市公司证券发行管理办法〉的决定》《关于修改〈创业板上市公司证券发行管理暂行办法〉的决定》，并于发布之日起实施。

2020年2月17日，国网英大股份宣布以143.98亿元完成收购英大国际信托73.49%股权和英大证券99.67%的股权。

2020年2月19日，微盟集团宣布，旗下全资子公司微盟餐林已与无锡雅座在线科技有限公司达成协议，将收购和认购无锡雅座63.83%的股权，本次交易的现金对价总额为1.15亿元。

2020年2月29日，国务院办公厅印发《关于贯彻实施修订后的证券法有关工作的通知》。

3月

2020年3月1日，新《中华人民共和国证券法》正式实施。该法历时四年多、四轮审议，堪称中国资本市场的根本大法，此法颁布实施意味着注册制的来临。

2020年3月1日，中国证券监督管理委员会发布《关于公开发行公司债券实施注册制有关事项的通知》，并于发布之日起实施。

2020年3月1日，国家发展和改革委员会发布《关于企业债券发行实施注册制有关事项的通知》，并于发布之日起实施。

2020年3月10日，河北敬业集团宣布正式收购英国钢铁公司，交易价格为5000万英镑（约4.5亿元人民币），交割资产包括斯肯索普钢铁厂、提赛德钢梁轧机厂和斯金宁格罗夫钢铁厂，以及英国钢铁旗下的FN钢铁厂和TSP工程公司。

2020年3月12日，越秀金控披露，越秀金控与中信证券进行了重组，越秀金控向中信证券出售了广州期货99.03%股权、金鹰基金持有的广州证券100%股权，同时以约194亿元市值取得中信证券8.10亿股即6.26%的股权，成为中信证券的第二大股东。

2020年3月20日，桂东电力于晚间发布交易预案，拟向广投能源非公开发行股份并支付现金，购买其持有的桥巩能源公司100%股权，其中桂东电力通过发行股份方式支付不低于50%的交易对价，其余部分以现金方式

支付。本次收购最终成交价格约 14.9 亿元。

2020 年 3 月 28 日，鼎龙文化股份有限公司宣布拟以人民币 54000 万元向云南中钛科技有限公司进行增资，增资后取得中钛科技 51% 的股权。上述增资完成后，中钛科技成为公司的控股子公司。

2020 年 3 月，据华尔街日报报道，软银通过愿景基金向自如投资 10 亿美元，其中 5 亿美元是直接投资，另外从其创始人手中购买了 5 亿美元股票，公司估值为 66 亿美元。此外，软银还领投了贝壳找房的 15 亿美元的融资，其中，软银领投 10 亿美元，另外 5 亿由高瓴资本、腾讯控股、红杉资本出资。

4月

2020 年 4 月 8 日，百胜中国发布对黄记煌的收购公告，收购价格并未公布。收购黄记煌后，加上 2005 年自创的中式快餐品牌东方既白和 2012 年收购的"火锅第一股"小肥羊，百胜中国手里已经有了三个核心中餐品牌。

2020 年 4 月 15 日，最高人民法院发布《关于推进破产案件依法高效审理的意见》，并于发布之日起实施。

2020 年 4 月 23 日，国美通讯发布公告，拟通过现金出售的方式向北京美昊投资管理有限公司出售上市公司持有的浙江德景电子科技有限公司 100% 股权。

2020 年 4 月 24 日，中国证券监督管理委员会、国家发展和改革委员会发布《关于推进基础设施领域不动产投资信托基金（REITs）试点相关工作的通知》，并于发布之日起实施。

2020 年 4 月 29 日，美盛文化创意股份有限公司公告称，拟以 57750 万元的价格向曾华伟、曾华雄、朱海锋和胡相林购买其持有的 NEW TIME GROUP（HK）LIMITED 公司 100% 股权。

5月

2020 年 5 月 6 日，光大集团宣布以 102.51 亿元向中央汇金投资有限公司增发股份，同时汇金投资有限公司将其持有的光大银行 102.51 亿股 A 股（占光大银行总股数的 19.53%）转让给光大集团。

2020 年 5 月 7 日，中国人民银行、国家外汇管理局发布《境外机构投资者境内证券期货投资资金管理规定》，并于发布之日起实施。

2020 年 5 月 20 日，长源电力发布公告，公司拟向国家能源集团发行股份及支付现金购买其持有的湖北电力 100% 股权。本次收购最终成交价格约 60.6 亿元。

2020 年 5 月 28 日，《中华人民共和国民法典》正式发布，并于 2021 年 1 月 1 日正式实施。

2020 年 5 月 29 日，中国证券登记结算有限责任公司出具了《证券过户登记确认书》。海南省发展控股有限公司以非公开协议转让方式完成了对中航三鑫股份有限公司原控股股东中航通用飞机有限责任公司及其下属子公司中国贵州航空工业集团有限责任公司、深圳贵航事业有限公司共同持有的 217934203 股无限售条件流通股（占公司 27.12% 的股份）股份的收购。收购价格为 5.88 元/股，涉及交易金额为 12.8 亿元人民币。

6月

2020 年 6 月 3 日，中国证券监督管理委员会发布《关于全国中小企业股份转让系统挂牌公司转板上市的指导意见》，并于发布之日起实施。

2020 年 6 月 5 日，南国置业发布公告，收到控股股东电建地产通知，公司拟通过向电建地产全体股东中国电力建设股份有限公司、中电建建筑集团有限公司非公开发行股份及支付现金的方式，对电建地产进行吸收合并，并募集配套资金。

2020 年 6 月 13 日，TCL 科技集团股份有限公司通过《关于公司参与公开摘牌收购中环集团 100% 股权的议案》：TCL 科技集团作为意向受让方，参与中环集团 100% 股权转让项目。TCL 科技集团股份有限公司成为最终受让方，以 109.7 亿元人民币收购中环电子集团 100% 股份。

2020 年 6 月 29 日晚间，万科企业股份有限公司公告称，拟转让下属公

司广州市万溪企业管理有限公司的50%股权给"中信信托·广州万溪股权投资集合资金信托计划",为广信资产包引入以信达为首的7家战略投资者,同时万科企业股份有限公司将继续担任项目操盘方,推进项目建设。

2020年6月30日,平顶山天安煤业股份有限公司2020年第一次临时股东大会会议审议通过《关于增资河南中平能源供应链管理有限公司暨关联交易的议案》。根据议案,中国平煤神马能源化工集团有限责任公司、平顶山天安煤业股份有限公司和深圳前海瑞茂通供应链平台服务有限公司拟签订关于河南中平能源供应链管理有限公司的增资扩股协议。

7月

2020年7月3日,中国证券监督管理委员会发布《科创板上市公司证券发行注册管理办法(试行)》,并于发布之日起实施。

2020年7月10日,中国证券监督管理委员会发布《首次公开发行股票并上市管理办法》《科创板首次公开发行股票注册管理办法》,并于发布之日起实施。

2020年7月13日,汇金科技发布公告称,公司拟通过发行股份、可转换债券以及支付现金的方式向卓沃信息技术(上海)有限公司、陆晓奕、梁邦龙、王亚荣购买其合计持有的卓沃网络科技(上海)有限公司100%股权。同时,公司拟向不超过35名符合条件的特定投资者非公开发行股份募集不超过人民币25000万元的配套资金。

2020年7月17日,山煤国际与山煤集团签署附条件生效的《关于江苏国信靖江发电有限公司之股权转让协议》,就山煤国际收购靖江发电35%股权交易的相关事项进行具体约定。

2020年7月21日,国家管网集团与冠德集团在北京签署《关于支付现金购买中石化榆济公司股权的协议》,约定冠德公司将其下属中石化榆济公司100%股权转让给国家管网集团,并获得国家管网集团支付的现金对价,冠德公司所持标的资产的评估值及交易对价为32.20亿元人民币。7月23日,中石化天然气公司与国家管网集团在北京签署《关于增发股权及支付现金购买资产的协议》，约定中石化天然气公司拟将相关油气管道公司的股权转让给国家管网集团，以该等标的资产认购国家管网集团重组交易完成后228.87亿元的注册资本并取得国家管网集团支付的186.21亿元现金，国家管网集团向中石化天然气公司增发股权及支付现金的方式支付交易对价，该等标的资产的评估值及交易对价为415.09亿元。交易完成后，国家管网集团获得中石化榆济公司100%股权。

8月

2020年8月3日，山煤国际2020年第三次临时股东大会审议通过《关于公司收购江苏国信靖江发电有限公司35%股权暨关联交易的议案》。

2020年8月6日，国投资本股份有限公司及其子公司毅胜投资发布公告，拟对另一全资子公司安信证券增资，拟发行可转债增资安信证券，增资金额达794394万元。增资完成之后，国投资本持有安信证券股份9999.69百万股，持股比例为99.9969%，毅胜投资持有安信证券312499股，持股比例为0.0031%。

2020年8月25日，山西路桥股份有限公司发布公告称，拟以3.41元/股的价格收购山西省高速公路集团有限责任公司持有的山西平榆高速公路有限责任公司100%股权，本次交易完成后，平榆高速公路有限责任公司将成为山西路桥全资子公司。

9月

2020年9月4日和2020年10月29日，天华超净分别召开董事会和临时股东大会，审议通过了重大资产购买相关议案，拟以支付现金方式收购长江晨道（湖北）新能源产业投资合伙企业（有限合伙）持有的宜宾市天宜锂业科创有限公司26%的股权，收购价格12740万元。

2020年9月7日，58同城发布公告称，特别股东大会以超过75%的投票审议通过Quantum Bloom Group对58同城的私有化议案。

2020年9月9日，重庆建工宣布拟收购招商资管持有的住建公司和三

建公司全部股权，收购金额分别为 65894.54 万元和 77253.08 万元，总计收购金额 14.31 亿元。

2020 年 9 月 11 日，国务院发布《关于实施金融控股公司准入管理的决定》，并于 2020 年 11 月 1 日实施。

2020 年 9 月 19 日，以"并购纾困助力双循环"为主题的德胜门大讲堂暨第十七届中国并购年会在全国工商联隆重举行。本届年会采取线下线上同时举办的形式，通过中国网、中华工商时报、新浪财经、网易财经、腾讯财经、凤凰网、湖北广电长江云、新浪微博、今日头条等全国多家主流媒体进行直播，全平台观看人次突破 410 万。

年会邀请到黄荣、刘明康、杨伟民、杨凯生、霍学文、王景武、徐林、王巍、郑杨、尉立东等重磅嘉宾莅临发言和演讲。

2020 年 9 月 23 日，珠海港发布公告，公司全资子公司珠海经济特区电力开发集团有限公司持股 83.38% 的珠海港昇新能源股份有限公司拟收购永州界牌协合风力发电有限公司持有的安徽天杨能源科技发展有限公司 100% 股权，股权转让价格约 1.82 亿元，同时在交割日前由安徽天杨向永州界牌分红 3800 万元。本次投资交易金额合计为 219873092.30 元，资金来源为公司自筹资金。

2020 年 9 月 25 日，中国证券监督管理委员会、中国人民银行、国家外汇管理局三部委发布《合格境外机构投资者和人民币合格境外机构投资者境内证券期货投资管理办法》，《关于实施〈合格境外机构投资者和人民币合格境外机构投资者境内证券期货投资管理办法〉有关问题的规定》，并于 2020 年 11 月 1 日起实施。

2020 年 9 月 30 日，兖州煤业股份有限公司发布公告，兖州煤业股份有限公司拟以现金约 183.55 亿元人民币收购兖矿集团有限公司相关资产，包括陕西未来能源化工有限公司 49.315% 股权、兖矿榆林精细化工有限公司 100% 股权、兖矿鲁南化工有限公司 100% 股权、兖矿济宁化工装备有限公司 100% 股权、兖矿煤化供销有限公司 100% 股权、山东兖矿济三电力有限公司 99% 股权和兖矿集团信息化中心相关资产。

2020年9月，海底捞发布公告，公司旗下全资附属公司四川新派餐饮管理有限公司已与姚云杰及朱安阳订立协议，有条件同意由四川新派餐饮管理有限公司本身或其指定的另一实体收购上海澍海餐饮管理有限公司80%的股权，交易对价为1.2亿元。同日，海底捞全资子公司Haidilao Singapore还订立了收购餐厅HaoNoodle的相关协议。Haidilao Singapore将以304万美元（约合人民币2076万元）收购HaoNoodle母公司HNT Holding 80%股权。

2020年9月，格美集团正式收购"中国餐饮百强企业"——鹿港小镇，为集团的餐饮商业版图再添重量级角色。作为台式菜融合时尚元素餐厅的代表，鹿港小镇秉承"真材实料、品质稳定"的经营理念，以台湾精致料理、台式冰品甜品为核心发展方向，融汇全球美食。

10月

2020年10月15日，据中国葛洲坝集团股份有限公司发布的公告，其间接控股股东中国能源建设股份有限公司拟筹划换股吸收合并公司。本次合并的合并方为中国能源建设股份有限公司，被合并方为葛洲坝集团股份有限公司。本次交易完成后，中国能源建设股份有限公司将实现A股和H股两地上市。10月27日，葛洲坝集团股份有限公司发布《中国能源建设股份有限公司换股吸收合并中国葛洲坝集团股份有限公司暨关联交易预案》。

2020年10月19日，阿里巴巴发布公告称，已同意通过其子公司淘宝中国出价总计约280亿港元（36亿美元），向Auchan Retail International S.A.及其附属公司收购吉鑫控股有限公司的总计70.94%股权。吉鑫控股有限公司持有高鑫零售有限公司约51%股权。股份购买后，阿里巴巴连同其关联方将持有高鑫零售有限公司约72%的经济权益。

2020年10月20日，生态环境部、国家发展和改革委员会、中国人民银行、中国银行保险监督管理委员会、中国证券监督管理委员会发布《关于促进应对气候变化投融资的指导意见》，并于发布之日起实施。

2020年10月28日,兖州煤业股份有限公司与内蒙古地矿集团、内蒙古矿业集团共同签署《增资协议》。兖州煤业为本次公开挂牌确定的内蒙古矿业集团最终投资方,最终成交价格为人民币396228.95万元,兖州煤业以此金额对内蒙古矿业集团增资并取得本次增资后内蒙古矿业集团51%股权。

2020年10月30日,大同煤业与同煤集团签署《大同煤业股份有限公司与大同煤矿集团有限责任公司之现金购买资产协议》,拟以现金方式收购大同煤矿集团有限责任公司持有的同煤国电同忻煤矿有限公司32%股权。

2020年10月31日,第六届中国并购基金年会在苏州隆重召开,本次年会以"双循环格局中的困境资产重组"为主题,年会由苏州基金博物馆主办,全联并购公会、苏州市金融发展研究会、苏州资产管理有限公司协办。会议采取线上与线下相结合的形式,众多金融机构领导、政府部门官员、并购基金行业企业高管、媒体记者等200余人到场。新浪财经、搜狐财经、苏报金融融媒中心作为大会战略合作媒体,联合直播活动盛况,总计超过75万人次在线观看。

中国证券投资基金业协会党委委员、秘书长陈春艳,苏州市金融发展研究会会长、苏州市原市委常委、常务副市长曹福龙,上海市原市委常委、常务副市长、上海新金融研究院理事长屠光绍,中国工商银行原行长、中国华融资产管理股份有限公司原总裁杨凯生,中信银行原行长、中信集团原监事长朱小黄,财政部金融司原司长、中国国债协会会长孙晓霞,中国长城资产管理股份有限公司原董事长张晓松,中国东方资产管理股份有限公司原执行董事、副总裁陈建雄,赛富亚洲投资基金创始管理合伙人阎焱,中国建设银行原董事长王洪章,嘉实基金董事长赵学军,金融博物馆理事长王巍,全联并购公会会长、尚融资本创始及管理合伙人尉立东,全联并购公会常务副会长、国元证券原董事长蔡咏,发改委财政金融司原副司长李聚合等众多政府部门负责人、金融机构领导、并购基金行业企业高管、领域精英、企业家、专家学者等出席活动,围绕双循环格局、困境资产等议题展开讨论,为双循环的大格局献计献策。

11月

2020年11月13日，中国国家电网有限公司与西班牙Naturgy公司通过线上视频形式签署了股权购买协议，正式收购其持有的智利CGE公司96.04%股权，收购价格为25.7亿欧元（折合人民币约201亿元）。

2020年11月25日，万达酒店发布公告称，美国时间11月24日，公司完成出售芝加哥物业项目，公司将不再持有目标公司任何权益，目标公司的资产、负债及财务业绩不再综合计入公司的综合财务报表。自此，万达集团已将其海外地产项目全部清空。

2020年11月26日，天富能源发布公告，拟以现金支付方式收购关联方石河子市天富智盛股权投资有限公司持有的石河子泽众水务有限公司100%股权。本次收购最终成交价格约6.8亿元。

2020年11月26日，长租公寓企业安歆集团宣布完成与新起点公寓的战略合并。继并购易企租公寓、战略入股杭州诺巢故寓之后，这是安歆集团2020年第三次大规模扩张行动。此次合并后，安歆集团在全国的门店数将超250家，床位数超15万张，安歆集团由此开启运营规模的持续扩张。

12月

2020年12月7日，大连港换股吸收合并营口港务股份有限公司并募集配套资金暨关联交易事项获得中国证监会并购重组委无条件通过。根据方案，大连港向营口港的所有换股股东发行A股股票，交换其所持有的营口港股票；同时，大连港拟采用询价方式向不超过35名特定投资者非公开发行A股股份募集配套资金不超过21亿元。本次换股吸收合并中，大连港拟购买资产的交易价格为换股吸收合并营口港的成交金额（交易价格＝营口港换股价格×营口港总股本），为164.41亿元。

2020年12月8日，陕西延长石油化建股份有限公司（以下简称延长化建）收到证监会核发的批复，批准延长化建向陕西建工控股集团（以下简称陕建控股）发行22.08亿股股份、向陕西建工实业有限公司（以下简称

陕建实业）发行 2230 万股股份购买相关资产，核准公司发行股份募集配套资金不超过 21.3 亿元。本次交易完成后，在不考虑配套募集资金的情况下，陕建控股预计将持有延长化建 2473935223 股股份，持股比例为 78.59%；陕建实业预计将持有延长化建 22300292 股股份，持股比例为 0.71%，陕建控股及陕建实业预计合计持股比例将为 79.30%。

B.26
第十七届中国并购年会精彩论点综述

2020年9月19日,以"并购纾困助力双循环"为主题的德胜门大讲堂暨第十七届中国并购年会在全国工商联隆重举行。黄荣、刘明康、杨伟民、杨凯生、霍学文、王景武、徐林、王巍、郑杨、尉立东等重磅嘉宾莅临发言和演讲。以下为演讲嘉宾主要观点。

全国工商联副主席　黄荣

实现顺畅的循环、有效率的循环,势必要在地理空间上打通国内、国际"任督二脉",在市场空间上进行产业升级、企业重组,而"并购"正是有效的途径和手段。

近年来民营企业在国内并购和海外并购交易数量中占比很高,已经成为我国并购市场的重要力量。并购公会要用好、用活"并购+"的利器,推动中央支持政策落实落地,帮助民营企业克服困难,实现高质量发展,努力为"双循环"新发展格局的形成做出新的贡献。

原中国银监会主席　刘明康

新冠肺炎疫情暴发后,在投资和并购领域有三大国际投资理论趋势:一是资产大通胀,二是资产大轮动,三是资金大流动。而新冠肺炎疫情后的世界,资产配置投资将出现三大反转——经济重心进一步向亚洲倾斜;固定收益、股票和另类投资的传统资产配置将需要大幅调整;疫情将孕育一场以5G和物联网、医疗保健为核心的技术革命。

在上述背景下来看兼并收购的风险与机遇:首先,企业要富有远见,审慎使用自己的资本;认真做好调查及面对未来不确定性的压力测试,包括税制政策、行业结构和业态变化等。并购工作是在一个日益艰难和复杂的状况下运营,要建立严格的检查机制、严格的组织和专业的

队伍。企业应加强纪律和机制约束，这些一定要从头到尾地贯穿在并购行为当中。

全国政协常委、中央财经领导小组办公室原副主任　杨伟民

我国经济须注意恢复中的不平衡和结构性问题，政策可考虑从推动消费恢复常态、加大对制造业和民间投资支持力度等方面进行完善。

从目前情况看，经济恢复并不平衡。一方面，存在供给侧恢复快于需求侧，需求侧中的投资恢复快于消费，消费中非接触式消费恢复快于面对面消费，以及消费中进出口恢复最慢等问题。另一方面，供给侧中存在第二产业恢复快于第三产业，第三产业中数字化程度较高的金融和信息服务增长快于其他行业等问题。需要注意的是，有些问题既有疫情影响，也是长期性结构问题，如居民消费率持续降低、制造业和民间投资不振、金融业一枝独秀、房地产价格上涨压力大等。

中国银保监会国际咨询委员会委员、中国工商银行原行长　杨凯生

并购实际上是对我们经济运行中的一些资源的重组、整合乃至优化，通过并购活动来提升资源配置的效率，使它能够更好地发挥社会效益、经济效益，而不良资产本身就是一种配置不当的资源。不良资产处置的方式归根到底取决于是哪一种不良资产，对不同形态的不良资产，应该具体情况具体分析，要按照市场化、法治化的原则来处理。

当前经济运行存在很多不确定性因素，我们首先要尽量避免自己产生不良资产，比如说控制好自己的杠杆率、资产负债率，把握好自身的投资行为，等等。同时，也要看到在当前的情况下可能会出现一些新的不良资产，我们可以把握新的市场机会，在不良资产的处置过程中发挥作用，一起来促进整个经济金融的平稳健康运行。

中国工商银行副行长　王景武

2020年是全面建成小康社会和"十三五"规划的收官之年，同时也是"十四五"规划顺利启航的奠基之年。面对复杂多变的国内外形势，金融机构要不断提高服务"双循环"新发展格局的能力，持续深化金融供给侧结构性改革，为落实"六稳""六保"任务提供高质量的金融服务。

北京市地方金融监管局党组书记、局长　霍学文

从长期来看，不良资产将是未来20年增长最具活力也最具增值价值的领域。提高不良资产处置能力和水平是切实化解金融风险，提升金融服务实体经济能力的重要内容。在当前国内不良资产整体规模上升、资产结构转变、处置难度加大、合规性要求提升的大背景下，金融科技已经成为驱动不良资产处置行业更新迭代的核心动力、解决不良资产处置行业痛点的重要抓手、提升不良资产处置快速规范的重要支撑和助力不良资产行业监管的有效手段。

信息不对称、非标、流通性差、收益不确定、处置周期长、法律成本高、跨区域处置难度大是不良资产处置行业的几个痛点，大数据可以对不良资产进行图谱式的分析，可以用到不良资产失联债权人的查找上，但要依法、合规，既保护个人隐私，又能合理地运用有效的数据。

全联并购公会党委书记、中美绿色基金董事长　徐林

应该如何准确理解"以国内循环为主"？中国面临的问题主要还是在供给侧，而不真正在需求侧。扩大内需的重点应该放在供给侧。我国在消费升级过程中，供给侧面临能力不足、管制过多等问题，供给侧不能很好地响应国内消费需求升级的需要，导致国内很多需求得不到实现。

全联并购公会创始会长、金融博物馆创始人　王巍

双循环中的大并购时代已经来了，我们要抓住机遇。并购交易师的眼界应该不同，一定要脚踏实地，要抓住双循环后中国市场与结构的大重组机会。第一，国内大循环就是要打破区域和行业的行政割据，重组跨地区跨行业的产业链，提升价值链。精耕细作，夯实过去粗放经营的基础。第二，国际大循环中要培育进口替代产业，重组出口产业。变被动为主动，准备未来以更加雄厚的实力加入全球化和引领全球化。第三，参与混合所有制。已经有几百年历史的股份制是全世界都接受的市场基因，形成了一套标准规则，这种合作和并购才能产生化学反应和生物学反应，这才是并购的最高境界。不要强调混合经济，回归公司法的常识最好，按公司法实行股份制最让企业家放心。

上海浦东发展银行董事长、党委书记　郑杨

在新的格局下，全球原有的产业链、供应链、价值链面临着重构，并购作为一项重要的市场化资源配置工具，将为提升我国企业在全球产业链中的价值发挥重要作用。具体来说有四个方面的机遇：一是科技领域的产业并购重组方兴未艾；二是上市公司并购重组迎来黄金期；三是国资国企并购重组有望实现新突破；四是跨境并购重组面临新的机遇。

国内资本市场改革开放进程提速，多层次的资本市场逐步形成，股票发行注册制、退市制度等改革稳步推进，为上市公司的并购市场的发展提供了巨大的空间。

全联并购公会会长、尚融资本创始及管理合伙人　尉立东

2020年，面对百年未有的大变局，特别是新冠肺炎疫情加剧了全球经济金融不稳定，以习近平同志为核心的党中央做出加快形成以国内大循环为主体、国内国际双循环相互促进的新发展格局的重大战略部署。民营企业为中国经济发展做出了巨大贡献，而让民营企业创造活力充分迸发是打通国际国内双循环的重要着力点。全联并购公会也将充分发挥资源优势，与民营经济同频共振，以金融助力民企纾困，为我国经济的转型升级和民营企业的高质量发展贡献并购力量。

B.27
第六届中国并购基金年会精彩论点综述

2020年10月31日,第六届中国并购基金年会在苏州隆重召开,年会以"双循环格局中的困境资产重组"为主题,由苏州基金博物馆主办,全联并购公会、苏州市金融发展研究会、苏州资产管理有限公司协办。以下为主要嘉宾发言观点。

中国证券投资基金业协会党委委员、秘书长　陈春艳

2020年是极不平凡的一年,新冠肺炎疫情使得全球变局加速演进。在这样一个特殊的历史时期,资本市场的重要性被提到前所未有的高度,新《证券法》的发布、科创板顺利推进、创业板注册制改革顺利落地等,为后疫情时代的经济复苏和产业结构调整构建了良好的制度环境。自私募基金纳入统一监管以来,包括并购基金在内的私募股权基金得到快速发展,并购基金也呈现以下几方面特点:第一,并购基金无论是管理机构还是基金规模都得到稳定增长;第二,并购基金投资于医疗、计算机领域占比较高;第三,投资区域主要集中在东南沿海地区;第四,并购基金为科创板上市企业提供了重要的资金支持;第五,受国际贸易争端的影响,跨国并购出现下降趋势。

苏州市金融发展研究会会长、苏州市原市委常委、常务副市长　曹福龙

当前的新冠肺炎疫情和世界格局打破了原有的国际大循环平衡。全球的经济秩序,原有的产业链、供应链、价值链都面临挑战和重构。并购重组作为一项重要的市场化资源配置的工具,迎来了前所未有的机遇,当然也有许多挑战。当前做好国内大循环还必须要有改革的意识、开放的思维,以科技创新前提。

上海市原市委常委、常务副市长、上海新金融研究院理事长　屠光绍

新循环不同于过去国际大循环主导来带动两个循环,而是由国内大循环为主导力量来促进两个循环。为什么？第一是新循环的基本特征主导力量变了，国内大循环为主导；第二是国际国内关系发生变化；第三是循环层次之变。过去的循环层次还是比较低的，我们过去利用外资，现在要参与这个循环，还要出去投资。

金融实体经济有效循环是新循环体系的重要部分，其中有一个重要内容，即困境资产是金融与实体经济循环中不可忽视的部分，如果我们不重视困境资产，无法有效推进困境资产的处置，就会影响金融和实体经济的循环。

中国工商银行原行长、中国华融资产管理股份有限公司原总裁　杨凯生

不良资产实质是一个资源有效配置、防范和化解金融风险的问题，也可以说是一个经济社会的可持续发展问题。在我国经济从高速增长转为高质量发展的历史阶段，研究不良资产问题既有理论学术意义，也有实践运作意义。不良资产（NPA）和不良贷款（NPL）是有区别的，不良资产既可以是指银行系统的，也可以指整个金融系统的，甚至还可以包括非金融系统的，例如，在工业、商业企业里的无效、低效资产等。而不良贷款主要指的是银行类金融机构不能按约定到期收回本息的贷款、融资。显然前者涵盖面广，涉及的问题更宽泛，后者相对具象一些。

解决银行业不良贷款需要多管齐下，例如，提高银行的信贷管理能力和风控水平，及时核销处置不良贷款，必要时进行资产剥离等。这些办法固然有时候都要用，但还是要抓住关键症结。这就必须努力解决我国经济运行过度依赖银行信贷的问题，解决间接融资与直接融资比例不协调的问题。

中信银行原行长、中信集团原监事长　朱小黄

第一观点是21世纪是一个整合经济的时代。在21世纪，谁能够在整合资产方面占领制高点，谁就能成功。运用技术也好，其他方面也好，实际上就是在整合资源，诸如阿里巴巴这样的平台实际上就是整合资源的平台。如果能够占领先机，就会有很多机会。因此，对我们来说，21世纪是非常重要的世纪。第二个观点是并购主要通过两种方式，一种是产业整合，一种是资源整合。第三个观点是经济周期的任何阶段都有整合的机会。第四个观点是当前经济环境下,都有哪些并购机会,应该怎么做,应该注意哪些问题。最后,并购是一种专业,应主张第三方中立立场。并购应站在第三方中立立场提供服务,如有中介提供估值、谈判、交易结构等专业性的服务,可能更有利于促进资产交易。

财政部金融司原司长、中国国债协会会长　孙晓霞

随着供给侧结构性改革的推进,在经济转型调整的阵痛期,金融领域风险不断积聚,实体企业加速换挡升级,经济链条各环节累积了巨量的问题资产,面临较大的处置压力。其中,各类困境资产层出不穷,形式多样。这些困境资产的盘活和重整,既影响金融系统的稳定,又关乎企业脱困重生,是畅通双循环的关键。因此,双循环新发展格局下如何主动求变,转危为机,推动实现困境资产处置"破题",这是我今天想和在座交流的重点。归纳起来有三点看法。第一个看法是,从过往的历史看,中国在处置困境资产方面是有经验和能力的;第二个看法是,当前形势下,双循环格局下的困境资产处置,呈现一些新变化和新趋势;第三个看法是,要适应形势需要,构建双循环格局下困境资产的处置机制。

中国长城资产管理股份有限公司原董事长　张晓松

随着经济金融的改革发展,金融资产管理公司要与时俱进,不断创新,更好地发挥其职能作用,为中国的改革发展服务。第一,要充分发挥资产管理公司经济风险的缓释职能;第二,要充分发挥金融资产管理公司优化社会资源、整合资源的职能;第三,充分发挥资产管理公司价值的提升职能。

中国的四大资产管理公司在中国的经济体制改革发展中,已经不是简单的不良资产处置公司,经营不良资产不是简单的为卖而买,这种简单的资产买卖交易活动是任何经济机构都可以做的事情。四大资产管理公司之所以继续存在,并实行商业化的转型发展,其目的是在支持国家体制改革、促进经济结构合理调整上做出贡献。

中国东方资产管理股份有限公司原执行董事、副总裁　陈建雄

新冠肺炎疫情下的世界格局进一步分裂。由于某些国家抗疫不力、推诿责任,把疫情政治化,不仅分裂世界、分裂民族,破坏了世界政治、经济、

贸易秩序，使疫情无法得到有效控制，使得经济复苏的步伐放缓，让错配的资产面临更大的挑战。2008年之后，许多国家持续实施宽松量化的货币政策，这12年积累的金融风险需要消化，在金融财政化、财政金融化的背景下，投资结构失衡、投资效益低下，供给侧改革还要不断推进，AMC行业还要在新格局中发挥重组、重整、重构的能力。

赛富亚洲投资基金创始管理合伙人　阎焱

主要提几个问题供大家参考、讨论。第一个问题，我们今天的主题是"双循环格局中的困境资产管理"，是收购与兼并的问题；从苏州来看，2020年外贸趋势没有大幅下降，很重要的原因可能是2020年全世界处在疫情期间，很多订单是2019年的，所以2020年外贸下降情况并不明显。但真正比较有挑战的是2021年和2022年，外贸这部分会不会受到很大冲击。第二个问题，关于民营企业的参与者。当碰到收购兼并的时候，我们面临的一个问题就是国资委要求国有财产增值、保值，且不能打折。第三个问题，关于循环畅通。我们从一线角度来看，循环畅通是很大的问题。现在强调把钱贷到民营企业去，但实际操作起来非常难。现在银行的贷款员审核流程更加严苛，如果没有抵押，民营企业基本上贷不到款。第四个问题，关于不良资产的处理。AMC的未来，一方面，我们需要有非常强的、专业化的一批机构管理者；另一方面，新科技一定会对我们的行业造成巨大的冲击和改变。

中国建设银行原董事长　王洪章

资产管理公司管理着各行各业、各种所有制、各种经济结构的企业项目，推动产业链上的纵向联合和并购，可能比跨业并购要好得多。开展跨国公司并购，需要在治理技术、品牌、人才方面取得优势，如果并购在这些方面无法获得优势，就不要去并购，仅是为了扩大规模也很麻烦的。另外还要考虑财务的可持续性，杠杆交易也要有尺度，要有利于提高效益、降低成本。并购属于资本的再配置，在资本的再配置过程中要重视战略上的意图，不拘泥于一时的投资回报率；要防止短期行为，高回报率也可能意味着高风险。在这个方面间接融资和直接融资在风控的原理是一样的。

金融博物馆理事长　王巍

我就"困境资产"谈三个观点。第一，正本清源。我们要恢复困境资产应有之意，困境资产是社会进步的伴生品、是常态，因此做困境资产生意也是一个长期的事情。第二，困境资产是创造财富和财富管理的金矿，这恰恰是投资银行家、并购家和创业者最应该关注的领域；处理困境资产不是靠执照和特权，是靠你的眼光、你的水平、你的技术、你的艺术处理能力。第三，困境资产的下一个方向。我们过去习惯的是依赖政府资源、四大银行、四大资产管理公司等各种资源。未来，我们最大的变化就是数字经济、大数据、云计算、人工智能等，所有这些东西将在传统的困境资产市场中发挥作用。

Abstract

Since January 2020, the sudden COVID – 19 epidemic has swept the world and impacted the global economy deeply. After the sharp drop of national economy at the beginning of the epidemic, the economic operation improved and returned to normal gradually, and achieved positive growth. After the sharp decline in the first and second quarters, China's M&A market began to pick up in the third quarter with a narrow decline and showed strong vitality.

The China Merger and Acquisition Report (2021) comprehensively reviews the macroeconomic environment of China's M&A market in 2020. Due to the impact of the epidemic, M&A activities declined sharply, international trade activities were depressed, and debt risks continued to rise due to the stimulus of fiscal and monetary policies. Due to the impact of the COVID – 19, the transaction volume in the American market declined seriously, while the number of M&A transactions in Europe declined, the amount of M&A in Europe increased. The gap between China and the mature European and American markets gradually narrowed.

In the section of policies and regulations, M&A Laws and Regulations and Policy Analysis and Evaluation introduced in recent years about merger, acquisition and reorganization of national laws, administrative regulations, department regulations and other normative documents, the Securities Law of the People's Republic of China (new version), the Law of the People's Republic of China Civil Code, and the Regulations on the Takeover of Listed Companies (2020 revision) are analyzed and interpreted. At the same time, it also analyzes the common disputes in merger and acquisition activities, and some legal disputes and difficulties in the litigation practice of merger and acquisition disputes. The "New

Abstract

Changes" in the M&A Market under the "New Laws and Regulations" analyzes the "new changes" in China's M&A market that will be brought about by the "New Laws and Regulations". Industry article respectively analyzed ten major industries such as manufacturing, energy, mining, real estate industry, the Internet information technology, financial sector, culture and entertainment industry, construction industry, utilities industry, transportation and warehousing logistics industry, as well as the accommodation and catering industry. M&A analysis follows the logic framework of interpretation basic background, status quo and trend of development of the industry, industry scale of mergers and acquisitions, characteristics and problems, industry main M&A cases and famous cases. From plane to point, mergers and acquisitions are systematically presented and interpreted by industry situation. . Special topics focus on the merger and acquisition market, and carry on the comprehensive analysis and exploration to the key issues, analyzed the situation of China's listed companies, private enterprises, blockchain industry and China's M&A fund, comprehensively interprets the acceleration of the "mixed reform", the new M&A rules in the capital market, and the gradually active M&A in the high-tech field provide favorable conditions for the M&A activities of private enterprises, points out the blockchain industry should improve collaborative efficiency, reduce trust costs, and realize the upgrade of the "Internet of Value" of traditional industries, and finally analyzes and interprets the M&A cases of well-known funds. The trending topics in China's M&A market analyzes troubled assets restructuring and "mixed reform" introduces the relevant policies to support the merger and reorganization of troubled assets, analyzes the main problems in the mixed ownership reform and puts forward some corresponding policy suggestions. The case chapter explains four well-known acquisition cases: Guolian Securities' acquisition of Sinolink Securities, Taobao's acquisition of Jixin Holdings, the privatization of 58. com and Wanda's sale of overseas assets.

Keywords: Merger and Acquisition Markets; Industry Mergers and Acquisitions; M&A

Contents

I General report

B.1 Analysis of China's M&A Market in 2020

Li Kang, Qi Zongchao and Qin Chuan / 001

Abstract: Due to the COVID −19 epidemic, a deep global recession and a sharp drop in M&A activity happened in 2020. China's economy was also hit hard by the epidemic, and mergers and acquisitions shrank sharply. No matter the number of mergers and acquisitions, the amount of single merger and acquisition, or the total scale of mergers and acquisitions, all declined. Firstly, this paper analyzes the international macroeconomic environment for the development of China's M&A market in 2020, international trade activities were depressed, and debt risks continued to rise due to the stimulus of fiscal and monetary policies. Secondly, it reviews the development of global M&A market, due to the impact of the COVID − 19, the transaction volume in the American market declined seriously, while the number of M&A transactions in Europe declined, the amount of M&A in Europe increased. Finally, this paper introduces the development of China's M&A market in 2020 from the aspects of industry, region, M&A transaction size, M&A method, purpose and payment method and then focus on the analysis of 2020 China's listed companies mergers and acquisitions, overseas mergers and acquisitions of Chinese enterprises, multinational companies in China M&A investment overview and major industries M&A overview. The gap between China and the mature European and American markets gradually narrowed.

Keywords: Merger and Acquisition; Listed Company; Transnational Investment

II Policies and Regulations

B.2 Analysis of Mergers and Acquisitions Regulations
    Zhang Xiaosen, Zhang Wei, Wan Yijiao and Zhang Songtao / 027

Abstract: A robust legal environment, just as a solid market mechanism, is the cornerstone for the mergers and acquisitions market. This article summarizes laws, regulations, executive orders, and other regulatory documents promulgated from 2019 to 2020 regarding mergers and acquisitions activities. Further, the article interprets the implications of Securities Law of the People's Republic of China (2019 revision), Civil Code of the People's Republic of China, and Regulations on the Takeover of Listed Companies (2020 revision). The article also reviews the significant legislative history of the law on mergers and acquisitions, presents the common discrepancies in mergers and acquisitions practice, and resolves the controversies and pain points in the securities litigation practice. Finally, detailed analyses are provided on several typical cases of security law violations.

Keywords: Mergers and Acquisitions Laws; *Civil Code*; *Securities Law*; Mergers and Acquisitions Litigation

B.3 Emerging Issues in Mergers and Acquisitions Market under
    New Regulations   *Liu Wei, Zhu Yiyi / 080*

Abstract: From five different aspects, this article predicts the recent regulations' impacts on China's mergers and acquisitions market: the impact of the recent revision of securities law on the merger and acquisition practice — the recent revision completes the policies for the takeover of listed companies, which improves the resource allocation in the capital market and force the compliance of listed companies' takeovers and reorganizations; the impact of the recent action of China Securities Regulatory Commission, which removed the regulations noncomplying with the recent revision of securities law and integrated the existing regulations with the new ones; the impact of the introduction of the stock issuance registration system to the Sci-tech Innovation Board, especially the Growth Enterprise Market; the impact of the Foreign Investment Law; and the impact of the Company Law.

Keywords: Mergers and Acquisitions Laws; *Securities Law*; Takeovers and Reorganizations

Ⅲ Industry Reports

B.4 Mergers and Acquisitions in Manufacturing Industry in 2020

Zhou Jing / 087

Abstract: The manufacturing industry is a mainstay of the national economy, a demonstration of national creativity, an exhibition of national competitive edge, and an indication of national power. In 2020, China's manufacturing industry successfully withstood the shock brought by the COVID-19 pandemic and presented a trend of recovery growth. The overall manufacturing market vitality was boosting.

In 2020, most of the mergers and acquisitions activities in the manufacturing industry took place in China-the proportion of overseas mergers and acquisitions cases was small. The domestic mergers and acquisitions transactions in the manufacturing industry were conducted in Guangdong and Jiangsu provinces. And overall, the number of transactions was increasing. The most impactful mergers and acquisitions cases in the manufacturing industry in 2020 were Shenzhen Qianhai Ruizhi Investment Co., Ltd. acquiring Changan Automobile Co., Ltd., Hainan Development Holdings Co., Ltd. acquiring AVIC Sanxin Co., Ltd., TCL Technology Group acquiring Zhonghuan Electronics Co, Lens

Technology Co. , Ltd. acquiring Catcher Technology Co. , Ltd. and Keli Technology Co. , Ltd. .

In the manufacturing industry, private equities initiated a total of 15 mergers and acquisitions investments in 2020, involving businesses on semiconductor equipment, sports and leisure facilities, medical and healthcare supplies and equipment, and electronic devices and equipment.

Keywords: Manufacturing Industry; Mergers and Acquisitions; Private Equity Investments

B.5 Mergers and Acquisitions in Mining Industry in 2020

Hu Wei, Jiang Yihong and Gao Chen / 106

Abstract: Since 2020, under the impacts of the COVID -19 pandemic, the firms in the traditional energy sector presented a declining tendency to invest through mergers and acquisitions, leading to an inactive mergers and acquisitions market. In terms of the market scale, in the first 11 months of 2020, there were only 60 mergers and acquisitions transactions in China's mining industry. The total disclosed amount of the transaction prices barely exceeded RMB 56 billion. The proportion of transactions involving a state-owned enterprise was high. In 44 out of the 60 mergers and acquisitions transactions in China's energy sector, state-owned enterprises were the buyers. The most impactful mergers and acquisitions cases in the mining industry in 2020 were Yanzhou Coal Mining Co. , Ltd. acquiring Yankuang Group's assets, Yanzhou Coal Mining Co. , Ltd. acquiring Inner Mongolia Mineral Co. , Ltd. 's stock, Datong Coal Industry Co. , Ltd. acquiring Tongxin Coal Mine Co. , Ltd. 's stock, Pingmei Co. , Ltd. acquiring Zhongping Supply Chain Management Co. , Ltd. 's stock, and Shanxi Coal International Energy Group acquiring Jingjiang Power Generation Co. , Ltd. 's stock.

Keywords: Mining Industry; Mergers and Acquisitions; Equity Acquisition

B.6 Mergers and Acquisitions in Real Estate Industry in 2020

Zhang Bo / 116

Abstract: The real estate industry is a mainstay of China's national economy. In 2020, the number of real estate companies in China increased despite the market setback, featuring a gradually forming business model where multiple companies cooperate in developing real estate projects. Notwithstanding, the degree of industry concentration in China's real estate industry increased. This article reviews the development of China's real estate industry in 2020, summarizes the issues and difficulties faced by the industry, and analyzes the mergers and acquisitions activities in the real estate industry during the year. In 2020, both the number and values of mergers and acquisitions transactions shrunk by more than 20% compared to those of 2019. The most impactful mergers and acquisitions cases in the real estate industry in 2020 were GIC's acquisition of LG Twin Towers, CITIC Trust Co., Ltd.'s strategic investments in Guangzhou Wanxi Co., Ltd., Langold Real Estate Co., Ltd.'s merging with Sinohydro Real Estate Co., Ltd. . .

Keywords: Real Estate Industry; Mergers and Acquisitions; Strategic Investments

B.7 Mergers and Acquisitions in Information Technology Industry in 2020

Jiang Hong, Sun Fangcheng / 122

Abstract: In 2020, the mergers and acquisitions market scale in China's information technology industry shrunk sharply. Impacted by the COVID-19 pandemic, the number of mergers and acquisitions transactions in the information technology industry was low in the first three months of 2020. The transaction volume started to pick up in the fourth month of 2020 but then declined. Overall, in the first ten months of 2020, the scale of mergers and acquisitions transactions declined by 13.87% compared to 2019. In the information technology industry, the software and digital services businesses were featured by large numbers of mergers and acquisitions transactions, low transaction value, and a high proportion of intra-industry mergers. The most impactful mergers and acquisitions cases in the information technology industry in 2020 were Ta&A Ultra Clean Technology Co., Ltd.'s holding of Tianyi Lithium Co., Ltd., Jinke Culture Industry Co., Ltd.'s acquisition of Wanjin Commerce and Trade Co., Ltd., and Gome Telecom Co., Ltd.'s sale of Dejing Electronic Technology Co., Ltd..

Keywords: Information Technology; Mergers and Acquisitions; Equity Investment

B.8 Mergers and Acquisitions in Financial Industry in 2020

Chen Chao / 136

Abstract: This article reviews the development trend of the financial industry in 2020 and the mergers and acquisitions activities in the financial industry during the year. Further, the article summarizes the number and values of the mergers and acquisitions transactions in the financial industry and also describes the features of mergers and acquisitions activities in various industry sub-sectors and in different geographic regions. Under the impact of the COVID-19 pandemic, both the numbers of announced and completed mergers and acquisitions transactions declined significantly in 2020 compared to 2019. On top of the decline, most mergers and acquisitions cases in the financial industry were related-party transactions. The most impactful mergers and acquisitions transaction in 2020 was China Everbright Group's private placement of shares to Central Huijin Investment Ltd. Other well-known transactions include Yingda Co., Ltd.'s acquisition of Yingda International Fiduciary Co., Ltd., Yuexiu Financial Holdings Group's sale of holding subsidiary to CITIC Securities Co., Ltd., and SDIC Capital Co., Ltd.'s increase in investment in Essence Securities Co., Ltd..

Keywords: Insurance; Securities; Banking; Mergers and Acquisitions

B.9 Mergers and Acquisitions in Entertainment Industry in 2020

Hu Wei, Jiang Yihong and Gao Chen / 143

Abstract: The prosperity of the media, sports, and entertainment industry makes crucial contributions to the overall booming of the national economy-the industry scale keeps a growing trend for years. The regulators and governors are devoted to sustaining such growth of the "culture plus" business through various means, including reforming the regulatory system, providing policy guidelines, and improving the market mechanisms. Under the impact of the newly issued regulations and policies on assets management, the market interest in investing in the media, sports, and entertainment industry suffered a significant decline during 2019 and 2020-the shock of the COVID-19 pandemic worsened such loss of interest. However, with the success of the pandemic control, the operations and productions in the entertainment industry started to restore progressively as the national economy gradually recovers. The industry once again showed its remarkable resilience and growth potentials, especially with the ongoing popularity of the "internet plus" culture. In the first ten months of 2020, there were 12 mergers and acquisitions transactions in China's media, sports, and entertainment industry. The total disclosed amount of the transaction prices was RMB 2.512 billion. The largest mergers and acquisitions transaction in scale in 2020 was Beijing Jingxi Culture & Tourism Co., Ltd. acquiring Orient Landscape Resort Co., Ltd..

Keywords: Media and Sports; Entertainment; M&A; Equity Investment

B.10 Mergers and Acquisitions in Construction Industry in 2020

Yao Lushi, Xin Yunzhe and Shu Ning / 152

Abstract: The construction industry is a crucial real sector in the national economic system. In recent years, the industry scale, corporate profitability, construction technology and equipment, and the overall construction capabilities continue to improve. This article reviews the development trend of the construction industry in 2020, with a focus on the overseas opportunities brought by China's Belt and Road initiatives. The article also provides an overview of the mergers and acquisitions transactions in the construction industry in 2020. A total of 234 mergers and acquisitions transactions were conducted during 2020, most of which were domestic transactions-the number of cases involving a foreign company as the buyer or the target was small. Finally, the article describes five impactful mergers and acquisitions transactions. One of the cases, i. e. , China Energy Engineering Group's merger with Gezhouba Group through stock swap, is analyzed in detail.

Keywords: Construction Industry; "The Belt and Road"; Mergers and Acquisitions

B.11   Mergers and Acquisitions in Utilities Industry in 2020

Hu Wei, Jiang Yihong and Gao Chen / 165

Abstract: This article reviews the development trend of the electric, gas, and water services industry and overviews the mergers and acquisitions transactions in the industry, with summarized transaction statistics provided. This article also describes five impactful mergers and acquisitions in the electric, gas, and water services industry: Changyuan Electric Power Co. , Ltd. acquiring Hubei Electric Power Co. , Ltd. , Guidong Electric Power Co. , Ltd. acquiring Qiaogong Energy Developments Co. , Ltd. , Tianfu Energy Co. , Ltd. acquiring Zezhong Water Resources Co. , Ltd. , Tianlun Gas Holdings Ltd. acquiring Huixin Natural Gas Co. , Ltd. , and Zhuhai Port Co. , Ltd. acquiring Tianyang Energy Technology Development Co. , Ltd. . Another case of State Grid Corporation of China acquiring Chile CGE is analyzed in detail.

Keywords: Electric, Heat, Gas and Water Services; Mergers and Acquisitions; Equity Investment

B.12 Mergers and Acquisitions in Transportation and Warehousing Industry in 2020　　*Hu Wei*, *Jiang Yihong and Gao Chen* / 175

Abstract: In 2020, under the impact of the COVID − 19 pandemic, the growth trend of the transportation and warehousing industry declined first, rose next, and eventually normalized. By the end of the third quarter, the industry operations were approximately back on track-the gaps created by the pandemic have filled in some fields. In the first ten months of 2020, there were 71 mergers and acquisitions transactions in China's transportation and warehousing industry. The total transaction value was around RMB 26.5 billion. Compared to the mergers and acquisitions transactions in the same period of 2019, both the transaction number and values declined significantly in 2020. The most impactful five mergers and acquisitions cases in the transportation and warehousing technology industry in 2020 were Liaoning Port Co., Ltd. 's stock swap with Yingkou Port Liability Co., Ltd., Chutian Smart Communication Co., Ltd. and Hubei Construction Group's join biding on Daguangbei Expressway Co., Ltd., Zhuhai Port Co., Ltd. 's public tender offer on Xinghua Port Co., Ltd. (listed in Hongkong), Juneyao Airlines Co., Ltd. 's cash acquisition of Jidaohang Enterprise Management Consulting Co., Ltd., and Jinzhou Port Co., Ltd. s' sale of operating assets.

Keywords: Transportation; Warehouse Logistics; Tender Offer; Equity Investment

B.13 Mergers and Acquisitions in Hospitality Industry in 2020
　　Hu Lijun / 187

Abstract: This article reviews the development trend of the accommodation and food services industry. In 2020, under the impact of the COVID − 19 pandemic, almost all dining events and wedding ceremonies were canceled. Consequently, a large number of hotels and restaurants were forced to shut down.

Overall, the companies in the hospitality industry were struggling with financial distress and bleak business-the industry has suffered an unprecedented shock brought by the pandemic. With the changes in customers' consumption scenarios, the industry quickly adapted to a digitalized retail business model. The article also summarizes the mergers and acquisitions transactions in the accommodation and food services industry in 2020. Typical mergers and acquisitions cases are analyzed in detail.

Keywords: Accommodation; Food Services; New Emerging Consumption Scenarios; Mergers and Acquisitions; Equity Investment

Ⅳ Special Topics

B.14 Retrospect of Mergers and Acquisitors of Public Companies in 2020   *Li Guang* / 195

Abstract: This article retrospects China's mergers and acquisitions transactions of listed companies in 2020. As the primary object of China's takeover transactions, the publicly-listed companies involved in mergers and acquisitions in 2020 spread in 18 different industries, with most transactions associated with the manufacturing industry. The primary transaction measure for mergers and acquisitions was through agreement, and most transactions were cash acquisitions. Due to the high average price-to-earnings ratio of A-shares stocks listed in China, the overpricing issue was a concerning risk in mergers and acquisitions. This article also summarizes the statistics of the financial advisory and intermediary institutions involved in the impactful mergers and acquisitions deals based on the transaction scale, which facilitates the comprehensive understanding of the mergers and acquisitions market of listed companies in China.

Keywords: Publicly-Listed Companies; Mergers and Acquisitions; Industries and Sectors; Valuation; Mergers and Acquisitions Services

B.15 Trends and Scenarios of Mergers and Acquisitions of

Private Companies in 2020 *Wang Dapeng* / 206

Abstract: In 2020, the COVID-19 pandemic, the US-China trade war, and the excessive recession of the global economy posed a significant challenge to the development of private sectors in China. Mergers and acquisitions transactions in private sectors were almost frozen in 2020. On the one hand, the much stricter regulatory scrutiny on the foreign investment imposed by the Western countries led to the increase of geopolitical risks, causing a sharp decline of overseas mergers and acquisitions transactions in private sectors. On the other hand, an increasing number of Chinese companies in private sectors ended up in the process of bankruptcy reorganizations or debt restructuring, which were still the main tools in the private sector mergers and acquisitions market. This article predicts an acceleration of mixed-ownership reform, favorable new mergers and acquisitions regulations, and a gradual recovery of the mergers and acquisitions market in the high-tech sector.

Keywords: Private Companies; Scrutiny on Mergers and Acquisitions Transactions; Bankruptcy Reorganizations; Debt Restructuring; Mixed-Ownership Reform

B.16 Prospects of Potentials and Opportunities of Mergers,

Acquisitions and Reorganizations in Blockchain Business

Deng Di, Fan Peng / 213

Abstract: This article describes common investment methods with the blockchain node, emphasizing the difference between blockchain buyouts and traditional equity investment. Compared to traditional equity investment, blockchain buyouts feature a flexible investment channel and higher transaction values. This article also envisions the industrial value of blockchain technology.

The utilization of blockchain technology should enhance synergy among corporations and reduce the cost of establishing credibility. The application of blockchain technology in real sectiors, especially in the manufacturing industry, is primarily on helping the traditional business develop a value network. Such application drew the curtain of the industrialization of the blockchain business.

Keywords: Blockchain; Equity Investment; Industrial Value; Value Network

B.17 Analysis of Future Development of China Buyout Fund *Chen Baosheng / 218*

Abstract: In recent years, the development of foreign buyout funds has been closely related to the wave of mergers and acquisitions in the history of the United States. The scale of global buyout funds has grown significantly and has always occupied an important position in the global private equity investment market. However, from the perspective of the investment and exit of foreign buyout funds, both were declined. China's buyout funds have experienced four stages: the entry of famous international buyout funds into China, the set up of local buyout funds, the accelerated development of local buyout funds, and the emergence of various local buyout funds. In 2020, the overall scale of China's private equity funds will continue to expand, the market prospects are promising, and the management and operation of management institutions will be more standardized. With the increasing frequency of activities in China M&A market, the sixth wave of mergers and acquisitions has been set off.

In the future, the development opportunities and challenges of China's buyout funds coexist. Compared with the proportion of buyout funds in Western developed countries in private equity investment funds, domestic buyout funds are still at the initial stage of development and still have greater growth potential.

Keywords: Buyout Funds; Investment; Trend of Mergers and Acquisitions

V   Trending Issues

B.18   Mergers, Acquisitions, and Reorganizations of

Distressed Assets   *Han Xiaoliang / 247*

Abstract: The outbreak of the Covid -19 pandemic brought unprecedented shock to China as well as global economy in 2020. In addition to the Covid -19 shock, it has augmented the difficulties of prevention and control of financial risks. The mergers and acquisitions of distressed assets are a fundamental solution for financially challenged companies by allowing them to invigorate their assets and thus resolve business risks. The mergers and acquisitions of distressed assets are crucial to preventing systematic financial risks in China. At present, Chinese M&A transaction is weak on its disposal capabilities and funding sources. M&A helps Chinese private enterprises and listed companies out of the dilemma. In the future, as more diversified participants in Chinese M&A market, we should cooperate with Chinese government closely to accelerate M&A transactions not only on Chinese distressed asset but also overseas distressed asset, enrich disposal means of distressed asset and promote the development of Chinese M&A market.

Keywords: Distressed Assets; Financial Risks; Mergers Acquisitions, and Reorganizations; Invigorating of Assets

B.19   Analysis and Advice for Mixed-Ownership

Reform in China   *Yu Mingli / 268*

Abstract: This article reviews the history of China's mixed-ownership reform and introduces the motivation, microeconomic foundations, and regulatory environment of the reform. Then the article presents the recent progress and future trends of the mixed-ownership reform since 2020, analyzes the typical cases in the reform, and provides the prospects of the reform beyond 2021 the mainstream of the reform should still be marketization. Finally, this article proposes resolutions to the primary problems of the mixed-ownership reform, including establishing state-owned equity transaction market and trading system, improving corporate governance of state-owned companies, enhancing the policies on employee stock ownership, and improving stakeholder protections.

Keywords: Mixed-Ownership Reform; Marketization; Corporate Governance

B.20 Suggestions on Active Response to COVID −19 Pandemic while Deepening the Reform of Capital Market

CMAA / 290

Abstract: With the background of the outbreak of the COVID − 19 pandemic, this article proposes eight items of advice on deepening the reform of capital market: 1) establishing efficient and flexible supervisory services mechanisms on mergers and acquisitions, reorganizations, and direct financing in capital market; 2) encouraging intra-industry mergers and acquisitions, especially the acquisitions of financially distressed companies by financially robust companies, the merger between financially distressed companies, and the deals enhancing the integration of the industrial chains; 3) establishing the comprehensive financing services for project-oriented mergers and acquisitions; 4) accelerating the development of the mergers and acquisitions market by involving different stakeholders with the government taking the leading role; 5) further expanding the scope of the reform; 6) providing more tax incentives for mergers and acquisitions deals; 7) supporting fintech applications in mergers and acquisitions practice; 8) allowing the industrial associations to take initiatives in self-governing.

Keywords: Supervision of Direct Financing; M&A; Capital Market

Ⅵ　Cases Studies

B.21　Takeover of Sinolink Securities by Guolian Securities

Chen Chao / 298

Abstract: On September 18, 2020, Guolian Securities Co., Ltd. reached the tentative agreement with Yongjin Industry (Group) Co., Ltd. on purchasing the stocks of Sinolink Securities Co., Ltd. (600109.SH). The suspension announcement on the planned acquisition of stock and the restructuring of core assets was issued on September 21, 2020. On October 12, Guolian Securities Co., Ltd. announced that the restructuring was ceased due to failure to reach an agreement on the key provisions of the restructuring plan. The trading of Guolian Securities' stock was resumed on October 13. In a nutshell, the case of Guolian Securities is a case of failure. This case study explores the potential synergy effects underlying this proposed transaction and analyzes the market reactions before and after the disclosure of the tentative agreement.

Keywords: Reorganizations and Restructuring; Resources Synergy; Information Disclosure; Suspicious Transactions

B.22　Acquisition of Auchan Retail International S. A.'s Stock by Alibaba Technology Co., Ltd.

Wu Dai / 309

Abstract: On October 19, 2020, Alibaba Technology Co., Ltd. announced that it has agreed with its subsidiary Tao Bao (China) Software Co., Ltd.'s purchase of 70.94% shares of Jixin Holding Group from the French multinational company Auchan Retail International S. A. and its subsidiary. The total offering price is 28 billion Hong Kong dollars (i.e., 3.6 billion US dollars). This transaction is an important component of Alibaba's new-retail strategy.

Keywords: New-Retail; Public Tender Offer; Business Integration; Digitalization of Fresh Hema's Management System

B.23　Privatization of 58. com　　　　　　　　　　*Wu Dai / 313*

Abstract: On September 7, 2020, 58. com announced that, in a special shareholder meeting, more than 75% of shares were voted in support of the privatization proposal by Quantum Bloom Group. Upon completing the transaction, 58. com will be a private company solely owned by Quantum Bloom Company Ltd. This privatization transaction was motivated by the increasingly stringent regulations on the US stock market and undervaluation.

Keywords: Privatization; Holding Foreign Companies Accountable Act; Valuation; Private-Equity Fund; Domestic Listing

B.24　Sellout of Foreign Assets by Wanda Group　　*Wu Dai / 321*

Abstract: On November 25, 2020, Wanda Hotel Development Co., Ltd. announced the completion of its property sale in Chicago, marking the sellout of Wanda Group's overseas real estate. Wanda Hotel Development Co., Ltd. was motivated to sell the asset to help Wanda Group repay its overseas interest-bearing debts. The Chicago sale is considered to improve the cash flow and profitability of Wanda Group significantly.

Keywords: Repayment of Debt; Overseas Assets; Overseas Debts; Profitability

Ⅶ Appendix

B.25　2020 Major M&A Events in China　　　　　　　　　　/ 325

B.26　Summary of the 17th China M&A Annual Meeting　　/ 337

B.27　Summary of the 6th China M&A funds Annual Meeting　/ 341

中国皮书网

（网址：www.pishu.cn）

发布皮书研创资讯，传播皮书精彩内容
引领皮书出版潮流，打造皮书服务平台

栏目设置

◆ **关于皮书**
何谓皮书、皮书分类、皮书大事记、
皮书荣誉、皮书出版第一人、皮书编辑部

◆ **最新资讯**
通知公告、新闻动态、媒体聚焦、
网站专题、视频直播、下载专区

◆ **皮书研创**
皮书规范、皮书选题、皮书出版、
皮书研究、研创团队

◆ **皮书评奖评价**
指标体系、皮书评价、皮书评奖

◆ **皮书研究院理事会**
理事会章程、理事单位、个人理事、高级
研究员、理事会秘书处、入会指南

◆ **互动专区**
皮书说、社科数托邦、皮书微博、留言板

所获荣誉

◆ 2008年、2011年、2014年，中国皮书网均在全国新闻出版业网站荣誉评选中获得"最具商业价值网站"称号；
◆ 2012年，获得"出版业网站百强"称号。

网库合一

2014年，中国皮书网与皮书数据库端口合一，实现资源共享。

中国皮书网

权威报告·一手数据·特色资源

皮书数据库
ANNUAL REPORT(YEARBOOK) DATABASE

分析解读当下中国发展变迁的高端智库平台

所获荣誉

- 2019年，入围国家新闻出版署数字出版精品遴选推荐计划项目
- 2016年，入选"'十三五'国家重点电子出版物出版规划骨干工程"
- 2015年，荣获"搜索中国正能量 点赞2015""创新中国科技创新奖"
- 2013年，荣获"中国出版政府奖·网络出版物奖"提名奖
- 连续多年荣获中国数字出版博览会"数字出版·优秀品牌"奖

成为会员

通过网址www.pishu.com.cn访问皮书数据库网站或下载皮书数据库APP，进行手机号码验证或邮箱验证即可成为皮书数据库会员。

会员福利

- 已注册用户购书后可免费获赠100元皮书数据库充值卡。刮开充值卡涂层获取充值密码，登录并进入"会员中心"—"在线充值"—"充值卡充值"，充值成功即可购买和查看数据库内容。
- 会员福利最终解释权归社会科学文献出版社所有。

卡号：631656912422
密码：

数据库服务热线：400-008-6695
数据库服务QQ：2475522410
数据库服务邮箱：database@ssap.cn
图书销售热线：010-59367070/7028
图书服务QQ：1265056568
图书服务邮箱：duzhe@ssap.cn

S 基本子库
SUB DATABASE

中国社会发展数据库（下设12个子库）

整合国内外中国社会发展研究成果，汇聚独家统计数据、深度分析报告，涉及社会、人口、政治、教育、法律等12个领域，为了解中国社会发展动态、跟踪社会核心热点、分析社会发展趋势提供一站式资源搜索和数据服务。

中国经济发展数据库（下设12个子库）

围绕国内外中国经济发展主题研究报告、学术资讯、基础数据等资料构建，内容涵盖宏观经济、农业经济、工业经济、产业经济等12个重点经济领域，为实时掌控经济运行态势、把握经济发展规律、洞察经济形势、进行经济决策提供参考和依据。

中国行业发展数据库（下设17个子库）

以中国国民经济行业分类为依据，覆盖金融业、旅游、医疗卫生、交通运输、能源矿产等100多个行业，跟踪分析国民经济相关行业市场运行状况和政策导向，汇集行业发展前沿资讯，为投资、从业及各种经济决策提供理论基础和实践指导。

中国区域发展数据库（下设6个子库）

对中国特定区域内的经济、社会、文化等领域现状与发展情况进行深度分析和预测，研究层级至县及县以下行政区，涉及省份、区域经济体、城市、农村等不同维度，为地方经济社会宏观态势研究、发展经验研究、案例分析提供数据服务。

中国文化传媒数据库（下设18个子库）

汇聚文化传媒领域专家观点、热点资讯，梳理国内外中国文化发展相关学术研究成果、一手统计数据，涵盖文化产业、新闻传播、电影娱乐、文学艺术、群众文化等18个重点研究领域。为文化传媒研究提供相关数据、研究报告和综合分析服务。

世界经济与国际关系数据库（下设6个子库）

立足"皮书系列"世界经济、国际关系相关学术资源，整合世界经济、国际政治、世界文化与科技、全球性问题、国际组织与国际法、区域研究6大领域研究成果，为世界经济与国际关系研究提供全方位数据分析，为决策和形势研判提供参考。

法律声明

"皮书系列"（含蓝皮书、绿皮书、黄皮书）之品牌由社会科学文献出版社最早使用并持续至今，现已被中国图书市场所熟知。"皮书系列"的相关商标已在中华人民共和国国家工商行政管理总局商标局注册，如LOGO（ ）、皮书、Pishu、经济蓝皮书、社会蓝皮书等。"皮书系列"图书的注册商标专用权及封面设计、版式设计的著作权均为社会科学文献出版社所有。未经社会科学文献出版社书面授权许可，任何使用与"皮书系列"图书注册商标、封面设计、版式设计相同或者近似的文字、图形或其组合的行为均系侵权行为。

经作者授权，本书的专有出版权及信息网络传播权等为社会科学文献出版社享有。未经社会科学文献出版社书面授权许可，任何就本书内容的复制、发行或以数字形式进行网络传播的行为均系侵权行为。

社会科学文献出版社将通过法律途径追究上述侵权行为的法律责任，维护自身合法权益。

欢迎社会各界人士对侵犯社会科学文献出版社上述权利的侵权行为进行举报。电话：010-59367121，电子邮箱：fawubu@ssap.cn。

社会科学文献出版社